Karl-May-Studien Bd. 7
Hg. v. D. Sudhoff (†) u. H. Vollmer

Dieter Sudhoff (†) / Hartmut Vollmer (Hg.)

Karl Mays „Im Lande des Mahdi"

LITERATURWISSENSCHAFT

Dieter Sudhoff/Hartmut Vollmer (Hg.):
Karl Mays „Im Lande des Mahdi" Karl-May-Studien; Bd. 7
1. Auflage 2003 | 2. Auflage 2010
ISBN: 978-3-86815-506-8
© IGEL Verlag Literatur & Wissenschaft, Hamburg, www.igelverlag.com
Alle Rechte vorbehalten.
Titelbild: Rainer Griese
Satz: Claudia Flechsig
Igel Verlag Literatur & Wissenschaft ist ein Imprint der Diplomica Verlagsgruppe
Hermannstal 119 k, 22119 Hamburg
Printed in Germany

Die Deutsche Bibliothek verzeichnet diesen Titel in der Deutschen Nationalbibliografie.
Bibliografische Daten sind unter http://dnb.d-nb.de verfügbar.

INHALT

Dieter Sudhoff / Hartmut Vollmer
Einleitung 7

Alfred Biedermann
Über Karl Mays ‚Mahdi' 32

Eckehard Koch
Im Lande des Mahdi
Karl Mays Roman
zwischen Zeitgeschichte und Moderne 46

Johannes Zeilinger
Mohammed Achmed ibn Abdullah
Der sudanesische Mahdi 109

Bernhard Kosciuszko
„In meiner Heimat gibt es Bücher ..."
Die Quellen der Sudanromane Karl Mays 145

Helmut Lieblang
Quilt
Die Quellen der Sudanromane Karl Mays
Eine Ergänzung 167

Silvia Zahner
Das Ich im Lande des Mahdi
Eine erzähltheoretische Analyse 202

Helmut Schmiedt
Autor und Autorität
Wie Karl May im ‚Mahdi' seine Leser beeindruckt 213

Michael Niehaus
Theorie der Warnung
Karl Mays ‚Im Lande des Mahdi' 230

Joachim Biermann
„Welch ein Sujet für einen Dichter!"
Der Nil als Schauplatz
in Karl Mays ‚Im Lande des Mahdi'...250

Walther Ilmer
Autobiographische Spiegelungen im ‚Mahdi'-Roman....................268

Bibliographie..284

Dieter Sudhoff / Hartmut Vollmer

Einleitung

I

Karl Mays oft zitierte Behauptung, er habe bei seinem Schreiben niemals am Stil ‚gefeilt', diesen „nicht im Geringsten" beachtet, und er „befleißige" sich auch „keiner sogenannten künstlerischen Form"[1], ist durch zahlreiche literaturwissenschaftliche Analysen, die konstitutive Gestaltungsstrukturen seines erzählerischen Werks aufgezeigt haben, inzwischen hinlänglich widerlegt worden. Worum es dem Schriftsteller bei seiner apodiktischen Erklärung – in einer Zeit der großen Rechtfertigung und Abrechnung – eigentlich ging, war die Proklamierung eines rezeptionsorientierten *seelischen Schreibens*, einer „aufrichtigen Natürlichkeit", die als Opposition zu einem seelenlosen künstlerischen ‚Konstruieren' und zu „hübschen Aeußerlichkeiten, die keinen innern Wert besitzen", verstanden wurde: „Mein Stil ist also meine Seele, und nicht mein ‚Stil', sondern meine Seele soll zu den Lesern reden."[2] Man könnte durchaus so weit gehen, May mit diesem programmatischen Diktum in die um 1900 geführte Diskussion über eine neue ‚Seelenkunst' einzubinden, die als ‚Überwindung' – so Hermann Bahr 1891 – des naturalistischen Determinismus und Materialismus postuliert wurde.

Karl May hat mit seiner Behauptung stilistischen Desinteresses zugunsten psychischen Interesses insofern recht, als er in einem stupenden Akt phantasiemächtiger Kreativität in tiefste seelische Bereiche vordrang und diese in anschauliche literarische Bilder transponierte. Da dieser Akt, die Öffnung des Unbewußten, sich stetig dem Bewußtsein entzog, hat man in dem Schriftsteller denn auch einen ‚Traumschreiber' gesehen, der so seinem Anspruch, Autor für die Seele zu sein, tatsächlich gerecht wurde. Wo das Unbewußte sich nun in sehr direkter und unmittelbarer Form – freilich sprachlich gefiltert – manifestierte und wo es durch das Bewußtsein zensiert, literarisiert und ästhetisiert wurde, ist allerdings nicht eindeutig zu bestimmen. Während May sich einerseits wie in Trance seelisch freischrieb, hat er sich andererseits doch auch intensiv mit der Strukturierung, ja Komposition seiner Texte beschäftigt, wie etwa einige seiner erhalten gebliebenen Manuskripte, die Textvarianten zwischen Zeitschriften- und Buchfassungen oder die Verarbeitung von Text- und Bildquellen beweisen. Mays Schreibkonzeptionen entsprachen deutlich seinem Auftritt als intentionaler und ambitionierter, um humanitäre Ziele und Ideale bemühter Autor. Dabei fällt auf, daß schon in seinen populären abenteuerlichen Reiseerzählungen reflexive, selbstkritische Textpassagen in Erscheinung treten, und nicht erst im Spätwerk, wo diese Reflexionen einen breiten und dominanten Raum einnehmen. Derartige Einschübe deuten unter der Oberfläche einer bunten und spannenden Abenteuerfabel auf ein kritisches Schreibbewußtsein hin, das sich oft in Form einer ironischen Distanzierung darstellte. Vor allem in Gestalt eines ‚autobiographischen Figurenspiels', einer Polyfiguration des Ich, bezog May in bewußter und gleichzeitig unbewußter Weise verschiedenste Positionen der Selbstbeobachtung und der Introspektion.

Als Karl May in seiner 1896 erschienenen Romantrilogie *Im Lande des Mahdi* die erste Begegnung des Ich-Erzählers mit dem Oberschurken Ibn Asl, der handlungsdominierenden Personifikation des Bösen, schilderte, inszenierte der Schriftsteller einen bemerkenswerten Vorgang der Kommunikation:

> Ibn Asl fragte mich aus. Er wollte soviel wie möglich von mir hören, mich, meine Vergangenheit, meine Verhältnisse so eingehend wie möglich kennen lernen. Ich gab ihm den ausführlichsten Bescheid. Natürlich war alles, was ich erzählte, ersonnen. Ich dachte mir einen Sklavenhändler in Suez, malte mir die Umstände aus, in welchen er sich befinden konnte, kalkulierte über die möglichen Geschäftsverbindungen, dachte nach, welche Reisen er gemacht haben könne, und brachte, da ich die betreffende Scenerie zur Genüge kannte, mit leidlichem Glück ein Bild fertig, für welches Ibn Asl sich mehr und mehr zu interessieren begann. Der Mann taute auf und teilte mir später auch verschiedenes aus seinem Leben mit. (XVII 138)

So oder ähnlich darf man sich wohl auch den Entstehungsprozeß von Mays abenteuerlichen Reiseerzählungen vorstellen, die auf einer Wahrheit reklamierenden Fabulierlust gründeten und vom Wunsch geleitet wurden, dem Ich eine rühmliche Lebensrealität zu ‚ersinnen'. Derartige selbstreferentielle Chiffrierungen liefern in Form eines literarischen Spiels mit Realität und Fiktion also das Muster oder das Schema des imaginativen Schreibens, das den Anspruch auf Authentizität erhebt. Ähnlich erfolgreich, wie sich der Ich-Erzähler gegenüber dem zunächst mißtrauischen Sklavenjäger Ibn Asl bei der Intention zeigt, die Fiktion als Wahrheit darzubieten, gestaltete sich in der Realität das Verhältnis zwischen dem Romanautor und seinem Publikum.

May war sich bei seinen Reiseerzählungen bzw. -romanen, besonders auch im *Mahdi*, bewußt, daß er mit seinen ‚ersonnenen' Geschichten stets an den Grenzen des ‚Unglaublichen' und ‚Unwahrscheinlichen' schrieb. Rechtfertigende Bemerkungen, deren oft selbstironische Färbungen freilich unverkennbar sind, können innerhalb der Abenteuerfabel denn auch nicht verwundern. Mays Authentizitätsanspruch führt im *Mahdi* schließlich zu der für die Realität des Schriftstellers folgenschweren Propagierung einer Identität von Literatur und Leben:

Man meint, daß solche oder ähnliche Scenen nur in Romanen vorkommen können; das ist sehr richtig, denn – – das Leben ist der fruchtbarste und phantasiereichste Romanschreiber, welcher nicht, um eine unmögliche Situation zu ersinnen, ein dutzend Gänsefedern zerkauen muß. (XVI 560)

Mit gutem Grund kommentierte der Autor auf diese Weise das erzählte Geschehen seines *Mahdi*-Romans, der die Grenzen eines abenteuerlichen Fabulierens, das immer mehr zu einer schematischen Konstruktion geriet, sehr sinnfällig demonstrierte. Durch den Verweis auf ein Schreiben, das abseits von künstlerischen Gesetzen – also auch von den eingangs erwähnten stilistischen Fragen – verlaufe und das sich allein einer Lebenswirklichkeit verpflichtet fühle, wurden so auch unübersehbare ästhetische Mängel und erzählerische Brüche erklärt und legitimiert. Daß May den in der Zeitschriftenfassung ursprünglich aus zwei Teilen bestehenden *Mahdi*-Roman für die dreibändige Buchausgabe durch eine eigenständige, im ‚wilden Kurdistan' spielende Abenteuergeschichte in befremdlicher und kompositorisch eigentlich unentschuldbarer Weise erweiterte, rechtfertigte er genau mit dem genannten, von künstlerischen Normen befreiten Schreibverständnis, das sich von vornherein gegen jegliche ästhetische Kritik zu schützen suchte. In der Einleitung zur ‚Kurdistan-Geschichte', dem dritten Kapitel des dritten *Mahdi*-Bandes, betonte May, daß er

nicht eigentlich schriftstellere, sondern Erlebnisse niederschreibe und es unmöglich hindern kann, wenn sich das Leben und die Wirklichkeit nicht nach schriftstellerischen Regeln richten und sich selbst vom scharfsinnigsten Kritikus nicht den Gang der Ereignisse vorschreiben lassen. Es giebt ewige Gesetze, welche hoch über allen tausend Regeln der Kunst erhaben sind. (XVIII 153)

Überzeugen kann diese Erklärung zur schriftstellerischen Arbeit aber letztlich schon deshalb nicht, da auch sie wiederum auf einem fiktionalen Authentizitätsanspruch beruht.

Daß die *Mahdi*-Trilogie nicht die Popularität anderer Reiseromanzyklen Mays erlangte, wird durch die deutlich erkennbaren inhaltlichen und formalen Schwächen des Werks begreiflich und resultiert wohl ebenso aus der gewählten zentralen Thematik und dem spezifischen Schauplatz der Abenteuerfabel. Der Blick auf die Entstehungsgeschichte des Romans liefert hierzu wichtige Hintergründe.

Ausgangspunkt für die Entstehung des *Mahdi* war die Idee Mays, einen Roman zur Sklavenfrage zu schreiben, nachdem der *Hausschatz*-Redakteur Heinrich Keiter den Schriftsteller Ende 1889 um einen neuen Zeitschriftenbeitrag gebeten hatte. Wie sehr das Thema May interessierte und beschäftigte, zeigte die bereits zuvor, zwischen Januar und Juli 1889 verfaßte und von September 1889 bis September 1890 in der Zeitschrift *Der Gute Kamerad* veröffentlichte Jugenderzählung *Die Sklavenkarawane*.[3] Die Entstehung dieses Werks ging auf eine Anfrage Wilhelm Spemanns, des Verlegers des *Guten Kameraden*, vom 17. Dezember 1888 zurück:

Wollen Sie nicht den Schauplatz der nächsten Erzählung nach Afrika verlegen?, es wäre vielleicht in Folge der dort in Aussicht stehenden Kämpfe und der ganzen afrikanischen Bewegung angezeigt, ich weiß aber nicht, ob das Thema Ihnen günstig liegt.[4]

Die Aktualität der auch in Europa rege diskutierten Kämpfe um eine Abschaffung des Sklavenhandels im südlichen Ägypten und im Sudan, die May zugleich die Gelegenheit boten, sein humanitäres Anliegen literarisch zu propagieren[5], erklärt, warum er die Anregung Spemanns rasch aufgriff und sich anhand einiger geographischer, ethnographischer und naturkundlicher Schriften über den Schauplatz genauer informierte. Für den der *Sklavenkarawane* folgenden Sudan-Roman kam eine weitere zeitgeschichtliche Inspirationsquelle hinzu, in der sich die für May höchst interessanten religiösen Fragen problematisierten: die islamische Aufstandsbewegung der Anhänger des sogenannten ‚Mahdi' (Mohammed Achmed ibn Abdullah, 1844–1885).

Den Plan, sich der sehr aktuellen Figur des Mahdi erzählerisch zu widmen, bekundete May schon am 8. März 1885, drei Monate vor dem Tod Mohammed Achmeds, als er Spemanns Redakteur Joseph Kürschner für die Zeitschrift *Vom Fels zum Meer* einen „wohl zeitgemäßen Beitrag" *Die erste Liebe des Mahdi* anbot.[6] Vier Monate später, am 1. Juli 1885, teilte er Kürschner bereits konkreter mit:

Die „erste Liebe des Mahdi" ist halb fertig und, ich möchte es wohl sagen, hoch interessant. Nun aber wünschen Sie nur kurze Manuscripte, und grad *dieses* ist nicht in einer Nummer unterzubringen. Was soll ich thun? Ihnen sogleich etwas Anderes, Kürzeres schreiben? Für die „Liebe" habe ich auch anderweit augenblickliche Verwendung, so daß mir ein pecuniärer Schaden nicht erwachsen würde. Und – falls Sie das Manuscript dennoch zur Durchsicht wünschen, soll ich mich der in Deutschland eingebürgerten aber falschen Schreibweise „Mahdi" anbequemen? Richtiger ist es Machdi, Mahedi und am Allerrichtigsten „Ma'hdijj". Im syrischen Dialecte dagegen heißt es „Mu'di". Stoff für weitere, kürzere Arbeiten ist dann mehr als genug vorhanden; nur wünsche ich herzlichst, daß Ihnen meine Darstellungsweise genügt. In diesem Falle werde ich sehr gern fleißig sein.[7]

Daß *Die erste Liebe des Mahdi* tatsächlich bereits „halb fertig" war, ja daß May, in einer Zeit größter Arbeitsverpflichtungen, überhaupt mit der Niederschrift begonnen hatte, ist stark zu bezweifeln. Andreas Graf ist sicher Recht zu geben, wenn er hier ein „gezieltes Täuschungsmanöver des Autors" sieht, „das aus der Arbeitsüberlastung durch sein Engagement für Münchmeyer erwuchs und dem gleichzeitigen Bedürfnis, es sich mit dem berühmten und einflußreichen Kürschner [...] nicht endgültig zu verderben".[8] Bemerkenswerterweise kündigte May auch dem *Hausschatz*-Verleger Friedrich Pustet, der sehnlichst auf das Fortsetzungsmanuskript von *Giölgeda padişhanün* (*Der letzte Ritt*) wartete, einen Mahdi-Roman an. Im Oktober 1885 hieß es im *Deutschen Hausschatz*:

Auf mehrere Anfragen. Herr Dr. Karl May schrieb uns am 19. September 1885: „Der ‚letzte Ritt' wird schon darum Ihre Leser höchlichst interessiren, weil diese Begebenheit unter den jetzt aufständischen Balkan-Völkerschaften spielt. Bin ich damit zu Ende, dann folgt sofort die versprochene Arbeit über den *Mahdi*."
Unser beliebter „Weltläufer" befand sich nämlich im Sommer 1884 in Aegypten.[9]

Diese Mitteilung, die eifrig an der für May verhängnisvollen Legende der Identität von Autor und Reiseabenteuerheld weiterarbeitete, dürfte ein Indiz dafür sein, daß im Sommer 1885 noch keinerlei Text des *Mahdi*-Romans vorlag. Ob May bei dem projektierten Werk von vornherein die Sklaventhematik in den Mittelpunkt der Fabel zu stellen gedachte, bleibt fraglich. Der Titel *Die erste Liebe des Mahdi* deutet auf einen sentimentalen Unterhaltungsroman hin, dessen fiktionale Dominanz ganz auf die Titelgestalt fokussiert scheint. Es dürfte wahrscheinlich sein, daß May bei der Wahl seines Romanprotagonisten und des Handlungsschauplatzes neben anderen zeitgeschichtlichen, geographischen und ethnologischen Schriften auch von einer Artikelserie über den Mahdi-Aufstand angeregt wurde, die 1884/85 in der *Gartenlaube* erschien und im März 1885 einen Beitrag von Heinrich Brugsch enthielt mit dem Titel *Im Lande des Machdi*.[10]

Von verschiedenen Schreibverpflichtungen über alle Maßen in Anspruch genommen, rückte der *Mahdi*-Roman nach 1885 erst einmal wieder in den Hintergrund, bis die genannte Thematik der Sklavenfrage Ende 1889 zur literarischen Gestaltung drängte. Da das Verbot des Sklavenhandels beim Mahdi-Aufstand eine nicht unwichtige Rolle spielte, gewann nun auch die

Figur Mohammed Achmeds, trotz seines Todes, für May eine neue Aktualität. Daß diese Figur dem im *Deutschen Hausschatz* publizierten Roman dann gar den Titel geben sollte, gehört allerdings zu den zahlreichen Unstimmigkeiten und Befremdlichkeiten, von denen das Werk geprägt ist.

Mit der Niederschrift des *Mahdi*-Romans, der zunächst noch den emotionaleren Titel *Unterm Sclavenjoch* trug, begann May im Januar 1890. In einem Brief vom 18. Januar bestätigte Heinrich Keiter bereits den Erhalt der ersten hundert Manuskriptseiten.[11] Sehr besorgt zeigte sich Pustet während der Entstehung des Werks über Mays durch einen Exklusivvertrag vereinbarte Zusammenarbeit mit Spemann, wie sein Brief vom 26. April 1890 dokumentiert:

Die großen Aktiengesellschaften werden auch nicht immer dominirend bleiben, jetzt freilich kann ein einzelner Verleger mit den von solcher Seite gebotenen Honoraren nicht in Konkurenz treten. Den „Mahdi" werden Sie für den Hausschatz aber doch gewiß noch in Ruhe und mit Hingabe fertig machen.[12]

Heinrich Keiter schloß sich kurz darauf, in einem Brief vom 9. Mai, der Sorge an und äußerte sein „Bedauern", „daß wir Sie verlieren sollen".[13] Über den voraussichtlichen Textumfang des Mahdi-Romans *Unterm Sclavenjoch* herrschte zu diesem Zeitpunkt offenbar noch Unklarheit. Keiter hatte May bereits in seinem Brief vom 18. Januar gebeten, für einen Abdruck in *einem* Jahrgang des *Deutschen Hausschatz* 1500 Manuskriptseiten nicht zu überschreiten, räumte ihm nun jedoch die Möglichkeit ein für ein zweiteiliges, über zwei Jahrgänge sich erstreckendes Werk wie den Südamerika-Roman *El Sendador* (erschienen im *Deutschen Hausschatz* 1889-91), das dann „2000 bis 2500 Seiten" umfassen dürfe, „sofern May den Text so einrichten könne, daß neu eintretende Abonnenten den zweiten Teil verstehen, ohne den ersten gelesen zu haben".[14] Tatsächlich scheint May sich bei der Strukturierung des *Mahdi*-Romans am *Sendador* orientiert zu haben, so daß er nun ebenfalls ein zweiteiliges Werk vorsah.

Vermutlich schon Ende 1890 war die Arbeit am Roman abgeschlossen. Im Juli 1891 kündigte die *Hausschatz*-Redaktion das Werk mit dem großen Versprechen an, „daß die Darstellungskraft des ungemein beliebten Erzählers sich noch gesteigert" habe.[15] Und im August hieß es unter der Überschrift „Was wir im nächsten Jahrgang bringen":

Der allbeliebte Erzähler führt uns in diesem seinem neuesten Werke, *welches seine früheren Romane noch übertrifft*, in den ägyptischen Sudan, schildert darin einerseits mit ungewöhnlicher Gewandtheit seine abenteuerlichen Fahrten zu Wasser und zu Lande, während er anderseits

Land und Leute im schwarzen Erdtheil mit bekannter Anschaulichkeit und Frische zur Darstellung bringt. Der Roman wird durch den ganzen Jahrgang laufen.[16]

Der erste Teil erschien in den 52 Heften des 18. *Hausschatz*-Jahrgangs von Oktober 1891 bis September 1892 unter dem Titel: *Der Mahdi. / Reiseerzählung von Karl May. / Erster Band. Am Nile*, mit den drei Kapiteln: *Ein Chajjal, El Muza'bir, In der Wüste*. Der zweite Teil wurde im folgenden 19. Jahrgang von September 1892 bis September 1893 abgedruckt[17], mit dem Untertitel *Zweiter Band. Im Sudan* und den vier Kapiteln *Der Mahdi, Gefangen, Eine Sklavenhetze, Eine Sklavenjagd*.[18]

Ähnlich wie schon beim *Sendador* war auch der zweite Teil des *Mahdi* gegenüber dem ersten deutlich zu lang geraten, was wiederum ein Beleg dafür sein dürfte, wie sehr der ‚seelische Stoff' über die ‚künstlerischen Regeln' dominierte. Diese ungleiche quantitative Gewichtung der beiden Romanteile stellte den Autor bei der Texteinrichtung für die Fehsenfeld-Buchausgabe vor erhebliche Probleme und erforderte eine diffizile kompositorische Arbeit. Aufgrund der ursprünglichen Textstruktur ging Fehsenfeld, wie auch May selbst, zunächst von zwei Romanteilen aus und sah dafür die Bände XVII und XVIII der *Gesammelten Reiseromane*, nach der *Old Surehand*-Trilogie, vor. Da May für die zweibändige Buchausgabe etwa 100 Seiten des *Hausschatz*-Textes hätte streichen müssen, dies aber wohl aus inhaltlichen und strukturellen Gründen verwarf, entschied er sich dafür, einen dritten Band vorzubereiten – ein Entschluß, der sich auch in kommerzieller Hinsicht zu lohnen versprach. Am 12. Februar 1896 teilte er Fehsenfeld mit:

Was Bd. III Mahdi betrifft, haben mich die von Ihnen angegebenen Schwierigkeiten nachträglich bestimmt, ihn zu schreiben, falls Sie mir dafür das Honorar für nachfolgende Auflagen, also 2000 Mrk. gewähren. Sind Sie einverstanden, so telegraphiren Sie mir *sofort*, damit ich beginnen kann, und geben Sie Herrn Krais [dem Buchdrucker Fehsenfelds], dem ich auch heut schreibe, folgende Weisung:
Er soll mir Correctur von den Bogen 34 bis 37 schleunigst senden (Band II.), damit ich da an passender Stelle schließen kann; der Überschuß geht nach Bd. III über.
Es wird eine sehr schwierige Arbeit für mich, doch denke ich, daß ich sie schnell bewältigen werde. Dann folgt Surehand III.[19]

Während der erste Fehsenfeld-Band dem ersten Teil der *Hausschatz*-Fassung, *Am Nile*, entsprach, abgesehen von der Streichung einer Passage um die Figur des Aufschneiders Selim[20] und der Veränderung von drei in sechs Kapitel (*Ein Chajjal, Der Reïs Effendina, In Siut, Unter der Erde, In der Wüste, Die Sklavinnen*) sowie geringfügigen orthographischen und stilistischen Überarbeitungen, erstreckte sich der zweite *Hausschatz*-Teil, *Im Sudan*, über den zweiten Fehsenfeld-Band (die Kapitel wurden nun aber von vier auf fünf erweitert: *Der Mahdi, Gefangen, Am Sumpf des Fiebers, Beim „Vater der Fünfhundert", Die Seribah Aliab*) und über die Kapitel 1 und 2 des dritten Bandes (*Aufgehängt, Gerechte Vergeltung*). Für die Fortsetzung der Romanhandlung in der Buchausgabe mußte nun auch der ursprüngliche Schluß geändert werden.[21] Eindeutig als Fremdkörper innerhalb der gesamten Romanfabel erscheint das bereits erwähnte neu geschriebene dritte Kapitel mit dem biblischen Titel *Thut wohl Denen, die Euch hassen!* Das hier erzählte Kurdistan-Abenteuer Kara Ben Nemsis und Hadschi Halef Omars ist wie eine Marienkalender-Geschichte zu lesen, die in einer übersteigerten Form unter dem Motto „Christus oder Muhammed" (XVIII 320) die christliche Missionierung der islamischen Welt durch den Ich-Erzähler demonstriert. Mays Versuch, durch die Erwähnung des Mahdi – dessen Glaube und Lehre der kurdische Reiseprediger Ssali Ben Aqil zu folgen beabsichtigt – eine Verknüpfung mit den zuvor erzählten Sudan-Abenteuern herzustellen, wirkt keineswegs zwingend und überzeugend. Mit dem vierten Kapitel, *Die letzte Sklavenjagd*, schließt May dagegen wieder an die Sudan-Handlung an, setzt hier, nach der Hinrichtung Ibn Asls (die den konsequenten Schluß der *Hausschatz*-Fassung bildet), die abenteuerliche Verfolgung der Sklavenjäger fort, führt die Freundschaft des Ich-Erzählers mit dem Reïs Effendina auf psychologisch bemerkenswerte Weise zum Bruch, verschafft dann auch dem durch die Humanität und Liebe Kara Ben Nemsis inzwischen zum Christentum bekehrten Ssali Ben Aqil einen erneuten Auftritt, wodurch er die hinzugefügten Kapitel 3 und 4 miteinander verknüpft, und bringt so die ‚letzte Sklavenjagd' zu einem Ende – das freilich manche Fragen offen läßt.

Zu den Fragwürdigkeiten des Romans zählt die Feststellung, daß der Mahdi eher eine episodische Figur, aber keinesfalls die zentrale Gestalt darstellt, wie es der Titel der *Hausschatz*-Fassung suggeriert. Erst im zweiten Band tritt er als ‚Fakir el Fukara' auf, in einer Zeit vor seinem historischen Ruhm als Mahdi, und wird vom Ich-Erzähler in demütigender Weise für seine Vergehen mit der Bastonnade bestraft. Folglich ist der Wunsch Fehsenfelds zu verstehen, den ursprünglichen Romantitel für die Buchausgabe zu verändern. In einem Brief vom 3. November 1895 schlug May dem Verleger den Titel *Der Sklavenjäger* vor[22], der dann aber zugunsten des endgültigen Titels *Im Lande des Mahdi* wieder fallengelassen wurde. Diese Titelwahl – eine in der Zeit der Romanentstehung bekannte Bezeichnung für die sudanesische Region – entsprach der Tatsache, daß nicht die Figur des Mahdi im Mittelpunkt der Fabel stand, sondern sein Lebensort, der abenteuerliche Schauplatz der Sklavenjagd.

Die Romantrilogie erschien schließlich 1896 als Band XVI, XVII und XVIII der Freiburger Reihe[23], die mit Band XVIII (*Im Lande des Mahdi III*) nicht mehr als Karl Mays *Gesammelte Reiseromane*, sondern als *Gesammelte Reiseerzählungen* veröffentlicht wurde. Die Änderung des Reihentitels und die Deklarierung der *Mahdi*-Trilogie als „Reiseerlebnisse" waren Ausdruck der Intention, das Romanhafte durch die vorgebliche Authentizität des Erzählten zu ersetzen.

Mit der wachsenden Popularität des *Reiseschriftstellers* Karl May verstärkten sich in den 1890er- Jahren auch dessen Bemühungen, die erzählten Phantasiegeschichten als selbsterlebte Reiseabenteuer zu propagieren und die Identität von Autor und omnipotentem Erzähler-Ich, von Literatur und Leben – wie die bereits zitierten Stellen im *Mahdi* belegt haben – zu behaupten. Hinsichtlich der Beweiskraft vertraute May allerdings nicht allein auf die Macht des Wortes, zunehmend bediente er sich jetzt auch der (konkreteren, faktischen) Bilder, professionell angefertigter ‚Kostümfotos', um die Fiktion als Wahrheit zu präsentieren. Zum Beginn des *Mahdi*-Abdrucks veröffentlichte der *Deutsche Hausschatz* im ersten Oktober-Heft 1891 ein Porträt des ‚beliebten Weltläufers', des vielgelesenen Schriftstellers Dr. Karl May (vgl. das Frontispiz in diesem Studienband), das den gelehrten (bebrillten) Autor in einem von abenteuerlich-orientalischen Requisiten umrahmten Oval zeigt und wie eine Ikone über der ägyptischen Szenerie schwebt.[24] Die Integration des Schriftstellers in diese Abenteuerszenerie erscheint in der Tat als ‚Bild im Bild' und macht – wohl eher unfreiwillig – emblematisch den Bruch zwischen Realität und Fiktion augenfällig. In den Fotoserien, die May für seine Leser in Auftrag gab und die den Schriftsteller abenteuerlich maskiert in eine künstliche Kulisse positionierten, verraten sich diese Brüche in einer geradezu komisch-skurrilen Form. Das Verlangen des breiten Lesepublikums nach immer konkreteren, privat-persönlichen Informationen über den Reiseerzähler wuchs derart, daß May sich genötigt sah, dem Schluß der *Mahdi*-Buchausgabe ein *Nachwort* beizufügen, in dem er weniger über die ‚Freuden' als vielmehr über die ‚Leiden' eines von täglicher Brieffut und Besuchswünschen seiner zahllosen Verehrer gepeinigten Erfolgsschriftstellers berichtete und um Verständnis für seine ‚Rückzüge' bat. Um den immer lästiger werdenden Publikumsandrang zu erleichtern, versäumte es May als geschäftstüchtiger und auch auf finanziellen Erfolg bedachter Autor am Ende seines Epilogs nicht, die Adresse seines Fotografen anzugeben, der gewiß dankend die zahlreich zu erwartenden Bestellungen entgegennahm. Der *Mahdi*-Roman ist also ein auf dem Höhepunkt des schriftstellerischen Erfolgs entstandenes Werk, das in der kritischen Betrachtung jedoch eine Krise des abenteuerlichen Erzählens erkennen läßt. Sieht man den Grund dieser Krise, die sich eindrücklich in den ‚späten Reiseerzählungen' dokumentierte, in dem von der May-Forschung vielfach analysierten ‚seelischen Umbruch' des Schriftstellers, so verweist dies wiederum auf die eingangs erörterte Konfrontation zwischen einem psychischen, unbewußten Schreiben und einer künstlerischen Gesetzen folgenden und an stilistischen Fragen orientierten Textkonstruktion. Die Dominanz eines seelischen Freischreibens über eine ästhetische Gestaltung mußte in der Umbruchzeit folgerichtig zu den auffälligen Erzähldissonanzen führen.

Im *Mahdi* manifestiert sich die Erzählkrise nicht nur in den genannten Mängeln, die sich bei der Einrichtung des Zeitschriftentextes für die Buchfassung ergaben und wohl auch ein Resultat der enormen Arbeitsüberlastung des Autors waren. Die Fabel an sich zieht sich eher schleppend den Nil entlang und weiß ihren Fortgang vor allem durch unentwegte, ermüdende Repetitionen von Handlungsmotiven (insbesondere Gefangennahme und Befreiung, Anschleichen und Belauschen) zu sichern. Bevorzugt geht May hier nach dem (überstrapazierten) Schema vor, Unglücksfälle für den Ich-Erzähler und seine Begleiter durch Fehler des unverbesserlichen ‚Prahlhans' Selim zu inszenieren. Von einem Variantenreichtum konstitutiver Motivik, wie er in anderen Werken Mays festzustellen ist, kann beim *Mahdi* kaum gesprochen werden, auch wenn sich durchaus eine leitmotivische Technik nachweisen läßt und einige überaus gelungene und eindrucksvolle Erzählbilder zu finden sind, wie etwa das Abenteuer in der Krokodilhöhle von Maabdah, die Beschreibungen der ‚Visionsflinte' und der Nilpferdfalle oder das groteske Imponiergehabe des ‚schillernden' Helden bei den Gohk. In den evidenten erzählerischen Schwächen, aber ebenso in dem offenbar weniger fesselnden Abenteuerschauplatz des Sudan und in der Schwere der erzählthematischen Problematik, der Sklavenfrage, dürften wesentliche Gründe dafür liegen, weshalb der *Mahdi* beim Publikum nicht die Popularität und Beliebtheit der Geschichten um Winnetou und Old Shatterhand oder um Kara Ben Nemsi und Hadschi Halef Omar erlangen konnte.

Gleichwohl verdient die zentrale Thematik, der sich May in seinem Roman widmet – „Die Sklavenfrage interessiert mich auf das höchste" (XVII 328) –, zweifellos Beachtung. Mit seinen Beschreibungen des Sklavenhandels, den Zeichnungen der Sklavenjäger und besonders ihrer schwarzen Opfer entwirft May eindringliche Bilder eines menschenverachtenden Handelns und verankert in ihnen zugleich leidenschaftliche Appelle der Humanität: „Die Sklaverei ist eine Schande für die gegenwärtige Menschheit, und die Sklavenjagd ist ein Verbrechen, welches zum Himmel schreit" (XVI 390); „mir gilt ein Mensch soviel wie der andere, welchen Glaubens und welcher Abstammung er auch sein möge" (XVIII 549).

Mays außerordentliche Ambition bei seinem ethischen Anliegen bezeugen Mitleid und Zorn erregende Gewaltszenen, deren Grausamkeit kaum zu steigern ist. Besonders ist hier auf die Massenexekution nach einem Überfall der Sklavenjäger um Ibn Asl auf das sudanesische Dorf Foguda im zweiten Kapitel des dritten Romanbandes zu verweisen (114-118), die in der *Hausschatz*-Fassung den schrecklichen Kulminationspunkt des Bösen vor dessen Ende darstellt. May zeichnet durch die Perspektive des von den Sklavenjägern gefangengehaltenen Ich-Erzählers, der gezwungen wird, dieser bestialischen „Schlächterei" tatenlos zuzusehen, eine „grauenhafte Scene" (117f.), die ins Unerträgliche gerät. Mit einer für das Œuvre des Schriftstellers ungewöhnlichen Brutalität werden aber auch die gefangenen Bösen exekutiert, was der Reïs Effendina, der „Vertreter der weltlichen Gerechtigkeit" (547), mit der pathetischen Devise legitimiert: „Wehe dem, der wehe thut."

Fand die Romanfabel der *Hausschatz*-Fassung durch die tödliche Bestrafung des Diabolus Ibn Asl ihr schlüssiges Ende, benutzte May die Texterweiterung für die Buchausgabe, um den Untaten der Sklavenjäger und der Anhänger des Mahdi, der lehrt, „daß die Sklaverei eine von Allah befohlene Einrichtung sei" (448), massiv die christliche Botschaft entgegenzusetzen und geradezu mit religiösem Eifer dezidierte Kritik am Islam zu üben, der den Sklavenhandel stützte.

Am Schluß seines krisengezeichneten *Mahdi*-Romans gab May dann noch einen bemerkenswerten Hinweis auf das zukünftige Schreiben, ein Zeichen, das bereits den Übergang – auf den sich der *Mahdi* unverkennbar zubewegte – von den abenteuerlichen Reiseerzählungen hin zum philosophisch-religiösen Spätwerk andeutete: Die Geschichte eines „Predigers der Liebe" wird vorausschauend genannt: „Ich werde von ihr in meinem Buche ‚Marah Durimeh' erzählen. – – –" (567)

Wie manche seiner geplanten, großen ambitionierten Werke, denen er „auch äußerlich eine ästhetisch höhere Form zu geben" gedachte[25], blieb dieses Buch jedoch ungeschrieben. Wenngleich May im Alter auch seine literarisch anspruchsvollen Spätwerke nur als ‚Vorarbeiten' für das ‚eigentliche Werk' betrachtete, sind sie doch beachtliche Zeugnisse dafür, was er unter einer „ästhetisch höheren Form" verstand und zu welchen *künstlerischen* Leistungen er fähig war – und noch weiter fähig gewesen wäre. Die angekündigten vielversprechenden, aber nicht entstandenen Bücher gehören gewiß zur *besonderen* schriftstellerischen Tragik Karl Mays.

II

Der vorliegende Studienband zu Karl Mays Romantrilogie *Im Lande des Mahdi*, die unbeschadet ihrer relativ geringeren Beliebtheit im Kanon des Schriftstellers doch zumindest in der bearbeiteten Fassung des Bamberger Karl-May-Verlags (mit den Einzeltiteln *Menschenjäger*, *Der Mahdi* und *Im Sudan*) noch heute zu den gelesensten Literaturwerken des ausgehenden 19. Jahrhunderts gehört, konnte nur auf wenige, in ihrer Art freilich essentielle ältere Aufsätze zurückgreifen und demonstriert damit einmal mehr, daß es sich bei der verschiedentlich zu hörenden Annahme, die neuere Karl-May-Forschung sei nach euphorischen Pionierjahren, wenn nicht an ihr allmähliches Ende, so doch in ein Stadium der Stagnation geraten, an dem es nichts wesentlich Neues mehr zu erforschen gäbe, nur um die negative Legendenbildung einiger Pioniere selbst handelt. Tatsächlich ist allein das Feld der ausstehenden Werkinterpretationen so groß, daß wohl noch mehrere Generationen damit zu tun haben werden, es auch nur oberschichtig zu bearbeiten. Wenn nun gerade Mays einzige ‚orientalische' Trilogie bislang weniger wissenschaftliches Interesse auf sich zog als die ‚amerikanischen' Trilogien (*Winnetou*, *Old Surehand*, *Satan und Ischariot*) oder auch der sechsbändige Orientzyklus, so gewiß auch deshalb, weil sie nicht nur in dieser Hinsicht einzigartig dasteht und sich folglich nur begrenzt als exemplarisches Untersuchungsobjekt unter den Reiseerzählungen eignet, während sich umgekehrt erst zögerlich die Einsicht durchsetzt, daß man der Vielseitigkeit des Schriftstellers auch in der Fokussierung auf das Einzelwerk gerecht werden muß.

Abgesehen von der Jugenderzählung *Die Sklavenkarawane*, ist die *Mahdi*-Trilogie der einzige Roman Karl Mays, der im afrikanischen Sudan handelt, fern der sonst gewöhnlich mit dem Schriftsteller assoziierten Wüsten und Prärien; mehr als in den anderen Werken konzentrieren sich die Ereignisse auf ein einzelnes, noch dazu zeitpolitisches Thema, die damals aktuelle Sklavenfrage. Der Erzähler selbst, wiewohl von Anfang an die Identität mit seinem Autor behauptend, bleibt in der ganzen *Hausschatz*-Fassung namenlos und wird erst im dritten Band der Buchfassung, in der inhomogen angefügten ‚Kurdistan-Episode', als „der berühmte Emir Hadschi Kara Ben Nemsi aus Germanistan" (XVIII 160) geoutet, und zwar vom ebenfalls erst und nur hier auftretenden Hadschi Halef Omar; ansonsten – auch dies ein interessantes Novum – werden die gegensätzlichen Persönlichkeitsanteile dieses altvertrauten Diener-Freundes, sein großsprecherischer und gefahrbringender, zugleich erheiternder Leichtsinn und seine mutig-treue Anhänglichkeit, von *zwei* Personen figuriert, nämlich vom feigen Großmaul Selim und dem jugendlichen Helden Ben Nil.[26] Wie sehr im übrigen die *Mahdi*-Trilogie Teil der Ich-Fiktion ihres Autors war, zeigt der Umstand, daß May noch im April/Mai 1899, während seines ersten Aufenthalts in Kairo (von wo aus er dann auch eine Stippvisite in den nördlichen Sudan unternahm), ein dortiges Wiedersehen mit Ben Nil vorgab und in Briefen und auf Karten in die Heimat sogar dessen angebliche Unterschrift fälschte.[27]

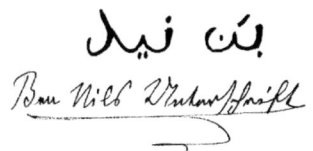

Die nicht ohne weiteres vergleichbare Eigenart der *Mahdi*-Trilogie erklärt, weshalb sie bisher vorwiegend unter spezifischen, nämlich quellenkundlichen, zeitgeschichtlichen und autobiographischen Gesichtspunkten untersucht wurde. In jeder Hinsicht eine Ausnahme bildet gerade der erste und für lange Zeit einzig nennenswerte Aufsatz *Ueber Karl Mays „Mahdi"*, den Alfred Biedermann (1884–1971) 1927 im *Karl-May-Jahrbuch* des Radebeuler Karl-May-Verlags veröffentlichte.[28] Der literarisch ambitionierte Eisenbahnbeamte, der selber mit ‚biederen' Gedichten und Novellen (*In Fesseln, Barmherziger Tod, Weltenwende*) hervortrat, war nicht nur mit dem Freiburger Volksschriftsteller und Stadtpfarrer Heinrich Hansjakob und angeblich mit Hermann Hesse befreundet[29], bereits als Schüler hatte er Ende 1898 auch an Karl May geschrieben und im Januar 1899 von dessen erster

Frau Emma erfahren, daß ihr „lieber Mann" „wieder zu den Haddedihn" wolle.[30] Nach dieser großen Reise, die, wie gesehen, nicht zu einer ‚Wiederbegegnung' mit Hadschi Halef Omar, aber doch mit Ben Nil führte, entwikkelte sich eine Korrespondenz mit dem Schriftsteller selbst[31], die Biedermann nach Mays Tod dann noch viele Jahre lang mit dessen zweiter Frau Klara fortsetzte.[32] In den *Karl-May-Jahrbüchern* veröffentlichte Biedermann zwischen 1922 und 1933 einige der noch heute lesbarsten Beiträge.[33]

Ob Alfred Biedermann dank seiner persönlichen, wenn auch nur brieflichen Bekanntschaft mit Karl May besonders klar sehen konnte, sei dahingestellt. In jedem Fall lieferte er mit seinem Aufsatz *Ueber Karl Mays „Mahdi"*, zu einer Zeit, als die Karl-May-Forschung noch in den Kinderschuhen steckte und an die Herausgabe eines *Karl-May-Handbuchs* nicht einmal zu denken war, einen ersten zuverlässigen, wenn auch populärwissenschaftlichen Überblick über die nicht immer stringente Handlungsstruktur des umfangreichen Romans, was seine Ausführungen, mögen sie in Einzelheiten (wie der Annahme einer „ersten Afrikareise" Mays zwischen 1868 und 1870 oder eines historischen Vorbilds für den Reïs Effendina) auch längst überholt sein, noch heute geeignet erscheinen läßt, in das Thema unseres Studienbandes einzuführen. Neben dem gelungenen Versuch, „in knappen Zügen Aufbau und Abwicklung der Handlung klarzustellen", sind es vor allem Biedermanns Beobachtungen zur „Charakterzeichnung" der Hauptgestalten, besonders zur Verhaltensänderung des Reïs Effendina und zur Leidenschaftlichkeit der ‚rassigen' Fessarah-Tochter Marba, die seinen Aufsatz immer noch lesenswert machen. Wenn Biedermann den *Mahdi*-Roman neben *Winnetou* zu den „bestgeglückten Schöpfungen Karl Mays" zählt, wird man ihm zwar nicht folgen können, aber vielleicht war es gerade diese subjektive Begeisterung, die ihn zu jener „ordentlichen Leistung" befähigte, welche ihm Bernhard Kosciuszko und Christoph F. Lorenz in ihrer *Bestandsaufnahme* der *alten Jahrbücher* bescheinigen.[34]

Abgesehen von Reiseimpressionen ‚auf den Spuren von Karl May', Überlegungen zu historischen Vorbildern (zum Reïs Effendina oder zum ‚Vater der Fünfhundert'), bibliographischen Miszellen und anderen Marginalien blieb Alfred Biedermanns ‚ordentlicher' Aufsatz über ein halbes Jahrhundert die einzige bemerkenswerte Untersuchung zur *Mahdi*-Trilogie. Auch die neuere Karl-May-Forschung, im wesentlichen initiiert durch die Gründung der Karl-May-Gesellschaft im Jahre 1969, beschäftigte sich erst verspätet mit dem Sudan-Roman, und zwar – seiner Eigenart entsprechend –

vorwiegend unter zeitgeschichtlichen und quellenkundlichen Aspekten. Auslösend für das neue, sich freilich weiter sehr in Grenzen haltende Interesse dürfte vor allem der 1979 erschienene Reprint der *Hausschatz*-Fassung (mit dem mißverständlichen Titel *Der Mahdi / Im Sudan*) gewesen sein; der umfangreiche Band, mit informativen bis spekulativen Begleittexten von Walther Ilmer, bot der damaligen Forschung erstmalig den Urtext des Romans und demonstrierte zugleich, daß Mays ursprüngliche Konzeption wesentlich einheitlicher war als die spätere Buchfassung. Vergleichende Untersuchungen, die im Hinblick auf eine Historisch-kritische Ausgabe neuerdings auch der (sich eigentlich selbst beantwortenden) Frage nachgehen müßten, welcher Version literarästhetische Priorität zukommt, blieben gleichwohl aus. Statt dessen erschienen in den *Jahrbüchern der Karl-May-Gesellschaft* mit den Beiträgen von Bernhard Kosciuszko zu den *Quellen der Sudanromane* (1981) und von Eckehard Koch zu einem *Roman zwischen Zeitgeschichte und Moderne* (1995) fundamentale und auf ihrem Gebiet bis heute gültige Arbeiten; zusammen mit den neuen, ergänzenden Aufsätzen von Johannes Zeilinger und Helmut Lieblang bilden sie im vorliegenden Studienband einen eigenen Komplex, der erschöpfend und anschaulich Auskunft darüber gibt, in welchem zeitgeschichtlichen Kontext Mays Trilogie zu sehen ist und welche zeitgenössischen Quellen er für seine Darstellung benutzte.

Noch vor dem Erscheinen des *Mahdi*-Reprints und lange vor Kochs Aufsatz hat bereits Rudolf K. Unbescheid 1977/78 in einer Artikelreihe des *Magazins für Abenteuer-, Reise- und Unterhaltungsliteratur* unter dem Titel *Der Mahdi* die *weltpolitischen Hintergründe* in diesem Werk untersucht.[35] Wenngleich die wenig strukturierte, abschweifende und lexikographische Form der Darstellung einer Wiederveröffentlichung dieser Serie im Wege steht, bleibt es doch Unbescheids Verdienst, erstmals in gebührender Ausführlichkeit das Augenmerk auf „Karl Mays politische und soziale Gedankenwelt"[36] im *Mahdi* gerichtet zu haben. Eckehard Koch freilich, der seinen Aufsatz *Im Lande des Mahdi*[37] für den neuerlichen Abdruck noch einmal überarbeitete und aktualisierte, geht nicht nur umfangmäßig über Unbescheid hinaus. Gestützt auf die Aussagen des Textes selbst, die er erhellend mit der oft vorurteilsbelasteten zeitgenössischen Literatur konfrontiert, beschreibt er Mays *Mahdi* als gezielte humanitäre Kampagne des Autors gegen Unfreiheit und Sklaverei und belegt an vielen Beispielen, daß dessen Darstellung der historischen, politischen und religiösen Verhältnisse im Sudan trotz seiner eingeschränkten Quellenlage und der eurozentrischen Perspektive keineswegs von den damaligen Realitäten so weit entfernt war, wie gemeinhin angenommen wird. Dabei beläßt Koch es nicht bei der präzisen und anschaulichen Zeichnung des zeitgeschichtlichen Hintergrunds und seiner Reflexe in der zeitnahen Realliteratur und der Mayschen Fiktion, sondern zieht die Linien bis zu den heutigen Bürgerkriegswirren im Sudan und den jetzigen Bedrohungen durch den islamischen Fundamentalismus, deren Wurzeln bis ins 19. Jahrhundert zurückreichen. In der Konfrontation von Christentum und Islam, die auch im *Mahdi* allzu oft blutig ausgeht, ist der Roman erschreckend aktuell geblieben, und man muß nur bedauern, daß dies nicht auch in positiver Weise für die später von May proklamierte ‚Aussöhnung des Morgenlandes mit dem Abendlande' gilt, von der wir heute – nicht zuletzt wegen eines wiedererwachten christlichen Fundamentalismus – weiter denn je entfernt sind.

Eckehard Kochs großangelegte Studie berücksichtigt alle in der *Mahdi*-Trilogie behandelten oder auch nur erwähnten Wirklichkeitsaspekte, von den großen Themen Islam und Sklaverei bis hin zu völkerkundlichen Beschreibungen der Eingeborenenstämme am Nil, und so geht er natürlich auch auf den historischen Mahdi und den Aufstand der Mahdisten ein. Mag *Mohammed Achmed ibn Abdullah* in Mays Roman auch nur eine marginale und zudem recht unrühmliche Rolle spielen, so war sein Auftritt auf der Weltbühne doch dessen ursprüngliche Veranlassung, und schon allein dies würde es rechtfertigen, jene schillernde Persönlichkeit noch einmal gesondert und genauer in den Blick zu nehmen. Vor allem aber ist das Bild, das May vom *sudanesischen Mahdi* als einem untreuen Staatsdiener, verbrecherischen Sklavenhändler und falschen Propheten entworfen hat, arg verzeichnet, und eine Korrektur scheint um so notwendiger, da hierzulande der islamische Erlöser beinahe nur noch durch das Porträt des Schriftstellers bekannt ist. Es ist daher zu begrüßen, daß Johannes Zeilinger sich in seinem Beitrag für diesen Studienband ganz von der Ikonographie Mays löst, dessen Quellen ihn hier in die Irre führten, und auf der Grundlage neuer Erkenntnisse eine differenzierte, vorurteilsfreie Darstellung liefert, die nicht nur dem religiösen Reformator Gerechtigkeit widerfahren läßt, sondern auch seine historisch-kulturellen Voraussetzungen und Bedingungen einbezieht. So geht Zeilinger ausführlich auf die (christlichen Vorstellungen verwandte) Idee des Mahdi im eschatologischen Glaubenskanon des Islam ein, um sie dann in einem biographischen Abriß mit der Realität des sudanesischen

Mahdi Mohammed Achmed zu konfrontieren, den er uns über die historisch wirksame Erscheinung hinaus auch in seiner menschlichen Dimension näherbringt und verständlicher macht. Wie immer man aber Idee und Wirklichkeit des Mahdi bewerten mag: Fest steht, daß auch Karl Mays Beschreibung weniger negativ und tendenziös ausgefallen wäre, hätten ihm objektivere Quellen zur Verfügung gestanden.

Der für die ideologische Bewertung des *Mahdi*-Romans wichtigen Frage, was Karl May seinerzeit überhaupt über den Mahdi und die Verhältnisse im Sudan wissen konnte, ist beiläufig bereits Franz Kandolf in den alten *Karl-May-Jahrbüchern* nachgegangen[38], und auch Rudolf K. Unbescheid hat ihr einige Abschnitte seiner *Mahdi*-Untersuchung gewidmet.[39] Eine erste monographische Studie zu den *Quellen der Sudanromane Karl Mays* (einschließlich der Jugenderzählung *Die Sklavenkarawane*) legte indes erst Bernhard Kosciuszko 1981 unter dem Zitattitel „*In meiner Heimat gibt es Bücher...*" im *Jahrbuch der Karl-May-Gesellschaft* vor.[40] In prägnanter Form belegt er dort, welche Literatur May auswertete, um den Sklavenhandel am Nil, die schwarzen Völker, die Geographika, Flora und Fauna sowie die Gestalt des Mahdi zu schildern, und bietet dabei einen Blick in die Werkstatt des Schriftstellers, der auch allgemein aufschlußreich für dessen Umgang mit dem Material zu seinem Traum ist.

Kosciuszkos Aufsatz ist, von einigen Fehleinschätzungen abgesehen, auch heute noch gültig und wird hier weitgehend unverändert wiederveröffentlicht. Die Annahme freilich, es seien nun alle wesentlichen quellenabhängigen Stellen der *Mahdi*-Trilogie und ihre Herkunft identifiziert, wird durch Helmut Lieblangs neue Untersuchung *Quilt. Die Quellen der Sudanromane Karl Mays* relativiert. Lieblang, der seinen auch umfangmäßig über Kosciuszko hinausgehenden Beitrag bescheiden als *Ergänzung* bezeichnet, ist es gelungen, für Mays geographische Schilderungen eine Reihe weiterer wichtiger Vorlagen, Landkarten, Illustrationen, Lexikonartikel und Aufsätze, zu ermitteln, deren Bedeutung für Mays Imagination er durch Bilder und Synopsen sichtbar macht. Wie wichtig solche Entdeckungen über die Erkenntnis einzelner Abhängigkeiten hinaus generell für das Verständnis der Mayschen Textproduktion sein können, erweisen Lieblangs Beispiele der Quellenmischung, einer Technik der Tarnung, von der Kosciuszko aufgrund seiner schmaleren Materialbasis noch annahm, sie sei (im Gegensatz zu dem von ihm andernorts ebenfalls untersuchten Südamerika-Roman) im *Mahdi* nicht zu finden. Daß der Nachweis textlicher Entlehnungen, den Kosciuszko und Lieblang überzeugend führen, in keiner Weise die Erzählphantasie Karl Mays diskreditiert, bedarf im übrigen keiner besonderen Betonung; im Gegenteil verdient es Anerkennung, wie es dem Schriftsteller intuitiv gelang, aus den unterschiedlichsten und entlegensten, oft grauen und leblosen Fremdmaterialien eine ganz eigene, buntbewegte Traumwelt zu erschaffen und diese so wirklich erscheinen zu lassen, daß viele seiner Zeitgenossen glaubten, er beschreibe wahrhaftig eigene ‚Reiseerlebnisse'.

Während die Forschungen zum historischen Hintergrund und zu den Quellen des *Mahdi* mit den neuen Arbeiten von Johannes Zeilinger und Helmut Lieblang ein Stadium erreicht haben, das fortan nur noch kleinere Korrekturen und Ergänzungen erwarten läßt, steht die im eigentlichen Sinne literaturwissenschaftliche Ausdeutung des Romans noch ganz am Anfang. Silvia Zahner betritt mit ihrer *erzähltheoretischen Analyse* des *Ich im Lande des Mahdi* daher gleichsam Neuland, und so überrascht es nicht, daß sie bei ihrer Untersuchung der Erzähler- und der Handlungsebene und deren einzelnen Kategorien und Mischformen vor allem jene Phänomene registriert, die überhaupt konstitutiv für die Etablierung des Ich in den Reiseerzählungen Karl Mays sind und diese wesentlich von der sonstigen Literatur seiner Zeit unterscheiden. Daß hierzu auch die Verletzung erzählerischer Normen gehört, ist in jedem Fall bemerkenswert, mag man dies nun der naiven Unbekümmertheit des Autodidakten zuschreiben oder als bewußten Regelverstoß eines sich autark fühlenden Schriftstellers bewerten. Entscheidender als „tausend Regeln der Kunst" (XVIII 153) war für May ja allemal die Wirkung auf den Leser, und für diesen bleibt etwa die Unmittelbarkeit der Dialoge auch dann eindrucksvoll, wenn ihre Extensität in einer vorgeblich authentischen Ich-Erzählung eigentlich unglaubwürdig ist.

Der herausragenden Bedeutung des Ich in Mays Romanwelt geht auch Helmut Schmiedt in seiner Studie *Autor und Autorität* nach, in der er beispielhaft demonstriert, *wie Karl May im ‚Mahdi' seine Leser beeindruckt*. Dabei zeigt sich, daß nicht allein die phantastische Konstruktion des omnipotenten Ich-Helden, sondern auch der Autor selber zu imponieren weiß, indem er über einen reichen und variablen Fundus erzählerischer Gestaltungsmittel verfügt und diese souverän zum Einsatz bringt. Wie Silvia Zahners Beobachtungen verweisen auch Schmiedts Erkenntnisse über den *Mahdi* hinaus auf grundsätzliche Prinzipien der Reiseerzählungen, deren Wirkungsmacht sich nicht zuletzt dadurch erklären könnte, daß sich in der dort behaupteten Identität von Ich-Erzähler und Autor beider Autoritäten nicht nur ergänzen, sondern sogar noch potenzieren.

Ebenfalls um den Status des Ich-Erzählers, aber auch um das Statut des *Mahdi* als Interaktionsroman geht es in dem ungewöhnlichen Essay von Michael Niehaus. Ausgehend von der Beobachtung, „daß in den Reiseerzählungen Karl Mays im allgemeinen und in der *Mahdi*-Trilogie im besonderen verschiedene Formen des Warnens und Gewarntwerdens eine strukturell bedeutsame Funktion haben", entwickelt Niehaus erste Ansätze zu einer *Theorie der Warnung*, die über bisherige sprechakttheoretische Befunde hinausgeht und ein interdisziplinäres Forschungsfeld eröffnet, das fruchtbar zu machen eine Aufgabe nicht nur der künftigen Karl-May-Forschung sein könnte. Daß sich gerade die von der offiziellen Germanistik noch immer gelegentlich als ‚trivial' abqualifizierten Texte Karl Mays in besonderer Weise dazu eignen, nicht nur als Gegenstand, sondern auch als Instrument der Erkenntnis zu dienen, zeigt Niehaus mit seinen innovativen Überlegungen aufs eindrücklichste.

Die textanalytischen Befunde von Silvia Zahner, Helmut Schmiedt und Michael Niehaus sind in vieler Hinsicht konstitutiv für Karl Mays Reiseerzählungen überhaupt und könnten mehr oder minder auch an anderen Romanen exemplifiziert werden. Sehr konkret um Mays Trilogie *Im Lande des Mahdi* geht es dagegen wieder in den beiden abschließenden Beiträgen von Joachim Biermann und Walther Ilmer.

Wie wesentlich für Mays Traumwelt neben der Installation eines omnipotenten Ich und der überlegenen Interaktion mit feindlichen Gegenkräften auch die exotische Landschaftskulisse war, belegt bereits seine intensive Nutzung geographischer Quellen. Im Gegensatz etwa zum Orientzyklus, der von der ‚Wüste' ‚durchs wilde Kurdistan' bis in die ‚Schluchten des Balkan' und in das ‚Land der Skipetaren' führt, ist der Schauplatz des *Mahdi*-Romans – von der ‚Kurdistan-Episode' einmal abgesehen – räumlich jedoch relativ begrenzt, wodurch die Landschaftsbeschreibungen mehr intensives denn extensives Gewicht erhalten. *„Welch ein Sujet für einen Dichter!"*, lautet eine hymnische Interjektion des Schriftstellers, als er sich eine Nacht auf dem Nil ausmalt, und auch für den Leser macht die Imagination dieses mythischen Flusses und der mit ihm verbundenen Assoziationen einen großen Teil des Lesereizes aus. Wie Joachim Biermann in seinem Aufsatz *Der Nil als Schauplatz in Karl Mays ‚Im Lande des Mahdi'* anschaulich darlegt, ist der mäandernd sich wandelnde Zauberstrom jedoch weit mehr als eine romantische Traumkulisse, inspirierte er vielmehr auch ganz unmittelbar den Fluß der Ereignisse. Nimmt man die Quellenstudien hinzu, zu denen sich hier ein Kreis schließt, zeigt sich nun in schöner Deutlichkeit, wie es Karl May gelang, aus geographischen Fakten exotische Bilderwelten und aus diesen wieder ‚reißende Märchen' zu erschaffen.

Die Wiederveröffentlichung des Aufsatzes von Walther Ilmer über *Autobiographische Spiegelungen im ‚Mahdi'-Roman*, bei dem es sich um das neu betitelte und redaktionell eingerichtete *Nachwort* zum *Hausschatz*-Reprint von 1979 handelt[41], soll dem Andenken eines ‚verdienten Veteranen' der neueren Karl-May-Forschung dienen, den all jene, die ihn persönlich kannten, auch als einen herzlichen und humorvollen Menschen in dankbarer Erinnerung behalten werden. Walther Ilmer (Jahrgang 1926), der am 14. Mai 2003 nach langer, schwerer Krankheit gestorben ist, hat sich mit seiner Monographie *Karl May – Mensch und Schriftsteller. Tragik und Triumph* (1992)[42], mit dem von ihm mitherausgegebenen Sammelband *Exemplarisches zu Karl May* (1993)[43] und mit zahlreichen Beiträgen in den Publikationen der Karl-May-Gesellschaft dauerhaft und unverwechselbar in die Annalen der Karl-May-Forschung eingeschrieben. Bereits 1989 in dem Vorläuferband *Karl Mays ‚Winnetou'* mit dem Aufsatz *Befremdlicher Winnetou. Die Lichtgestalt im Schatten ihres Autors* vertreten[44], gehörte Walther Ilmer vor allem in den Anfangsjahren zudem zu den wichtigsten Beiträgern der *Karl-May-Studien*[45]; ihn hier noch einmal zu Wort kommen zu lassen, war uns deshalb selbstverständliches Gebot.

Walther Ilmers großes Thema, das ihn in der Forschung bekannt, aber auch umstritten gemacht hat, waren die autobiographischen Spiegelungen in den Reiseerzählungen Karl Mays. Bei seiner Kommentierung des *Mahdi*-Reprints beließ er es daher ganz selbstverständlich nicht bei einer *Einführung* in die Werkgeschichte, in Fabel und Struktur und bei Hinweisen auf Besonderheiten und Unstimmigkeiten, sondern fügte ein *Nachwort* an, das er der „aus dem Text deutbaren Auseinandersetzung Karl Mays mit dem Verlagsunternehmen Münchmeyer im Gewande der ‚Mahdi'-Erzählung" widmete.[46] Daß Karl May tatsächlich ein Autor war, den es in besonderer Weise dazu drängte, in seinem Werk reale Lebenserfahrungen zu kompensieren, steht außer Frage, und so erscheint auch die Annahme, er habe im *Mahdi*, etwa in der merkwürdigen Beziehung des Ich-Erzählers zu dem geschäftstüchtigen Türken Murad Nassyr, seine eigenen Erlebnisse mit der Kolportage gespiegelt, durchaus plausibel. Wie weit man den sonstigen Spekulationen, von denen manche in ihrer detektivischen Kombinatorik daran erinnern, daß Ilmer in den fünfziger Jahren unter den Pseudonymen Claude Morris und Ralph M. Walters auch als Kriminalschriftsteller hervortrat, zu folgen bereit ist, bleibt jedem Leser selbst überlassen. Daß „Irrtümer in der Interpretation" nicht auszuschließen sind, wie Ilmer selber einräumt, schmälert jedenfalls nicht sein echtes „Ringen um die Wahrheit", und vielleicht ist es sogar ein weiterer Ausweis der Phantasiekraft Karl Mays, daß diese wiederum die Phantasie seiner Leser und Interpreten zu beflügeln vermag.

So wenig die Karl-May-Forschung insgesamt sich in einem Stadium der Stagnation befindet, so wenig soll auch der vorliegende Studienband, bei allem Pluralismus der Methoden und Themen, einen Endpunkt in der Forschung zur *Mahdi*-Trilogie markieren. Sein eigentlicher Zweck ist vielmehr dann erreicht, wenn er über den Erkenntnisgewinn hinaus zur weiteren Beschäftigung mit diesem in seiner Art dann doch beachtlichen Romanwerk anregt, sei es nun in der Form wissenschaftlicher Auseinandersetzung oder nur einer erneuten Lektüre.

Paderborn, im Juni 2003

Anmerkungen

1 Vgl. Karl May: *Mein Leben und Streben*. Freiburg i. Br. 1910 (Reprint Hildesheim, New York 1975), S. 228.
2 Ebd.
3 In diesem Zusammenhang ist auch Mays kurzer Illustrationstext *Sklavenrache* zu erwähnen, der zur Zeit des Abdrucks der *Sklavenkarawane*, ebenfalls im *Guten Kameraden*, im Oktober 1889 anonym erschien.
4 Zit. nach Karl May: *Der Sohn des Bärenjägers / Der Geist der Llano estakata (Kamerad-Reprint)*. Hamburg, Regensburg 1983, *Anhang*, S. 267. Der Hinweis auf „in Aussicht stehende Kämpfe" in Afrika bezieht sich auf Aufstände arabischer Sklavenhändler, die in den Jahren 1888-90 von Hermann von Wissmann (1853-1905), dem Reichskommissar der deutschen Kolonialverwaltung, niedergeschlagen wurden.
5 Ähnlich wie später bei dem vom chinesischen ‚Boxer-Aufstand' inspirierten Roman *Et in terra pax* bzw. *Und Friede auf Erden!* (1901/04).
6 Abgedruckt bei Andreas Graf: *„Von einer monatelangen Reise zurückkehrend". Neue Fragmente aus dem Briefwechsel Karl Mays mit Joseph Kürschner und Wilhelm Spemann (1882-1897)*. In: JbKMG 1992, S. 121f.
7 Ebd., S. 123. Vgl. dazu Kürschners Brief an May vom 19. 5. 1885; abgedruckt bei Jürgen Wehnert: *Joseph Kürschner und Karl May. Fragmente einer Korrespondenz aus den Jahren 1880 bis 1892*. In: JbKMG 1988, S. 346.
8 Graf [Anm. 6], S. 124.
9 Vgl. Gerhard Klußmeier: *Karl May und Deutscher Hausschatz* II. In: MKMG 17 (1973), S. 19.

10 Vgl. dazu Graf [Anm. 6], S. 122 u. 124f.
11 Vgl. Roland Schmid: *Nachwort zur Reprint-Ausgabe* v. Karl May: *Im Lande des Mahdi II*. Bamberg 1983, S. Nl.
12 Zit. nach Wilhelm Vinzenz: *Karl Mays Reichspost-Briefe. Zur Beziehung Karl Mays zum ‚Deutschen Hausschatz'*. In: JbKMG 1982, S. 220f.
13 Zit. nach ebd., S. 221.
14 Ebd., S. 221.
15 Vgl. Gerhard Klußmeier: *Karl May und Deutscher Hausschatz III*. In: MKMG 18 (1973), S. 18.
16 Ebd.
17 Dieser zweite Teil war am Ende des ersten Teils, der im *Hausschatz*-Heft 52, September 1892, mit dem Satz schließt: „Und so begann eine neue Fahrt, deren Inhalt im nächsten Jahrgang erscheinen wird", in einer Fußnote vielversprechend annonciert worden: „Der zweite Theil des Romans, den wir also im nächsten Jahrgang veröffentlichen, bringt den Mahdi selbst auf den Schauplatz und zeigt den berühmten Erzähler im Kampfe mit diesem fanatischen Muhamedaner und dem Sklavenhändler Ibn Asl. Der Roman ist in sich abgeschlossen, so daß man den ersten Theil nicht gelesen haben muß, um den zweiten zu verstehen." Vgl. Karl May: *Der Mahdi / Im Sudan* (*Hausschatz*-Reprint). Hamburg, Regensburg 1979, S. 195.
18 Eine weitere ‚Sklavengeschichte' Mays, die Erzählung *Eine Ghasuah*, erschien 1892 im *Eichsfelder Marien-Kalender* und wurde 1894 in den Sammelband *Orangen und Datteln* (X 427-461) aufgenommen.
19 Zit. nach Schmid: *Nachwort* [Anm. 11], S. N5.
20 Vgl. ebd., S. N10 u. N12, N14-N20.
21 Vgl. Roland Schmid: *Anhang zur Reprint-Ausgabe* v. Karl May: *Im Lande des Mahdi III*. Bamberg 1983, S. A3-A9.
22 Vgl. Schmid: *Nachwort* [Anm. 11], S. N7.
23 Ein erster Teil der Lieferungsausgabe von *Im Lande des Mahdi I* lag bereits im Dezember 1895 vor.
24 Ein Jahr darauf, im September 1892, fand das Porträt noch einmal Verwendung am Beginn des ‚Reiseerlebnisses' *Der Verfluchte* im – ebenfalls von Pustet verlegten – *Regensburger Marien-Kalender für das Jahr des Heiles 1893*.
25 May: *Mein Leben und Streben* [Anm. 1], S. 228.
26 Die enge, nur vor diesem Hintergrund sinnfällige Bindung des ungleichen Paares wird in der *Hausschatz*-Fassung deutlicher als in der Buchausgabe: Während sich die Wege der beiden Diener in der Fehsenfeld-Fassung am Ende trennen, nimmt Ben Nil im *Hausschatz* den verarmten Selim zu sich, „um ihm mehr ein Gnaden- als ein verdientes Brot zu gewähren". Vgl. May: *Der Mahdi / Im Sudan* [Anm. 17], S. 401.
27 Vgl. Mays Brief an Fehsenfeld vom 22. 4. 1899. In: *In fernen Zonen. Karl Mays Weltreisen*. Bamberg, Radebeul 1999, S. 60. Das hier wiedergegebene Faksimile ist einer Karte an Prinz Adalbert von Bayern vom Mai 1899 entnommen, abgebildet in: *Karl May. Leben, Werk, Wirkung. Ein Handbuch*, hg. v. Heinrich Pleticha u. Siegfried Augustin. Stuttgart 1996, S. 91.
28 Alfred Biedermann: *Ueber Karl Mays „Mahdi"*. In: KMJb 1927, S. 304-325.
29 Vgl. Karl Serden: *Alfred Biedermann vor 100 Jahren geboren*. In: MKMG 64 (1985), S. 24.
30 Vgl. Fritz Maschke: *Karl May und Emma Pollmer. Die Geschichte einer Ehe*. Bamberg 1973, S. 95. Zu den Quellen Maschkes gehörte auch eine apologetische Biographie *Emma Pollmer*, die Alfred Biedermann 1937 abschloß und die sich bis heute unveröffentlicht im Archiv des Karl-May-Verlags befindet.
31 Vgl. die Faksimiles von Briefen Mays an Biedermann vom 12. 2. und 18. 2. 1906 in: SoKMG 1 (1972), S. 4-6, und vom 23. 4. 1907 in: MKMG 62 (1984), S. 42, außerdem in

den *Karl-May-Autographika* (hg. v. Volker Griese, Bad Segeberg 1995ff.) die Karten vom 1. 12. 1908 (Nr. l, S. 36f.) und 6. 3. 1905 (Nr. 2, S. 12); weitere Korrespondenz ist im Nachlaß Karl Mays erhalten, die meisten Briefe dürften jedoch verlorengegangen sein.
32 Vgl. Reinhard Seidler: *Drei Frauen schreiben an Biedermann*. In: MKMG 95 (1993), S. 3-8.
33 Vgl. Alfred Biedermann: *Karl Mays Gottesglaube*. In: KMJb 1922, S. 118-133; *Karl May und Heinrich Hansjakob*. In: KMJb 1923, S. 293-301; *Klekih-petra*. In: KMJb 1924, S. 105-115; *Ist May Lyriker?* In: KMJb 1926, S. 322-332; *J. Fenimore Cooper und Karl May*. In: KMJb 1929, S. 428-436; *Zufall oder Fügung?* In: KMJb 1933, S. 416-420. Ein Gedicht *An der Bahre Karl Mays*, das Biedermann am 2. 4. 1912, drei Tage nach Mays Tod, geschrieben und zuerst am 30. 3. 1917, dem fünften Todestag, im *Mannheimer Tageblatt* veröffentlicht hatte, erschien im KMJb 1925, S. 75.
34 Vgl. Bernhard Kosciuszko/Christoph F. Lorenz: *Die alten Jahrbücher. Dokumente früher Karl-May-Forschung. Eine Bestandsaufnahme*. Ubstadt 1984, S. 48-50.
35 Rudolf K. Unbescheid: *Der Mahdi. Karl May, Hakawati, und die weltpolitischen Hintergründe in seinem Werk* (6 Teile). In: *Magazin für Abenteuer-, Reise- und Unterhaltungsliteratur*, Braunschweig (1977/78), Nrn. 13-18; vgl. auch ders.: *Das Land des Mahdi, Sklavenkarawanen und Karl May* (3 Teile, 1979, 1984, 1986). In: *Winnetou, Old Shatterhand, Kara Ben Nemsi, Hadschi Halef Omar. Karl Mays Erzählungen und die Wirklichkeit* (Loseblattsammlung), hg. v. Horst Heinke. Taunusstein 1975-88.
36 Unbescheid: *Der Mahdi* [Anm. 35], Nr. 13, S. 35.
37 Eckehard Koch: *Im Lande des Mahdi. Karl Mays Roman zwischen Zeitgeschichte und Moderne*. In: JbKMG 1995, S. 262-329.
38 Vgl. Franz Kandolf: *Krüger Bei und der „Vater der Fünfhundert"*. In: KMJb 1924, S. 90-104; ders.: *Schrittmesser und Landkarten*. In: KMJb 1925, S. 154-165.
39 Vgl. Unbescheid: *Der Mahdi* [Anm. 35], Nr. 17, S. 50-57.
40 Bernhard Kosciuszko: *„In meiner Heimat gibt es Bücher..." Die Quellen der Sudanromane Karl Mays*. In: JbKMG 1981, S. 64-87. Kosciuszko ist auch der Autor des Werkartikels *Im Lande des Mahdi I-III* im *Karl-May-Handbuch* (hg. v. Gert Ueding in Zusammenarbeit mit Klaus Renner. Würzburg ²2001, S. 210-216).
41 Walther Ilmer: *Nachwort*. In: May: *Der Mahdi / Im Sudan* [Anm. 17], S. 403-407.
42 Walther Ilmer: *Karl May – Mensch und Schriftsteller. Tragik und Triumph*. Husum 1992.
43 *Exemplarisches zu Karl May*, hg. v. Walther Ilmer u. Christoph F. Lorenz. Frankfurt/M., Berlin, Bern, New York, Paris, Wien 1993.
44 Walther Ilmer: *Befremdlicher Winnetou. Die Lichtgestalt im Schatten ihres Autors*. In: *Karl Mays ‚Winnetou'. Studien zu einem Mythos*, hg. v. Dieter Sudhoff u. Hartmut Vollmer. Frankfurt/M. 1989, S. 380-397.
45 Vgl. die Beiträge: *Das schreckliche Ende. Der ‚Anhang' als Ausdruck einer emotionalen Krise* (KMS l, S. 277-293), *Mißglückte Reise nach Persien. Gedanken zum ‚großen Umbruch' im Werk Karl Mays* (KMS 2, S. 118-151), *Mit unsicherer Hand zum sicheren Sieg. Karl Mays ‚Old Surehand' als Werk der Kontraste* (KMS 3, S. 87-114) u. *Wirrwarr ‚in der Heimat'. Dokument einer Wende mit Folgen* (KMS 5, S. 180-216).
46 Walther Ilmer: *Einführung*. In: May: *Der Mahdi / Im Sudan* [Anm. 17], S. 7.

Abkürzungen

Römische Ziffern beziehen sich auf die im Verlag von Friedrich Ernst Fehsenfeld, Freiburg i. Br., seit 1892 erschienene Reihe ‚Karl May's gesammelte Reiseerzählungen' (bis 1896 ‚Reiseromane'); Reprint: Bamberg 1982-84:

I	Durch Wüste und Harem, 1892
II	Durchs wilde Kurdistan, 1892
III	Von Bagdad nach Stambul, 1892
IV	In den Schluchten des Balkan, 1892
V	Durch das Land der Skipetaren, 1892
VI	Der Schut, 1892
VII	Winnetou I, 1893
VIII	Winnetou II, 1893
IX	Winnetou III, 1893
X	Orangen und Datteln, 1894
XI	Am Stillen Ocean, 1894
XII	Am Rio de la Plata, 1894
XIII	In den Cordilleren, 1894
XIV	Old Surehand I, 1894
XV	Old Surehand II, 1895
XVI	Im Lande des Mahdi I, 1896
XVII	Im Lande des Mahdi II, 1896
XVIII	Im Lande des Mahdi III, 1896
XIX	Old Surehand III, 1896
XX	Satan und Ischariot I, 1897
XXI	Satan und Ischariot II, 1897
XXII	Satan und Ischariot III, 1897
XXIII	Auf fremden Pfaden, 1897
XXIV	„Weihnacht!", 1897
XXV	Am Jenseits, 1899
XXVI	Im Reiche des silbernen Löwen I, 1898
XXVII	Im Reiche des silbernen Löwen II, 1898
XXVIII	Im Reiche des silbernen Löwen III, 1902
XXIX	Im Reiche des silbernen Löwen IV, 1903
XXX	Und Friede auf Erden!, 1904
XXXI	Ardistan und Dschinnistan I, 1909
XXXII	Ardistan und Dschinnistan II, 1909
XXXIII	Winnetou IV, 1910

*

KMJb	Karl-May-Jahrbuch, hg. v. Rudolf Beissel u. Fritz Barthel, 1918-19: Breslau; hg. v. Rudolf Beissel u. Fritz Barthel, 1920: Radebeul bei Dresden; hg. v. Euchar Albrecht Schmid u. a., 1921-33: Radebeul bei Dresden; hg. v. Thomas Ostwald u. a., 1978-79: Bamberg, Braunschweig
KMG	Karl-May-Gesellschaft e.V.
MKMG	Mitteilungen der Karl-May-Gesellschaft, Hamburg 1969ff.
SoKMG	Sonderheft der Karl-May-Gesellschaft, Hamburg 1972ff.
JbKMG	Jahrbuch der Karl-May-Gesellschaft, hg. v. Claus Roxin, Hamburg 1970-73; hg. v. Claus Roxin u. Heinz Stolte, Hamburg 1974; hg. v. Claus Roxin, Heinz Stolte u. Hans Wollschläger, Hamburg 1975-81, Husum 1982-92; hg. v. Claus Roxin, Helmut Schmiedt u. Hans Wollschläger, Husum 1993-99; hg. v. Claus Roxin, Helmut Schmiedt, Reinhold Wolff u. Hans Wollschläger, Husum 2000-02.

Sperrdruck (im Original) wird grundsätzlich kursiv wiedergegeben.

Vorbemerkung zur zweiten Auflage

Sieben Jahre nach dem Erscheinen der Erstausgabe des ‚Studienbandes' zu Karl Mays *Im Lande des Mahdi* hat sich bei der Planung einer Neuauflage des schon seit längerem vergriffenen Buches unweigerlich die Frage gestellt, die Beiträge des Bandes zu überarbeiten und zu aktualisieren oder sie in unveränderter Fassung neu zu veröffentlichen. Angesichts der Tatsache, dass der Band trotz neuerer Forschungsarbeiten noch immer uneingeschränkte Gültigkeit beanspruchen darf, aber ebenso in der Intention, den Charakter einer ‚historischen Dokumentation' zu bewahren – was traurigerweise auch durch den Tod des Mitherausgebers der *Studien*-Reihe Dieter Sudhoff 2007 bedingt wird –, haben Verlag und Herausgeber sich für eine (abgesehen von kleineren formalen Korrekturen) unveränderte Neuauflage entschieden. Um den neuesten Stand der Forschung zum *Mahdi* zu dokumentieren, ist die Bibliographie allerdings aktualisiert worden.

H. V. *Paderborn Dahl, im Oktober 2010*

Alfred Biedermann

Über Karl Mays ‚Mahdi'

Im Anhang zum Nachlaßband *Ich* vertritt Dr. Schmid mit hinreichenden Gründen die Anschauung, daß Karl Mays erste Afrikareise zwischen die Jahre 1868 und 1870 fällt; es wäre dies also jene Fahrt, die sich mit der in der Selbstbiographie [...] erwähnten Auslandsreise deckt. Eine der Früchte dieser Reise, und nicht die schlechteste, ist die dreibändige Reiseerzählung *Im Lande des Mahdi*, erstmals im Jahr 1891 erschienen. Als Vorläufer dieser Erzählung können wir die bereits 1889/90 veröffentlichte Jugendschrift *Die Sklavenkarawane* ansprechen, die ja der gleichen hohen Aufgabe dient, wie der *Mahdi*.

Mit beiden Werken hat Karl May, der nach unsrer Auffassung ein *veredelter* Cooper-Sealsfield ist, seine große Fähigkeit gezeigt, im Rahmen der Reiseerzählungen, ganz auf dem Boden des Wirklichen bleibend, erhabene Gedanken geschickt zu vertreten und ernste Ziele erfolgreich zu erstreben, ohne daß es zu diesem Zweck symbolischer oder „übersinnlicher" Werke bedarf. Neben dem *Winnetou* zählt der *Mahdi* – leider nicht so bekannt wie der Indianerroman – zu den bestgeglückten Schöpfungen Karl Mays, und diese Tatsache rechtfertigt es wohl, daß wir heute einige Betrachtungen über das Werk anstellen. Es ist die einzige große orientalische Erzählung, in der wir dem uns allen wohlbekannten Hadschi Halef Omar nicht begegnen (mit Ausnahme im 3. Band, Kap. 3).

1.

„Schwarze sind nur halbe Menschen; sie fühlen nichts" – mit diesen in ihrer erschreckenden Einfachheit fürchterlichen Worten gibt ein Sklavenhändler eine der Hauptursachen des Sklavenhandels an. (Vertreter dieser Anschauung ist Abu Reqiq.) Die andre Ursache liegt im Koran bzw. in dessen Auslegung, wonach Mohammed den Sklavenhandel und mithin auch die Sklavenjagden nicht verboten hat. (Vertreter dieser Ansicht ist Abd Asl.) Und der dritte Bewegungsgrund zum Handel mit Menschenfleisch ist die *auri sacra fames,* die Geldgier. (Vertreter sind Ibn Asl und Murad Nassyr.) Die Bekämpfung des Sklavenhandels schildert May im *Mahdi*. Der Vertreter der

Haupthandlung ist wieder der uns so vertraute liebe, alte Karl May, der in der Erzählung jedoch nicht seinen orientalischen Namen Hadschi Kara Ben Nemsi führt. Wir können im Rahmen dieses Aufsatzes natürlich keine ausführliche Inhaltsangabe der drei umfangreichen Bände bringen, aber es soll versucht werden, in knappen Zügen Aufbau und Abwicklung der Handlung klarzustellen. Zugleich bekommen wir dabei Einblick in Karl Mays Schaffensweise, wie er, das große Ziel fest im Auge, mehrere Vorwürfe nebeneinander beginnt, diese sich sodann verknüpfen läßt, um schließlich durch Entwirrung des Knotens zu einer befriedigenden Lösung zu gelangen. Wenn wir den Roman betrachten, denken wir am besten an einen in der Bildung begriffenen Bergbach: von allen Seiten kommen die Wasser, zeitweise aufgehalten von Hindernissen, um allmählich sich zu einem Fluß zu vergrößern, der, mögen auch irgendwelche Hemmungen auftreten, in ruhiger Breite seinem Ziel zuströmt.

Um drei Aufgaben dreht sich die Handlung des ersten *Mahdi*-Bandes: a) Was will Murad Nassyr? b) Der Kampf mit der heiligen Kadirine. c) Die Sklavenjäger.

a) Karl May trifft Murad Nassyr in Kairo und folgt seiner Einladung, ihn auf einer wichtigen und anregenden, dabei für May kostenlosen Reise nach dem Süden zu begleiten. May ist nach einigem Zögern mit diesem Vorschlag einverstanden, doch erwachen sehr bald in ihm Zweifel über die Art des Geschäfts (Kap. 1), zumal der schlaue Türke sich zu keinerlei Andeutungen verstehen will, aus denen Zweck und Ziel der Fahrt ersichtlich wäre. Aber May gibt das Mienenspiel des berühmten Reïs Effendina, als dieser nur den Namen Murad Nassyr hört, doch sehr zu denken (Kap. 2). Das nun ganz erwachte Mißtrauen wird verstärkt (Kap. 3) durch das plötzliche Erscheinen von Murads Diener Selim, der die Aufgabe hat, dem Abendländer bis zur Ankunft Murads nicht von der Seite zu weichen. Einige Tage später trifft Murad Nassyr in Siut ein und ist peinlich überrascht, daß May den Reïs Effendina gesprochen hat (Kap. 5). Jetzt fühlt sich der Türke zu dem Geständnis veranlaßt, daß er Sklavenhändler sei. Damit ist der Trennungsstrich May-Murad gezogen, zwischen dem Sklavenhändler und dem Deutschen kann es nur Feindschaft geben.

b) In Kairo zieht sich May den Haß einer religiösen Verbrüderung, der heiligen Kadirine, zu, weil er deren Vorsteher, den Mokkadem Abd el Barak, als Sklavenhalter und Erbschleicher entlarvt (Kap. 1). Wie eine ungeheure Spinne strickt die heilige Kadirine deshalb ihr feinmaschiges

Netz um May: als er dem Türken Murad nach Gizeh vorausfährt, muß er entdecken, daß ein Mitglied der frommen Bruderschaft dasselbe Schiff benutzt, daß der Kapitän selbst Mitglied ist und einen Beauftragten der Kadirine, den Muza'bir, an Bord nimmt, der May nach dem Leben trachtet (Kap. 2). Auch der fromme Fakir, der May in eine unterirdische Höhle lockt, damit er dort elend umkomme (Kap. 4), ist Mitglied des religiösen Geheimbundes. Unserm Helden gelingt jedoch die Befreiung, er rettet damit dem zum gleichen Tod bestimmten Ben Nil das Leben. In Ben Nil ersteht Karl May für die Folge ein treuer Bundesgenosse. Vereint gehen sie nunmehr zum Kampf gegen die heilige Kadirine vor mit dem Erfolg, daß Abd el Barak und der Muza'bir gefangen genommen werden, leider aber durch des Dieners Selim Torheit die Freiheit wieder erlangen (Kap. 6).

c) Eng verbunden mit dem Kampf gegen die heilige Kadirine ist der gegen die Sklavenjäger. Infolge eines Gesprächs mit dem Reïs Effendina (Kap. 2) wird May dessen Verbündeter und nimmt also am Feldzug gegen die Sklavenjäger und -händler teil. Erster Erfolg des Zusammenarbeitens: das nach Gizeh bestimmte Sklavenschiff wird beschlagnahmt, die Besatzung gefangengenommen. Durch einen Höhlenführer in Maabdah (Kap. 4) erfährt Karl May, daß des Führers Bruder, Hafid Sichar, auf der Reise von Chartum verschollen ist. Der heilige Fakir macht Andeutungen, woraus zu schließen ist, daß Hafid Sichar in der Gewalt der Sklavenhändler sich befindet. Der zweite Erfolg des Reïs und Mays gipfelt in der Befreiung einer Sklavenkarawane der Fessarah (Kap. 6). Die Sklavenjäger, die dabei dem Reïs in die Hände fallen, werden ohne Gnade erschossen.

Am Schluß des ersten Bandes können wir feststellen:
1. Murad Nassyr ist Sklavenhändler und Mays Feind.
2. Die heilige Kadirine und die Sklavenjäger sind Verbündete.
3. Der heilige Fakir ist – Abd Asl, der Vater des berüchtigten Sklavenjägers Ibn Asl.
4. Ganz in Dunkel gehüllt bleibt das Schicksal von Hafid Sichar.

Gegen die Sklavenjäger Ibn Asl und Abd Asl, gegen die Kadirinisten Abd el Barak und den Muza'bir und gegen den Sklavenhändler Murad Nassyr stehen geschlossen Karl May, der treue Ben Nil und der Reïs Effendina mit seinen Truppen.

2.

Aus dem zweiten Bande des *Mahdi* ist klar ersichtlich, daß die heilige Kadirine, Murad Nassyr, die Sklavenjäger zusammenarbeiten. Wir brauchen daher die im ersten Band herausgeschälten Aufgaben nicht mehr auseinanderzuhalten, sondern betrachten sie nunmehr als Ganzes: der Bergbach ist bereits zum ansehnlichen Fluß geworden. Die spannend geschilderten Befreiungen oder Gefangennahmen behandeln wir hier nicht weiter, sie bilden, um das eingangs erwähnte Gleichnis festzuhalten, lediglich kleine Hindernisse und Hemmungen, die den Fluß in seinem Lauf nicht groß beeinträchtigen.

Am Bir atschahn wird die von Abd Asl, dem heiligen Fakir, geführte Karawane aufgehoben (Kap. 1). Obgleich der hier erstmals auftretende geschichtliche Mahdi die sofortige Freilassung des Abd Asl verlangt, beachten die Sieger seine teils schwärmerischen, teils ethisch anfechtbaren Ausführungen nicht: er erhält als zugkräftiges und eindringliches Besserungsmittel die Bastonnade, Abd Asl selbst wird den Krokodilen vorgeworfen, trotzdem Karl May gegen dieses Urteil ist (Kap. 3). Am „Sumpf des Fiebers" gelingt der Überfall auf das Lager Ibn Asls, der jedoch entkommt (Kap. 2). Gleiches Schicksal trifft die für Ibn Asl bestimmte Karawane der Takaleh bei Faschodah. Unter den Gefangenen befindet sich Hafid Sichar, der Bruder des Höhlenführers von Maabdah; er sollte zu Ibn Asl gebracht werden, durfte aber nun May seine Befreiung verdanken. Schlag auf Schlag scheint das Unheil über die Sklavenjäger hereinzubrechen, aber die rücksichtslose Energie des gefürchteten Ibn Asl trägt nochmals den Sieg davon. Der zähe Araber gibt vorerst das Spiel nicht auf: mögen der Reïs Effendina und der fremde Effendi (May) noch so viele Karawanen überwältigen, so lange Ibn Asl lebt, ist die Sache des Sklavenhandels noch nicht verloren. Die Seribah Aliab wird vom Reïs und von May zerstört, der Gouverneur von Faschodah, der geschichtliche „Vater der Fünfhundert", läßt den mit Ibn Asl verbündeten Arnautenführer zu Tod peitschen, Murad Nassyr wird gefangen auf das Schiff des Reïs gebracht (Kap. 5), aber der Hauptsünder Ibn Asl ist dem Netz entschlüpft. Mit Abd el Barak und dem Muza'bir plant er einen seiner grausamen Raubzüge gegen die Gohk. Wird er gelingen? Mit dieser bangen Frage schließen wir den zweiten Band. Sein Ergebnis ist:

1. Abd Asl, der heilige Fakir und Vater des Ibn Asl, ist gerichtet.
2. Hafid Sichar ist gefunden.
3. Murad Nassyr lebt in der Gefangenschaft des Reïs.
4. Ibn Asl, dessen Karawanen so vernichtende Schläge empfingen, Abd el Barak und der Muza'bir sinnen neue Übeltaten aus.

3.

Die Männer, die Jahre hindurch arme Menschen, teilweise hilflose Frauen und Kinder unbarmherzig als Ware zum Markt trieben, empfangen schließlich ihren wohlverdienten Lohn. „Wehe dem, der wehe tut" – das Lieblingswort des Reïs Effendina, das besser als lange Erörterungen diesen in seiner Eigenart prächtigen Menschen kennzeichnet, geht an den Sklavenjägern gründlich in Erfüllung. Die Art der Bestrafung durch den Reïs mag vielleicht hart erscheinen, wir müssen uns aber dabei vor Augen halten, daß man Sklavenjäger und deren Helfershelfer nicht mit Sammethandschuhen anfassen darf, will man durchgreifende Erfolge erzielen.

Gleich das erste Kapitel des Schlußbandes bringt die Vernichtung der Karawane des Muza'bir. Diesen und Abd el Barak, den Vorsteher der heiligen Kadirine, läßt der Reïs aufhängen. Leider hat das Zusammenarbeiten und die Freundschaft des Reïs Effendina mit Karl May nun ein rasches Ende gefunden (Kap. 2). Mit Bedauern lesen wir, daß die kampferprobte Kameradschaft jämmerlich in die Brüche gegangen ist – durch beiderseitige Schuld. Im nächsten Abschnitt werden wir näher darauf eingehen. Immerhin ist es May hoch anzurechnen, daß er mit der Schilderung seines Streites mit dem Reïs fast im letzten Augenblick noch einen abwartenden Zug in den Roman gebracht hat. Fast möchte man zunächst annehmen, daß infolge des unseligen Zwistes der Endkampf gegen Ibn Asl überhaupt nicht oder höchstens in bescheidenstem Maß zum Austrag komme. Gerade die Einführung des „verzögernden Zugs" ist eine ganz einzigartige Leistung des Schriftstellers May. Wäre er ein „Zeilenschinder" gewesen – man hat ja von sogenannter urteilsfähiger Seite auch schon diesen Vorwurf gegen May erhoben –, wir sagen, wäre er solch ein „Schinder" gewesen, dann hätte seine prachtvolle Phantasie wohl drei weitere Bände füllen können, ehe die Entscheidung gegen Ibn Asl gefallen wäre. Sie fällt jedoch bereits im dritten Kapitel. Mit der Vernichtung des Ibn Asl ist aber der Roman nicht zu Ende: Ibn Asl ist ja nur *ein* Sklavenjäger, wenn auch der furchtbarste. Mays Kampf gilt aber dem Sklavenhandel überhaupt, deshalb erzählt er uns in höchst spannender Weise, wie es ihm gelingt, Abu Reqiq, der Ibn Asls bester Bundesgenosse ist, festzunehmen. Es folgt die Zerstörung von Abu Reqiqs ausgedehnter Niederlassung El Michbaja. Hier befehligt Jumruk el Murabit, die „Faust des Heiligen". Und dieser „Heilige" ist kein andrer als der Sklavenhändler und später eine so bedeutsame Rolle spielende Mahdi. Abu Reqiq kommt auf das Schiff des Reïs Effendina – May führt den Befehl – und kann sich dort mit Murad Nassyr über das Los alles Irdischen unterhalten. Jetzt erst ist Mays Aufgabe gelöst. Mit Ben Nil und Hafid Sichar kehrt er zu dessen Bruder, dem Höhlenführer, zurück und feiert Wiedersehen und Abschied. Eine Aussöhnung mit dem Reïs Effendina erfolgt nicht. Über das Schicksal Abu Reqiqs und Murad Nassyrs läßt uns May zwar im Dunkeln, immerhin können wir aus seinen Andeutungen entnehmen, daß der schlaue Türke der Bestrafung entgehen wird.

In eindrucksvollen Bildern hat uns May das Treiben im Sudan geschildert. Im Dienst eines erhabenen Gedankens stehend, setzt er wiederholt sein Leben dafür ein. Weit entfernt von der furchtbaren Strenge des Reïs Effendina, steht er in tatkräftiger Durchführung seiner Pläne dem Stellvertreter des Khedive durchaus nicht nach. Der Leser von *Im Lande des Mahdi* erhält wertvolle Einblicke in die Art, wie der Sklavenhandel betrieben wird, er wird Zeuge der Sklavenjägerei, erfährt aber auch, daß das Recht schließlich siegt. Die Hoffnungsfreudigkeit unsres Karl May kennt ja keinen für das Recht verhängnisvollen Ausgang.

4.

Die umfangreiche Reiseerzählung bietet May Gelegenheit, seine Kunst der Charakterzeichnung an einer größeren Anzahl von Gestalten zu zeigen. Selbst solche Personen, deren Auftreten für den Fortgang der Handlung keine wesentliche Bedeutung hat, werden, wenn auch nur kurz, doch mit kräftigen Strichen umrissen. Unser Schriftsteller verfällt dabei nicht in den „beliebten" Fehler, die Gegenseite schwarz in schwarz zu malen. Gerade unter den von ihm beschriebenen Sklavenhändlern sind solche Gestalten, die, in andre Verhältnisse gestellt, durchaus nicht zum schlechtesten Teil der Menschheit gezählt werden könnten. Lassen wir also die wichtigsten Gestalten aus dem *Lande des Mahdi* an unserm Auge vorüberziehen!

Im schlauen Türken Murad Nassyr zeichnet Karl May einen bedenkenlosen orientalischen Geschäftsmann, der einzig dem Mammon dient. Murad scheut nicht davor zurück, die eigene Schwester dem berüchtigten Ibn Asl als Frau zuzuführen, nur um die Geschäftsverbindung mit dem Sklavenjäger einträglicher zu gestalten; er ist sogar entschlossen, die jüngere Schwester Karl May anzutragen, falls er seine Kenntnisse und Fähigkeiten in den Dienst der nach Murads Meinung „guten Sache" stelle. Im Unglück bewahrt ihn seine Pfiffigkeit vor Verzweiflung; er weiß ja doch, daß man mit allen Widerwärtigkeiten fertig werden kann. Er besitzt Lebenszähigkeit, den festen Willen zum Leben, und darum ist er einer der wenigen „Sünder", die nicht untergehen.

Murads Diener, der ebenso lange wie alberne Selim, vertritt die drollige Art im Roman. Wäre dieser gutmütige Prahlhans Selim nicht, dann würde sich die Erzählung allzu ernst und düster gestalten. Bei all seinem Ungeschick ist Selim doch wieder eine treu-anhängliche Natur, und wir können diesem „Helden der Helden des Weltalls" nicht böse sein, wenn er bei jeder Gelegenheit den Siegesruhm für sich allein in Anspruch nimmt. Manche Züge dieses Dieners erinnern an den bekannten Hadschi Halef, dessen unerschrockene Kühnheit freilich Selim nicht besitzt. Mit seiner Dummheit kann sich nur seine Feigheit messen. Daß trotzdem Selim vom Leser nicht zu hart verdammt wird, mischt May mit sicherer Hand einen herben Zug in das Bildnis Selims: der arme „Held aller Helden" ist ein Heimatloser, ein von seinem Stamm wegen Feigheit Ausgestoßener, der trotzdem im Strudel des Lebens nicht untergeht, sondern mit ehrlicher Hand sich seinen Lebensunterhalt verdient.

Lieb berührt uns Ben Nil, der, aus der Höhle befreit, ein treuer und zuverlässiger Gefährte Karl Mays ist; trotz seiner Jugend ein ganzer Mann: kühn und unerschrocken, ehrlich und ausdauernd, meist still und ernst und dabei gütigen Herzens. In ihm verdrängen die hohen ethischen Anschauungen Mays die mohammedanischen Gefühle der Rache.

Im heiligen Fakir, dessen wirklicher Name Abd Asl ist, geißelt Karl May jene Scheinheiligkeit, die sich den Mantel der Frömmigkeit umhängt, um so sichere Geschäfte zu machen. Abd Asl murmelt seine Gebete zu Allah, aber sein Herz hat andre Sorgen. Kaltblütig tritt dieser „Heilige" das Glück seiner Nebenmenschen mit Füßen, wenn er nur seinen Vorteil dabei findet. Widerlich wirkt die religiöse Anschauung des Fakirs, der Sklavenhandel sei erlaubt, weil er im Koran nicht ausdrücklich verboten ist. Da lernen wir in seinem Sohn, dem Sklavenjäger Ibn Asl, eine ganz andre, fast möchte man sagen, ehrlichere Natur kennen. Ob der Koran ihn erlaubt, ob er ihn nicht erlaubt, der Sklavenhandel ist sein Handwerk. Furchtlos wagt Ibn Asl die kühnsten Unternehmungen. Verunglückt eine oder die andre, so kann der Schaden ersetzt werden. Ob dabei Tausende ihr Leben einbüßen, rührt das versteinte Herz des finsteren Sklavenjägers nicht. Seine eigne werte Persönlichkeit hält er in besonders brenzlichen Lagen gern bescheiden im Hintergrund. Ibn Asl besitzt Unternehmungsgeist und Menschenkenntnis, weiß, was er will und setzt seinen Willen auch durch. Freilich, er kennt nur sein eignes „Ich" und gibt, um sein Leben zu retten, kaltblütig das seines Vaters hin. Was hätte aus diesem steinharten Charakter werden können, wenn ihm in den Sternen ein andres Schicksal geschrieben gewesen wäre!

Besitzt Ibn Asl immer noch Züge, die ihn in gewissem Sinn groß erscheinen lassen, so wenden wir uns doch mit Abscheu von Leuten wie Abd el Barak, dem Mokkadem der heiligen Kadirine. Religiös ein ausgesprochener Eiferer, von schonungsloser Rachgier gegen den Feind erfüllt, besitzt dieser Vorsteher der heiligen Kadirine einen nicht zu überbietenden Größenwahn und maßlose Frechheit. Selbst im Unglück, bei seiner Gefangennahme, glaubt er wegen seiner hervorragenden Stellung eine besonders rücksichtsvolle Behandlung beanspruchen zu müssen und droht, fast angesichts des Todes, mit seiner frommen Bruderschaft. Der Reïs Effendina, der in seiner Art zeitweise ein sehr feiner Menschenkenner war, hat die hervorragende Stellung des Mokkadem richtig zu würdigen gewußt, indem er ihn an einem möglichst hohen Baum aufhängen ließ.

Wir kommen nun zur Besprechung des Reïs Effendina, der mit weitgehenden Vollmachten ausgerüstet einen energischen Kampf gegen den Sklavenhandel führt. Der Reïs und Ibn Asl – zwei ganze Männer stehen einander gegenüber; ihr Schachbrett ist das unendliche Gebiet des Sudan, und dieser Kampf kann nur sein Ende finden, wenn einer der Gegner völlig schachmatt ist. Keine schwächlichen Vergleichsnaturen stehen sich gegenüber, sondern Kraftmenschen, wie sie Karl May so meisterlich zu zeichnen versteht. Religiös ist der Reïs Effendina äußerst duldsam, ein lebenskundiger Mann, der gern jede Gelegenheit ergreift, um seine nicht geringe Bildung zu erweitern. Seine Freundschaft mit May geht allerdings in die Brüche, und hier setzt die Beurteilung mit der Behauptung ein, diese Wandlung im Charakter des Reïs Effendina sei nicht genügend begründet. Wirklich? Ich möchte bei dieser Gelegenheit Karl May doch in Schutz nehmen und deshalb all jene Gründe aufzählen, die Veranlassung zu dem Zwist zwischen dem Reïs und May gaben, Gründe, die schließlich Karl May selbst anführt. Freilich stellt er sie nicht zusammen, sondern führt sie gelegentlich an verschiedenen Stellen des dritten *Mahdi*-Bandes auf. Wir dürfen uns aber nicht dazu verleiten lassen, lediglich die im zweiten Kapitel dieses Bandes gemachten Ausführungen Mays als hinreichende Gründe zu der Feindschaft der beiden kampferprobten seitherigen Bundesgenossen uns zu eigen zu machen. Den ersten Grund zum Zwist müssen wir bereits in den zwei ersten Bänden des Romans suchen: wiederholt greift May, allerdings in edelster Absicht, in die unbeschränkten Befugnisse des Reïs Effendina ein, indem er gegen die Sklavenjäger, sofern es sich um „Verführte" handelt, Milde angewendet wissen will. Zwar erfüllt der Reïs Mays Wünsche, läßt aber deutlich seine Verstimmung merken. Wer hat nun recht? May mit seiner Milde oder der steinharte Reïs Effendina? Wer sich vergegenwärtigt, in wie schamloser Weise ganze Völkerschaften zugrunde gerichtet werden, mit welchen geradezu grausamen Mitteln die Sklavenjäger gegen Wehrlose, namentlich Frauen und Kinder vorgehen, der muß unbedingt mit dem Reïs Effendina übereinstimmen, daß nur Strenge, und zwar alleräußerste Strenge, einen nachhaltigen Erfolg zeitigen kann. Gerade dieser wesentliche Punkt wird von denjenigen übersehen, denen die Wandlung im Charakter des Reïs Effendina nicht genügend begründet scheint. Wir dürfen demnach zunächst feststellen, daß Karl May durch sein Verhalten den Reïs Effendina kränkt. Dieser selbst besitzt aber auch eine Charaktereigenschaft, die einen wenig schönen Zug des sonst so prächtigen Menschen bildet: er ist neidisch! Neidisch auf May, dem in der Hauptsache die glänzenden Erfolge zu danken sind, weil die Rede bei den Gohk auf diese einen so tiefen Eindruck macht, daß sie den Redner mit der obersten Leitung des Feldzuges gegen die Sklavenjäger betrauten. Als weitere Ursache kommt noch das übermäßig betonte Standesbewußtsein des Reïs hinzu: er ist Offizier, hat weitgehende Vollmachten, besitzt sogar Recht über Leben und Tod, und Karl May ist „nur" Zivilist und zwar, wie das im zweiten Kriegsrat der Gohk zum Ausdruck kommt, Abendländer, Fremder. Leise klingt hier das Nationalbewußtsein des Ägypters an. Der Fremde ist uns recht, aber – wir sind die Ersten, wir geben den Ton an. Wir glauben, daß diese Gründe, die wir alle dem *Mahdi* entnommen haben, genügen, um die Wandlung in dem Verhalten des Reïs annehmbar zu machen. Doch könnte man jetzt noch die Frage aufwerfen, ob wirklich keine Möglichkeit bestanden hätte, den Zwist auf gütlichem Wege auszugleichen, wozu May sicherlich bereit gewesen wäre; die Erzählung hätte dann auch in diesem Punkt harmonisch ausgeklungen. Ja, verläuft denn etwa jedes Menschenleben harmonisch? Hinter dem Reïs stand zudem der gefangene – Murad Nassyr. Dieser hat – May deutet dies selbst an – jedenfalls den Abendländer beim Reïs Effendina verdächtigt. Murads Interesse verlangt das so. Sein Richter wird in Chartum nicht Karl May, sondern der unerbittliche Reïs Effendina sein. Mithin rechnet der schlaue Türke gar nicht falsch, wenn er jede Gelegenheit benutzt, um May bei seinem künftigen Richter anzuschwärzen. Murad versteht es, sich beim Reïs in Gunst zu setzen. Damit ist aber die Möglichkeit einer ehrlichen Aussöhnung des Ägypters mit dem Abendländer ausgeschlossen, denn May weiß ja nicht, welche Lügen Murad über ihn ausspricht und kann sich daher auch nie rechtfertigen.

Also, Mays Charakterisierung des Reïs Effendina dürfte zutreffend sein. Um den Gesinnungsumschwung des Ägypters gegenüber May zu verstehen, werden die von uns zusammengestellten Gründe stichhaltig sein. Mag die Gestalt des Reïs Effendina eine geschichtliche oder lediglich von May erfundene sein, jedenfalls ist dieser Reïs eine hochfesselnde Erscheinung.

5.

Wir wollen hier auch ein weibliches Wesen aus dem *Mahdi* noch kurz würdigen.

In einem großen Aufsatz *Die Frauengestalten Karl Mays* behandelt Otto Eicke[*] eine Reihe von Frauengestalten aus den Reiseerzählungen. Wir können diese Reihe Mayscher Frauen durch Aufnahme einer weiblichen Gestalt aus der Reiseerzählung *Im Lande des Mahdi* erweitern und meinen mit dieser Frauengestalt Marba, die schöne Töchter des Scheiks der Fessarah. Dieser afrikanische Beduinenstamm ist wegen der Schönheit seiner Frauen bekannt in der Völkerkunde, er war aber aus diesem Grund den Sklavenjägern und -händlern noch bekannter. May nennt Marba „ein sehr schönes Mädchen" von etwa 16 Jahren. „Ihr Gesicht zeigte nicht die mindeste Spur jener Schärfe, die älteren Beduinenfrauen eigentümlich ist. Sie ging barfuß; ihr Körper war ganz in ein dunkles, kaftanartiges Gewand gehüllt, und ihr dunkles Haar hing in zwei dichten, langen Zöpfen über den

---

[*] Siehe Karl-May-Jahrbuch 1922, S. 55-88.

Rücken hinab." Wir sehen, Karl May zeichnet, genau wie er es bei Nscho tschi tat, in ganz einfachen, sicheren Linien diese Mädchengestalt. Keinerlei Sinnenreiz, ganz gegenständliche Darstellung, wodurch diese Marba von vornherein in einen gewissen unnahbaren Abstand vom Leser gerät. Zweifellos liegt in der Art, wie May seine Frauen zeichnet oder uns darstellt, eine ganz bestimmte Absicht. Und er berührt sich hier mit dem von ihm so sehr geschätzten Schiller. Das Weib ist bei beiden Dichtern nicht Geschlechtswesen, sondern ein höherstehendes Wesen als der Mann. Darum vermeidet es May peinlich, die Frauen in heiklen Lagen zu zeigen, wiewohl er hierzu in den „Reiseerzählungen" sehr oft Gelegenheit hätte. Meist erscheint bei Karl May das Mädchen oder die Frau – ich rede nur von den „Reiseerzählungen" – als ein stilles, liebenswertes Geschöpf, in sich verschlossen und, im Gegensatz zu den Stammesgenossen, voll echter Frauengüte. So sind die Indianerinnen Mays beschaffen. Wir haben dabei das sichere Gefühl, das uns beispielsweise beim Lesen von Dantes *Vita nuova* beschleicht, daß es Frauen gibt, deren Reinheit und Innigkeit gegenüber ein sinnlicher Gedanke gar nicht aufkommen kann. In der Zeichnung der Marba geht May aber noch viel weiter als er es sonst tut: diese Marba hat „Rasse", Schwung, heißes Blut. Sie ist gefangen und soll Ibn Asl zugeführt werden. Der Führer der Karawane fordert sie auf, seinen Freund, einen häßlichen, narbigen Menschen, zu küssen. Einer Sklavin kann man ja alles zumuten. Stolz und ernstblickend steht Marba vor ihren Peinigern. Eine Drohung mit der Peitsche hat keinen Erfolg. Und als schließlich der Führer dem hilflosen Mädchen die Peitsche ins Gesicht schlägt, wendet sie sich, ohne einen Schmerzenslaut hören zu lassen, nach ihrem Zelt. „So schreiten Königinnen." Aber ihr heißes Blut ist nicht ruhig. Sie spuckt verachtungsvoll dem Narbigen ins Gesicht und nennt ihn den „verfluchtesten Teufel".

Als May sich, nach Umzingelung der Karawane, in Marbas Zelt schleicht, um ihr die nahe Rettung zu verkünden, verrät die Tochter des Scheiks, daß sie bereits von dem christlichen Effendi gehört hat, dessen Glaube besser ist als der Mohammeds. Sie ist religiös durchaus nicht schwärmerisch-unduldsam und prägt das schöne Wort: „Wenn böse Menschen über einen andern bös reden, so ist der gewiß gut, und wenn sie sich gar vor ihm fürchten, so muß er doppelt gut sein."

Die Befreiung der Sklavinnen gelingt. An dem geräuschvollen Jubel der Befreiten beteiligt sich Marba nicht, hält sich vielmehr im Hintergrund. Sie ist mit der Peitsche geschlagen worden und ihr heißes Blut verlangt Rache dafür. Ihr sind die Sklavenjäger – und hier vertritt sie wiederum eine sehr richtige Ansicht – „reißende Tiere". Sie weiß, daß von der ägyptischen „Gerechtigkeit" den Sklavenjägern gegenüber nicht allzu viel zu halten ist und verlangt deshalb von May, daß die Feinde den Fessarah zur energischen Bestrafung ausgeliefert werden müssen. Da May ihrem Wunsch nicht entsprechen kann – die Gefangenen gehören rechtlich dem Reïs Effendina –, „flammte ihr Auge drohend auf". Sie ersticht mit ihrem Dolch in einem unbewachten Augenblick Ben Kasawi, den Anführer des Zuges, der sie geschlagen hat, und den Narbigen. Stolz tritt sie May entgegen: „Bestrafe mich, Effendi! Sie haben mich geschlagen. Die Striemen können nur mit Blut abgewaschen werden. Ihr wollt sie meinem Stamm nicht ausliefern; daher habe ich Gericht gehalten." So redet eine echte Beduinin. In Marba hat Karl May wohl seine leidenschaftlichste Frauengestalt geschaffen.

6.

Ob der Reïs Effendina tatsächlich eine geschichtliche Gestalt ist, können wir heute mit Bestimmtheit noch nicht sagen. Dagegen begegnen wir im *Mahdi* drei andern Männern, die in späteren Zeiten in der Geschichte Ägyptens eine z. T. hervorragende Rolle spielten: es sind dies Amr el Makaschef, der Scheik der Baqqara, der im Mahdiaufstand ein treuer Verbündeter des Mahdi war, ferner Abu Hamsah Miah, der Mudir von Faschodah, bekannt als „Vater der Fünfhundert", von dem auch der Forschungsreisende Junker erzählt, und schließlich der Mahdi selbst. Namentlich dieser dürfte die Leser am meisten fesseln; darum wollen wir am Schluß unsrer Ausführungen den von May geschilderten mit dem geschichtlichen Mahdi vergleichen, um am Ende einen Blick auf den Ausgang dieses in seiner Art nicht unbedeutenden Menschen zu werfen.

Im ersten Band unsrer Reiseerzählung finden wir den Mahdi nur beiläufig erwähnt: Der Vorsteher der heiligen Kadirine will nach Chartum, um dort den wegen seines religiösen Eifers bereits weithin bekannten Achmed Suleiman, den späteren Mahdi, aufzusuchen. Ausführliche Einzelheiten über den Mahdi erfahren wir aber im zweiten Band.

„Sklaven, überhaupt Schwarze, sind keine eigentlichen Menschen!" Mit diesen Worten gibt der „Fakir el Fukara", der Fakir der Fakire, wie sich der spätere Mahdi, Achmed Suleiman, „bescheiden" nennt, sein Urteil über den Sklavenhandel, als er den gefangenen Abd Asl sieht. May beschreibt den später so berühmt gewordenen Mahdi als Mann von etwas über 30 Jahren, von hagerer Gestalt, mit dunklem, nicht sehr dichtem Vollbart. Der Gesichtsausdruck ist streng, düster-selbstquälerisch. Der Mahdi ist der richtige unduldsame Mohammedaner, der May, weil er Christ ist, gleich als „Hund" bezeichnet. Stolz und selbstbewußt, scheint er schon damals über eine größere Zahl Anhänger verfügt zu haben; die Sklavenjäger wenigstens sind gut mit ihm befreundet. Mut läßt sich ihm nicht absprechen, er begleitet May auf einer gefährlichen Löwenjagd und wird hierbei von dem „Christenhund" aus augenscheinlicher Lebensgefahr gerettet. „Du weißt noch gar nicht, wen du gerettet hast", bemerkt der Mahdi, als er May seiner steten Dankbarkeit versichert. Freilich, Dankbarkeit ist beim Mahdi eine leere Redensart, auf hinterlistige Weise sucht er die Bekämpfer des Sklavenhandels in eine Falle zu locken.

Seine religiöse Anschauung ist die des ausgesprochenen Schwärmers, der von seiner „göttlichen Sendung" felsenfest überzeugt ist, und deshalb mit seinen tiefsten Absichten durchaus nicht zurückhält. Als er merkt, daß das religiöse Gespräch mit May nicht zu einem in seinem Sinn fördernden Ergebnis führt, meint er, daß über den Islam ein endgültiges Urteil noch gar nicht gegeben werden könne, denn „Mohammed hat das Werk nur begonnen. Zu Ende führen wird es ein Andrer." Ohne sich selbst ausdrücklich als den Mahdi zu bezeichnen, entwickelt er im weiteren Verlauf des Gesprächs den Kriegs- und Eroberungsplan des späteren Mahdi, der „mit Feuer und Schwert" seinen Siegeszug antreten und seine Macht erweitern wird. Die Einwendungen, die May hauptsächlich vom Standpunkt des Europäers macht, beachtet Achmed Suleiman nicht und behauptet, der Mahdi sei schon da. „Seine Sendung ist ihm von Allah geworden, und er wird dem Befehl, der vom Himmel kam, gehorchen." Er läßt zugleich auch durchblicken, daß der Mahdi sogar unter hohen Offizieren – sollte Arabi Pascha gemeint sein? – Anhänger habe. Als May den hinterlistigen Fakir el Fukara an der Befreiung des Abd Asl hindert, bekennt er endlich zornentflammt, daß er der Mahdi sei, „vor dem Millionen im Staube liegen werden". Wir wissen aus dem zweiten Abschnitt unsrer Darlegungen, daß der Reïs Effendina den Mahdi durchpeitschen läßt. Dieser hat für den Stellvertreter des Khedive nur

Verachtung. Nach der Bastonnade wird der Mahdi gefesselt am Teich der Krokodile seinem Schicksal überlassen. Mays Menschenfreundlichkeit bringt dem Unglücklichen Nahrung und lockert die Fesseln, damit er entkommen kann. Und der Dank? „Fürchte die Rache! Die Rache!"

In den weiteren Verlauf der Handlung greift der Mahdi nicht mehr ein. Wir erfahren aber aus dem Schlußband der Reiseerzählung, daß die Anhänger des „Abgesandten Allahs" immer mehr wachsen. Er lehrt, daß der Sklavenhandel nicht nur erlaubt, sondern sogar geboten sei. Seinen Wohnsitz hat er auf der Nilinsel Abba oder Aba. Hier trifft Achmed Suleiman die letzten Vorbereitungen zu jener schrecklichen Erhebung, die so unsäglich viel Elend über den Sudan brachte.

Schließlich noch einige kurze Bemerkungen über den spätern Mahdi. Der „Heilige von Aba" hat die Erfüllung seiner kühnsten Träume gefunden. Der Weg zu seinem Herrscherziel ist mit Tausenden von Leichen bedeckt, und Ströme von Menschenblut dampfen zum Himmel auf.

Im Jahr 1881 erhob sich der Mahdi. Der Sklavenhandel blühte erneut auf. Vier Jahre darauf war der glaubenswütige und gewissenlose ehemalige Steuerbeamte und spätere Sklavenhändler unumschränkter Herrscher im Sudan. Am 26. Januar 1885 fiel Chartum in seine Hände und der Verteidiger der Stadt, der edle General Gordon, wurde auf viehische Weise niedergemetzelt. Der Mahdi ließ ihm nach dem Tod das Haupt abschneiden und dieses dem bekannten, von den Mahdisten gefangengehaltenen Slatin Pascha, einem ehemaligen österreichischen Offizier, zeigen. Wer Gelegenheit hat, Gordons Tagebücher zu lesen, die zu den erschütterndsten Belegen der Geschichte gehören, wird uns beistimmen, wenn wir sagen, daß Gordon einer der edelsten und besten Menschen gewesen ist. Wir übergehen gern die Berichte über die Greueltaten der siegreichen Mahdisten in Chartum. Wenn die Bestie im Menschen erwacht, steht der Mensch tief unter dem grausigsten Tiger.

Am 28. Juni 1885 starb der Mahdi, vermutlich an Typhus. Damit war aber die Mahdistenherrschaft nicht gebrochen. Ein neuer Mahdi stand auf, der seinem „erhabenen" Vorbild in nichts nachgab. Im Jahr 1898 wurde der englische General Kitchener beauftragt, gegen ihn vorzugehen. Lord Kitchener ist derselbe, der im Weltkrieg eine große Rolle spielte und im Jahr 1916 bei den Orkney-Inseln mit einem Kriegsschiff im Seesturm unterging. Ihm gelang es, die Mahdisten vernichtend zu schlagen. Dreizehn Jahre und 6 Monate nach Gordons Tod war die Herrschaft des Mahdi für immer dahin.

Eckehard Koch

Im Lande des Mahdi

Karl Mays Roman zwischen Zeitgeschichte und Moderne

1

„Du weißt, daß alle diese Negerdörfer von hohen Stachelzäunen umgeben sind. Die Dornen sind meist vertrocknet und brennen außerordentlich gut. Sobald man am Abende das Dorf umzingelt hat, brennt man den Zaun an verschiedenen Stellen an. In der Zeit von einigen Minuten brennt er überall; die Funken fliegen auf die Negerhütten, deren Dächer aus Schilf bestehen und sofort auch in Brand geraten. Die Schwarzen erwachen und wollen sich retten. Die kleinen Kinder und die Alten sind zu schwach dazu; sie müssen verbrennen. Den Starken aber, und gerade diese sind es, die man haben will, gelingt es, in kräftigen Sprüngen durch den brennenden Zaun zu brechen. Draußen ist es dunkel; sie sind geblendet und sehen nicht, wen und was sie vor sich haben; sie werden ergriffen und gefesselt. Wer von ihnen sich wehrt, wird niedergestochen, erschossen oder erschlagen! [...] Alte Weiber mit kleinen Kindern, denen es gelungen ist, sich aus dem Brande zu retten, treibt man einfach in das Feuer zurück. Wer unter fünf und über dreißig Jahre alt ist, den können wir nicht brauchen, da niemand einen solchen Sklaven kauft. Und indem man solche unbrauchbare Schwarze in das Feuer zurücktreibt, erspart man das Pulver, welches sie nicht wert sind." (XVIII 114f.)

Karl May steigert sich bei seiner Schilderung der Greuel einer Sklavenjagd noch in weitere grauenvolle Details hinein: Kinder und Erwachsene, die als Sklaven nicht zu gebrauchen sind oder von denen zu erwarten ist, daß sie den Transport nicht überstehen, werden schlicht ermordet. Der Erzähler macht aus seinem Abscheu keinen Hehl:

Ich fühlte eine Wut in mir, welche gar nicht zu beschreiben ist. [...] Wie oft hatte ich Ibn Asl und mehrere, ja alle seiner Mitschuldigen geschont! In diesem Augenblicke bereute ich dies auf das bitterste. (118)

Es ist verboten, Menschenblut zu vergießen; aber bei dem Anblicke, den ich jetzt hatte, wäre es eine Wonne für mich gewesen, dem Sklavenjäger eine gute Klinge in das Leben zu stoßen. (116)

An anderer Stelle beschreibt May die entsetzlichen Qualen, welche die Sklaven auf dem Transport zu erleiden hatten:

Diese armen Teufel hatten einen sehr weiten Weg hinter sich, den sie in Fesseln und im glühendsten Sonnenbrande zu Fuße durch die ausgetrocknete Chala hatten zurücklegen müssen. Wie sahen sie aus! Zum Erbarmen! Zwar war die mit Recht so gefürchtete Schebah [...] nicht in Anwendung gebracht, doch durfte ihre Fesselung trotzdem keine leichte genannt werden. Die Hände waren ihnen nämlich durch Stricke mit dem Fuße der andern Seite so verbunden, daß sie nur ganz kurze Schritte machen und die Finger nicht zum Munde, ja kaum bis zur Höhe der Brust bringen konnten. Von einem Handgelenke zum andern ging ein dritter Strick, in dessen

Mitte ein schwerer Holzklotz hing, den sie tragen mußten, wenn er ihnen nicht die Beine zu Schanden schlagen sollte. Außer einigen Fetzen, die um ihre Lenden hingen, waren sie unbekleidet, und da auch ihre Köpfe vollständig entblößt waren, mußten sie bei der jetzt herrschenden Hitze fürchterliche Qualen ausgestanden haben. Ich sah an ihren Körpern handgroße Stellen, von denen die Sonne die Haut weggefressen hatte. Und das waren keine Neger, keine Heiden, sondern muhammedanische Bagara el Homr (412f).

Wie schlimm waren [...] die fast ganz nackten Gefangenen daran! Von keinem wirklichen Kleidungsstücke bedeckt und auch nicht im stande, alle Körperteile mit den Händen zu erreichen, waren sie den schmerzhaften Stichen der Blutsauger vollständig wehrlos preisgegeben. Nur wer die schrecklich verschwollenen, bis zur Unkenntlichkeit entstellten Gesichter solcher Menschen gesehen hat, der weiß, was es bedeutet und welche unendliche Qualen es bereitet, wenn es einem unmöglich ist, sich dieser zwar kleinen aber erbarmungslosen und in wolkigen Massen auftretenden Teufel zu erwehren. [...] Die Sklaven kamen von Dar Tagaleh, also von dem mächtigen Bergstocke des Tegeli herab, wo es keine Stechfliegen giebt; sie waren also gegen die Stiche dieser Insekten nicht im mindesten abgehärtet und wälzten sich unter [...] schmerzvollem Wimmern und Stöhnen hin und her (415).

Der Erzähler, der selbst eine Zeitlang die Schebah, die Sklavengabel, tragen muß und das Los der Neger somit in gewisser Weise nachempfinden kann, läßt sich von Anfang bis Ende seines *Mahdi* über die Grausamkeit des Sklavenhandels aus. Ebenso ist auch Mays Jugenderzählung *Die Sklavenkarawane*[1] vom Antisklaverei-Gedanken getragen.

Fast 2500 Seiten flammender Empörung widmet May dem Kampf gegen den Sklavenhandel. Darin macht er sich zum Anwalt der gequälten und unterdrückten schwarzen Rasse, rüttelt mit den detaillierten Schilderungen der unglaublichen Grausamkeiten das Gewissen der mitteleuropäischen Leser auf und stellt gleichzeitig ein Modell zur Lösung des Problems vor. Zugegeben: ein utopisches Modell, denn einen Reïs Effendina hat es *so* nicht gegeben.[2]

Der Reïs Effendina aus dem *Mahdi*-Roman ist ein hoher, mit Sondervollmachten ausgestatteter Beamter, dessen Aufgabe darin besteht, Jagd auf Sklavenjäger zu machen. Sein Schicksal und das von Kara Ben Nemsi – denn um ihn handelt es sich bei dem Erzähler, was sich jedoch erst in den beiden letzten Kapiteln des dritten Bandes der Buchausgabe herausstellt – sind eng miteinander verwoben. Die Freundschaft zwischen beiden, die allerdings nie ganz frei von Störungen ist, vor allem wegen Kara Ben Nemsis Humanität auch gegenüber den Sklavenjägern, geht am Ende des Romans in die Brüche, weil der Reïs Kara Ben Nemsis Überlegenheit nicht ertragen kann.[3] Bis dahin schlägt sich Kara Ben Nemsi, mit und ohne Reïs, diesem immer ein Stück voraus, mit Sklavenhändlern und -jägern herum. Seine Hauptgegner sind der türkische Kaufmann Murad Nassyr, der ihn erst als Sklaventransporteur anheuern will und, als Kara Ben Nemsi darauf nicht eingeht, ihm größte Feindschaft schwört; ferner Abd el Barak, der Vorsteher der heiligen Kadirine, einer islamischen Bruderschaft, und sein Gehilfe, der

47

Muza'bir; weiterhin Abd Asl, der sich als heiliger Fakir ausgibt, aber ein blutrünstiger Sklavenjäger ist, überboten allenfalls von seinem Sohn Ibn Asl, dem, wie der Erzähler hervorhebt, bedeutendsten Sklavenjäger am Nil; und schließlich auch Mohammed Achmed, der spätere Mahdi, obwohl ihm der Erzähler das Leben rettet. Bis auf letzteren, der immerhin noch eine weltgeschichtliche Aufgabe zu erfüllen hat, und Murad Nassyr, dem der Reïs auf Drängen Kara Ben Nemsis hin mißmutig das Leben schenkt, erhalten sie alle ihre gerechte Strafe; sie werden hingerichtet, Abd Asl wird sogar den Krokodilen zum Fraße vorgeworfen. Aber sie erleiden nichts als ihre gerechte Strafe, denn das Schicksal, das sie über die Neger gebracht haben, ist von unglaublicher Grausamkeit: „Deine Schandthaten zählen nach hunderten", wirft der Reïs Abd Asl vor – und „sein Auge ruhte mit dem Ausdrucke des Ekels, des Abscheues auf dem Alten" –, als dieser um sein Leben bettelt:

„tausende von Menschen verdanken dir die Sklaverei, den Tod oder die Verarmung der Ihrigen. Wie viele Dörfer hast du ausmorden und ausbrennen lassen! Und dabei zeigtest du das Gesicht eines Heiligen, ließest die Gebete eines Ehrwürdigen hören und gabst dich für einen anbetungswürdigen Marabut aus. Diese Rolle ist zu Ende, und ich schicke dich dahin, wo du hingehörst, nämlich in die Hölle. […] Ich habe die heilige Pflicht, dich auszurotten, damit dein Hirn endlich einmal aufhört, Blutthat nach Blutthat zu gebären." (XVII 338f.)

Kara Ben Nemsi begründet seine Absage an Murad Nassyr u. a. mit den Worten: „Die Sklaverei ist eine Schande für die gegenwärtige Menschheit, und die Sklavenjagd ist ein Verbrechen, welches zum Himmel schreit." (XVI 390)

Diese Haltung hält der christliche Erzähler konsequent bei. Er gerät damit aber auch zunehmend in Konflikt mit dem Islam. Islamische Würdenträger oder solche, die sich dafür ausgeben, befürworten die Sklaverei oder sind selber Sklavenhändler. Über die Auseinandersetzung mit der Sklaverei hinaus wird Mays *Mahdi*-Roman zusehends auch zu einer Auseinandersetzung mit dem Islam. „Islam und Sklaverei, diese beiden Themen hat May – schon durch das eingesetzte Personal – als eng miteinander verbunden dargestellt. […] In keinem seiner bis dahin geschriebenen Werke wird der Islam derartig negativ beschrieben".[4] Damit erhebt sich die Frage: Wie weit ist das alles Maysche Dramaturgie, oder wie weit stimmt seine Schilderung, zeitgeschichtlich gesehen, tatsächlich? Wenn man weiter bedenkt, daß die Wurzeln des noch immer andauernden Bürgerkrieges im Sudan, von dem die Weltöffentlichkeit kaum Notiz nimmt, bis in die von May beschriebenen Zeiten und Zustände zurückreichen, und wenn man die Auseinandersetzungen mit dem fundamentalistischen Islam unserer Zeit betrachtet, die ihre Vorläufer auch schon zu Zeiten Mays und des *Mahdi* hatten, so genügt es sicher nicht, nur der Frage nachzugehen, ob May die Verhältnisse richtig dargestellt hat, sondern wir müssen auch den Bezug seines Werkes zu unserer Zeit herstellen. Dies soll im folgenden versucht werden.

2

Die Grausamkeiten, die uns May bezüglich des Sklavenhandels berichtet, sind nicht übertrieben.[5] Im Jahre 1890, zu der Zeit also, als May seine *Sklavenkarawane* praktisch schon beendet hatte, verkündete Papst Leo XII.:

Die Slaverei steht im Gegensatz zur Religion und der Menschenwürde. Wir sind schmerzlich betroffen von dem Bericht über die Leiden, die die gesamte Bevölkerung mancher Gebiete Innerafrikas erdulden mußte. Es ist schmerzvoll und entsetzlich, feststellen zu müssen – zuverlässige Berichterstatter haben es uns übermittelt –, daß jedes Jahr 400 000 Afrikaner ohne Unterschied des Alters oder Geschlechts ihren Dörfern gewaltsam entrissen werden. Man schleppt sie mit gefesselten Händen und unter den Peitschenhieben ihrer Begleiter unbarmherzig zu den Märkten, wo man sie wie Vieh auf der Versteigerung ausstellt und verkauft.[6]

Die Schätzungen über die Opfer, die der Sklavenhandel den afrikanischen Kontinent kostete, reichen von mindestens 50 bis um 100 Millionen Menschen seit dem 15. Jahrhundert bis zu seinem endgültigen Verbot. Einig sind sich die Zeitzeugen und die Experten auch darüber, daß für einen Schwarzen, der in die Sklaverei getrieben wurde, vier oder fünf weitere gerechnet werden müssen, die in Afrika getötet wurden oder auf dem Transport ums Leben kamen.[7]

Differenzieren muß man zwischen dem westlichen Sklavenhandel, der überwiegend in der Hand der Europäer lag und die Zielrichtung Amerika hatte, und dem östlichen, den in erster Linie – ab der Wende des 16. Jahrhunderts – die Araber betrieben:

Manche Autoren behaupten, daß der Negersklavenhandel der Araber viel länger dauerte und deshalb auch mehr Menschen aus Afrika herausgeholt habe. Hier muß man zwischen den Ausführenden, die oft skrupellose Räuber waren, und den Nutznießern unterscheiden, denen die Schwarzen meist im Hause dienten [...]. Aber trotz dieser physischen Trübseligkeit, und obwohl die Pflanzungen, wie in Sansibar, manchmal noch lange die unterwürfige schwarze Arbeitskraft ausnutzten, scheint es [...] objektiv unmöglich, den östlichen Sklavenhandel und den des Atlantiks gleichzustellen, der mit mächtigeren und schrecklicheren Mitteln arbeitete.[8]

Ein wesentliches Zentrum des Sklavenhandels im Osten Afrikas lag in der Tat in Sansibar; den Höhepunkt erreichten die von hier aus organisierten Sklavenjagden Ende des 19. Jahrhunderts:

Das Jahrzehnt von 1880-1890 wurde für ganz Ost- und Zentralafrika zu einer Periode beispielloser Verwüstungen. Selbst die Aufhebung der Sklaverei an der Küste trug dazu bei, die Verhältnisse im Inneren zu verschlimmern. Die Sklaven häuften sich als Vorrat in den Durchgangs- und Musterungszentren. Da sie beinahe nichts mehr kosteten, mußte man viele verkaufen, um wenigstens noch einen gewissen Gewinn zu erzielen.[9]

Und andere Autoren ziehen den Schluß: „Man kann mit Fug und Recht behaupten, daß die Anlage der arabischen Plantagen auf Sansibar für Ostafrika die gleiche katastrophale Wirkung hatte wie die der amerikanischen für Westafrika."[10]

Ob man nun den europäischen Sklavenhandel von Ausmaß und Brutalität her noch über den arabischen stellen soll oder nicht – beide trugen zu grauenvollen Verwüstungen, gewaltigen Völkerverschiebungen, ungeheuren sozialen Ein- und Umbrüchen, unglaublichem Elend und dem Entstehen verheerender Kriege bei:

Schließlich ließ der Sklavenhandel den Krieg und die Gewalttätigkeit zwischen den Volksstämmen und in ihnen zum chronischen Zustand werden. Und dieser Krieg vollzog sich von nun an mit vernichtenden Mitteln. Mehr verkaufte Sklaven erlaubten, mehr Gewehre zu kaufen, und mehr Gewehre erlaubten, mehr Sklaven zu fangen.[11]

Afrikanische Despoten verkauften am Ende ihre eigenen Untertanen in die Sklaverei, wie es uns May im *Mahdi* schildert.

Karl May hat in seinem *Mahdi*-Roman einen Schauplatz gewählt, an dem zur damaligen Zeit der europäische Sklavenhandel keine Rolle spielte, wohl auch nie ernsthaft von Bedeutung gewesen ist; er hatte somit alle Veranlassung, den arabischen Sklavenhändlern die Schuld an jedweden Greueln aufzubürden. Daß er aber den europäischen Anteil am jahrhundertelangen Sklavenhandel in Afrika völlig verschweigt und mit keinem Wort auf die europäische Schuld an diesem ‚zivilisierten Barbarentum' eingeht, sondern statt dessen die christliche Idee der Nächstenliebe immer wieder gegenüber den von ihm negativ geschilderten Vorstellungen des Islam hervorhebt, zeigt, daß es ihm in seinem *Mahdi* nicht nur um die Auseinandersetzung mit den Greueln des Sklavenhandels ging, sondern gleichrangig oder mehr noch um die zwischen Christentum und Islam. Historisch gesehen hatte er nicht unrecht: Seit 1772 war auf englischem Staatsgebiet die Sklaverei verboten, ab 1807 auch die Betätigung englischer Untertanen im Sklavenhandel; 1833 wurde in den englischen Kolonien die Sklaverei abgeschafft, und 1834 wurden alle Sklaven des britischen Imperiums freigelassen. 1793 hatte der französische Nationalkonvent die Sklaverei zwar verboten, aber Napoleon hatte sie wieder eingeführt – von ihm nach seinem Ägyptenfeldzug gekaufte

Schwarze dienten in seiner großen Armee im unglücklichen Marsch auf Moskau, und erst 1848 wurde die Sklaverei auch in den französischen Kolonien offiziell abgeschafft. Dennoch dauerte es noch bis zum Ende des Jahrhunderts, ehe der Sklavenhandel über den Atlantik endgültig verschwand. In den Vereinigten Staaten wurde die Sklaverei bekanntermaßen erst 1865 beendet, in Brasilien und Kuba sogar erst 1888. Bis 1878 war der Sklavenhandel zwischen Angola und Brasilien noch legal, wenn er auch im Geheimen ausgeführt wurde. Immerhin wurden zwischen 1807 und 1860 etwa 70.000 Sklaven von Patrouillen aus Schiffen, die dem Sklaventransport dienten, befreit – 1901 wurde zum letzten Mal ein solches Schiff auf der Fahrt nach Amerika aufgebracht.[12]

Hier hat es also mehr als ein Jahrhundert gedauert, bis sich der Antisklavereigedanke – nicht etwa der von May propagierte Gedanke der ‚christlichen Nächstenliebe' – endgültig durchgesetzt hatte. Dennoch konnte May zu seiner Zeit mit Recht davon ausgehen, daß der Sklavenhandel sein Zentrum überwiegend nur noch im Osten Afrikas hatte. Und indem er das Übel der Sklaverei an diesem Beispiel anprangerte, rüttelte er natürlich auch am – in dieser Hinsicht nur mäßig ausgeprägten – Gewissen der Europäer.

3

Das Eindringen der Europäer hat zu großen Umwälzungen überall in Afrika geführt. Jedoch ist die Geschichte Schwarzafrikas in Deutschland nicht einmal annähernd so bekannt und bewußt geworden wie die Geschichte des amerikanischen Wilden Westens. Allenfalls ein paar ‚Highlights', verknüpft mit den Namen Livingstone, Stanley und einigen mit der deutschen Kolonialgeschichte verbundenen Persönlichkeiten, haben ihre Spuren im allgemeinen Wissen über Afrikas Geschichte hinterlassen. Dabei war die Geschichte der Erforschung und Eroberung Afrikas nicht weniger reichhaltig – und auch nicht weniger blutrünstig und brutal – als diejenige Nordamerikas. Mays spannende Schilderungen exotischer Abenteuer in Ägypten und dem Sudan, die sich mit denen der farbenprächtigen, im Fernen Westen Amerikas spielenden Erlebnisse durchaus messen können, haben ihren realen Hintergrund. Nun mag der ehemalige Minister für wirtschaftliche Zusammenarbeit Hans-Jürgen Wischnewski, der sich besonders der Pflege der deutschen Beziehungen zu den arabischen Nachbarn verpflichtet fühlte, zwar mit Recht konstatieren: „Nicht Karl May und Romantik, nicht das deutsche Afrikakorps und nicht nur Erdöl sind die Basis unserer Beziehungen zu den arabischen Ländern"[13]; daß er in diesem Zusammenhang Karl May überhaupt erwähnt, zeigt ein weiteres Mal die bekannte Tatsache, daß – ähnlich wie die Welt der Indianer – die Welt der Araber, der Beduinen, des Orients, den Deutschen überwiegend durch May ins Bewußtsein gekommen ist und dort entsprechende Sympathien und positive Assoziationen erzeugte. Selbst der Ethnologe Karl-Heinz Kohl, der in verschiedenen Abhandlungen Ansätze einer Motivgeschichte der Ethnologie entwarf und dabei dem beruflichen Exotismus des Ethnologen den gelebten Exotismus der Zivilisationsflüchtlinge unter ihnen, der ‚Kultur-Überläufer', gegenüberstellte, verbunden mit der Frage, ob eine von Vorurteilen, Klischees und Eurozentrismen freie Betrachtung fremder Kulturen überhaupt möglich sei, scheut sich nicht, in diesem Zusammenhang Karl May zu erwähnen:

> Einer weit verbreiteten Ansicht entgegen, war Burton keineswegs der erste europäische Reisende, der als muslimischer Pilger verkleidet nach Mekka gelangte. [...] Ähnliche Berühmtheit wie Gordon und Burton in England erlangte zur gleichen Zeit in Deutschland der Abenteurer und Forschungsreisende Eduard Schnitzer. [...] Sie alle wohl dienten als Vorbilder von Kara Ben Nemsi, dem Ich-Erzähler von Karl Mays Orientromanen.[14]

Mit Eduard Schnitzer, der – 1840 in Oppeln geboren – 1865 als Quarantänearzt in türkische Dienste getreten war, 1878 vom ägyptischen Khediven (d.h. dem Vizekönig des Osmanischen Reiches) zum Gouverneur der Äquatorialprovinz ernannt wurde, jedoch während des Mahdi-Aufstandes flüchten mußte und 1892 während einer Forschungsreise an den Victoria-See von arabischen Sklavenhändlern ermordet wurde, betreten wir endgültig das Land des Mahdi, wo May seine humanitäre Kampagne gegen Sklavenjagd und Sklavenhandel angesiedelt hat: Von Ägypten aus führt uns May in den Sudan.

1798, als Napoleon sein Abenteuer im damals zum Osmanischen Reich gehörenden Ägypten beginnt, findet er ein Land vor, das sich nicht von dem Ägypten des Mittelalters unterscheidet:

> Wie ein Donnerschlag bricht der Westen in den Halbschlaf des osmanischen Ägypten ein, ein Donner, der erst weit hinter den Grenzen des Nil-Landes verhallt. [...] Der Einfluß der achtunddreißig Monate dauernden Besetzung (Juli 1798 bis September 1801) muß an seinem Ergebnis gemessen werden. Frankreich hat Ägypten mit der westlichen Technik bekannt gemacht und es gleichzeitig veranlaßt, sich im Licht seiner eigenen Geschichte zu begreifen. Diese Wiederentdeckung half ihm, sich seiner Eigenart sowohl gegenüber dem durch Frankreich vertretenen heidnischen Westen als auch gegenüber der Osmanischen Türkei bewußt zu werden. [...] Der Mann, der Ägypten seinen Platz an der Spitze der Mächte des Islam und

des Mittelmeers zurückgibt, ist einer der albanischen Feldherren der türkischen Armee. Er ist Analphabet, aber ausgesprochen intelligent.[15]

Es handelt sich um Mehemet Ali (1769–1849), der als Begründer des modernen Ägypten anzusehen ist. Das Urteil seines Jahrhunderts über ihn war eher zwiespältig:

> Er hat dem Räuberwesen, der Bedrückung des Volkes durch lauter kleine Tyrannen, der kulturellen Abgeschlossenheit des Landes mit starker Hand ein Ende gemacht und sowohl die wirtschaftliche als auch die militärische Kraft seines Gebietes zu äußerster Anspannung getrieben. [...] Der Vernichter des Mamelukentums hinterließ ein von Fronknechten bewohntes Ägypten, das durch den Anstrich europäischer Zivilisation in Gesetzgebung, höherem Schulwesen, Verwaltungsgang und Verkehr vorläufig nichts gewonnen hatte. Mehemed Ali hatte das Niltal in seinen Privatbesitz gebracht. Gleich nach dem Ende der Mamelukenbeis ließ er 1814 die Güter zur toten Hand sowie alles Stiftungsvermögen in liegenden Gründen (Wakuf), endlich auch alles in Erbpacht befindliche Land für sich beschlagnahmen, nahm den Handel Ägyptens nahezu in eigenen Betrieb und sog den dadurch noch nicht betroffenen Rest der Bevölkerung durch unglaublichen Steuerdruck und den Zwang, alle Ernten an die Regierung zu verkaufen, erbarmungslos aus.[16]

Heutzutage ist das Urteil über Mehemet Ali positiver:

> Sein Unternehmen – oft zu stürmisch, oft zu brutal und meist nur unter dem Gesichtswinkel des Nützlichen in Angriff genommen – muß sehr differenziert beurteilt werden. Er versucht zwar, einige der technischen Errungenschaften des Westens zu übernehmen, beschränkt dessen Einfluß aber argwöhnisch nur auf diese. Religion und Gesetz des muslimischen Ägypten bleiben streng und unverändert. Nichtsdestoweniger führt er Ägypten als erstes unter den arabischen Ländern auf den Weg der Modernisierung.[17]

Von seinen vielen außenpolitischen Unternehmungen, die – mit Sieg und Niederlagen verbunden: Eroberungen in Arabien mit Einnahme der heiligen Städte (1812), in Kreta (1823) sowie in Syrien bzw. Kleinasien (1831/32) – dann 1841 zu einer gewissen Autonomie Ägyptens gegenüber der Türkei führten: es wurde erbliches Vizekönigreich, ist die Eroberung des Sudan, von Afrika aus gesehen, sicherlich die bedeutendste. Ab 1820 stießen Mehemet Alis Truppen, u.a. mit dem Auftrag, mindestens 40.000 Sklaven mit nach Hause zu bringen, an den oberen Nil und zum Roten Meer vor; die Streitmacht bestand aus 10.000 Mann, davon waren mehr als die Hälfte Türken und Albaner (auch in Mays *Mahdi* treffen wir richtigerweise noch Albaner [Arnauten] an). 1821 wurde Dongola erobert, 1824 Khartum gegründet, wo 1830 ein Gouverneur für den Sudan eingesetzt wurde – Khartum wurde damit Hauptstadt des Sudan. Bald danach wurde Mehemet Ali, der schon die arabische Küste beherrschte, zum Herren des Roten Meeres, damit allerdings auch zum großen Konkurrenten Englands, das um die Sicherung des Weges nach Indien besorgt war. Der Preis für die Eroberung bestand in 50.000 toten

Sudanesen; der darauf gründende Haß gegen die Ägypter kam noch zwei Generationen später beim Mahdi-Aufstand zum Ausbruch.[18]

Es war wohl auch der Traum von der Macht über den Gold- und Sklavenhandel, der den alten Mehemet Ali, der erst mit 45 Jahren das Lesen lernte, trieb. Fast 70-jährig, unternahm er eine Fahrt auf dem Blauen Nil bis Fazanguru (1838/39); 1840-42 sandte er drei Expeditionen zur Erforschung des Weißen Nils bis zur Mündung des Sobat:

Diese vier Erkundungsreisen bewirkten leider eine Intensivierung des an sich schon sehr aktiven und besonders grausamen Sklaven- und Elfenbeinhandels, der sich von da an immer weiter nach Süden zu ausdehnte, bis er um 1860 den Norden des heutigen Kongo (Léopoldville) und Nord-Uganda erreichte.[19]

All diese Hintergründe muß man kennen und sich vor Augen halten, um Mays Schilderung der Verhältnisse im Sudan zeitgeschichtlich richtig einordnen zu können. Der Sudan hat im übrigen schon zur Zeit der alten Ägypter, Griechen und Römer ständig Sklaven (in diesem Fall für die Reiche des Mittelmeerraumes) geliefert, was dann aber nach der arabischen Eroberung noch eine enorme Steigerung erfuhr.

Da das Wort Sudan [...] ein jetzt so viel gehörtes ist, so dürfte eine kurze Bemerkung über dasselbe am Platze sein. Beled es Sudan, das ist der vollständige Name. „Beled" heißt Land, und „es" ist der Artikel. Sudan ist der gebrochene Artikel von „aswad" = schwarz (Plural „sud"). Beled es Sudan heißt also das Land der Schwarzen. Der Ton wird nicht, wie man oft hört, auf die erste, sondern auf die zweite Silbe gelegt; man sagt also nicht Suhdan, sondern Sudahn (XVII 1).

So belehrt uns May über die Bedeutung des Wortes ‚Sudan'. ‚Land der Schwarzen' – das ist für seinen Roman auch gleichzeitig Programm: Es sind die Schwarzen, die Neger, die unter dem Fluch der ägyptischen Herrschaft und der Sklavenjäger zu leiden haben:

Die Unerschöpflichkeit der oberen Nilgebiete an schwarzen Menschen und an Elfenbein wurde erst recht klar, als auf Veranlassung der Regierung einzelne Expeditionen den Weißen Nil aufwärts drangen und die verhältnismäßig leichte Zugänglichkeit feststellten. Der Ruf, daß im Sudan mühelos Reichtum durch Elfenbeinhandel und Sklavenraub zu gewinnen sei, verbreitete sich rasch in Ägypten und Nubien und lockte zahlreiche Abenteurer nach dem Süden, während gleichzeitig die ersten christlichen Missionare eintrafen: zwei entgegengesetzte Weltanschauungen, die noch einen schweren Kampf hier miteinander auszukämpfen hatten.[20]

Im weitesten Sinn kann auch Kara Ben Nemsis Eintreten für das Christentum durch Wort und Tat gegenüber den Sklavenjägern, denen der Islam keine Hemmschwelle auferlegt, unter diese Auseinandersetzungen subsumiert werden.

Anfangs war das Elfenbein das Hauptziel des Handels; doch trat die Sklavenjagd mit der Zeit immer mehr in den Vordergrund:

> Die Negerstämme, die untereinander in herkömmlicher Feindschaft lebten, erweckten selbst die Habsucht der Händler, indem sie sich mit ihnen gegen ihre Nachbarn verbündeten, vorübergehend dadurch ihre Macht verstärkten, aber schließlich selbst der Raubgier der Sklavenräuber zum Opfer fielen.

So auch bei May im dritten *Mahdi*-Band, in dem der Sklavenjäger Ibn Asl die Nuer anheuert und gleichzeitig betrügt.

> Bei alledem breitete sich der ägyptische Einfluß wenigstens mittelbar in den Negerländern immer mehr aus. Die Kaufleute mußten feste Mittelpunkte ihrer Macht schaffen, die Handelswege durch Stationen sichern und angesichts der Abnahme des Elfenbeins in immer entlegenere Gebiete vordringen; die Regierung brauchte diesen Spuren nur zu folgen. Unter den Händlern, die wie kleine Fürsten in ihren Raubgebieten hausten und natürlich nicht auf die Dauer mit der Regierung im Frieden bleiben konnten, ist vor allem Siber zu nennen [...].[21]

Nicht einmal gefährlich war es, Sklaven zu machen:

> „Man zieht nach einem Dorfe der Schwarzen, umzingelt es, steckt es in Brand und nimmt die Neger in Empfang, wenn sie aus den brennenden Hütten gesprungen kommen. Die Alten und Schwachen sticht oder schießt man nieder, und mit den andern geht man fort. Wo ist da die Gefahr?" (XVII 121)

Und an anderer Stelle schreibt May sehr richtig:

> Diese Menschen, die Bewohner, keineswegs aber die Herren des „schwarzen" Erdteiles, sind alle mehr oder weniger von dunkler Farbe – Neger – – das vielgesuchte Wild der Sklavenjagden.
> Der Weiße kommt, befreundet sich mit einem Negerstamme, erhält durch List oder für einen lumpigen Preis ein Gebiet abgetreten und errichtet auf demselben eine Niederlassung, Seribah genannt. Er ist im Besitze größerer Kenntnisse und überlegener Waffen; seine anfängliche Freundlichkeit verwandelt sich bald in Strenge; die Schwarzen fürchten ihn, während sie ihn vorher liebten.
> Er läßt andere Weiße kommen, die er angeworben hat, Auswürfe aller Gegenden und Bevölkerungsklassen des Orientes. Sie bringen Flinten und Pulver mit, suchen nebenbei durch schlechtes Baumwollenzeug, Branntwein, Tabak, Glasperlen die Schwarzen zu ködern. Sie sind gekommen, um Elfenbein zu suchen, weißes in Gestalt von Elefantenzähnen und schwarzes in – menschlicher Gestalt.
> Der Scheik des schwarzen Stammes wird mit seinen Leuten gewonnen, indem man einen Anteil der Beute verspricht. Der Raubzug beginnt. Die weißen Teilnehmer nennen sich Asaker, Soldaten; sie sind Offiziere, Unteroffiziere und gewöhnliche Asaker; sie wagen am wenigsten und nehmen den Löwenanteil des Raubertrages für sich. Die Schwarzen sind nicht Soldaten; sie müssen die schwersten Arbeiten verrichten, Kundschafterdienste thun, sich den größten Gefahren aussetzen, die vordersten beim Angriffe sein und erhalten so viel oder so wenig, daß die ihnen gewährten armseligen Vorschüsse sich mit dem ihnen zufallenden Anteile gewöhnlich aufheben oder gar der Rest in Schulden besteht.
> Bei größeren und besser organisierten Jagdgesellschaften giebt es auch schwarze Soldaten, die aber gegen die Weißen immer im Nachteile sind. Der Besitzer einer Seribah zahlt den Sold vom Raube aus, mag derselbe nun in Menschen oder Rinderherden bestehen. Die schwarzen Asaker bekommen die alten oder kranken Sklaven und Kühe, von denen sie keinen Nutzen haben.

Und wie wird eine solche Ghasuah, eine solche Sklavenjagd arrangiert und ausgeführt? Nun, ganz genau in derselben Weise, wie ein Einbrecher verfährt, welcher sich mit fremdem Gute bereichert und früher oder später dem Zuchthause verfällt. Nur ist der Sklavenjäger ein ganz klein wenig schlimmer als der Einbrecher, da er Menschen stiehlt, ganze, große Dörfer verheert und entvölkert, und während er hundert Sklaven macht, wenigstens ebensoviel Greise und Kinder als für sich unbrauchbar umbringt. – (XVII 518-520)

Noch viele andere Zitate aus Mays *Mahdi* ließen sich hier anfügen. Er hat die Verhältnisse richtig beschrieben, und auf seine Darstellung einer Seribah oder einer Sklavenjagd kann man sich ebenso verlassen wie auf die meisten Details seiner zeitgeschichtlichen und geographischen Schilderungen. „Was gehen mich die Gesetze des Vicekönigs an!" ruft ein Sklavenhändler aus. „Ich diene meinem Könige. Unser Gesetz erlaubt es, Menschen zu verkaufen. Wenn ich danach handle, kann kein Mensch mir etwas thun" (XVII 375), oder: „Ich habe stets geglaubt, der Weiße habe das Recht, den Schwarzen zu fangen und zu verkaufen" (567). Weiße – das sind allerdings bei May nicht etwa die Europäer, sondern im Gegensatz zu den Schwarzen die Ägypter bzw. Araber.

Während im Süden Ägyptens und vor allem im Sudan chaotische Verhältnisse herrschten, versuchte Ägypten, dem Ruf eines Kulturstaates gerecht zu werden. Mehemet Ali war in geistige Umnachtung gefallen. Sein Sohn Ibrahim, der 1848 – ein Jahr vor Mehemet Alis Tod – zum Nachfolger bestimmt wurde, starb noch im selben Jahr an Schwindsucht. Es folgte Abbaß Pascha, der einerseits den auf der ägyptischen Bevölkerung lastenden Druck milderte, andererseits den europäischen Einfluß zurückdrängte; er fiel 1854 einem Mordanschlag zum Opfer. Sein Nachfolger Muhammad Said war ein Sohn Mehemet Alis und ein abendländisch gebildeter Mann. Zwar dauerte seine Amtszeit nur neun Jahre, aber in dieser Zeit wurden wichtige Fortschritte Ägyptens initiiert. 1859 begann der Bau des Suezkanals, der zehn Jahre später unter großer Pracht eingeweiht wurde.

Unter Muhammad Said (1854–1863) und Ismail (1863–1879) baut Ägypten intensiv Eisenbahnen, Bewässerungsanlagen, Wasserleitungen, verbessert die Ausstattung der Städte, die Beleuchtung und den Verkehr [...] und organisiert Kredit-Institute. [...] Unter Ismail werden 1 250 000 Morgen Neuland gewonnen. [...] Im Jahr 1861 werden 596 000 Zentner Baumwolle exportiert und im Jahr 1865 2 507 000 Zentner; das sind 90 Prozent der gesamten Ausfuhr Ägyptens. [...] Diese große Entwicklung ging nicht vor sich, ohne die Sitten und den Geist des Landes zu verändern.

Ismail schaffte das Monopol an Handel und Boden ab und gab Handel und Warenverkehr frei, nachdem Said Pascha schon die freie Verfügung über Ackerbau und Ertrag der Bauernschaft zurückgegeben hatte. Ismail gründete

Schulen, forderte die Arbeit ausländischer Wissenschaftler sowie Buchdruck und Presse und rief eine Bibliothek, ein Museum und eine Sternwarte in Kairo ins Leben. 1866 berief er einen Senat: eine beratende Versammlung von Notabeln, und 1875 setzte er gemischte Gerichtshöfe für die Verhandlung von Streitfällen zwischen Ägyptern und in Ägypten ansässigen Ausländern sowie zwischen Ausländern ein. Insofern beruft sich Kara Ben Nemsi mit Recht öfter auf seinen Sonderstatus als Ausländer und Deutscher.

Eine ganz wesentliche Entscheidung hatte vorher jedoch schon Said Pascha getroffen. Die Proteste europäischer Missionare und Forschungsreisender gegen den Sklavenhandel hatten dazu geführt, daß er 1855 persönlich nach Khartum reiste und dort den Sklavenhandel kurzweg verbot: ein Jahrzehnt vor der Abschaffung der Sklaverei in den Vereinigten Staaten! Etwas abschätzig urteilten Zeitgenossen nur wenig später über seinen Nachfolger:

Der Einfluß der Europäer und damit der Sklavereifeinde in Ägypten stieg, als 1863 in Ismail Pascha ein Freund der westlichen Kultur auf den Thron kam, ein Mann, dem weniger aus innerer Überzeugung als aus Eitelkeit daran lag, sich allenthalben als aufgeklärten Reformator und Begünstiger des Fortschritts zu zeigen.

Erreicht wurde zunächst durch den Verbot des Sklavenhandels nicht viel. Der Vizekönig Said Pascha

untersagte vor allem seinen Beamten die bisher üblichen Raubjagden in die Negerländer, wodurch er ihre Einnahmen empfindlich schmälerte. Die Folge war, daß der Handel nur gefährlicher, aber auch einträglicher wurde, und daß die Beamten ihre Einkünfte durch Annahme von Bestechungsgeldern wieder auf die alte Höhe zu bringen suchten. Zuweilen wurde auch ein Transport von Sklaven feierlich mit Beschlag belegt; die ‚befreiten' Neger aber schickte man nicht in die Heimat zurück, sondern reihte sie in das ägyptische Heer ein.[23]

Jetzt haben wir endgültig den Punkt erreicht, wo wir all die Verhältnisse, wie May sie für das ‚Land des Mahdi' schildert, ohne Abstriche vorfinden. Und wenn der Reïs Effendina erklärt: „Der Sklavenhandel ist verboten, wird aber noch immer betrieben. Du hast gar keine Ahnung, wie viel Menschen jährlich an demselben zu Grunde gehen!", dann kann Kara Ben Nemsi überzeugend antworten:

„Ob ich es weiß, das sollst du sogleich erfahren. Sprechen wir nur von Aegypten, wo doch der Sklavenhandel aufgehoben ist. Vom obern Nil werden jährlich 40 000 Sklaven über das rote Meer geführt. Davon gehen 16 000 in andere Gegenden, 24 000 aber nach Aegypten. Dazu kommen 46 000, welche auf dem Nile und auf Landwegen nach Nubien und Aegypten geführt werden. Dieses Land erhält also über 4 Hafenplätze und auf 14 Landrouten jährlich 70 000 Sklaven. Nun muß man rechnen, daß auf einen verkauften Sklaven vier andere kommen, welche während der Sklavenjagd getötet werden oder während des Transportes umkommen. Das ergiebt den fürchterlichen Schluß, daß die Sudanländer allein für Aegypten jährlich 350 000

Menschen einbüßen. [...] Nun, wenigstens wissen wir, daß es noch viel zu niedrig gegriffen ist, wenn man annimmt, daß in den Sudanländern jährlich über eine Million Menschen an den Sklavenjagden zu Grunde gehen." (XVI 147f.)

Und über Ali Effendi el Kurdi, den Mudir von Faschodah – ein typisches Beispiel eines korrupten ägyptischen Beamten –, lesen wir:

„Es war eine Schande! Man kannte unter ihm in Faschodah zwar das strenge Verbot des Sklavenhandels, aber man sah nichts davon. Die Sklavenjäger gingen ganz offen in seinem Hause ein und aus. Sie zahlten ihm für jeden Sklaven heimlich eine Kopfsteuer und fanden dafür bei ihm Schutz gegen das Gesetz. [...] Wenn das der oberste Regent einer Provinz, der Mudir, thut, was kann man dann von den unteren und untersten Beamten erwarten! Faschodah war geradezu der Ausgangspunkt aller Sklavenraubzüge geworden. Die Sklavenjäger versammelten sich dort, um sich vorzubereiten" (XVII 345f.).

Wie wahr hat May die zeitgeschichtlichen Verhältnisse geschildert! Immer wieder betont er in Übereinstimmung mit der Geschichte, daß die Sklaverei abgeschafft sei; ebenfalls entsprechend der tatsächlichen Situation im Sudan zeigt er auf der anderen Seite auf, daß die Sklavenjagd, nicht zuletzt sogar wegen des Verbots, ungeahnte Ausmaße annimmt. Wie ein Sklavenjäger sagt:

„Die fränkischen Christen mögen in ihrem Lande bleiben und sich nicht in unsere Angelegenheiten mischen. Was für ein Recht haben sie, uns den Sklavenhandel zu verbieten? Nicht das mindeste!" (XVI 549)

4

May hat in seinem *Mahdi*, abgesehen von der geschichtlichen Gestalt, die dem Roman den Titel gab, nur wenige historische Persönlichkeiten genannt. Eine reichhaltige Auswahl hätte er sicher gehabt; vielleicht hätte er sogar noch mehr Anklang bei seinen Lesern gefunden, wenn er – ähnlich wie in den Südamerika-Romanen – mehreren zeitgeschichtlichen Personen in seinem Roman Raum gegeben hätte. Aus den von ihm benutzten zeitgeschichtlichen Quellen hätte er sicher noch eine Reihe weiterer Persönlichkeiten herausgreifen, in seine Romanhandlung einbetten und damit dieser noch mehr den Anstrich des Selbsterlebten verleihen können. Daß er es nicht tat, lag natürlich daran, daß er keine historischen Romane schreiben wollte, sondern seiner Phantasie freien Lauf ließ; ein Grund war aber vermutlich auch, daß er sich zwar von dem Schicksal und den Taten historischer Gestalten inspirieren ließ, aber dann die Spuren dieser Quellen verwischen wollte. Dies wäre im *Mahdi* nicht zum ersten Mal in seinen Werken geschehen.

Im Falle von Ali Effendi Abu hamsah miah, dem ‚Vater der Fünfhundert', den es – wie schon lange bekannt ist – tatsächlich gegeben hat, erlag May im Gegensatz dazu vermutlich dem Reiz, die Eigenart dieses Beamten, Schuldigen 500 Hiebe angedeihen zu lassen, in seine Handlung umzusetzen. Und daß er in diesem Zusammenhang auch die Hintergründe korrekt beschreibt, ist dann nur folgerichtig: Der erwähnte Mudir Ali Effendi el Kurdi, dessen Unterdrückungen und Gewalttaten zu seiner Amtsenthebung führten, ist – wie May richtig angibt – historischer Vorgänger des ‚Vaters der Fünfhundert' – mit seiner Absetzung kam es allerdings erst einmal zur Freilassung von Sklavenjägern.

Abgesehen von der Nennung weniger historischer Gestalten, hat sich May wohl von einigen zeitgeschichtlichen Personen für seinen Roman inspirieren lassen. Vorbilder für schurkische Sklavenhändler, wie er sie mit Abscheu schildert, hat es im Sudan genügend gegeben. „Er ist der berühmteste Sklavenjäger, und ich bin stolz auf ihn", sagt Abd Asl über seinen Sohn Ibn Asl (XVI 496); beide gehören zu Kara Ben Nemsis Hauptgegnern, und beide haben vermutlich historische Vorbilder. Im Sudan gab es nämlich ein berüchtigtes Gespann von Vater und Sohn, das von May natürlich nicht geschichtlich-treu dargestellt, sondern für seine Romanhandlung passend umgestaltet wurde: Es handelt sich um Zubeir Pascha (auch Siber, Ziber, Sobehr) und seinen Sohn Soleiman.

Zubeir Rahama Pascha, der seine Abstammung sogar auf einen Onkel des Propheten Mohammed zurückführte, wurde 1830 geboren. Schon mit dreißig Jahren war er als Sklavenhändler am Weißen Nil und in der Provinz Bahr el Ghasal berühmt-berüchtigt. Er hielt sich eine Privatarmee, mit der er auch einen Versuch der Regierung, ihn von Khartum aus niederzuwerfen, erfolgreich abwehrte. Um ihn deshalb etwas im Zaum zu halten, machte man ihn 1869 zum Gouverneur der Provinz Bahr el Ghasal, und 1874 eroberte er für den Vizekönig sogar Darfur. Zwei Jahre später begab er sich nach Kairo, um den Anspruch auf das Amt des Statthalters für die eroberte Provinz durchzusetzen. Allerdings sah man ihn in Kairo inzwischen als zu mächtig an; man überhäufte ihn zwar mit Ehren, hielt ihn aber fest und ließ ihn nicht zurückkehren. Hier müssen wir den Ereignissen nun etwas vorgreifen. Im Sudan war 1877 General Charles George Gordon Generalgouverneur geworden, der dem Sklavenhandel energisch den Kampf ansagte. Zubeirs Sohn Soleiman erhob sich gegen ihn, sicherlich angestachelt von seinem ehrgeizigen Vater, und wurde im Juli 1879 von Truppen unter Befehl des Italieners

Romolo Gessi besiegt, gefangen und hingerichtet – so wie es Ibn Asl in Mays *Mahdi*-Roman durch den Reïs Effendina ergeht (Mays Roman spielt angeblich 1879[24]). Selbstverständlich wurde Zubeir nicht den Krokodilen vorgeworfen; als 1884 der Mahdi-Aufstand tobte, setzte sich Gordon sogar dafür ein, daß Zubeir sein Nachfolger als Generalgouverneur werden sollte, um der Erhebung Einhalt zu gebieten. Dies wiederum lehnte die britische Regierung ab, und ein Jahr später wurde Zubeir nach Gibraltar deportiert, weil man ihn verräterischer Verhandlungen mit dem Mahdi beschuldigte. 1887 durfte er nach Ägypten zurückkehren, und ab 1899 wurde ihm erlaubt, sich auf seinen Besitzungen im Sudan niederzulassen. Dort – in Geili – ist er am 5. Januar 1913 gestorben.[25]

Halunken als Vorbilder für Mays Roman-Schurken finden wir also durchaus in der sudanesischen Geschichte. Wie steht es nun mit Vorbildern für Mays ‚Positiv-Helden', den Reïs Effendina? Für die Expedition des Reïs Effendina zum oberen Nil gibt es jemanden, der May offensichtlich von der Idee her inspiriert hat: die Antisklavenjäger-Kampagne des Engländers Samuel Baker. Daß die Einzelheiten nicht stimmen, ist kein Gegenbeweis: Die Realität dieser Expedition, ihr Grundtypus als solcher und ihre Umstände gaben May genug Material und Ideen für die eigene phantasievolle Ausgestaltung des Kampfes des Reïs Effendina und Kara Ben Nemsis gegen die Sklavenhändler an die Hand.

Samuel White Baker, 1821 in London geboren und von Beruf Ingenieur, ging mit 24 Jahren nach Ceylon, wo er 1848 eine landwirtschaftliche Niederlassung und ein Sanatorium in 1900 m Höhe in Nuwara Eliya gründete. Nach seiner Teilnahme am Krimkrieg überwachte er 1859/60 den Bau einer Eisenbahnlinie am Unterlauf der Donau. In Begleitung seiner jungen Frau Florence, einer Siebenbürgendeutschen, kam er 1861 nach Ägypten – sein Plan war die Suche nach den Nilquellen. Ein Jahr verbrachten beide mit der Erkundung der Nilnebenflüsse an der Grenze Sudan/Äthiopien und fuhren dann auf dem Nil aufwärts, immer weiter nach Süden, bis Gondokoro. Hier trafen sie im Februar 1863 die englischen Afrikaforscher John H. Speke und James A. Grant, die Entdecker des Victoria-Sees. Aufgrund deren Berichte, daß es neben dem Victoria-See noch einen zweiten riesigen See geben müsse, beschloß Baker, ihn zu suchen. Tatsächlich entdeckten er und seine Frau am 14. März 1864 diesen See, den sie Albert-Nyanza-See (heute: Albert-See) tauften. Im Mai 1865 erreichten die Bakers Khartum.

Hat sich May bei seiner Darstellung Murad Nassyrs, der in Begleitung seiner Schwestern an den oberen Nil reist, vielleicht sogar davon inspirieren lassen, daß Baker seine Frau bei seinen Forschungen dabei hatte? Daß man in der Schilderung der Begegnung Kara Ben Nemsis mit Murad Nassyr auch die Nachzeichnung des schicksalhaften Zusammentreffens Mays mit dem Verleger Münchmeyer sehen kann[26], tut dieser Vermutung keinen Abbruch; denn hier geht es mehr um die Frage, woher May die Ideen und Inspirationen für die Entwicklung seiner Romanhandlungen bezog. In diesem Zusammenhang gewinnt auch ein selbstironisches Aquarell Bakers an Bedeutung, das er etwas spöttisch kommentierte: „Ugander mit Speeren und Schilden, die den auf einem Ochsen reitenden Samuel Baker umtanzen, und seine Eskorte auf dem Weg zum Albert Nyanza, 1864."[27] Auf Ochsen reiten auch Kara Ben Nemsi und seine Gefährten, und die Ironie kehrt wieder in der meisterhaften Schilderung des Zusammentreffens mit dem Stamm der Gohk, wo er „als überdimensionaler Schiller-Rezitator [...] die Gohk zu Begeisterungsstürmen hinreißt".[28]

Im Oktober 1865 kehrte Baker nach England zurück, wo er ein Jahr später den Titel ‚Sir' erhielt. Zu der Zeit reiften in ihm Pläne, den ägyptischen Sklavenhändlern im Sudan energisch das Handwerk zu legen. Unterstützung erwartete er von der ägyptischen Regierung, und tatsächlich ging Ismail Pascha auf seine Vorschläge ein. Von da an verfolgte Ismail die Idee, Europäer als Gouverneure der vom ägyptischen Stammland weit entfernten Provinzen einzusetzen. Baker erhielt den Auftrag, das Becken des Weißen Nils südlich von Gondokoro einzunehmen; damit erreichte Ägypten (das bedeutete: auch England) den Norden des heutigen Uganda; Baker sollte Gouverneur der neuen Provinz Äquatoria werden. Tatsächlich gelang es Baker, dem Sklavenjäger und -händler Abu Saud das Lehen abzunehmen. Bis 1873 dehnte er die ägyptische Herrschaft bis zum Albert-See und an die Grenze von Unjoro aus. In der Folge geriet er aber zunehmend in Konflikte mit einzelnen Eingeborenenstämmen und entkam einmal nur knapp der Hinrichtung durch den König Kabarega von Bunjoro. Das Ziel, den Sklavenhandel am oberen Nil zu beenden, erreichte er nicht; allenfalls hat er, abgesehen von seinem Erfolg gegen Abu Saud, den Sklavenjägern das Leben schwer gemacht. Viel mehr Erfolg hat auch der Reïs Effendina in Mays Roman nicht. Geht es zu weit, wenn man noch anmerkt, daß der Deutsche Kara Ben Nemsi nach Willen der Gohk den Reïs Effendina als Befehlshaber ablöst, und das damit vergleicht, daß der Deutsche Eduard Schnitzer alias Emin

Pascha 1878 – nach einer Übergangszeit unter Gordon – Nachfolger von Baker als Gouverneur der Äquatorialprovinz wurde?
Baker blieb nur bis 1873 im Süden des Sudan. Später erforschte er die Insel Zypern (1879) und bereiste noch Indien, Ceylon, Syrien, die Vereinigten Staaten und Japan. Dann zog er sich auf seinen Landsitz in Yorkshire zurück, schrieb seine Erinnerungen in vielfältigen Reiseberichten auf und starb 1893 in Sanford Orleigh.

Die Expedition Bakers, über welche die Zeitschrift *Globus* ab 1870 berichtete, war May bekannt; der *Globus* diente als eine seiner Quellen.[29] Hat ihn vielleicht auch die teilweise sehr kritische Berichterstattung über das, was man „als einen Flibustierzug, als eine Civilisationsrazzia"[30] bezeichnete, veranlaßt, das Bild des Reïs Effendina am Ende so negativ zu zeichnen? Oder waren es vor allem autobiographische Bezüge, die sich auch im Bild dieses stolzen Jägers von Sklavenhändlern niederschlugen? Daß die Expedition Bakers vielfältige Anstöße für die Reise des Reïs Effendina und Kara Ben Nemsis lieferte, ist jedenfalls unzweifelhaft.

5

Die Quellen, die May für den ethnographischen, geographischen und naturkundlichen Hintergrund seines *Mahdi* benutzte, sind bekannt.[31] Für den in Ägypten spielenden Teil des Romans zog er die Zeitschriftentexte *Durch Gosen zum Sinai* von Georg Moritz Ebers (*Aus allen Weltheilen*, 1871), *Am Nil* von Adolf Rambeau (ebd., 1875) und *Die Krokodilhöhle bei Maabdah* von Ernst Marno (ebd., 1874) heran, für die im Sudan angesiedelten Teile die Bücher von Ernst Marno (*Reisen im Gebiete des blauen und weissen Nil, im egyptischen Sudan und den angrenzenden Negerländern, in den Jahren 1869 bis 1873*, Wien 1874), Philipp Paulitschke (*Die Sudanländer nach dem gegenwärtigen Stande der Kenntnis*, Freiburg i. Br. 1885) und Richard Buchta (*Der Sudan und der Mahdi. Das Land, die Bewohner und der Aufstand des falschen Propheten*, Stuttgart 1884). Weitere zeitgenössische Quellen sind von Kosciuszko und Unbescheid aufgezeigt worden. Kosciuszko weist darauf hin, daß bis „auf wenige Ausnahmen [...] die geographischen, ethnographischen und naturkundlichen Angaben der ‚Sklavenkarawane' – und der Bände II und III der Mahdi-Trilogie – aus dem erwähnten Werk Marnos" stammen; die *Sklavenkarawane* bezeichnet er sogar als „anonymes

Denkmal für den ansonsten in Vergessenheit geratenen österreichischen Afrikaforscher Ernst Marno".[32] Auf die Angaben, die May zum geographischen Hintergrund oder zu Flora und Fauna macht, braucht in Anbetracht der Arbeiten von Kosciuszko und Unbescheid nicht weiter eingegangen zu werden; sie sind in erster Linie auf Marno zurückzuführen und somit weitgehend verläßlich. Die Quelle des oben erwähnten Reitens auf Ochsen geht auf Marno und möglicherweise Baker zurück. Im Hinblick auf die Schilderung des Mahdi hat sich May dann in erster Linie auf Buchta verlassen, für seine Darstellung der Eingeborenenvölker am oberen Nil vor allem auf die Arbeit von Paulitschke.

Ernst Marno (1844–1883), der aus Wien stammte und in Khartum starb, bereiste 1866/67 Abessinien und unternahm von 1869 bis 1876 verschiedene Expeditionen in das äquatoriale Nilgebiet. In Gondokoro traf er 1872 mit Baker zusammen. 1878 erhielt er von Gordon die Verwaltung der Provinz Galabat übertragen. In *Meyers Konversationslexikon* heißt es über ihn:

M. vereinigt mit scharfem Blick für alles Neue eine vorzügliche Gewandtheit im Verkehr mit den Eingeborenen, und Muth, Ausdauer und kräftige Gesundheit stempeln ihn zu einem Afrikareisenden, dessen Karriere noch nicht abgeschlossen ist.[33]

Heute ist Marno vergessen, während er in *Helmolts Weltgeschichte* (1914) noch zitiert wird.[34] Dank May ist er noch einmal zu späten, aber verdienten Ehren gekommen, und vielleicht hat sich May auch ein wenig mit ihm identifiziert. In einer Hinsicht aber hat May sich auf Marno keinesfalls gestützt, nämlich bezüglich dessen Einschätzung der Sklaverei und der Neger als Menschen. Diese Diskrepanz ist von Kosciuszko bereits behandelt worden.[35] Dennoch müssen wir hier noch einmal darauf zurückkommen.

Marno ist überzeugt, daß das Los der Sklaverei in den islamischen Ländern günstiger sei als in den nichtislamischen. „Der Muhammedaner benimmt sich gegen den Sclaven humaner als der häufig nur auf Geldgewinn bedachte Europäer."[36] Ähnlich urteilte der Historiker Ki-Zerbo ein Jahrhundert später. Beide sind sich auch darüber einig, daß die „Unmenschlichkeiten des Sclavenhandels [...] am grellsten beim Einfangen und beim Transport der Sclaven auf[treten], denn mit dem Eintreffen am Orte der Bestimmung erreichen sie gewöhnlich ihr Ende".[37] Marno verteidigt die Sklaverei nicht, aber läßt sich doch zu den Worten hinreißen:

So betrachtet, erscheint die Sclaverei nicht als jenes Verbrechen, für welches sie häufig ausgegeben wird, da sie eben nur als eine Form des Resultates von Naturgesetzen sich zeigt und deshalb mit eben so wenig Recht und Wirkung verdammt werden kann, wie diese selbst. [...] So wenig man den Sclavenhandel und jene Uebergriffe, welchen der Sclave ausgesetzt ist, vertheidigen kann, eben so wenig wird man – wenn jene Länder nicht geradezu gänzlich aufgegeben werden sollen – einer gewaltsamen, plötzlichen und totalen Veränderung der gegenseitigen Stellung von Freien und Sclaven das Wort reden können, während allerdings eine geregeltere und mildere Form dieser Stellung das nächste Ziel des Gesetzes sein sollte.[38]

Aus Marnos Darstellung der ökonomischen und sozialen Verhältnisse der Sudan-Provinzen kann man herauslesen, daß die Sklaverei von ihm für wirtschaftlich notwendig angesehen wurde. „Zu den wirtschaftlichen, politischen und gesellschaftlichen Ausführungen Marnos konnte May", wie Kosciuszko schreibt, „natürlich keine Gegendarstellung liefern; er geht auf diese Aspekte des Sklavenhandels gar nicht erst ein."[39] In seiner Anmerkung zu diesen Hinweisen relativiert Kosciuszko jedoch seine Feststellung und verweist auf Mays Aussage: „Man hat Diener, Haremswächter und Dienerinnen für die Frauen nötig, und weil man sie auf keine andre Weise bekommen kann, so kauft man sie" (XVI 47), eine Aussage, die im Zusammenhang mit dem gesamten Gespräch Kara Ben Nemsis mit Murad Nassyr zu sehen ist. Kara Ben Nemsi beteuert:

„Pah! Die Sklaverei ist abgeschafft."
„In den Büchern und Verträgen; in der Wirklichkeit besteht sie aber noch, in der Türkei und in Aegypten, und es fragt hier keine Behörde darnach, ob mein Neger mein Diener oder mein Sklave ist. […] Nehmen wir den Haushalt des höchsten Mannes in Aegypten als Beispiel an. Hat der Khedive nur Diener und Dienerinnen und keine Sklaven und Sklavinnen mehr? […] Denken Sie, der Sudan liefere seit dem Verbote keine Sklaven mehr? Oder denken Sie, es sei nicht allgemein bekannt, auch der Behörde, daß jährlich noch Tausende von Schwarzen auf dem Nile bis herunter ins Delta schwimmen? Man drückt die Augen zu, weil man selbst Neger braucht." (XVI 47)

Kosciuszko schließt an seine oben zitierten Ausführungen an: „Desto nachdrücklicher versuchte May das von Marno gezeichnete – und so im damaligen Europa wohl auch allgemein akzeptierte – Menschenbild der schwarzen Völker zu korrigieren."[40] In der Tat ist Marnos Darstellung der Kulturstufe der von der Sklaverei betroffenen Völker bedrückend:

Das grosse, theilweise noch unbekannte Innere Africa's wird von einer grossen Anzahl von Negerstämmen bewohnt, welche in einem, nach unsern europäischen Begriffen, mehr thierischen als menschlichen Zustande leben. Die primitivsten Begriffe einer Moral mangeln, die gesellschaftliche Zusammengehörigkeit steht auf der niedersten Stufe der Horde mit dem Stammhaupt, ähnlich wie wir bei den Thieren Heerden finden, welche einem Anführer gehorchen. […] die Anwendung der Naturkräfte und die geringen Erzeugnisse [stehen] auf der primitivsten Stufe. Die Stämme befehden einander unausgesetzt; rohe Gewalt gegen rohe Gewalt ist, wie bei den Thieren, auch hier die Losung. Der Gegner erschlägt den Besiegten, frisst ihn vielleicht gar auf oder macht ihn zu seinem Sklaven. […] Dasselbe geschieht mit seinen eigenen Kindern.[41]

Zu Zeiten Voltaires hatte David Boullier, ein protestantischer Theologe, geschrieben: „Die Affen scheinen mehr Geist zu besitzen als die Neger, ihre Landsleute."[42] Und Voltaire selbst, dieser aufgeklärte Geist, hatte um 1760 von sich gegeben:

> Was sie [die Afrikaner] anbetrifft, so ist es eine bedeutende Frage, ob sie von den Affen oder die Affen von ihnen abstammen. Unsere Weisen haben gesagt, daß der Mensch das Ebenbild Gottes sei: das ist wohl ein lächerliches Bild von einem ewigen Wesen mit schwarzer Plattnase, mit wenig oder gar keiner Intelligenz! Zweifellos wird eine Zeit kommen, da diese Tiere die Erde kultivieren, sie mit Häusern und Gärten verschönern können und den Lauf der Gestirne kennen: alles braucht seine Zeit.[43]

Zwar hat sich Voltaire auch positiv über die Schwarzen geäußert; daß er sich aber überhaupt zu solchen Behauptungen hinreißen ließ, zeigt, wie damals allgemein über Schwarzafrikaner in Europa gedacht wurde. Es hatte auch einmal das Bild vom weltgewandten höfischen ‚Mohren' gegeben, aber dann wurde er „zum kaum noch menschlichen ‚Wilden' in der Nähe des Affen degradiert".[44] Die Leistungen verschiedener Afrikaner, die es in Europa zu hohem Ansehen brachten, darunter Generalingenieur Ibrahim Hannibal (1698–1781)[45], der, aus Äthiopien stammend, 1706 nach Moskau gebracht wurde, in Rußland eine beispiellose Karriere als Festungsbauingenieur machte und eine deutsche Hauptmannstochter heiratete (Puschkin hatte ihn unter seinen Vorfahren),

> wurden im allgemeinen gar nicht zur Kenntnis genommen, und nur selten wurde aus ihnen geschlossen, daß sich Schwarze unter gleichen Bedingungen genauso entwickeln wie alle übrigen Menschen. Was von den mit den Afrikanern durchgeführten Erziehungsexperimenten blieb, war vielmehr die Vorstellung, daß ‚Neger' grundsätzlich unwissend und ‚kindisch' seien und folglich immer erst von ‚vernünftigen Menschen' erzogen werden müßten, bevor sie sich als gesellschaftlich nützlich erweisen könnten. Kombiniert mit der Annahme, daß sie wegen ihrer Physis ohnehin nicht zu ‚höheren' Leistungen fähig wären, bildete sich so bis zum Ende des 18. Jahrhunderts die noch heute wirksame Überzeugung, daß Afrikaner ‚primitiver' seien als Europäer.
> Nach einer jahrhundertelangen Entwicklung, in der der überlegene militärische Gegner und Repräsentant einer fortgeschrittenen Kultur zum ‚Neger' verwandelt worden war und seine einstmals so bewunderten Eigenschaften allenfalls noch untergründig fortbestanden, ließ das bis heute vorherrschende Bild des Afrikaners damit schließlich an der Wende zum 19. Jahrhundert alle seine negativen Züge klar erkennen. Als die Deutschen in der weiteren Geschichte der deutsch-afrikanischen Begegnung mit kolonialen Interessen in Afrika auftraten, nahmen fast alle von ihnen nurmehr ‚Neger' wahr. In dem veränderten historischen Zusammenhang leistete das Bild, nun erweitert um die Nuance des biologistischen Rassismus, neue Dienste für die Legitimation der Unterwerfung und Ausbeutung des Afrikanischen Kontinents. Die mit der kolonialen Praxis einhergehende Zerstörung der Afrikanischen Kulturen formte schließlich viele Menschen selbst nach dem unheilvollen Bild.[46]

Folgerichtig heißt es noch 1914 in *Helmolts Weltgeschichte*:

Mochten auch die Ägypter und vor allem die verhaßten Dongolaner schwere Schuld auf sich geladen haben, so waren sie doch die höher kultivierten Eroberer, die die Negerbevölkerung in Furcht und Gehorsam erhielten; schränkte man ihren Einfluß ein (Gordon) oder vertrieb man sie völlig (Gessi), so erschütterte man den Grund des Gebäudes und erwartete von der schwarzen Rasse mehr, als sie zu leisten imstande war: der Neger muß nun einmal, wenn er zum Bewohner eines Kulturstaates werden soll, unter straffer Führung von Hellfarbigen stehen.[47]

Und weiter lesen wir dort:

Das Ideal des Afrikaners ist der Besitz möglichst vieler Frauen und Sklaven, die für ihn den Boden bearbeiten und ihm erlauben, von den Erzeugnissen bequem zu leben und einträglichen Tauschhandel damit zu treiben; der Sklave ist in Afrika die beste und sicherste Kapitalanlage. [...] Darum ist der Hauptzweck aller Kriege das Einfangen von Sklaven, die dann allmählich mit dem Geschlecht ihrer neuen Herren verschmelzen und die Eigenart des siegreichen Stammes beeinflussen. Aber die Sklaven waren nicht nur seit alter Zeit ein wertvoller Besitz, sondern zugleich ein hochgeschätzter Gegenstand des Handels, nach dem auch die Bewohner anderer Erdteile verlangend die Hände ausstreckten. [...] Daß aber aus den zahlreichen Anfängen eines lebhaften Verkehrs auf die Dauer so wenig Ersprießliches entstanden ist, liegt an einer verhängnisvollen Eigenschaft des afrikanischen Handels: er beruht fast immer auf *Raubbau*, und sein Ergebnis ist nach vorübergehendem reichen Nutzen Verfall und dauernde Schädigung. Das gilt am meisten von jenem verderblichen Handelszweige, der sich in keinem Teile der Erde so wie in Afrika entwickelt hat, dem Sklavenhandel. Zugleich aber ist dieser Handel für die Völkerkunde und die Geschichte wichtiger als irgendein anderer: er hat die Ausbreitung der schwarzen Rasse über Länder ermöglicht, nach denen sie sich freiwillig niemals verbreitet hätte; ja auf dem Sklavenhandel beruht lange Zeit nahezu die einzige geschichtliche Bedeutung Afrikas für die übrige Welt.[48]

Welch ein Segen ist die Sklaverei gewesen, könnte man hier zynisch anfügen!

Wie ganz anders hat May die Schwarzen in seinem Roman vorgestellt und ist gegen das zeitgenössische Bild von ihnen vorgegangen. Mehrfach zitiert er die Ansichten von Arabern, wenn sie behaupten: „Sklaven, überhaupt Schwarze, sind keine eigentlichen Menschen" (XVII 48), und weist sie zurück, z. B. im Gespräch mit einem Sklavenjäger:

„Waren das keine Menschen, die ihr getötet oder in die Sklaverei verkauft habt?"
„Schwarze sind nur halbe Menschen; sie fühlen nichts!"
„Damit entschuldigt ihr euch, obwohl ihr sehr gut wißt, daß es nichts als eine Lüge ist."
(XVIII 549)

Zwar läßt sich auch May zu Äußerungen hinreißen wie: „Wenn die Schwarzen einmal Blut gesehen haben, hört bei ihnen jedes Gefühl und jede Rücksicht auf" (XVIII 138), oder: „Sie [eine Schwarze] war noch sehr jung und hatte nicht die eingedrückte Nase und die wulstigen Lippen der eigentlichen Neger" (XVI 33), was zeigt, daß auch er ein Kind seiner Zeit war und seine Einstellungen gegenüber anderen Völkern differenziert gesehen werden müssen; aber die positive Haltung, das, was Kosciuszko als „direkte Replik auf Marnos abwertende Bemerkungen zur Kulturstufe der Schwarzen"[49] bezeichnet, überwiegt eindeutig:

> Die befreiten Sklaven thaten mir von ganzem Herzen leid. Sie erhielten zwar ihre Freiheit und ihre Rinder und Schafe wieder, doch konnten sie daheim nur die Trümmer ihrer Hütten und die Leichen ihrer Angehörigen finden. Man sage nicht, der Neger fühle nicht so wie wir; er fühlt sogar leidenschaftlicher als wir und kann dem Unglücke nicht den Trost entgegensetzen, den uns der Glaube an einen Gott der Liebe und der Weisheit gibt. – – – (XVIII 151f.)

An anderer Stelle schreibt May:

> Welche Liebe und Anhänglichkeit! Er [ein Dinkajunge] unterstützte sie [seine Schwester], um sie nicht leiden sehen zu müssen! Er hatte sein Land, sein Volk und seine Eltern nicht vergessen. Er wollte zu ihnen zurück; nur darum sparte er. Und wie beschreibt man diese Schwarzen? Auf welche Stufe stellt man sie? Hätte ein weißer Knabe im Alter dieses Negerjungen besser fühlen, denken und handeln können? Gewiß nicht! Wer den Neger nicht für erziehungsfähig hält, wer ihm die besseren Regungen des Herzens abspricht, der begeht eine große Sünde nicht nur gegen die schwarze Rasse, sondern gegen das ganze Menschengeschlecht. (XVI 45f.)

Insgesamt darf gesagt werden:

> Man braucht kein „positives Suchbild" zu haben, um zu erkennen, daß sich May in seinem Leben stets der Minderheiten, der Verachteten, Verfolgten, Geknechteten, der unterdrückten Naturvölker oder der von der europäischen Rasse gedemütigten Völker des Orients angenommen hat. Das ist – neben all seinen Leistungen auf literarischem Gebiet – seine eigentliche achtunggebietende und bleibende Leistung, die umso schwerer wiegt, als er damit offen dem Zeitgeist widersprach, gegen die Vorurteile und den Hochmut seiner Zeit ankämpfte. [...] ganz gleich, ob Indianer, Beduinen, Kurden, Zigeuner, sibirische Naturvölker oder Juden – immer stand er auf der Seite der Verlierer, auch wenn er diesen im Laufe seiner Romane natürlich auch negative Gestalten zuschrieb.[50]

Bemerkenswerterweise ließ auch die *Frankfurter Allgemeine Zeitung* dieser Haltung Mays späte Gerechtigkeit widerfahren:

> Sie [die Türken] hatten in Khartum einen Generalgouverneur eingesetzt, aber seine Macht und sein Interesse reichten kaum weiter, als man vom Ufer des Nil aus sehen konnte. Den Bachr-el-Gasal hinauf fuhr nur gelegentlich ein Schiff der Regierung, und dann nicht, um zu herrschen, sondern um die arabischen Sklavenjäger abzufangen, die keine Steuern zahlten und das Land der Schwarzen entvölkerten. Die Kunde von den Greueln der Sklavenjagd war bis Radebeul bei Dresden gedrungen. Vom „Heulen der unglücklichen Neger" und dem „Jauchzen der Sklavenjäger", die im „Schein der lodernden Flammen wie Teufel um die Seelen der Verdammten ihre höllischen Reigen tanzten", schrieb Karl May in der „Sklavenkarawane". Er hatte offenbar das zwischen 1889 und 1891 erschienene dreibändige Werk Wilhelm Junkers gelesen, der gerade von seinen „Reisen in Afrika" zurückgekehrt war. Der österreichische Forscher beschrieb, wie die Araber ihre soeben eingefangenen Sklaven das gleichfalls geraubte Elfenbein an den Nil schleppen ließen und jeden umbrachten, der unter der Last zusammenbrach. „Oh, daß alle die Klagen, Wehrufe und herzgepreßten Seufzer laut werden könnten, die ein über Tausende von Meilen gewandertes Stück Elfenbein verursacht hat", schreibt er, „ehe es unter der Hand unserer klavierbearbeitenden Jugend dem zum Hören Verurteilten einen Teil dieser Qual nachempfinden läßt."[51]

6

Der zitierte *FAZ*-Beitrag führt den Leser ins Land der Dinka, wo auch May große Teile seines *Mahdi* spielen läßt. Über die beiden Sklavenkinder, die oben erwähnt wurden und die Kara Ben Nemsi befreit und zu ihrem Volk zurückbringt, schreibt May:

> Welchem Volke die Kinder angehörten, darüber konnte es keinen Zweifel geben; sie waren Dongiols, und dieser Stamm gehört zur Dinkanation, welche sich auch Djangeh nennt. Diese letztere Bezeichnung war hier in Kairo der Name des Mädchens geworden. Die Dinka sind unbedingt der schönste Menschenschlag am weißen Nil; sie sind schlank und von hoher Statur, und ihr Gesichtsausdruck zeigt mehr Milde und Intelligenz, als derjenige anderer Völker. Da war es kein Wunder, daß der Knabe nicht das stumpfsinnige, teilnahmlose Wesen anderer Negerkinder besaß. Hätte er in einer deutschen Volksschule sitzen können, er wäre gewiß gegen keinen der andern Schüler zurückgeblieben. (XVI 46)

Wie erwähnt, verwendete May für seine völkerkundlichen Beschreibungen vornehmlich das Buch von Paulitschke, in dem dieser über die den Sudan betreffenden Ergebnisse überwiegend der deutschen Afrikaforscher, darunter des Missionars A. Kaufmann und des berühmten Entdeckers Georg Schweinfurth (1836–1925), berichtet. Die eben zitierte Beschreibung der Dinka wurde von ihm von Kaufmann übernommen und noch um die Hinzufügung der Intelligenz gekrönt. Liest man dagegen über Schweinfurths Reise, so hört sich das ganz anders an:

> [Schweinfurth] befand sich nun unter den Dinka und seine Beziehungen zu diesem „seltsamen Hirtenvolke" waren in den folgenden zwei Jahren auch im tiefsten Innern selten unterbrochen; so lange er die Seriba des Ghattas bewohnte dienten ihm Dinka als Kuhhirten, versorgten ihm die Küche und sowohl im fernsten Osten wie Westen trat er mit ihnen häufig in Verkehr. [...] Diese Dinka haben wenig über mittlere Körperhöhe (1,74 Meter bei 26 gemessenen Individuen). In ihrer Statur zeigen sie als Sumpfmenschen dieselbe Langschnittigkeit der Gliedmaßen wie die Nuehr und Schilluk. Am auffälligsten prägen sich die knochigen, sehnigen Körperlinien in den horizontal gestellten und eckig abfallenden Schultern aus; ein langer, an der Basis etwas verschmälerter Hals entspricht dem stets in einem spitzen Hinterkopfe gipfelnden Haupte, das, im Allgemeinen flach, einen hohen Grad von Schmalköpfigkeit aufweist, verbunden mit stark entwickelter Prognathie. Die Dinka zählen zu den am dunkelsten gefärbten Racen, aber die tiefe Schwärze der Haut läßt deutlich einen grauen Ton erkennen, sobald sie von Asche gesäubert ist, die Haut schimmert dann wie braunschwarze Bronze. „Der angeblich bläuliche Schimmer der Negerhaut beruht auf Einbildung und ist lediglich als Reflex des blauen Himmels zu betrachten. Das kann man mit gutem Gewissen sagen." Die Nasenform ist großen Schwankungen unterworfen; nach unseren ästhetischen Begriffen sind die Männer meist wohlgestalteter als die Frauen gleichen Alters. Einigermaßen einnehmende Gesichtszüge, um nicht zu sagen, menschliche sind selten; unaussprechlich häßliche Fratzen, gehoben durch ein Grimassenspiel, bei welchem die kurzen Augenbrauen häufig mitwirken und den an und für sich geringen Raum zwischen ihnen und dem Beginne des Haarwuchses auf ein Minimum reduciren, verleihen der großen Mehrzahl einen affenartigen Ausdruck der Physiognomie. Doch fehlt es auch nicht an Ausnahmen. Das Haar wird meist kurz geschoren, indem man auf der Höhe des Scheitels einen Schopf stehen

läßt, der gern mit Straußfedern geziert wird, um den Reihertypus nachzuahmen. *[Fußnote:]* Nirgends in der Welt scheint sich das Gesetz der Natur, demzufolge gleiche Existenzbedingungen analoge Formen unter den verschiedensten Classen des Thierreichs hervorzurufen vermögen, mehr zu bewahrheiten als hier. Daß Menschen und Thiere in vielen Gebieten, deren physikalische Beschaffenheit sie in grellen Gegensatz zu den Nachbarländern stellt, etwas Gemeinschaftliches in der Summe ihrer Merkmale und eine gewisse Harmonie in ihrem Charakter darbieten, läßt sich nicht bezweifeln.[52]

Im Gegensatze zu den Bewohnern der steinigen und felsigen Hochländer, die das Niltal umranden, machen die an den sumpfigen Flußniederungen ansässigen Schilluk, Nuër und Dinka nach Theodor von Heuglin den Eindruck menschlicher Flamingos; es sind echte Sumpfmenschen. Plattfuß und verlängerte Ferse sind für ihren Bau bezeichnend. Wie Sumpfvögel pflegen sie stundenlang bewegungslos auf einem Beine zu stehen. Ihr Schritt ist gemessen, ihre Gliedmaßen sind dürr und langschüssig, der Hals ist ebenso verlängert und mager. Liegt hier nicht der Gedanke an die Kraniche der Sage nahe, mit denen die Pygmäen kämpften?[53]

Wie sehr läßt sich hier Kohls Frage nach den Vorurteilen und Eurozentrismen bei der Betrachtung fremder Kulturen durch europäische Forscher exemplifizieren! Daß May sich auf Kaufmann und nicht auf Schweinfurth stützte, ist aller Ehren wert und zeigt einmal mehr, wie sehr ihm daran gelegen war, das Bild der Europäer, speziell der Deutschen, von den Schwarzen zurechtzurücken. Das war eines seiner Hauptanliegen. Ansonsten teilt er über die Dinka nichts Nennenswertes mit, abgesehen von der Tätowierung:

Der Negerbube war ein höchst aufgewecktes Kerlchen. Er trug das Haar ganz glatt geschoren und war trotz seiner Jugend schon tätowiert. Er hatte einen tiefen Einschnitt zwischen den Augenbrauen, von welchem, als dem Centralpunkte, kreisförmige, punktierte Linien sich nach dem Scheitel und den beiden Seiten der Stirne hinzogen, eine Art der Tätowierung, die bei allen Stämmen der Dinkaneger, und zwar sowohl bei den Männern als auch bei den Frauen gebräuchlich ist. (XVI 38, ähnlich auch XVII 525)

Diese Kenntnisse entnahm May Paulitschke, der sich hier wiederum auf Kaufmann bezog. Auch die übrigen Angaben zu den drei von ihm erwähnten Dinka-Stämmen, den Dongiol, Bor und Gohk, zu Bevölkerungszahl und Haartracht stammen von dort.[54] Die Gohk hat May im übrigen „ganz nach eigener Phantasie gestaltet; hierzu ist anzumerken, daß gerade die ohne jede Quellenbenutzung gestaltete Begrüßungsszene bei den Gohk wohl die gelungenste Darstellung eingeborener Lebensart ist, die wir in den Sudan-Romanen finden".[55] Über die Gohk teilt May noch mit:

Die Gohk sind das westliche Dinka-Volk. Sie grenzen mit den Schur zusammen, haben ein großes Gebiet inne und besitzen eine Anzahl reicher Dörfer. (XVII 575)

Und über die Bor:

Da oben wohnen die Bor, welche ungefähr zehntausend Köpfe zählen, die vierzig Dörfer bewohnen und sehr große Rinderherden besitzen. Glücklicherweise sind diese Bor ein Zweig des großen Dinka-Volkes, und da es die Rettung der ihnen stammverwandten Gohk galt, so glaubten wir, bei ihnen die notwendige Unterstützung zu finden. (XVIII 2)

In der Tat:

Wir alle ritten, und zwar auf den schon erwähnten Ochsen. Voran kam eine Abteilung der Borkrieger, dann ein Trupp Asaker; dann folgten Lastochsen, dann wieder Soldaten und Lasttiere, worauf die andere Hälfte Bor den Zug beschlossen. Es war ein Glück für uns, daß die Schwarzen sich mit uns verbündet hatten, denn ohne sie hätten wir niemals unser Ziel erreicht, sondern wären in diesem unendlichen Sumpfe umgekommen. Sie aber kannten denselben, als ob er ihre Heimat sei. Ihre geübten Augen unterschieden mit Leichtigkeit die Stellen, denen man sich anvertrauen konnte [...]. Ich bewunderte den Scharfblick und die Umsicht dieser Leute mehr und mehr und lernte hier auch – – Ochsen achten, denn ohne ihre Tiere hätten auch die Bor nicht fortkommen können. (XVIII 66)

Wie anders liest sich diese Darstellung als diejenige Schweinfurths – ihm dienen die Dinka als Kuhhirten und Küchengehilfen, für Kara Ben Nemsi sind sie gleichsam Lebensretter, die ihm Bewunderung abnötigen.

Wer waren und sind die Dinka?[56] Zusammen mit den sich östlich anschließenden Nuer bilden die Dinka eine Unterabteilung der Westnilotischen Sprachgruppe. Die eigentlichen Niloten teilen sich in die Hauptgruppen Schilluk, Dinka und Nuer. Die Dinka bewohnten und bewohnen das sumpfige Tiefland der Bahr el Ghasal-Provinz des südlichen Sudan, im Westen auch die höher gelegenen Savannengebiete des sogenannten Eisensteinplateaus. Schon um das Jahr 1000 lebten die Niloten in diesen wasserreichen Flachländern, wobei sie ihre Dörfer auf natürlichen Anhöhen erbauten. Nach der Jahrtausendwende begannen sie mit Wanderungen – aus Gründen, die wir heute nicht mehr nachvollziehen können. Dinka und Nuer scheinen gemeinsam aufgebrochen zu sein und sich später geteilt zu haben; ihnen folgten die Luo (Schilluk), die sich ebenfalls teilten und verschiedene Wege einschlugen. Im Rahmen dieser Bewegungen erreichten die Dinka ihre heutigen Wohngebiete. Tatsächlich gehören sie – die Männer erreichen 1,80 m Durchschnittsgröße – zu den höchstgewachsenen Menschen der Welt.

Schon *Helmolts Weltgeschichte* weist darauf hin, daß die Völker des Niltales zwei große Kulturerrungenschaften hatten: die Rinderzucht und die Eisenbearbeitung, und betont, daß die Hauptstämme Viehzüchter und hervorragende Schmiede waren; letztere bildeten eine eigene – wenn auch nicht sehr geachtete – Kaste. Gezüchtet wurden neben Schafen und Ziegen vor allem Rinder, von den Dinka speziell die langhörnigen Zebu-Rinder. In diesem Zusammenhang waren den Niloten auch Verzierung der Hörner, Fleisch für Opferzwecke oder Vieh als Brautpreis wichtig. Aber auch der

Feldbau spielte eine große Rolle; die Niloten bauten auf ihren in höheren Lagen außerhalb der Überschwemmungsgebiete angelegten Feldern Bohnen, Sesam, Durra, Kürbis und Melonen an, heutzutage vor allem Hirse und Mais. May schreibt über das Dorf der Gohk-Dinka im Prinzip richtig:

> Wir erreichten den Wald und ritten quer hindurch, um an das Ufer eines langgestreckten, seeartigen Wasserbeckens zu kommen. Ein Blick belehrte uns, daß wir uns in der Nähe des Zieles befanden. Die Ufer des Sees waren von Fruchtfeldern umgeben, von denen aus sich Weideplätze bis hin zum Horizonte zogen. Am Rande des Wassers hingen Kähne. Rechts von uns gab es einen Berg, ja wirklich, eine Anhöhe, welche im Verhältnisse zu der sonst ganz platten Gegend recht gut als ein Berg bezeichnet werden konnte. (XVIII 73)

> Das Dorf nahm ungefähr die Hälfte des Plateaus ein und bestand aus lauter runden Hütten von der Art, wie ich sie wiederholt beschrieben habe, und war von einem hohen, sehr dichten Dorngestrüpp umgeben. Die Fläche außerhalb des Dorfes war mit kurzem Grase bewachsen. Es gab da mehrere Einzäunungen, um die Herden des Nachts und zur Zeit eines Ueberfalles in Sicherheit zu bringen. (82)

Zwar waren die Niloten keine Nomaden, aber jahreszeitlich bedingte Wanderungen gab es: Die Herden wurden in Anpassung an die Weidemöglichkeiten in der Regen- oder Trockenzeit umhergetrieben, während der Trokkenzeit also in die flußnahen Gebiete, wo sie – bei den Dinka – von jungen Männern und Mädchen gehütet wurden. Die Männer beteiligten sich auch an den Feldarbeiten; im Gegensatz dazu wurden die Frauen bei den Niloten in der Regel von der Viehhaltung, selbst vom Melken, ausgeschlossen.

Die Dinka teilten sich in eine Reihe unabhängiger Stämme wie die Gohk, Bor, Reik, Malwal, Agar, Ngok, Niel, Aliab, Kiec, Twi u. a. Bedeutender waren jedoch als Organisationsformen die Klane; es herrschten Klantotemismus und Vaterrecht. Von einigen Klanen wurde angenommen, daß sie über magische Fähigkeiten verfügten. Dem diesen Klanen entstammenden ‚Speerhäuptling' wurden richterliche und priesterliche Aufgaben übertragen.

Während die Dinka in den temporär angelegten Trockenzeitlagern in kuppelförmigen Grashütten lebten, bewohnten sie in der übrigen Zeit zylindrische Kegeldachhütten in festen Dorfsiedlungen. Die Männer waren meist unbekleidet, die Frauen trugen überwiegend Blättertracht; man schmückte sich mit Elfenbeinarmringen, Muschel- und Straußeneiperlketten und Hörnerkappen; die unteren Schneidezähne wurden mitunter entfernt. Wegen der Stechmücken rieb man sich mit Asche ein. Wie May richtig schreibt, spielte die Tätowierung eine wichtige Rolle. Als Waffen dienten, wie auch May angibt, Speer, Keule sowie Pfeil und Bogen (XVIII 74); im 19. Jahrhundert lösten Spitzen aus Eisen bei Speeren und Pfeilen solche aus Holz und Horn ab.

Von der Religion her waren die Dinkas Animisten; sie glaubten an den Naturerscheinungen innewohnende Geistwesen, an eine spirituelle Macht, Jok, sowie an einen Hochgott, Nhialic, der – persönlich aufgefaßt – ebenso wie die Macht Jok das Schicksal der Menschen mitbestimme. Auch die Geister der Ahnen wurden verehrt.

Heute zählen die Dinka wieder etwa 2 bis 3 Millionen Menschen, die ihnen verwandten und auch von May mehrfach erwähnten Nuer und Schilluk[57] etwa 300.000 bzw. 120.000. Aber die Zahlen geben allenfalls Anhaltspunkte. Die Nuer, von denen viele von Dinka abstammten, waren und sind ein Hirtenvolk; ihr gesamtes kulturelles Leben drehte sich um ihre Herden; Anbau von Hirse und das Fischen spielten ebenfalls eine Rolle. Auch hier war – wie bei den Dinka – das Klansystem sehr wichtig, während zwischen den einzelnen Stämmen (Thiang, Lau, Lak, Gaweier, Djekaing, Dok, Djagei, Nuong, Bul, Lek, Kilual) kein großer Zusammenhalt bestand. Die Beilegung von Streitigkeiten und Fehden oblag den sogenannten Leopardenfellhäuptlingen, aber aufgrund rituell-religiösen, weniger politischen Einflusses.

Das Bauern- und Hirtenvolk der Schilluk am Westufer des Weißen Nils, um Faschodah, hielt Rinder, Schafe und Ziegen; das Hauptnahrungsmittel bestand in Milch. Die Schilluk waren seßhaft und bauten u. a. Hirse an. Die Männer betrieben Jagd und Fischfang und beteiligten sich an der Feldarbeit; die Herden wurden – einschließlich des Melkens – von den Männern betreut. Diese wurden (und werden) wie die Dinka-Männer sehr groß, viele bis 2,10 m, im Durchschnitt 1,80 m. Die Schilluk umfaßten die Stämme der eigentlichen Schilluk, der Anuat, Berri, Luo, Thuri, Dembo, Atscholi, Shatt, Lango, Lur, Jopalyuo, Jaluo, Kavirondo u. a. Im Gegensatz zu den Dinka und Nuer war das Gesellschaftssystem komplizierter. Bemerkenswert bei ihnen war das Gottkönigtum, das auf Nyikang, den Begründer und ersten König der Schilluk, zurückgeführt wurde. Nyikang wurde als Stammesheros – sogar in eigenen Tempeln – verehrt; dadurch gerieten der Glaube an einen Himmelsgott und ähnliche Vorstellungen allmählich in den Hintergrund. Der König der Schilluk galt als Nachkomme Nyikangs; er konnte auf königliche ‚Beamte' zurückgreifen und übte Macht aus über die Fruchtbarkeit des Landes, so auch über den Regen. Zu den Elementen seiner Herrschaft gehörten die heilige Lanze als Königssymbol, eigene Grabhäuser, der

‚heilige Königsmord' als Opfertod des Königs, besondere Freiheiten der Königstöchter, die Ehrung der Königsmutter und Geschwisterehen. Unterhalb des Gottkönigs gab es mehrere Adelsränge, freie Bürger und Sklaven. Für Mays *Mahdi*-Roman waren alle diese interessanten Einzelheiten natürlich nachrangig und hätten auch in die Handlung, in der es vor allem um Sklavenhandel und Sklavenjagd geht, gar nicht gepaßt. Tatsache ist, daß sich die Nuer und Dinka gegenseitig um Vieh und Sklaven bekämpften. Unter den arabischen Sklavenjägern hatten vor allem die Dinka zu leiden, doch gelang es selbst denen nicht, die Stärke und Größe dieses Volkes wesentlich zu beeinträchtigen. Anders bei den Schilluk: Sie wurden von den Mahdisten im Laufe der Mahdi-Erhebung unterworfen und erlitten schwerste Verluste. 1903 gab es nur noch 40.000 Schilluk, aber um 1960 schon wieder über 100.000. Dennoch hat der Mahdi-Aufstand im Sudan Spuren hinterlassen, die bis heute nicht getilgt sind.

7

Trotz des Verbotes blühte der Sklavenhandel in Ägypten. Drei bedeutende Karawanenwege gab es. Die kürzeste Route führte nach El-Obeid in Kordofan und dann über Berber nach Port Suakin und Arabien; entlang des Nils wurden die Sklaven nach Kairo und dem Osmanischen Reich gebracht; am längsten war die dritte Route, die jedoch überwiegend benutzt wurde: Das ‚schwarze Elfenbein' schaffte man über Darfur und Wadai zur Oase Kufra und von dort nach Bengasi bzw. über Kuka nach Tripolis. May beschreibt an verschiedenen Stellen seines Romans Wege, auf denen Sklaven transportiert werden, aber dies sind überwiegend Routen abseits der großen Wege (natürlich um den Häschern des Vizekönigs zu entgehen), abgesehen von der Nilroute, wo der Reïs Effendina auf den großen Fang wartet, der am Ende immer nicht ihm, sondern Kara Ben Nemsi gelingt.

Wie schon beschrieben, bedeutete das Verbot des Sklavenhandels, auch wenn sich kaum jemand daran hielt und der Vizekönig die Verfolgung der Sklavenjäger und die Bereinigung der Verhältnisse den Europäern überließ, gewaltige wirtschaftliche Einbrüche für zahlreiche Kreise: für die ägyptischen Beamten ebenso wie für die arabischen und ägyptischen Sklavenjäger, für die Händler und Hehler („Ich habe gar nicht die Absicht, Neger zu fangen, aber ich bin entschlossen, welche zu kaufen", redet sich Murad

Nassyr heraus, worauf ihm Kara Ben Nemsi erwidert: „Das ist sogar noch schlimmer. [...] Wenn es keine Sklavenhändler gäbe, würde es auch keine Sklavenjäger geben", XVI 388), für die Regierung selbst und natürlich auch für die sich untereinander bekriegenden Stämme der Einheimischen, der Neger oder der zwischen Nil und Schari lebenden Araber:

„Denke, daß wir Baqquara nur von unsern Herden leben, und daß eine einzige Seuche, welche unter denselben ausbricht, uns leicht zu Grunde richtet. Da war es der Sklavenhandel, welcher uns bei solchen Fällen die Mittel gab, zu leben und, bis unsere Herden wieder gewachsen waren, nicht zu darben. Wir gaben den Sklavenjägern unsere Krieger als Asaker mit und bekamen für jeden gefangenen Schwarzen einen bestimmten, festgesetzten Lohn. Dieser wurde uns in Sklaven ausgezahlt, die man uns billig berechnete, wir aber verkauften sie zu einem weit höheren Preis. Das gab einen Gewinn, welcher uns willkommen war." (XVII 455)

Auch hier schildert May die Verhältnisse richtig. Die Baqqara oder Baggara beteiligten sich während des 19. Jahrhunderts besonders stark an den Sklavenjagden. Im Grunde gab es die Baggara allerdings nicht; hier handelt es sich um einen Sammelnamen, abgeleitet von bakar = Rind, für Rinder-Halbnomaden, die zahlreiche Stämme umfaßten. Wahrscheinlich stammten die meisten von Beduinen ab, die im 14. Jahrhundert in den Sudan vorstießen. Durch zahlreiche Raubzüge und Kriege wurden die Stämme mit den einheimischen Völkern vermischt; die Sudan-Neger wurden im Lauf dieses Prozesses verdrängt oder aufgesogen. Angehörige einzelner Stämme konnten je nach Schicksal oder Lebensraum ebenso Nomaden wie Halbnomaden oder sogar Seßhafte werden. Als Baggara bezeichnete man die Halbnomaden, deren Kultur auf dem Besitz von Rinderherden beruhte und auch heute noch basiert. Ochsen zum Reiten und Lastentransport waren typisch für ihre Lebensart. Die als Nomaden lebenden Stämme, die Kamele und Dromedare besaßen, wurden als Abbala bezeichnet. Die seßhaften Ackerbauern und Händler bilden die dritte Gruppe. Versucht man eine Einteilung nicht nach Lebensweise, sondern mehr nach ethnischen Gesichtspunkten, so gelangt man zu einer Fülle von Stämmen[58], die hier im einzelnen nicht aufgezählt zu werden brauchen. Die von May in die Handlung einbezogenen El Homr und Fessarah gehören jedenfalls dazu. Er erwähnt auch noch einen weiteren Stamm: „Der Hautfarbe nach sind sie weder Kababisch noch Bagara" (XVIII 396). Tatsächlich hat die Mischung der Völker zu unterschiedlichen Hautfarben geführt; im Süden – mit der Seßhaftwerdung – trat die negride Komponente in den Vordergrund. Nicht recht hat May dagegen, wenn er Baggara und Kababisch als Stämme nebeneinander stellt; vermutlich aber waren zu seiner Zeit die Abgrenzungen zwischen den Völkerschaften noch nicht so klar wie heute. Einen Kababisch hat May in einer seiner größeren Erzählungen, der *Gum*, in der für die Erzählstruktur wichtigen Rolle des bramarbasierenden, feigen Dieners gezeichnet: Hassan el Kebihr.

Zusammen mit den Hamar, Habbania, Tundjer u. a. gehörten die Kababisch zu den Baggara und bildeten wohl deren bedeutendste Gruppe. Sie besaßen riesige Kamel-, Schaf- und Ziegenherden, im Süden ermöglichte ihnen das Land sogar die Rinderhaltung, die hier ein großes Ausmaß annahm. Noch heute leben die Kababisch teilweise beinahe so wie zu Mays Zeiten in den nördlichen Teilen der sudanesischen Provinzen Darfur und Kordofan bis nach Dongola. Ein Teil des Stammes kümmert sich um die Herden, ein Teil betreibt ausgedehnten Handel und verkauft Vieh gegen das Grundnahrungsmittel Hirse. Ein Großteil der Viehexporte des Sudan nach Ägypten stammte bis in neuere Zeit von den Kababisch. Daneben war bis ins 20. Jahrhundert der Handel mit Gummiarabikum, gewonnen aus dem Harz verschiedener im Norden Kordofans beheimateter Akazienarten, ein wesentlicher Wirtschaftszweig dieses Volkes.

Wie alle anderen Baggara sind auch die arabisch sprechenden Kababisch ethnisch nicht einheitlich, aber sie stellen sicherlich ihre homogenste Gruppe dar und nennen sich mit mehr Recht Araber als die meisten anderen dieser Mischvölker. Sie wurden von Häuptlingen regiert, die an der Spitze der patrilinearen Klans standen und wiederum einem Oberhäuptling (Nasir) unterstanden. Jeder Klan war in Gruppen geteilt, die aus größeren Familien bestanden, zu denen neben den Familienangehörigen auch Sklaven und Schützlinge gehörten. Die Position des Nasir ist wohl erst unter dem Druck der türkisch-ägyptisch-englischen Herrschaft entstanden. Bewaffnet waren die Kababisch mit Lanzen, Speeren und Messern; die Männer spielten – auch in der Erbfolge – die wesentliche Rolle. Der Stamm hing – wie die meisten dieser Völkerschaften – dem Islam an; durchgeführt wurden Knaben- und Mädchenbeschneidung.

Noch heute wandern die Baggara während der Regenzeit zu den Grassteppen im Norden und kehren in der trockenen Jahreszeit zu den südlichen Flußtälern zurück. Hier sind sich einige der Stämme auch nicht für den Ackerbau (vor allem Hirse) zu schade, der von anderen stolz abgelehnt wird.

Der große Ein- und Umbruch kam für die Baggara wie für viele andere Völker des heutigen Sudan und der angrenzenden Gebiete durch den Aufstand des Mahdi. Sie wurden zu seinen glühendsten Anhängern. Erinnern wir uns: Ismail Pascha, der ägyptische Vizekönig, versuchte, Ägypten auf den Weg zur Moderne zu führen, und überließ den Kampf gegen die Sklavenjäger und die Ordnung der Provinzen des Sudan verschiedenen Europäern. 1874 erlangte Ägypten seine größte Ausdehnung und reichte fast bis zum Äquator. Von 1874 bis 1877 vollendete Charles George Gordon (geb. 1833) – eine „edle, nur zu vertrauensselige Natur, von unverwüstlicher Gesundheit", scheinbar „ganz der geeignete Mann, als Organisator und Soldat die Kultur des Landes zu fordern und die Rechte der Menschlichkeit zu wahren"[59] – die Mission am oberen Nil, die zu Ende zu bringen Baker nicht vergönnt gewesen war. 1877 zum Pascha und Generalgouverneur ernannt, führte er, der über große Erfahrungen aus Kriegen in China verfügte, mit Abessinien lange Verhandlungen um die Grenzen zu den ägyptisch-sudanesischen Provinzen und schlug dann in Darfur den erwähnten Aufstand Soleimans, des Sohnes des Sklavenjägers Zubeir, nieder. Da Kairo ihm nicht die erhoffte Unterstützung zuteil werden ließ und die Zustände im Sudan nach wie vor chaotisch waren, trat Gordon Pascha 1880 zurück. Sicherlich war das Urteil seiner Zeit etwas blauäugig, wenn es heißt:

Immerhin waren die Verhältnisse im nördlichen Sudan, in Kordofan, Senaar usw. leidlich geordnet. Auch im Süden hatten Gessi (gest. 30. April 1881 in Suls) und später F. Lupton, die Gouverneure der Provinzen Bahr el-Ghasal, vor allem aber Eduard Schnitzer (Emin Pascha) in der Äquatorialprovinz die Entwickelung in hoffnungsvolle Bahnen gelenkt.[60]

Eher stimmt wohl Ki-Zerbos Urteil:

[Der Khedive] vertraute die Grenzgebiete seines Reiches nun europäischen Forschern und Abenteurern an. Die Äquatorialprovinz im Norden der Großen Seen wurde zunächst Samuel Baker und später dem Deutschen Schnitzer (Emin Pascha) überantwortet. Darfur bekam der Österreicher Slatin übertragen. Diese Männer führten nun Ägyptens Politik. Ungeachtet manch schwacher Besserungsversuche setzte sich der Machtmißbrauch gegen die sudanesischen Autochthonen fort und erstickte die regionalen Revolten in einem Strom von Blut.[61]

Waren diese Europäer auch guten Willens, die Abneigung der Einheimischen gegen die Fremden nahm aufgrund der geschilderten Verhältnisse immer mehr zu. Hinzu kam die Entwicklung in Ägypten selbst: „Ismaïl trieb den Prunk seines Auftretens, seine blind verschwendende Gastlichkeit und ähnliche Schwächen ins Grenzenlose."[62] Ab 1875 geriet Ägypten in den Strudel nicht mehr aufzufangender finanzieller Schwierigkeiten. Selbst der Verkauf der Suezkanal-Aktien konnte die Lawine nicht aufhalten; noch im selben Jahr war der Staat bankrott. 1876 bildeten England und Frankreich eine Finanzkommission, geleitet von einem Engländer und einem Franzosen als Generalkontrolleuren für die ägyptischen Finanzen; und 1878 übernahm Nubar Pascha mit Charles R. Wilson als Finanzminister und anderen Europäern im Kabinett auf Druck europäischer Staaten die Regierung. Diese europäische Vormundschaft führte zur Steigerung der Fremdenfeindlichkeit in Ägypten und im Sudan. Ismail geriet unter den Druck seiner eigenen Landsleute, aber er konnte sich gegen die europäischen Staaten nicht wehren, die – ausgelöst durch eine Protestnote des Deutschen Reiches anläßlich Ismails Vorgehens gegen die aufgezwungene Regierung – seine Absetzung durch den Sultan betrieben, die dann 1879 erfolgte. Ismail starb 1895 in Konstantinopel.

Ismails Sohn und Nachfolger Tewfik (1879–1892) war nur ein schwaches Werkzeug in den Händen Englands und Frankreichs. Unter ihm erreichten die fremdenfeindlichen Strömungen im ägyptischen Reich einerseits, der Einfluß der Europäer andererseits den Höhepunkt. So war aus der Sicht der einen

die Entwickelung in hoffnungsvolle Bahnen gelenkt, als ein ungeheurer Ausbruch des altsudanesischen Glaubenseifers mit einem Schlage das Werk zerstörte, aber zugleich bewies, wie morsch und hohl das äußerlich so glänzende Gebäude gewesen war: Mohammed Achmed, der angebliche Mahdi (Reformator), entrollte 1881 das Banner des Aufstandes und hatte nach wenigen Jahren sich des gesamten Sudan bemächtigt.[63]

Man hat es auch nüchterner gesehen:

Es gab demnach um 1880 von Sennar bis Darfur mehrere Zentren des Widerstands gegen die ägyptische Herrschaft und die ausländischen Beamten, welche deren Vertreter waren; von 1881 an gelang es dem Mahdi Mohammed Achmed, unter dem Banner des Islam so verschiedenartige Forderungen zu vereinigen, wie sie von den ihrer früheren Unabhängigkeit nachtrauernden Volksmassen und den die animistischen Stämme im Süden ausbeutenden Sklavenhändlern erhoben wurden.[64]

Oder poetischer:

In dieser Situation, als der Sturz des Khediven Ismail eine politische Lücke bis in die Randgebiete des ägyptischen Reiches riß, tauchte aus dem trostlosen Dunkel des oberen Niltales der erstaunliche Schatten des Mahdis auf.[65]

8

Die *Hausschatz*-Fassung der späteren *Mahdi*-Trilogie erschien 1891 bis 1893; angekündigt worden war der Roman in dieser bedeutenden katholischen Zeitschrift schon 1885, also bereits in dem Jahr, in dem der Mahdi starb. Wie in anderen Fällen ließ sich May von zeitgenössischen Ereignissen in exotischen Ländern inspirieren, um Interesse bei seinen Lesern zu wecken. Die Erzählung hatte zunächst den Obertitel *Der Mahdi* und bestand aus den Teilen *Am Nile* und *Im Sudan*. Als 1896 die Fehsenfeld-Buchausgabe herauskam, firmierte sie unter dem Titel *Im Lande des Mahdi*: zu Recht, denn der Mahdi selbst kommt darin kaum vor, er wird hin und wieder erwähnt, tritt aber nur selten – vor allem im ersten Kapitel des zweiten Bandes – persönlich in Erscheinung. Dennoch hat man als Leser das Gefühl, daß er und sein Gedankengut ihren ‚Schatten' über den Roman geworfen haben. Um diese Zeit war der Mahdi schon Historie, wenn auch sein Reich noch bestand; von daher ist verständlich, daß May seinen Roman anderen Themen, nämlich Sklaverei und Islam, widmete, für die der Mahdi dann eben als Aufhänger diente. Dennoch konnte er damit rechnen, daß der Klang des Namens ‚Mahdi' bei seinen Lesern Neugier und Spannung erzeugen würde.

Wie gesagt, spielt der Roman 1879, also vor dem großen Aufstand des Mahdi; von der eigentlichen Erhebung erfährt der Leser so gut wie nichts. May ging aber davon aus, daß seiner Leserschaft die Vorgänge im Sudan weitgehend vertraut waren. Er benutzte, wie bereits ausgeführt, als Quelle für seine Darstellung das Werk von Buchta. Darüber hinaus gab es genügend Zeitungs-, Zeitschriften- und Lexikon-Artikel, aus denen er schöpfen konnte.[66]

Der Mann war wohl etwas über dreißig Jahre alt, hager und trug einen dunkeln, nicht sehr dichten Vollbart. [...] Der Ausdruck seines Gesichtes war streng, düster asketisch. [...] Ich ahnte nicht, daß dieser Mann später als Mahdi eine so hervorragende Rolle spielen werde. (XVII 48)

Buchta beschreibt ihn folgendermaßen:

Mohammed Achmed ist vor etwa 40 Jahren in Dongola geboren, ein schlanker, gut gewachsener Mann von tief brauner Gesichtsfarbe, ein echter Nubier und kein Araber.[67]

Nach anderen Quellen war „Mohammed Achmed, der neue Messias, der aus Dongola stammte", in der Tat

ein Mann von außergewöhnlich eindrucksvoller Erscheinung und feinen, kühnen Gesichtszügen. Diejenigen, die ihm zum ersten Mal begegneten, bemerkten sein Lächeln, das stets auf seinen Lippen zu spielen schien und von großer Anmut war. Das Lächeln versteckte vor gelegentlichen Besuchern einen unerbittlichen Willen und einen Hang zu religiöser und politischer Führerschaft, die eine ganz besondere Charaktereigenschaft bedeuteten.[68]

Lassen wir die religiöse Komponente einstweilen noch beiseite; begnügen wir uns an dieser Stelle mit den äußeren Ereignissen. May teilt einige Einzelheiten über Mohammed Achmeds Leben mit: „Für einige Zeit Steuerbeamter gewesen, hatte er sich gezwungen gesehen, sein Amt niederzulegen, und war Sklavenhändler geworden." (XVII 49) Ähnliches berichtet der Lexikon-Artikel *Mahdi* 1884 in *Meyers Jahres-Supplement*[69], während Buchta sein Leben prosaischer schildert. Dies gilt ebenso für seinen weiteren Lebensweg; auch hier weiß May Vornehmeres zu berichten (XVIII 444). Kosciuszko vermutet:

[May] erfindet eine Heiligenlegende, wie sie den einfachen Leuten vielleicht sogar in Wirklichkeit erzählt worden war. Aus der Vertreibung von Tamaniat wird so ein ‚heiliger' Streit, aus dem der Prophet an Macht und Würde gestärkt hervorgeht.

Ein besonders gelungenes Kabinettstückchen fügt May dem hinzu: Die von ihm selbst inszenierte Begebenheit, die Fußsohlen des Mahdi und ihre Bekanntschaft mit der ehrwürdigen Einrichtung der Bastonade betreffend [...] [XVII 336f.], läßt er nun als Legende von den im Dienste der heiligen Sendung wundgelaufenen Füßen des Mahdi im Volksmunde weitererzählen.[70]

Die prosaischere Seite seines jungen Lebens war offenbar die historisch gesehen richtige. Mohammed Achmed wurde wahrscheinlich im Jahr 1844 geboren. Der Vater war Bootsbauer, und auch Mohammed verdiente sich mit diesem Beruf zuerst sein Geld. Aber er fühlte sich zu Höherem berufen und wurde Schüler bedeutender islamischer Lehrer, darunter des Enkels des Gründers des Sammaniya-Derwischordens im Sudan. Weite Missionsreisen führten ihm schon früh eine große Anhängerschar zu. 1870 ließ er sich dann auf der Insel Aba im Weißen Nil nieder und richtete hier sein Hauptquartier ein. Mitte der siebziger Jahre bereiste er Kordofan und gehörte nun schon zu den bedeutendsten Führern des Ordens. Mit dem alten Lehrer gab es Streit (wie auch May erwähnt: XVIII 444), aber Mohammed Achmed setzte seinen Weg nach oben unbeirrt fort.[71]

Ohne die zeitgenössischen Hintergründe zu kennen, ist der Aufstieg des Mahdi nicht zu verstehen:

Mohammed Achmed stammte aus dem alten Mittelpunkte christlicher Glaubenstreue, dem jetzt ebenso eifrig islamischen Dongola, dessen regsame Bewohner im ganzen Sudan als Sklaven- und Elfenbeinhändler verbreitet waren und mit den Europäern in ägyptischen Diensten auf dem schlechtesten Fuße standen. Der künftige Erneuerer der Religion zog längere Zeit als Derwisch im Lande umher, wie er auf Grund der Lehren Mohammed ibn Abd el-Wachhabs die Unzufriedenheit schürte und Anhänger warb [letzterer gründete die Sekte der Wahabiten, um den Islam zu reformieren, zu reinigen und auf die erste Grundlage zurückzuführen; er starb 1787; seine Ideen liegen noch heute der saudiarabischen Staatsführung zugrunde]; seine Klage, daß die Religion im Verfall und durch die Freundschaft der Mohammedaner mit den Christen

79

gefährdet sei, fiel auf fruchtbaren Boden: hier wie in fast allen Glaubenskriegen war ja die Religion das allen verständliche Feldgeschrei für die tieferen nationalen und wirtschaftlichen Gegensätze. Nach Vollendung seiner Reisen zog sich Mohammed Achmed auf die Insel Aba im Weißen Nil zurück, wußte sich bald den Ruf eines Heiligen zu schaffen und machte seinen Zufluchtsort zum Mittelpunkt einer Verschwörung gegen die ägyptische Herrschaft. Lange ließ man ihn unbehelligt, um dann durch unkluge und ungenügende Maßregeln die glimmenden Funken zur hellen Flamme anzublasen.[72]

Ssali Ben Aqil, dem Kara Ben Nemsi das Leben gerettet hat, gerät auf der Suche nach dem Mahdi auf die Insel Aba.

Ssali, mit einem ungewöhnlichen Scharfblicke begabt, durchschaute sehr bald das ganze innere Wesen des Mannes, welcher sich bisher den Fakir el Fukara genannt hatte, nun den Titel eines Sahed, eines Entsagenden, führte, bald darauf sich als el Murabit, der Heilige, verehren ließ und ihm schließlich die stolze Mitteilung machte, daß er mit Allah in direktem Verkehre stehe und von ihm den Befehl bekommen habe, als der längst erwartete Mahdi den Erdkreis zu erobern und allen Gläubigen das Glück der wahren Erkenntnis zu bringen. Ssali hatte sich mit Schmerzen nach dem Mahdi gesehnt […]. Er erschrak, anstatt daß er sich freute, denn es graute ihm vor dem Manne, welcher sich vermaß, der Menschheit die Seligkeiten aller Paradiese zu bringen. Der sollte der Mahdi sein? Eine größere Lüge oder wenigstens Selbsttäuschung konnte es gar nicht geben. (XVIII 537)

Mays Verhältnis zum Mahdi erscheint etwas zwiespältig. Einer früheren Analyse zufolge hat May ihn schlechter dargestellt, als den von ihm benutzten Quellen zu entnehmen war.[73] Die weitere Entwicklung der Mahdi-Bewegung gibt aber Mays eindeutig negativer Beurteilung am Ende des dritten Bandes recht. In der Begegnung zwischen Kara Ben Nemsi und dem angehenden Mahdi wird dieser allerdings noch längst nicht so schlecht dargestellt. Kara Ben Nemsi nimmt ihn zwar nicht ganz ernst, bringt ihm aber doch eine gewisse Achtung entgegen; mitunter scheint sogar Sympathie durchzuschimmern, und trotz aller Feindschaftsbekundungen des Mahdi rettet er diesem das Leben. May wußte, daß die üblen Verhältnisse im Sudan, die Ausbeutung der Menschen, den Nährboden für die Mahdi-Bewegung gebildet hatten. Zwar konnte er dies in einer konservativen Zeitschrift wie dem *Deutschen Hausschatz* nicht so deutlich zeigen, aber der Mahdi, der gegen die Mißstände anging – natürlich nicht der Mahdi, der die Sklavenjäger unterstützte –, mußte bei einem Autor, der sich immer wieder aufs neue der Unterdrückten annahm, durchaus Sympathien wecken.

Gerade während seiner Reise nach el-Obeid in Kordofan hatte Mohammed Achmed gesehen, wie feindselig und ausbeuterisch die ägyptischen Beamten gegen die Einheimischen vorgingen. Manche hofften hier auf das Auftreten eines Gerechtigkeit bringenden Mahdi; die meisten waren empört über das Vordringen der Fremden – der Europäer, der

Christen. Und diese Haltung war nicht nur auf den Sudan beschränkt. Man kann die Mahdi-Bewegung nicht unabhängig von anderen, gleichzeitigen Erhebungen in Nordafrika sehen:

> Vom 18. Jahrhundert an und vor dem Masseneinbruch der Christen im mittelmeerischen Afrika hatte das Entstehen neuer Moslembruderschaften die Lebenskraft und gleichzeitig das Bedürfnis nach Eigenständigkeit des afrikanischen Islam unter Beweis gestellt.[74]

Von Libyen aus bekehrte Mohammed Ibn Ali es-Senussi (1792–1869) die „gesamte Ostsahara bis nach Wadai und Kordofan zum intoleranten und extrem christenfeindlichen Senussismus. [...] Sein ältester Sohn Scheich el-Mahdi führt das Werk des Vaters fort und stößt im Jahre 1883 in Wadai auf einen Konkurrenten in Gestalt eines anderen Mahdi, der wesentlich berühmter ist als er selbst."[75] Die Eifersucht der – von May mehrfach erwähnten (z. B. XVII 379) – Senussi verhinderte eine weitere Ausbreitung der sudanesischen Mahdisten in ihrem Machtbereich. Zu den entstehenden Moslembruderschaften gehörten auch der Sammaniya-Orden, aus dem der sudanesische Mahdi hervorging, und die allem Anschein nach ebenfalls historische, ihm nahestehende ‚heilige Kadirine', der May in seinem Roman eine so finstere Rolle zuschreibt. Regelrecht explosionsartig brach Anfang der 80er- Jahre der angestaute, religiös-islamisch untermauerte Haß der Einheimischen gegen die Europäer hervor: Ob im südlichen Oranais die Uled Sidi Schech, ob im Ahaggar die Tuareg, in Mali die Samorys oder in Kairo die Aufständischen unter Arabi Pascha – überall gärte es und kam es zur Verfolgung der verhaßten Fremden. Nur selten scheint bei May der Anteil der Christen, der Europäer, an diesen Ereignissen auf: „Beobachte die Christen, was sie thun! Gleichen ihre Werke ihren Lehren? Geben sie nicht Lüge anstatt Wahrheit, Strafe statt Verzeihung, Falschheit anstatt Aufrichtigkeit und Krieg anstatt des Friedens?" (XVIII 296) So mußte es den Ägyptern und Sudanesen trotz aller europäischer Bemühungen erscheinen.

In Ägypten versuchte eine internationale Kommission, die Finanzen des Staates allmählich zu sanieren. Erfolg war ihr am Ende nicht beschieden, da die fremdenfeindlichen Strömungen immer mehr erstarkten. 1881 kam es zu Militärrevolten, und der Khedive Tewfik sah sich gezwungen, eine neue Regierung einzusetzen, in der der fremdenfeindliche Kriegsminister Oberst Arabi Pascha den Ton angab. Als daraufhin eine englisch-französische Flotte vor Alexandria erschien, gab Tewfik den Europäern vollends nach und setzte Arabi Pascha ab. Dies allerdings führte zur Zunahme der Spannungen, zu fremdenfeindlichen Ausschreitungen und – als die Engländer am 11. Juli

1882 die Stadt beschossen – zu Massakern an den Christen in den Siedlungen der Europäer. Die vier Tage später erfolgte Besetzung der brennenden Stadt machte die Toten nicht mehr lebendig. Arabi Pascha seinerseits, dessen Revolte ausgesprochen volkstümlich war, sammelte seine Truppen in Unterägypten, wurde aber am 13. September bei Teil el-Kebir geschlagen und geriet wenig später in Kairo in Gefangenschaft. Er wurde zum Tode verurteilt, aber begnadigt und starb nach langer Verbannung in Ceylon 1911 in Kairo. Nach seiner Niederlage kam die ägyptische Verwaltung endgültig unter britischen Einfluß.

Die Schwächung Ägyptens durch die Erhebung Arabi Paschas begünstigte den Mahdi. Eine Verbindung zwischen beiden vermutet auch May:

[Mohammed Achmed] hatte davon gesprochen, daß der Mahdi sich mit einem höheren ägyptischen Offizier verbünden werde. [...] Erst viel später, als der Aufstand im Sudan im Gange war, hörte ich, daß mit jenem Offiziere wohl Arabi Pascha gemeint gewesen sei, doch steht es sehr zu bezweifeln, daß er damals schon mit ihm in irgend einer Beziehung gestanden habe. (XVII 140)

Von direkten Verbindungen aber weiß May im Zusammenhang mit Ssali Ben Aqil zu berichten, den Arabi Pascha mit einem Schreiben zu dem späteren Mahdi sendet (XVIII 536f.). Beziehungen zwischen Arabi Pascha und dem Mahdi sind nicht auszuschließen, die zeitgenössischen Quellen heben jedenfalls darauf ab. „[...] bald aber kommt die Zeit, und sie ist schon nahe, in welcher ich sprechen werde. Dann werden Millionen auf meine Stimme hören, und du wirst der erste sein, der vor mir im Staube kriecht", erklärt Mohammed Achmed, an Kara Ben Nemsi gewandt (XVII 263). Die erste Prophezeiung erweist sich jedenfalls als richtig: 1881 begab sich Mohammed Achmed noch einmal nach Kordofan. Der Ruf, er sei der Mahdi, eilte ihm voraus. Im Juni sandte er dann von seiner Insel Aba aus ein Rundschreiben an die Notabeln des Sudan und teilte ihnen mit, er sei der erwartete Mahdi. Sein alter Widersacher und ehemaliger Lehrer, von dem er im Streit geschieden war, hatte die Regierung gewarnt (auch Kara Ben Nemsi überlegt, ob er die Regierung warnen soll); als der Mahdi einer Aufforderung, sich nach Khartum zu begeben, nicht nachkam, sandte man ein Truppenkontingent aus, aber dieses wurde von den Anhängern des Mahdi im Juli 1881 bis auf den letzten Mann niedergemacht. Nur mit Lanzen, Stöcken und Knüppeln bewaffnet, siegte in diesem ‚Wunder' die fanatisierte Streitmacht des Mahdi über eine mit Gewehren gut ausgerüstete

Armee. Dieses Ereignis führte dem Mahdi zahlreiche weitere Anhänger zu, vor allem die Baggara, aber auch die ausgebeuteten, unterdrückten Einheimischen, die von Gessi aus dem Bahr el Ghasal vertriebenen Danagla, und bald – auf der anderen Seite – viele südliche Sudanesen, die hofften, von dem Sieg der Mahdisten bezüglich ihrer einträglichen Sklavenjagden profitieren zu können.

Im August 1881 erklärte der Mahdi den Heiligen Krieg gegen die fremden Unterdrücker, unter denen er nicht nur die Europäer, sondern auch die ägyptischen Vertreter des Osmanischen Reiches – also auch Mohammedaner – verstand. Er zog von Sieg zu Sieg; wir können die Ereignisse im einzelnen nicht nachzeichnen, aber es sei an das Gespräch zwischen Kara Ben Nemsi und dem künftigen Mahdi erinnert: Letzterer behauptet nicht ganz zu Unrecht: „Wir sind unwiderstehlich, wenn wir uns im Kriege über eure Länder ergießen!" (XVII 106), aber der Deutsche weist ihm, was natürlich aus der Perspektive des späteren Erzählers leicht möglich ist, sehr klar seine Grenzen auf. Auf jeden Fall ließ jeder Sieg die Macht des Mahdi zunächst größer werden und führte ihm weitere Anhänger zu. Noch ohne rechte Bewaffnung schlugen seine Truppen in vernichtenden Überraschungsattacken im Dezember 1881 den Mudir von Faschodah, Raschid Bey, und im Juni 1882 den Gouverneur von Kordofan, Jussef Pascha Schellali, mit seinen 6.000 Soldaten. Auf diese Weise zu Waffen und Proviant gekommen, erstürmten die Mahdisten dann unter schrecklichen Grausamkeiten die Städte und Festungen Kordofans. Die Zeit bis zur Aufgabe der Hauptstadt el-Obeid unter ihrem zähen Befehlshaber Mohammed Said Pascha im Januar 1883 nutzte der Mahdi, um sein Heer und Reich zu organisieren und zu festigen.

Am 12. September 1883 wurde Sir Evelyn Baring, der spätere Earl of Cromer, englischer Hochkommissar für Ägypten. In der britischen Regierung sah man in der Erhebung des Mahdi eher einen Befreiungskampf. Aus diesem Grunde und aus finanziellen Erwägungen hielt man sich mit größeren Unternehmungen zurück, doch legte Baring dem Khediven Tewfik nahe, ein Expeditionskorps gegen den Mahdi zu entsenden, um das Prestige des Vizekönigs zu erhöhen. Die Kampagne des 10.000 Mann starken Heeres unter dem englischen Obersten William Hicks war zunächst erfolgreich: In Sennar schlug es die Baggara entscheidend, aber der Vormarsch durch die Wüsten von Kordofan erschöpfte die Truppe, und am 4. November 1883 wurden 9.500 Soldaten einschließlich Hicks Paschas bei Kaschgil von den Mahdisten niedergemacht. Daraufhin beschlossen die Briten, nur Khartum und Port Suakin am Roten Meer zu behalten und ansonsten den Sudan zu räumen. Im Dezember 1883 übergab Slatin Pascha Darfur und wurde gezwungenermaßen technischer Berater des Mahdi. Erst elf Jahre später gelang ihm die Flucht; entsprechend negativ sind seine Berichte über das Mahdi-Reich.[76] Frank Lupton Bey, der englische Nachfolger des Italieners Gessi, übergab Bahr el Ghasal im April 1884 und konvertierte zum Islam, kam aber nach langer Gefangenschaft bei den Mahdisten ums Leben. Von Emir Paschas Flucht aus der Äquatorialprovinz nach Süden und seiner Ermordung durch arabische Sklavenjäger wurde bereits berichtet. Am 26. Mai 1884 eroberten die Mahdisten Berber; damit war auch der Fall Khartums vorprogrammiert.

Von all diesen Ereignissen teilt May nichts mit. Er erwähnt allerdings den

Anführer der Monassir, welche später im Mahdikriege den Adjutanten Gordons, den Obersten Stewart, ermordeten und aus Strafe dafür dann von General Earle überfallen werden sollten. Die Monassir sind ritterlich gesinnte, kriegerische Leute, welche auch heute noch ihre Unabhängigkeit mit größter Eifersucht bewachen. Sie zeigen ihren Haß offen und ehrlich, und sind mir infolgedessen sympathischer als jene Stämme, welche sich kriechend unterwerfen und später hinter dem Rücken des Siegers Heimtücke üben. (XVI 518)

Hier handelt es sich um ein historisches Ereignis: Im September 1884 überfielen Monassir bei Dar Djumna einen auf Grund gelaufenen Raddampfer – auf ihm wollte Oberst Stewart nach Kairo fahren, um dort über die verzweifelte Lage Khartums zu berichten, eine Mission, die er nicht mehr erfüllen konnte. In der Schilderung der Monassir kommen Mays Sympathien für den Mahdi indirekt zum Ausdruck.

Noch eine historische Gestalt aus den Mahdi-Kriegen erwähnt May: den Baggara-Scheich Amr el Makaschef,

welcher als außerordentlich kriegerisch und gewaltthätig bezeichnet wurde. Damals spielte er seine Rolle noch innerhalb engerer Grenzen, später aber trat er aus denselben heraus. Er war ein Verwandter des Mahdi, und am 6. April 1882 sandte der Mudir von Sennaar an den Vicegouverneur eine Depesche, welche lautete: „Der Baqquara-Scheik Amr el Makaschef, ein Vetter des Mahdi, nähert sich mit mehreren tausend Baqquarakriegern meiner Stadt, um dieselbe für den Mahdi einzunehmen. Sende mir so schnell wie möglich Hilfe!" Dieser Mann war also jetzt mein Gefangener. (XVII 430f.)

Der Vize-Gouverneur war übrigens der Deutsche Giegler Pascha, dessen Truppen die Stadt Sennar retteten – der Scheik wurde dabei verwundet, aber im Sommer 1885 siegten dann auch hier die Mahdisten.

Zu dieser Zeit war Khartum schon gefallen. Auch Gordon Pascha, der als Mann der Stunde galt, konnte das nicht verhindern. Sein Auftrag bestand darin, Khartum und den Sudan von englischen Truppen zu räumen. Gordon, der den Mahdi offenbar unterschätzte, ging widersprüchlich vor und fand sich – nach einigen erfolgreichen Ausfällen – ab Herbst 1884, als der Mahdi mit dem Hauptheer persönlich eintraf, in Khartum eingeschlossen. Halbherzig sandte die englische Regierung ein Hilfskorps, das zwei Tage zu spät eintraf. Am 26. Januar 1885 erstürmten die Mahdisten Khartum; an die 4.000 Anglo-Ägypter wurden massakriert. Auch Gordon war unter den Toten; das abgeschnittene Haupt wurde dem Mahdi gebracht, dem allerdings eine lebende Geisel Gordon sicher mehr wert gewesen wäre:

Der Kopf wurde ausgestellt, der Körper im Hof des Palastes von den Lanzenstichen der Vorübergehenden durchlöchert. Die Stadt Khartum verfiel der Verwüstung anheim. Die Frauen, die sich die Haare abgeschnitten und als Männer verkleidet hatten, um den Eroberern zu entkommen, mißhandelte man am schlimmsten. Völlig nackt vergewaltigte man sie, ehe man sie je nach Alter in drei verschiedene Lager verschleppte.[77]

Der Fall Khartums bedeutete den Höhepunkt des Ruhms des Mahdi. Seine Hauptstadt wurde – Khartum gegenüber – Omdurman am anderen Ufer des Nils, das bald groß und mächtig war. Zunächst setzte er sich mit unglaublicher Brutalität gegen alle potentiellen Konkurrenten durch. Dann machte er seine besten Gefolgsleute in islamischer Tradition zu Kalifen, die ihn bei der Führung des Landes unterstützen sollten. Als nächstes organisierte er das Steuersystem. Aber als er noch dabei war, die Verhältnisse in den Griff zu bekommen, ereilte ihn sein Schicksal:

Das nunmehr ‚befreite' Land empfand bald die Folgen der beständigen Unruhen, die zur Vernachlässigung des Feldbaues und zur Zusammenhäufung riesiger Menschenmassen führten; eine furchtbare Hungersnot und ansteckende Krankheiten peinigten das Volk gewaltig. Dem Mahdi wurde in ganz anderer Weise sein ungeheurer Erfolg zum Verderben: seiner sinnlichen Natur nachgebend, überließ er sich Ausschweifungen, denen sein Körper auf die Dauer nicht gewachsen war: am 22. Juni 1885 starb er in Omdurman an Herzlähmung.[78]

„Du also bist der Auserwählte, zu welchem Allah gesprochen hat!", verhöhnt Kara Ben Nemsi den angehenden Mahdi bei ihrem Zusammentreffen:

„Du willst den Khedive und den Sultan absetzen? Du willst die Erde erobern und die Christen vernichten? Du willst die unvollendete Sendung des Propheten vollenden und das Schwert des Islam von einem Ende der Welt zum andern tragen? [...] Aufrichtig gestanden, du hast mir gar nicht das Aussehen eines Mannes, der auch nur zehn Asaker zu kommandieren vermag, und du willst die Gläubigen, ja sogar den ganzen Erdkreis beherrschen?!"
„Spotte nicht, denn es würde dir schlecht bekommen. Ich bin vom Geiste erleuchtet und weiß alle Dinge. Ich weiß, was geschehen ist und was geschehen wird und sehe die Scharen aller Sterblichen schon im voraus um mich versammelt." (XVII 113f.)

Die Sendung des Mahdi erstickte in einem Strom von Blut. Sein herausragendes Grabmal und Mausoleum steht noch heute in Omdurman, und unsere Zeit hat noch immer an den Folgen der Ereignisse im Sudan des 19. Jahrhunderts zu tragen.

9

Von den vom Mahdi eingesetzten Kalifen setzte sich am Ende Abdallah (Abd Ullahi) durch. Er schaltete seine Gegenspieler rücksichtslos aus, schlug etliche Rebellionen nieder – bis hin zur fast vollständigen Ausrottung einiger Araberstämme – und ordnete das Finanz- und Heerwesen in hervorragender Weise. Gegenüber dem christlichen Abessinien errang er blutige Erfolge. Als er aber dann durch diese Siege sich ermutigt fühlte, auch den Heiligen Krieg gegen Ägypten zu eröffnen, bedeutete das den Anfang vom Ende. 1889 wurden die Mahdisten zum ersten Mal vernichtend von einem anglo-ägyptischen Heer unter General Grenfell geschlagen. Zwei Jahre lang hatte im Anschluß daran der Sudan unter unsäglichen Epidemien, Hungersnöten und Trockenheiten zu leiden; die Bevölkerung schmolz dahin. Abdallah, der sich speziell auf seine Baggara-Nomaden stützte, hatte diese Gruppen in Omdurman angesiedelt, und es war ihm tatsächlich gelungen, sie weitgehend seßhaft zu machen. Aber gerade sie, die die Hauptstützen des Mahdi-Reiches bilden sollten, wurden durch die Katastrophen besonders getroffen. Auch der Druck durch die europäischen Mächte nahm zu. Die Engländer sahen ihre Einflußsphäre durch Belgier und Franzosen in Bahr el Ghasal und am oberen Nil bedroht und nahmen – mit dem imperialistischen ‚vom Kap bis Kairo'-Gedanken im Hinterkopf – den Vormarsch gen Süden auf, auch um die Italiener zu unterstützen, die sich mit ihren Kolonisationsbestrebungen in Abessinien blutige Köpfe geholt hatten. Das anglo-ägyptische Heer unter General Kitchener ging mit aller Vorsicht vor und errang mehrere Siege, bis es am 2. September 1898 zur Entscheidungsschlacht kam:

<small>Über mehrere Stunden zog sich das wütende Kampfgetümmel hin, bis die modernen Waffen siegten. 27 000 Anhänger des Mahdi kamen auf das Schlachtfeld, 11 000 von ihnen mußten sterben. Kitchener veranlaßte, daß man die sterbliche Hülle des Mahdi aus seinem Mausoleum zerrte; und auf seinen Befehl hin warf man die Leiche in den Fluß.[79]</small>

Als dann auch noch Abdallah 1899 fiel – in einer der letzten Schlachten in diesem Krieg –, bedeutete das praktisch das Ende des Mahdi-Reiches. Aber der Geist dieser Bewegung lebt weiter bis in unsere Tage.

Derzeit gibt es (wieder einmal) Anzeichen für ein mögliches Ende des blutigen Krieges im Sudan, des längsten Bürgerkrieges im 20. Jahrhundert, dessen Wurzeln tief in die Geschichte des 19. Jahrhunderts hineinreichen.[80] Seit 1983 wieder aufgeflammt, forderte dieser Krieg bis heute rund 1,5 bis 2 oder sogar 3 Millionen Tote durch Kampfhandlungen oder Hunger; etwa 4 bis 5 Millionen Menschen wurden vertrieben, eine halbe Million flüchtete in Nachbarländer. Rund 1,5 Millionen Sudanesen waren schon 1993 auf Nahrungsmittelhilfe angewiesen, und seither haben sich die Verhältnisse nicht gebessert. Mehr als eine halbe Million gilt in den Kernprovinzen des Südsudan als unmittelbar vom Tod bedroht. 1993 hat der Papst den Sudan besucht, was den dortigen Machthabern sehr gelegen kam, aber vielerorts Unverständnis und Kritik hervorrief. Der Neue Sudanesische Rat der Kirchen schrieb an den Papst: „Sie werden Hände schütteln, von denen das Blut der sudanesischen Christen tropft."[81]

Es ist ein Bürgerkrieg, der von der Weltöffentlichkeit, auch von den Kirchen, fast nicht wahrgenommen wird – ein so gut wie vergessener Krieg, der nur selten einen Widerhall in den Medien findet. Oft wird dieser Krieg auf die islamisch-christlichen Gegensätze zwischen dem Norden und dem Süden des Sudan zurückgeführt, also zu einer Art Religionskrieg erklärt, doch liegen die Dinge so einfach nicht.

Nach dem Ende des Mahdi-Reiches wurde der Sudan ein britisch-ägyptisches Kondominium. Ein gravierender Fehler der britischen Herrschaft bestand darin, den Nord- und Süd-Sudan ‚getrennt' zu entwickeln. Statt das Zusammenwachsen zu fördern und die berechtigten Ängste der Südsudanesen vor den islamischen Stämmen des Nordens, die jahrhundertelang unter ihnen als Sklavenjäger gewütet hatten, überwinden zu helfen, unterwarfen die Engländer beim Aufbau eines Territorialstaates teilweise blutig die Landstriche im Süden, mißachteten die einheimischen Strukturen und Traditionen, erstickten jeden Widerstand im Keim, ermöglichten viel zu wenig Mitwirkung der Einheimischen an den Entscheidungen und öffneten den Süden dem westlichen, christlichen Einfluß. Das ging so weit, daß die Südsudanesen spezielle Ausweise benötigten, wenn sie in die nördlichen Landesteile reisen wollten. Mit wirtschaftlichen Maßnahmen – dem Anbau von Baumwolle für den Export als Hauptprodukt – schuf man sozio-ökonomische Gefälle und förderte den Einfluß weniger Elite-Familien, deren Machtkämpfe die Geschichte des Sudans sehr stark beeinflußten. Die Familie des Mahdi spielte trotz oder gerade wegen seiner Entfernung aus seinem Grabmal eine hervorragende, aber keineswegs dem Frieden im Sudan förderliche Rolle.

So kam es, daß der Süden der christlichen Missionierung geöffnet wurde. Heute (2003) gibt es im Sudan rund 31,8 Millionen Menschen, davon etwa 70 % Moslems und 5 % Christen, aber noch 25 % Anhänger von Naturreligionen (Animisten). Im Süden hat sich das Arabische, die offizielle Verkehrssprache des Sudan, der übrigens heute der flächenmäßig größte Staat Afrikas ist – ca. 2,5 Millionen qkm, 13 Einwohner pro qkm mit einer Urbanisierung von 36 %, einer Alphabetisierung von 30 % und 1 Arzt auf rund 9000 Einwohner –, bis heute nicht durchgesetzt. Viel zu spät und zu zögernd versuchten die Kolonialherren, die Politik der ungleichgewichtigen Entwicklung der nördlichen und südlichen Provinzen zu korrigieren und den Süden durch Wirtschaftsmaßnahmen stärker zu fördern. Als der Sudan 1956 in die Unabhängigkeit entlassen wurde, fühlte sich der Süden zurückgesetzt und übergangen, und so brach mit der Unabhängigkeit auch der erste Bürgerkrieg aus, der erst 1972 durch das Addis-Abeba-Abkommen beendet wurde. Etwa eine halbe Million Südsudanesen waren dabei umgekommen. Zwar erhielten die drei Regionen des Südens: Bahr el Ghasal, Äquatoria und Oberer Nil, nun endlich begrenzte Selbstverwaltung, aber keine Unabhängigkeit, und als der Norden in der Folgezeit versuchte, seine Übermacht erneut zu demonstrieren, brach schon 1983 der Bürgerkrieg wieder aus; alle Regierungen des Nordens verfolgten mit immer größerer Brutalität, bis hin zum Einsatz von Senfgas (1989) und fast hin zum Genozid, die Unterjochung des Südens. Bislang scheiterten alle Friedensverhandlungen.

Bei aller Bedeutung der nicht-religiösen Faktoren war eine weitere Hauptursache für den Bürgerkrieg die von dem sudanesischen Präsidenten Numeiri 1983 eingeführte Scharia – die islamische Rechtsprechung (und das in einem Land, das in seiner Geschichte viel länger christlich als islamisch gewesen war); damit verletzte er das Recht der christlich-animistischen Südsudanesen auf freie Religionsausübung zutiefst.

Der Krieg ist eine Folge der langjährigen wirtschaftlichen, sozialen und politischen Benachteiligung der südlichen Bevölkerung. Die Bezeichnung „Religionskrieg" zwischen einem islamischen Norden und einem christlich-animistischen Süden ist falsch. [...] Es handelt sich vielmehr um einen Machtkampf vor dem Hintergrund unterschiedlicher Kulturen, deren Begegnung sich im Sudan seit jeher nicht friedlich gestaltet. Zudem steht als Ursache hinter den kriegerischen Auseinandersetzungen stets der Streit um die Verteilung wirtschaftlich nutzbarer Ressourcen wie Wasser, Acker- und Weideland, Erdöl und Gold.[82]

Dabei trifft der Vernichtungskrieg des Regimes in Khartum auch islamische Bevölkerungsteile, wenn es um entsprechende Vorteile geht (z. B. Krieg gegen die Nuba). Verletzungen der Menschenrechte, Folterungen, auch unabhängig vom Bürgerkrieg, waren an der Tagesordnung. Wir können in diesem Rahmen nicht alle Einzelheiten und Faktoren, die den Bürgerkrieg im Sudan bestimmten und bestimmen, darlegen; die grundlegenden Strukturen mögen hier genügen. Im Jahr 2002 starteten die USA eine neue Friedensinitiative, von der man nur hoffen kann, daß ihr Erfolg beschieden sein wird. Zweierlei bleibt für unser Thema festzuhalten: Die Unterwerfung und Ausbeutung des südlichen Sudan durch den Norden, an der sich im Prinzip bis heute nichts geändert hat, hat May in seiner *Mahdi-Trilogie* bezüglich der Sklaverei eindringlich und zutreffend geschildert. Die große Mitschuld der Europäer an den Ereignissen scheint bei ihm allerdings nur sehr selten auf. Im Gegenteil hebt er sogar – darin ganz Kind seiner Zeit und im Einklang mit den damaligen modernistischen Bestrebungen der ägyptischen Regierung – die zivilisatorischen und christlichen Einflüsse der Europäer, speziell bei der Bekämpfung der Sklavenjagd, hervor und grenzt davon scharf die die Sklaverei verteidigenden islamischen Vorstellungen ab. Hier erhält sein Werk einen überraschenden Bezug zur Moderne: zum Krieg des islamischen Nordens gegen den christlich-animistischen Südsudan sowie zur heute wieder aktuellen Frage der Auseinandersetzung zwischen Christentum und (fundamentalistischem) Islam und seiner antieuropäischen Haltung. Natürlich müssen wir hier die Frage stellen, ob Mays Angaben und Vorstellungen dabei tragen.

10

In dem langen Gespräch zwischen dem angehenden Mahdi und Kara Ben Nemsi behauptet der Ägypter:

„Selbst dem weisesten der Weisen ist es unmöglich, ein endgültiges Urteil über unsern Glauben zu fällen, denn Muhammed hat das Werk nur begonnen. Zu Ende führen wird es ein anderer. […] Hast du gehört, daß ein Mahdi kommen wird?"
„Gehört und auch gelesen. Der Kuran erwähnt nichts von ihm, und auch den Kommentaren ist die Sendung eines Mahdi unbekannt; er lebt nur in der mündlichen Ueberlieferung, auf die ich nichts gebe."
„Ich desto mehr. Allah wird einen Propheten senden, welcher das von Muhammed begonnene Werk zu vollenden hat. Dieser Prophet wird die Ungläubigen entweder bekehren oder, wenn sie sich nicht bekehren lassen, sie vernichten und dann die Güter dieser Erde so verteilen, daß ein jeder nach seiner Frömmigkeit erhält, was ihm gebührt. […] Wenn der Kuran nicht von einem

Mahdi redet, so ist das doch kein triftiger Grund, anzunehmen, daß es keinen solchen geben kann und geben wird."

„O doch, denn die Prophetologie des Kuran ist vollständig abgeschlossen. Nach Muhammeds eigenen Worten ist er der letzte Prophet, den Allah gesandt hat und senden wird; seine Lehre, der Islam, ist in sich vollendet und kann nicht durch Zusätze ergänzt oder gar verbessert werden, und nach ihm wird, wie er sagt, nur einer kommen, nämlich Isa Ben Marryam, und zwar am jüngsten Tage [...], um zu richten die Lebendigen und die Toten. Ganz abgesehen davon, daß Muhammed da den Heiland der Christen als Weltenrichter hoch über sich selbst stellt, macht er damit eure Mahdihoffnung ganz und vollständig zu schanden." (XVII 103-105)

May rührt hier an ein Grundproblem des Islam. Um es zu verstehen, müssen wir etwas weiter ausholen. Bekanntlich ruht der Islam auf ‚fünf Säulen' oder ‚Wahrzeichen' des Glaubens. Dabei ist besonders wichtig das Glaubensbekenntnis: ‚Es gibt keinen Gott außer Allah, und Mohammed ist der Abgesandte Allahs', mit allen seinen Konsequenzen (vgl. May richtig XVI 173). Wesentlich ist auch das Gebet, das – im Anschluß an die rituellen Waschungen – fünfmal am Tag verrichtet wird (vgl. richtig XVIII 396-401). Die weiteren Säulen bestehen im Fasten im Monat Ramadan, in dem – allen May-Lesern vertrauten – Gebot der Pilgerfahrt nach Mekka einmal im Leben (sofern die Verhältnisse es erlauben) und in dem Spenden von Almosen, ursprünglich als freiwillige Wohltätigkeit, bald als Almosensteuer. Bisweilen wird zu diesen fünf Wahrzeichen auch noch der Dschihad gezählt, ein Begriff, der ursprünglich ‚Anstrengung' bedeutete, eine Anstrengung oder ein Opfer für das Reich Gottes, das durchaus – schon zu Mohammeds Zeiten – militärischer Natur sein konnte: der Glaubenskrieg, der ‚Heilige Krieg' zur Verteidigung und Verbreitung des Islam. Heutzutage umfaßt der Begriff bisweilen auch den Kampf gegen Hunger und Elend.

Da der Koran, der die nach seinem Tode gesammelten göttlichen Offenbarungen Mohammeds enthält, nicht auf alle Fragen des praktischen Lebens Antwort gab, wurden neben ihm auch das Verhalten Mohammeds (sunna) und seine unabhängig vom Koran getätigten Aussprüche (Hadithe) zur Quelle des islamischen Rechts. Von daher leitet sich der Name ‚Sunniten' ab; sie berufen sich für ihre Gestaltung des Lebens unter dem Islam auf diese drei Zeugnisse.

Der Sunnismus fordert den Ausgleich zwischen dem Koran, der Nachahmung des Propheten – der sunna [...] und der Zustimmung der Gemeinde, einen Ausgleich, der, politisch ausgedrückt, den Sunnismus zum politischen Realismus führt [...] und am Ende im Islam einem Mittelweg das Übergewicht sichert.[83]

Durch die Institution des Kalifats wird die islamische Gemeinde – die umma – handlungsfähig.

In den Kämpfen um das Kalifat nach Mohammeds Tod (632) bildeten sich die großen Richtungen des Islam. Neben den Sunniten traten die Charidschiten hervor, ursprünglich eine ‚demokratisch-puritanische Partei', die für ein durch den Glauben inspiriertes Leben aufgrund des Vorbildes des ursprünglichen Islam (ohne weitgehende Einbeziehung der sunna) und – entgegen den Sunniten und Schiiten – dafür eintraten, daß sich jeder Gläubige um das Kalifenamt bewerben und ein Kalif bei Nichterfüllung seiner Pflichten abgesetzt werden könne; man hat sie mit Maßlosigkeit der Lehre, zügellosem Independentismus, aufrührerischem Partikularismus, aber auch mit leidenschaftlicher und doktrinärer, mutiger und anspruchsvoller Lebensführung in Verbindung gebracht. Anders die Schiiten, die Anhänger von Mohammeds Schwiegersohn Ali und seinen Nachkommen:

> [Sie] stellen sich das Oberhaupt (imam) der Gemeinde als einen Führer vor, der durch ein ausdrücklich zugunsten der Nachkommen Alis erlassenes göttliches Dekret bestimmt und begnadet ist. Der Gehorsam gegenüber dem Gesetz verschmilzt hier mit der Treue gegenüber einem Menschen, der die Quelle des Gesetzes ist und es nicht nur durchführt, sondern der von der Gnade des Geistes erfüllt ist, ja sogar als Person eine Erscheinung des göttlichen Wesens selbst ist. Nach dieser Lehrmeinung kann man sich nicht vorstellen, daß der Tod über eine Person Gewalt hat, die so offensichtlich aus göttlichem Wesen stammt. Der Glaube an den verborgenen Imam, die Erwartung seiner Rückkehr, die Hoffnung auf einen Messias, den Mahdi, sind weitere folgerichtige Entfaltungen des Schiismus.[84]

Im Sunnismus, der um politischen Realismus bemüht ist und dem es auf die rechtgeleitete Gemeinschaft unter den Kalifen ankommt, bilden sich im 8. und 9. Jahrhundert aufgrund der Einsicht, daß Koran und sunna einschließlich der Hadithe für das praktische Leben in der Gemeinde noch immer nicht ausreichen, vier Rechtsschulen, die sich – mit unterschiedlich strenger Auslegung – auf den Konsens der Gemeinde und den Analogieschluß beriefen (vom rigorosen Hanbalismus über Malikismus und Hanafismus bis zum liberaleren Schafiismus), die heutzutage unterschiedliche Hauptverbreitungsgebiete haben und im Sunnismus alle anerkannt sind. Neu auftretende Probleme werden hierbei anhand ähnlicher Entscheidungen mit einem juristisch-religiösen Grundsatzurteil (fatwa) durch einen Mufti gelöst. Diesen vier Rechtsschulen, die man nicht als Sekten bezeichnen kann, werden von islamischer Seite häufig auch die Schiiten hinzugefügt, um bei den Europäern den Eindruck zu vermeiden, es gebe im Islam überhaupt Sekten. Tatsächlich hat sich der Schiismus – der Name leitet sich von der ‚Spaltung' (Schia) der AnhängerAlis her, die Anspruch auf das Kalifat erhoben – selbst wiederum gespalten:

Die Treue zum Imam als dem Bewahrer der geheimen Erleuchtungen, die von Mohammed an Ali und von diesem an seine Nachkommen weitergegeben wurden, ist das Glaubensprinzip der Schiiten, das zu den fünf traditionellen Säulen der muslimischen Religion hinzukommt. Doch der in diesem Prinzip einige Schiismus spaltet sich, sobald es um die Abstammung der Imame geht.

Es entstanden die Zaiditen, die Imamiten („Zwölferschiiten') und die Ismailiten („Siebenerschiiten'). Für letztere ist

ein Imam [...] aus der Reihe der Träger des Imamats verschwunden und hat sich der Welt entzogen. Es ist der ‚verborgene Imam'; seine Rückkehr wird am Ende der Zeiten erwartet; dann wird die Herrschaft Gottes auf Erden errichtet. Dem ‚Richter', der Zentralgestalt der muslimischen Apokalypse, die auch der Sunnismus, doch anscheinend nur verschwommen, kennt, verleiht der Schiismus das Aussehen seiner Imame und einen Namen, der ihm allein zusteht: Mahdi, der von Gott Erleuchtete [...]. Der ismailitische Schiismus ist von der Gnosis durchdrungen, betrachtet den Imam als unmittelbar von Gott erleuchtet und sieht in den heiligen Texten – im Koran, aber auch in den Texten anderer Religionen – nur die Mittel, um durch Allegorese eine auf unbestimmte Zeit erschaffene Wahrheit zu erlangen, deren höchste Inkarnation der Mahdi sein wird.[85]

Aus all dem folgt, daß Kara Ben Nemsi in seinem Gespräch mit dem angehenden Mahdi zugleich recht und unrecht hat. Er vertritt den Standpunkt eines extremen Sunnismus, läßt praktisch nur den Koran gelten; Mohammed Achmed kann dagegen die Überlieferung des Schiismus für sich in Anspruch nehmen. Während für die Sunniten, wenn überhaupt, ein Mahdi nur der Erneuerer des Glaubens und Wiederhersteller des ursprünglichen Islam bedeuten konnte, war der Mahdi – der ‚Rechtgeleitete', der ‚göttlich Geleitete' – für die Schiiten in einem eschatologischen Sinn der Nachkomme des Propheten, der vor dem Ende aller Zeiten ein goldenes Zeitalter der Gerechtigkeit und Wohlhabenheit errichten, die Gläubigen vereinen und die gesamte Welt dem Islam unterwerfen würde. Mohammed Achmed bringt diese Ziele gegenüber Kara Ben Nemsi zum Ausdruck; in der Tat hat noch der Mahdi-Nachfolger Abdallah an den ägyptischen Vizekönig Tewfik und an die englische Königin Victoria geschrieben, nach Omdurman zu kommen und sich den Mahdisten zu unterwerfen. Natürlich kann Karl May, der die Zeitläufte kannte, Kara Ben Nemsi Worte und Argumente in den Mund legen, die die Ansprüche des Mahdi auf Weltherrschaft ad absurdum führen.

In der Geschichte des Islam traten mehrere Persönlichkeiten hervor, die sich als der erwartete Mahdi ausgaben: neben dem sudanesischen, zu dessen Zeit es noch zwei weitere gab – der Sohn des Gründers des Senussi-Ordens wurde schon erwähnt, und Abdallah konnte sich glücklich schätzen, daß ein neuer Mahdi, der sich in Darfur gegen ihn erhob, schon 1889 starb –, vor allem Ubaid Allah, der Gründer des Kalifengeschlechts der Fatimiden, der von 909 bis 934 regierte und ein großes Reich in Nordafrika gründete. Das Auftreten mehrerer ‚Mahdis' etwa zur selben Zeit im ausgehenden 19. Jahrhundert zeigt aber auch die Sehnsüchte der unterdrückten und ausgebeuteten Orientalen, die sich Befreiung aus ihrem traurigen Los – zu dem auch die europäische Kolonialisierung gehörte – erhofften.

11

Es wurde schon erwähnt, daß May den Islam in seinem *Mahdi* überwiegend negativ schildert, vor allem im Zusammenhang mit der Sklaverei. Gläubige Moslems entpuppen sich als Alkoholiker, hohe islamische Würdenträger als Verbrecher; selbst der Reïs Effendina wandelt sich ins Negative. Hier zeigen sich Züge der Marienkalendergeschichten; die Kurdistan-Episode im dritten Band paßt ganz in dieses Konzept. Mit manchmal schon ins leicht Abstoßende abgleitender Penetranz wird der Gedanke der christlichen Liebe gegen die Gebetsmühlen der Moslems gestellt:

Hier gab es einen frappanten Anlaß, den Einfluß des Islam mit demjenigen des Christentumes zu vergleichen. Welche Liebe, Sanftmut, Demut und milde Freundlichkeit beobachtet man bei den Angehörigen christlicher Kongregationen, und wie hochmütig, verstockt und frech trat dieser Mitleiter einer moslemitischen Verbrüderung auf! Und so sind sie alle, diese unwissenden Moslemim, deren Frömmigkeit sich meist nur im gedankenlosen Herleiern einiger Gebete bethätigt, verbissene und verständnislose Menschen, welche mit Verachtung selbst auf ihre Glaubensgenossen herabsehen, falls diese nicht Mitglieder einer Verbrüderung sind. (XVI 96f.)

Oder:

„Die Fessarah sind nicht so starre Muhammedaner, wie du denkst. Es sind schon einigemal Franken bei uns gewesen, welche Christen waren, und sie alle waren sehr kluge und sehr gute Menschen. Diejenigen aber, welche uns geraubt haben, sind Muhammedaner. Welche Religion ist da die bessere?"

Kara Ben Nemsi weiß es natürlich:

„Die christliche; das kannst du mir glauben. Der Christ kennt keine Sklaverei; er ist ein Sohn der ewigen Liebe und befleißigt sich der Geduld, Sanftmut, Freundlichkeit und Barmherzigkeit" (XVI 590f.).

Trotz aller positiver Zeichnung einzelner Moslems oder der Parteinahme für die Neger kommt häufig die folgende Grundhaltung mehr oder minder zum Tragen: „Ich weiß, daß ihr Europäer viel klüger, geschickter und scharfsinniger seid als wir" (XVI 301). Oder:

„Hütet euch in Zukunft, einen Europäer, zumal einen Christen, gering zu achten, denn er ist euch auf alle Fälle überlegen. Kommt ihr je mit ihm in Zwist, so rechnet weit mehr auf seine Güte als auf eure Macht und Tapferkeit." (XVI 468)

Solche Zitate können noch um viele weitere ergänzt werden. Immer dann, wenn es islamischen Verbrechern ans Leben geht, fordern sie das christliche Gebot der Nächstenliebe ein. Doch auch Kara Ben Nemsi folgt angesichts der Schandtaten der Sklavenjäger hin und wieder der Losung: „Wehe dem, der wehe tut!", was nicht ausschließt, daß man ihm sagt: „Du bist ein Christ, Effendi; wären doch alle Moslemim solche Christen!" (XVII 513) Natürlich trifft der Leser auch sympathische Mohammedaner, Ben Nil z. B., und auch über den Reïs Effendina heißt es ursprünglich:

> Er sah mich von der Seite so gutmütig pfiffig an, daß ich fühlte, ich müsse ihn rasch lieb haben können. Er war kein bigotter Moslem; er besaß Lebhaftigkeit, Energie und Wohlwollen [...]. Das war kein träger, stumpfsinniger Orientale, der sein Nichts für etwas hält und nichts von Etwas wissen will. (XVI 146)

Aber auch hier kann sich May einer abwertenden Bemerkung nicht enthalten, und diejenigen Gestalten seines Romans, die in irgendeiner Form den Islam ‚verkörpern', werden negativ gezeichnet. Es wäre dennoch ungerecht, Mays Verhältnis zum Islam am Beispiel der *Mahdi*-Trilogie zu exemplifizieren. Darum soll dieses Verhältnis, das anhand des Gesamtwerkes untersucht werden müßte, hier nicht vertieft werden; nur einige Grundüberlegungen müssen noch angeschlossen werden.

Die Darstellungen des Islam in zeitgenössischen Werken, z. B. im *Brockhaus* in den 80er-Jahren des 19. Jahrhunderts, waren nicht undifferenziert, aber tendierten ins Negative. May konnte ihnen im Grunde die Haltung entnehmen, die Kara Ben Nemsi vertritt:

> Die *Sittenlehre* des *Korân* und der *Sunna* ist unstreitig die beste Seite des I[slam]. Sie beruht völlig auf dem tiefsten und lebendigsten Glauben an Gott und die Sendung des Propheten. Freigebigkeit, Wohlthätigkeit, Brüderlichkeit der Gesinnung, Treue, Mäßigung werden allenthalben in eindringlichster Weise vorgeschrieben, aber diese Tugenden sollen nicht um weltlicher Rücksichten oder irdischen Vorteils wegen, sondern lediglich nur um Gottes und seines Lohnes willen geübt werden, sie sollen also nicht nur äußerlich legale Handlungen, sondern ein Ausfluß der innern sittlichen Gesinnung sein. So tief diese Anschauungen auch sind, so tief auch namentlich die Lehre vom Glauben im I. gefaßt wird [...], so zweifelhaft erscheint auf der andern Seite der Wert dieser Moral, wenn man bedenkt, daß der Standpunkt dessen, der sie lehrte, ein durchaus partikularistischer war und diese Bethätigung der sittlichen Gesinnung seiner Meinung nach nicht allen Menschen, sondern nur den Muslims gegenüber in das Werk gesetzt werden sollte. So zog er zwischen den Bekennern seiner Religion und den Andersgläubigen eine unübersteigliche Scheidewand und nährte einen religiösen Partikularismus, welcher notwendig einen unbesiegbaren starren Glaubensstolz zu Folge haben mußte [...].[86]

Diese Grundhaltung hat May nachgezeichnet und für seine Zwecke literarisch übertrieben. Da er aber andererseits seinen Roman im Sudan spielen läßt, wo sich die Abneigung gegen Fremde, speziell Christen, ins Unermeßliche gesteigert hatte, liegt er mit seiner Darstellung wiederum nicht falsch. Er hat auch viele Einzelheiten des Islam mehr oder weniger richtig wiedergegeben. So trifft es zu, daß der Islam die Sklaverei ermöglichte:

„Du vergissest ganz, daß die Sklaverei eine geheiligte Einrichtung ist. Schon die Erzväter haben Sklaven gehabt, und wir Moslemin, welche den Glauben und die Gebräuche derselben noch heute besitzen, können ohne die Sklaverei gar nicht existieren." (XVI 388)

Allerdings akzeptierte der Koran die Sklaverei nur für im Krieg gefangene Nicht-Moslems sowie für Kinder, deren Eltern bereits Sklaven waren. Mit Recht schreibt May, daß Moslems nicht versklavt werden durften: „wenn [...] Araber, welche noch dazu rechtgläubige Moslemin sind, in die Sklaverei geschleppt werden, so ist das eine Sünde gegen den Kuran, welcher über alle Grenzen geht" (XVI 404f.). Gerade Mohammed hat versucht, die Lage der Sklaven zu verbessern.

Daß die Frauen nach islamischer Überzeugung keine Seele hätten, wie auch May gelegentlich bemerkt („Das Weib hat keine Seele und kann also auch nicht in den Himmel kommen", XVII 370), ist dagegen falsch; im Gegenteil sind Mann und Frau im Islam vor Gott gleich. Mohammed hat die Stellung der Frau in der Gesellschaft entscheidend verbessert; der Niedergang ihrer Position vollzog sich dann im Gegensatz zur Botschaft des Koran im Lauf der Jahrhunderte, bis hin zum heutigen Tage, da die Fundamentalisten im Islam wieder den Schleierzwang u. ä. eingeführt haben, von dem weder Mohammed noch der Koran etwas wußten. Auf Mißdeutung beruht daher auch die Aussage:

Manche tiefgreifende Vorschrift beruht auf persönlichen Neigungen des Propheten; so ist z. B. die ungünstige Stellung, die er dem Weib anwies, und die nicht eigentlich der arabischen Anschauung entspricht, aus seiner sinnlichen, eifersüchtigen Seele entsprungen.[87]

Sie stellt die Wahrheit auf den Kopf. Die Unterdrückung der Frauen im neueren Islam wird auch von May dargestellt: Murad Nassyr verfügt über seine Schwestern vollständig (Verheiratung, Zumutung des Religionsübertritts), aber sowohl diese Schwestern (Rettung Kara Ben Nemsis) als auch die von Kara Ben Nemsi befreiten Sklavinnen wissen sich zu behaupten.

Eine wesentliche Rolle in Mays Roman spielt sicher die Frage nach der Ausbreitung des Islam und das Verhältnis zu den Ungläubigen. Vielfach stellt May den Islam im Gegensatz zum Christentum als eine Religion dar, die den Haß gegenüber den Andersgläubigen predige. In der Anklage des Ssali Ben Aqil kommt dies sehr deutlich zum Ausdruck:

„Lieber mit ihm [Kara Ben Nemsi] in die Hölle, als mit dem Murabit in den seligsten aller eurer Himmel! Sein Glaube führt aus der Hölle in den Himmel; eure haßsprühende Lehre aber macht die sieben Himmel zu Höhlen der Verdammnis. Schau mich nur an! Ist der Schlund des Hasses, in den ihr mich geworfen habt, der wahre, der richtige Weg zu den versprochenen Seligkeiten des Propheten? Sind die Krallen der unverdienten Rache, die ihr mir in den Leib und in die Seele schlagt, etwa die weichen Houri-Arme, welche den Moslem im Jenseits empfangen und umfangen sollen?" (XVIII 518)

Auch wenn in den Anfängen des arabischen Reiches zunächst niemand gezwungen wurde, sich zum islamischen Glauben zu bekennen, und nach Mohammeds Tod ein Jahrhundert lang keine intensive Missionierung stattfand, ja, um 700 sogar der Übertritt zum Islam per Gesetz verboten wurde – diese Haltung ließ sich auf bestimmte Aussagen im Koran zurückführen, und es ist unbestreitbar, daß der Islam jahrhundertelang in Religionsfragen wesentlich toleranter war als das Christentum –, läßt sich die Aufforderung zum Glaubenskrieg, zum Dschihad, zum Kampf gegen die (zunächst arabischen) Ungläubigen vielfältig aus dem Koran belegen; den im ‚Kampf um Allahs willen' Gefallenen ist die Aufnahme ins Paradies verheißen.

Seine juristische Ausfaltung im Sinne des ‚hl. Krieges' erhielt ‚dǰihād' sicherlich durch die im islamischen Recht (fiqh) geläufige Grobeinteilung der Welt in zwei Lager: ‚das Haus des Islams' (dār al-Islām) und ‚das Haus des Krieges' (dār al-harb). Zur Verteidigung des ‚Hauses des Islam' und zur Ausweitung seines Bereiches im Sinne der Einführung der islamischen Ordnung ist der ‚dǰihād' als probates Mittel gefordert.[88]

Eine allgemeine Aufhetzung zum Krieg läßt sich aus dem Koran jedoch nicht ableiten. Es gibt sogar Autoren, die den Dschihad in erster Linie als Verteidigungskrieg interpretieren. Aber der Koran verlangt andererseits auch nicht, Böses mit Gutem zu vergelten. Hier oder auch mit seinen Ausführungen zum islamischen Jenseits erweist sich May im großen und ganzen durchaus als Kenner des Islam.

Aufrüttelnd sind in diesem Zusammenhang auch die Worte Kara Ben Nemsis, gerichtet an Ssali Ben Aqil:

„Habe ich dir nicht gesagt, daß die Liebe die Mutter der Erlösung ist? Dein Kismet ist ein Tyrann, vor dem du wie ein Wurm, den es jederzeit zertreten kann, im Staube kriechst; er lebt von dem Marke deiner Knochen und mästet sich an dem Willen deiner Seele; er macht dich taub, daß du das Klirren deiner Ketten nicht vernimmst, und macht dich blind, daß du die

Herrlichkeit der Freiheit nicht erblickst. [...] Dir ist jeder, wenn auch noch so leise Entschluß verboten; du darfst keinen Wunsch und keine Hoffnung haben, denn das Kismet hat jeden Hauch, der eines deiner Haare bewegt, schon im vorher bestimmt. Die Gewalt ist dieses Tyrannen Scepter, und der Islam ist die Lehre, die er predigt. [...] Mit dem Worte Kismet hat er [Muhammed] und haben seine Nachfolger ihre Streiter in den Tod getrieben [...], und während ihr euch für die bevorzugten Kinder Allahs haltet, seid ihr die Leibeigenen des Hasses, der Rache und der Unversöhnlichkeit geworden. So hat euch das Kismet um alle Freiheit, um alle Energie gebracht. Ihr müßt euch ohne Kraft und Licht durch euer Leben schleppen, wie das finstre, ungerechte und unerbittliche Fatum es euch vorgeschrieben hat, und wenn ihr dann einen Christen kennen lernt, dem der Gott der Liebe, der Weisheit und Gerechtigkeit die Fähigkeit verliehen hat, bestimmend, schaffend und gestaltend nicht nur in den Lauf seines eigenen Lebens, sondern auch in das Schicksal anderer Menschen einzugreifen, so ruft ihr ein Maschallah über das andere aus und könnt es nicht begreifen, daß er mit leichter Mühe etwas fertig bringt, was bei euch in den Bereich der Unmöglichkeit gehört." (XVIII 334f.)

Der Dschihad

setzt in jedem Falle – ob militärisch oder übertragen verstanden – ein großes Maß an Eigeninitiative und wenig Passivität voraus. Eine solche Vorstellung vom Islam aber widerspricht der landläufigen Meinung, der Islam predige den Fatalismus, „und magische Vokabel ist das Wort ‚kismet', das man meist vermutlich aus Karl May bezieht – in islamischen Quellen taucht es nie auf."[89]

Abgesehen davon, daß die Erwähnung Mays in einem Fachbuch über den Islam wiederum ein Licht auf den Einfluß dieses Autors auf der Deutschen Bild vom Orient wirft, ist es richtig, daß der Begriff ‚Kismet', ein aus dem Arabischen (Kisma: ‚Los', ‚Anteil') abgeleitetes türkisches Wort für die unabwendbare Fügung des Schicksals, im Koran noch nicht vorkommt. Aber der islamische Glaube an die Vorherbestimmung aller Ereignisse durch Gott hat dort eine seiner Wurzeln. Wie in anderen Fällen sind natürlich auch hier die Aussagen des Korans nicht widerspruchsfrei; so gibt es Belege für die Betonung der Eigenverantwortlichkeit des Menschen, und in der Entwicklung des Islam haben sich viele Denker mit dem Problem befaßt, wie ethisches Handeln Sinn haben könne, wenn alles vom göttlichen Willen verfügt und bis in alle Einzelheiten festgelegt ist. Die Philosophen lösten das Problem:

Gott bleibt so die eigentliche und erste Ursache von allem, was geschieht, während durch die „Aneignung" der Mensch die Tat als seine, eben eine gute oder böse übernimmt, eine Vorstellungsweise, die auch der christlichen Theologie des scholastischen Mittelalters keineswegs fremd ist [...].[90]

Aber für die allgemeine Denkrichtung blieben doch die Aussagen des Koran maßgebend, die die Vorherbestimmung und sogar eine gewisse Willkür Allahs hervorhoben:

Dieser Glaube an die Prädestination machte den Fatalismus zu einem hervorstechenden Charakterzug des mohammedanischen Denkens. Mohammed und andere Anführer nutzten ihn, um zur Tapferkeit in der Schlacht aufzurufen, da ja keine Gefahr die vorausbestimmte Todesstunde eines Menschen beschleunigen, keine Vorsicht sie aufschieben konnte. Er gab den Muselmanen eine würdevolle Resignation gegenüber den Härten und Bedürfnissen des Lebens, führte aber im Zusammenwirken mit anderen Triebkräften in späteren Jahrhunderten zu einer pessimistischen Trägheit im Leben und Denken der Araber.[91]

Karl May setzt dem entgegen:

„Wir Christen glauben, daß Gottes Hand uns vom Anfange bis zum Ende des Lebens leitet, daß es sein liebevoller Wille ist, nach welchem alles, alles geschieht. Und wenn der Mensch sich gegen diese Liebe sträubt und dadurch seinem Lebenswege eine andere, schlimme Richtung giebt, so thut er das nach seinem, des Menschen Willen. Kann man da vom Zufall sprechen? Und euer Islam lehrt, daß alles, was geschieht, im Buche des Lebens vorher verzeichnet sei. Ist da also nicht auch bei euch jeder Zufall ausgeschlossen? [...] Wenn des Menschen Weg und Wollen mit dem Willen und der Liebe Gottes auseinandergehen, so streckt Gott in seiner Allbarmherzigkeit die Hand der Allmacht aus, um den Verirrten zu sich zurückzuführen. Das, was dann die Allmacht thut, ist eben das Wunder, welches an dem Menschen geschieht, zumeist ohne daß er es als solches erkennt." (XVIII 377)

12

Im *Karl-May-Jahrbuch* hat Alfred Biedermann 1927 die *Mahdi*-Trilogie zu den „bestgeglückten Schöpfungen Karl Mays" gerechnet.[92] Von der Handlungsführung her, der Konstruktion kunstvoller struktureller Verknüpfungen, der Zeichnung von Typen und Charakteren, dem Aufbau von Spannung oder der Entwicklung von Gesprächen, kann dem nur zugestimmt werden. Viele Einzelszenen, von denen die erwähnte Begrüßung von Negern durch Rezitieren von Schillers *Glocke* oder die Nilpferdjagd nur zwei Beispiele sind, sind meisterhaft gelungen. Die Darstellung der ‚überragenden Eigenschaften' des Ich-Erzählers erscheint zwar verschiedentlich als zu überzogen, wird aber andererseits auch wieder relativiert durch die Kontrastierung mit den ‚Heldentaten' des Aufschneiders Selim, die selbst den ‚Alleskönner' Kara Ben Nemsi gefährden.

Sicher kann man auch Walther Ilmer folgen, wenn er im Vorwort zum *Hausschatz*-Reprint feststellt, daß der *Mahdi* keinen reinen Abenteuer- und Reiseroman darstelle, sondern „als flammender Aufruf für die Freiheitsrechte aller Menschen, als Fanfarenstoß gegen Gewalt, Unterdrückung und Gefühllosigkeit, als Warnung vor falschen Propheten und sogenannten Heiligen [...] zeitlose Gültigkeit" besitzt.[93] Wenn man vom eigentlichen Schauplatz abstrahiert und nur die Botschaft betrachtet, so gilt Mays Anklage ganz allgemein, auch für die Christen, und wenn er islamische Würdenträger geißelt, so läßt sich das auch auf christliche übertragen – daß sich im *Mahdi* auch Erlebnisse Mays mit ‚christlichen' Lehrern oder ‚christlicher' Justiz widerspiegeln, braucht nicht eigens betont zu werden. Engt man aber den Blick vom Allgemeinen zum Konkreten ein, so sind es doch der Islam und seine Repräsentanten, die May vor Augen hat, wenn er gegen Heuchelei, Barbarentum, Grausamkeit und Brutalität zu Felde zieht. Ihnen stellt er die christliche Lehre als Vorbild hin – auch hier kann man sicher mit Recht argumentieren, daß May den Islam negativ überzeichnet, um die wahre christliche Botschaft auch ihren eigenen Bekennern und Verkündern um so deutlicher vor Augen zu führen. Ist nicht auch hier – wie May in manchen in Nordamerika spielenden Romanen am Beispiel der indianischen Religion zeigen wollte – der Islam nur ein Vehikel für die Herausstellung der christlichen Botschaft – und dies nicht im Sinne einer besonderen ‚Lobpreisung', sondern vor allem im Hinblick auf die Belehrung der sogenannten Christen selbst? Ihnen zeigt er, was unter Christentum wahrhaft zu verstehen ist und wie sich echte Christen zu verhalten pflegen. Schilt er die einen – die Moslems –, um die anderen – die Christen – zu rechtem Tun zu reizen? Ginge es dabei allein um eine Herabsetzung des Islam, um das Christentum triumphierend und fanfarengleich herauszustreichen, wäre es – auch wenn Karl May damals ein wenig vom Geist der Marienkalendergeschichten beseelt zu sein schien – nach allem, was über ihn bekannt ist, eine viel zu enge Sichtweise und Interpretation seines Werkes. So einfach im Geiste ist May denn doch nie gewesen; manchmal hat man auch das Gefühl, daß er, da er es im *Deutschen Hausschatz* nicht direkt sagen konnte, indirekt die vielfach nicht minder heuchlerischen Christen ironisieren wollte.

Für die These, daß May auch den Christen ein Beispiel geben wollte, sprechen auch die gewisse Sympathie, die er anfänglich dem Mahdi entgegenbringt, und der eine oder andere Hinweis, daß die Werke der Christen ihren Lehren nicht gleichen: „Geben sie nicht Lüge anstatt Wahrheit, Strafe statt Verzeihung, Falschheit anstatt Aufrichtigkeit und Krieg anstatt des Friedens?" Und ganz im Sinne des eben vorgeführten Gedankens setzt May hinzu: „Die das thun, haben gar keinen Glauben; sie nennen sich zwar Christen, sind aber keine!" (XVIII 296)

Wenn wir aber nun ungeachtet dieser Überlegungen das Blickfeld weiter einengen: auf den eigentlichen Schauplatz, den Sudan, so hat May, abgesehen davon, daß er, wenn er etwas über den Islam schreibt, so falsch im allgemeinen nicht liegt, sehr viel Wissenswertes und Richtiges vermittelt: über die geographischen Gegebenheiten, die Bewohner, Fauna und Flora, Zeitgeschichtliches und vor allem das zentrale Problem von Sklavenjagd und Sklavenhandel. Letzteres Thema ist sein Hauptanliegen, und sein Roman stellt sich in der Quintessenz letztlich dar als ein Feldzug gegen die Sklaverei. Der Mahdi als historische Gestalt tritt demgegenüber in den Hintergrund. Allerdings kommt man nicht umhin, May nun gerade in diesem Punkt eine etwas einseitige Sichtweise anzulasten. Er ist – entsprechend dem damaligen Zeitgeist – von dem Segen des europäischen Einflusses, der zu seiner Zeit in Ägypten bestimmend wurde, so überzeugt, daß er den durch eben diesen Einfluß heraufbeschworenen Fremdenhaß im Sudan zwar richtig beschreibt, die Ursachen dafür aber weitgehend ausblendet. Die Schuld der Europäer an den Konflikten wird nicht thematisiert; die Sklaverei bleibt überwiegend ein Übel der im Sudan wütenden islamischen Araber; selbst der geschichtliche Anteil der Europäer an den Sklavenjagden paßt May nicht ins Bild des von ihm propagierten ‚wahren Christentums'. Hier zeigt sich andererseits aber auch, wie differenziert der *Mahdi*-Roman betrachtet werden muß, um ihn einigermaßen gerecht bewerten zu können. Am Ende bleibt trotz mancher Schwächen vor allem Bewunderung für dieses vielschichtige, inhalts- und lehrreiche, teils von weltanschaulichen, philosophischen Auseinandersetzungen und tiefgehendem Gedankenreichtum getragene Werk, wobei auch die Frage, ob es uns noch heute etwas zu sagen hat, eindeutig mit ja zu beantworten ist.

13

Es wurde schon darauf eingegangen, daß in Mays *Mahdi*-Trilogie ein ganz wesentlicher Teil der Ursachen beschrieben ist, die zum heutigen, von der Weltöffentlichkeit mehr oder weniger vergessenen Bürgerkrieg im Sudan geführt haben. Die arabischen Jagden im ‚Sklavenreservoir' des südlichen Sudan, unter den Dinka und anderen Negerstämmen, sind bei diesen eine noch heute lebendige Erinnerung: Der Bruch zwischen Nord- und Südsudan, während der gemeinsamen ägyptisch-britischen Herrschaft verfestigt und viel zu spät gelockert, reicht mit seinen Wurzeln in die Zeit des arabischen Sklavenhandels, der europäischen Kolonialisierung und des Mahdi-Reiches.

Mays Roman gewinnt aber noch aus einem anderen Grunde heute wieder Aktualität, ja sogar eine gewisse Brisanz: in seiner Auseinandersetzung mit der aggressiven Form des Islam. Die Fremdenfeindlichkeit der Moslems, die er beschreibt, war nicht seine Erfindung, sondern hier hat er die Verhältnisse richtig getroffen. May ist zwar einen Teil der Antworten auf die Frage nach den Ursachen schuldig geblieben. Man muß ihm aber Gerechtigkeit widerfahren lassen. Es sind nach seiner Schilderung nicht die Moslems schlechthin, die die christlichen Europäer ablehnen, sondern es sind die Sklavenjäger sowie fanatische Anhänger islamischer Bruderschaften und Sekten, überwiegend Verbrecher, die selbst ihre Glaubensgenossen geringachten und sogar versklaven – eine Haltung, die auch den heutigen Machthabern im Sudan nicht fremd ist, man denke nur an die Verfolgung und Unterdrückung der islamischen Nuba und Beja. Wirft man einen Blick in den heutigen Sudan oder überhaupt in Teile der arabischen Welt, so trifft man in gestiegenem Maße auf islamische Fundamentalisten, die – ganz in der Art der im *Mahdi*-Roman beschriebenen fanatischen Moslems – gegen gemäßigte Anhänger einer toleranten, liberalen, modernen Ausprägung des Islam ebenso vorgehen wie gegen Europäer und neben dem Islam und dem damit angeblich verbundenen Recht, der Scharia, keine andere Religion, geschweige denn die aus der europäischen Tradition entwickelten Menschenrechte anerkennen. Diese Bewegung kann hier nicht näher diskutiert werden, allenfalls können ein paar Hinweise gegeben werden; aber wir Europäer kommen nicht umhin, uns mit diesem Problem des modernen Islam auseinanderzusetzen und uns den unweigerlich auf uns zukommenden Entwicklungen zu stellen.[94]

Bassam Tibi, selbst Moslem, aufgeklärt und besorgt, der europäische Westen könne hinter die Errungenschaft seiner eigenen, von ihm hervorgebrachten individuellen Menschenrechte zurückfallen, schreibt:

Um den sozialen Ursprung des islamischen Fundamentalismus als einer anti-westlichen Ideologie besser zu verstehen, ist es von zentraler Bedeutung, das Verhältnis des Islam zu sozialem Wandel zu verstehen, wie er sich im modernen Zeitalter unter den strukturellen und kulturellen Bedingungen der Globalisierung der europäischen kulturellen und institutionellen Moderne darstellt. Alle Gesellschaften wandeln sich, auch die islamischen (trotz des europäischen Vorurteils vom unwandelbaren *homo islamicus* bzw. von der stationären Produktionsweise asiatischer Gesellschaften). Aber jenen Typ sozialen Wandels, der im islamischen Orient seit der Berührung mit dem europäischen Kolonialismus bis heute – und heute noch weit intensiver – vorherrscht, möchte ich als *extern ausgelösten Wandel* kennzeichnen. Eben deshalb empfinden die Fundamentalisten, daß alles Übel in ihren Gesellschaften, das dieser Wandel mit sich brachte, von außen, d. h. aus der europäisch-westlich dominierten Umwelt des islamischen Orients herrührt. Zur Bekämpfung dieser Übel beleben sie deshalb in defensiv-kultureller Manier einheimische Normen und Werte, die vormals die Sozialstrukturen bestimmten. Die Revolte des islamischen Fundamentalismus gegen den Westen zeigt eine tiefliegende Krise islamischer Gesellschaften an. Die Überwindung dieser Krise ist für die Fundamentalisten beschlossen in der Zauberformel ‚islamische Ordnung'. In Algerien, Tunesien und anderswo in der ‚Welt des Islam' glauben Fundamentalisten, daß diese ‚Ordnung' alle Probleme (Überbevölkerung, Wirtschaftskrise, Wohn- und Nahrungsmittelmangel etc.) lösen würde.

[Die Fundamentalisten haben im Sinn,] die bestehende Ordnung durch ein *Nizam Islami* / Islamisches System zu ersetzen, das sie, zunächst in ihren eigenen Ländern durch den Kampf gegen nur nominelle Muslime, mit Gewalt durchsetzen wollen. Nach der Wiederherstellung der Vorherrschaft des Islam im Dar al-Islam / Haus des Islam selbst werden sich die Muslime dann ihren äußeren Feinden zuwenden und das groß gesteckte Ziel, die Welt zu islamisieren, verfolgen. Diese Aussagen sind keine den ‚*Untergang des Abendlandes*' beschwörenden Hirngespinste, sondern ein Resümee der Lektüre zeitgenössischer, weit verbreiteter Pamphlete islamischer Fundamentalisten.

Hören wir hier nicht im Grunde Gedanken des Mahdi, wie sie uns Karl May – und die Historie – überliefert hat?

Es steht nicht zu befürchten, daß die Rhetorik der Islamisierung der Welt, die sich in der Literatur des *al-Sahwa a-Islamiyya* austobt, kurzfristig zu einer realen Bedrohung der Industrienationen in Ost und West, gegen die sich dieser Widerstand richtet, führen wird. […] Dennoch gilt es stets zu bedenken, daß in unserer Welt 1,2 Milliarden Muslime [1992] leben, deren materielle Lebensbedingungen sich zunehmend verschlechtern und die deshalb massenhaft in die Industrieländer einwandern.

Jene aber, die wir in den europäischen Sprachen Fundamentalisten nennen und die im Orient als *Usuliyyan* gelten, verstehen den Islam ganz spezifisch als ‚*din wa daula*' (wortwörtliche Übersetzung: Religion und Staat, d. h. Gottesstaat). Damit ist gemeint, daß das politische, soziale und ökonomische Leben der Muslime im absoluten Einklang mit den religiösen Vorschriften des Islam zu stehen habe, so wie sie im *Koran* und im *Hadith* enthalten sind. Mit anderen Worten: Diesen Texten wird unanfechtbare Autorität zugesprochen. […] Fundamentalismus, verstanden als Glaube an die absolute Autorität eines Textes, ist möglich, weil Muslime an die exklusive und absolute Wahrheit ihrer Schrift-Offenbarung glauben. Das hindert jedoch nicht, daß in den sakrosankten Text moderne Inhalte eingetragen werden. […] Hier wird ein Charakteristikum des Fundamentalismus deutlich: Die Blindheit für die Probleme der Interpretation eines Textes.

[…] Ebenso wie Fundamentalisten die Antinomie ihres Denkens (Akzeptanz der Errungenschaften der Moderne bei gleichzeitiger Ablehnung ihres mensch-zentrierten, rationalistischen Weltbildes) nicht erkennen, bleibt ihnen die Problematik ihrer Deutungen der heiligen Schriften des Islam verschlossen. Wenn richtig ist, was wir behaupten, daß der Fundamentalismus als religiöse, nicht-westliche Ideologie eine defensiv-kulturelle Reaktion auf die europäische Moderne darstellt, dann bildet die Globalisierung der europäischen Moderne den historischen Kontext, in dem islamische Fundamentalisten die Lehre des Koran und der Überlieferung des Propheten Muhammed als religiös gebotene Alternative aufbieten. Der Text ist dreizehn Jahrhunderte alt, der Kontext seiner fundamentalistischen Deutung ist die gegenwärtige Krise des modernen Islam im modernen Zeitalter.

Die Wiedereinführung der Scharia, des islamischen Rechts, wie im Sudan, wird in Europa in erster Linie in Verbindung gebracht mit entsprechenden Sitten- und Moralgesetzen, Kleidervorschriften, ‚Handabhacken', Einführung des Arabischen als einziger Unterrichtssprache in Schulen und Universitäten oder des Korans als Pflichtlektüre, aber das Verständnis von islamischem Recht reicht in Wahrheit viel weiter. Tibi hat gezeigt, daß die individuellen Menschenrechte europäischer Tradition im (fundamentalistischen) Islam keinen Platz haben:

> Das Fehlen der Menschenrechte in der Welt des Islam liegt einerseits aktuell an den verschiedenen bestehenden Herrschaftsformen orientalischer Despotien und andererseits historisch-kulturell an dem Fehlen einer Tradition von Pluralismus und eines Begriffes individueller Menschenrechte im Islam. Beide Eigenschaften charakterisieren die dominierende politische Kultur in der islamischen Geschichte. [...] Im Islam gibt es ein vormodernes Verständnis von Menschenwürde. Doch spreche ich hier von individuellen, institutionell abgesicherten Menschenrechten im Sinne von Rechten des Individuums gegenüber Staat und Gesellschaft. [...] Im Islam als einem kulturellen System werden in unserer Gegenwart Reformen benötigt, um zwei zentrale Hindernisse bei der Durchsetzung eines Konzepts der Menschenrechte in der Welt des Islam aus dem Wege zu räumen; und zwar geht es um:
> *Erstens* die Zwangsjacke der islamischen *Umma*: Alle Muslime bilden eine einheitliche Gemeinschaft / Umma (ohne Opposition), die ein Kollektiv darstellt. Muslime benötigen daher einen Begriff vom Individuum.
> *Zweitens* haben Menschen gegenüber der *Umma* Pflichten, nicht jedoch Rechte. Aus diesem Grunde ist das Konzept der *Faraid* / Pflichten, und nicht jenes der individuellen Rechte, im Islam das zentrale Konzept. Also benötigen die Muslime einen Begriff von Rechten als individuelle Berechtigungen.[97]

Tibi macht Vorschläge für die Integration des europäischen Menschenrechtskonzepts in den Islam, benennt aber auch die Hindernisse und Schwierigkeiten bei der Verwirklichung. Er weiß natürlich, daß vom Westen die Menschenrechte oft selbst nicht im Verhältnis zu anderen Ländern, vor allem der Dritten Welt, angewendet werden und daß die Verhältnisse im Westen für überzeugte Moslems genügend Anlaß zur Kritik bieten; zwischen Anspruch und Wirklichkeit des Christentums hat ja bekanntlich auch May unterschieden. Tibi setzt auch den fundamentalistischen Islam natürlich nicht mit dem Islam generell gleich, weiß aber auch um die langfristigen Gefahren, die aus dem fundamentalistischen Islam erwachsen können:

> Die Ursache für ihr Elend verorten die heutigen Muslime im Westen, der ihre Desorientierung hervorgerufen hat. Im Verlauf dieser Krise entwickeln sich viele gebildete Muslime zu Fundamentalisten; sie sind die Kinder dieser doppelten Krise, die den islamischen Orient insgesamt betrifft. Heutige Muslime hassen den Westen und glorifizieren alles, was antiwestlich ist, eben weil sie im ‚Westen' eine moderne Krankheit sehen, die im *Dar al-Islam* / Haus des Islam heimgesucht hat. Für sie ist die Wiederbelebung des Islam das probate Heilmittel gegen diese Krankheit, die als ‚intellektuelle Invasion' diagnostiziert wird.

Mehr als hundert Jahre nach dem Erscheinen des *Mahdi* stellen sich ähnliche Probleme, wie sie der Islam damals in ganz Nordafrika, aber vor allem im Sudan, an die Europäer im Zuge ihres Vormarsches und der durch sie ausgelösten Kolonialisierung herantrug. Die Ablehnung des Westens erlebt im 21. Jahrhundert eine neue Blüte. May hat gegen diesen fundamentalistischen, von Sendungsbewußtsein getragenen, auf Vernichtung der Europäer und Weltherrschaft des Islam zielenden Anspruch des Mahdi und seiner christenfeindlichen Anhänger die christliche Botschaft der Nächstenliebe gestellt. Auf unsere Zeit übertragen, hätte er ebensogut das europäische, auch aus der Tradition des Christentums gespeiste Konzept der individuellen Menschenrechte als eines der höchsten Güter europäischer Kultur gegen das islamische (Pflichten-)Recht in fundamentalistischer Ausprägung stellen können. Hier wird Mays Roman modern und aktuell. Reinhard Löw stellt im Hinblick auf eine Lösung der Probleme, die zwischen Islam und europäisch-christlichem Westen bestehen, fest:

Die Frage der Toleranz stellt sich, und nicht erst dort, wo Toleranz für Schwäche und Feigheit gehalten wird. [...] Ein bescheideneres Ziel als die Rettung des Christentums ist das Sorgetragen für ein gedeihliches Nebeneinander von Muslimen und Christen, nicht nur gegen etwas, sondern eher für gemeinsame Ziele. Dafür ist ein Dialog in beiden Richtungen nötig. Wo Vertrauen gebildet werden kann, ist das sicher günstig. Vertrauen ersetzt aber weder Wissen noch Vernunft. [...] Der günstigste Einstieg in ihn [den Dialog] könnte das Problem der Menschenrechte sein."

Diese Gedanken klingen auch in Mays Botschaft an – einem Moslem, dem Reïs Effendina, in den Mund gelegt:

„Allah ist die Liebe und die Gerechtigkeit, und dein Gott ist Allah. Wir Menschen sind alle Gottes Kinder; wir sollen einander lieben und gerecht gegen einander sein. Ich preise meinen Glauben nicht und schände keinen andern; ich mag nicht bekehren und lasse mich nicht bekehren. Meine Augen können nur das Irdische sehen und werden erst, wenn ich gestorben bin, das Himmlische erblicken. Warum soll ich darüber streiten, wer Gott in der rechten Weise anbetet? Wir sind eine einzige große Familie und haben einen einzigen Vater. Jedes Kind hat seine besonderen Gaben und Eigenschaften und spricht in seiner besonderen Art und Weise mit dem Vater. Gieb mir die Hand, Effendi! Du bist ein Christ, und ich bin ein Moslem; aber wir sind Brüder und gehorchen unserm Vater, weil wir ihn lieben!" (XVI 152)

Anmerkungen

1   Karl May: *Die Sklavenkarawane*. In: *Der Gute Kamerad*, Jg. 4. (1889/90); Buchausgabe: Stuttgart 1893.
2   Bernhard Kosciuszko: *„In meiner Heimat gibt es Bücher..." Die Quellen der Sudanromane Karl Mays*. In: JbKMG 1981, S. 66.
3   Zum Inhalt des *Mahdi*-Romans vgl. Bernhard Kosciuszko: *Im Lande des Mahdi I-III*. In: *Karl-May-Handbuch*, hg. v. Gert Ueding in Zusammenarbeit mit Klaus Rettner. Würzburg ²2001, S. 210-216.
4   Ebd., S. 214.
5   Vgl. Joseph Ki-Zerbo: *Die Geschichte Schwarz-Afrikas*. Frankfurt/M. 1981, S. 217-240.

6 Zit. nach ebd., S. 229.
7 Vgl. ebd., S. 228f., sowie Robert u. Marianne Cornevin: *Geschichte Afrikas von den Anfängen bis zur Gegenwart*. Stuttgart 1966, S. 226f., u. XVI 148.
8 Ki-Zerbo [Anm. 5], S. 231f.
9 Ebd., S. 344.
10 Cornevin [Anm. 7], S. 308.
11 Ki-Zerbo [Anm. 5], S. 231.
12 Ebd., S. 228; vgl. Cornevin [Anm. 7], S. 287-289, sowie Pierre Bertaux: *Afrika. Von der Vorgeschichte bis zu den Staaten der Gegenwart*. Frankfurt/M. 1966, S. 147-156.
13 Hans-Jürgen Wischnewski: *Mit Leidenschaft und Augenmaß. In Mogadischu und anderswo. Politische Memoiren*. München 1989, S. 153.
14 Karl-Heinz Kohl: *Abwehr und Verlangen: Zur Geschichte der Ethnologie*. Frankfurt/M., New York 1987, S. 147.
15 Andre Miquel: *Der Islam. Von Mohammed bis Nasser*. Essen 1975, S. 468, 472f.
16 *Helmolts Weltgeschichte*, hg. v. Armin Tille. Bd. 3.2, neubearbeitete u. vermehrte Auflage. Leipzig, Wien 1914, S. 348f.
17 Miquel [Anm. 15], S. 474.
18 Vgl. Cornevin [Anm. 7], S. 257, 305; Miquel [Anm. 15], S. 476f.; Albert Hourani: *Die Geschichte der arabischen Völker*. Frankfurt/M. 1992, S. 336f.
19 Cornevin [Anm. 7], S. 257.
20 *Helmolts Weltgeschichte* [Anm. 16], S. 158.
21 Ebd., S. 159.
22 Miquel [Anm. 15], S. 479f.
23 *Helmolts Weltgeschichte* [Anm. 16], S. 159.
24 Kosciuszko: *Im Lande des Mahdi* [Anm. 3], S. 258.
25 *Helmolts Weltgeschichte* [Anm. 16], S. 148, 159f; Cornevin [Anm. 7], S. 306, 327; Ki-Zerbo [Anm. 5], S. 309, 428, 430; zur Biographie vgl. auch *Encyclopedia Americana*. Vol. 29. New York 1968 („Zobeir Rahama Pasha").
26 Vgl. Walther Ilmer: *Nachwort*. In: Karl May: *Der Mahdi / Im Sudan* (*Hausschatz*-Reprint). Hamburg, Regensburg 1979, S. 403-407.
27 Siegfried Schmitz: *Große Entdecker und Forschungsreisende. Eine Geschichte der Weltentdeckung von der Antike bis zum 20. Jahrhundert in Biographien*. Düsseldorf 1983, S. 33; vgl. auch Richard Hall: *Die Liebenden auf dem Nil*. Berlin 1981; Samuel Baker: *The Albert Nyanza*. London 1866; ders.: *The Nile Tributarios of Abyssinia*. London 1867; ferner Cornevin [Anm. 7], S. 306; *Helmolts Weltgeschichte* [Anm. 16], S. 159; Ki-Zerbo [Anm. 5], S. 336. Vgl. auch den Bericht Bakers über die Zustände am oberen Nil, den die *Gartenlaube* im Jahrgang 1866 (Faksimile MKMG 106, 1995, S. 46-51) unter dem Titel *Sclavenjagd am Weißen Nil* zusammenfaßte. Bernhard Kosciuszko weist daraufhin (MKMG 105, 1995, S. 70), daß sich die Passage über das Bündnis der Sklavenjäger mit einem einheimischen Häuptling auch bei May finde (XVII 518f.) und die Beschreibung des Überfalls auf ein Eingeborenendorf der von May erfundenen Vernichtung des Dorfes Foguda (XVIII 114) sehr ähnlich sei. Die Darstellung der Zustände in Khartum entspreche den Ausführungen des Reïs Effendina (XVII 345f.). Wörtliche Übernahmen durch May gebe es aber nicht.
28 Walter Ilmer: *Einführung*. In: May: *Der Mahdi /Im Sudan* [Anm. 26], S. 5; vgl. XVIII 76ff.
29 Rudolf K. Unbescheid: *Das Land des Mahdi, Sklavenkarawanen und Karl May*. Loseblattsammlung. II. Teil. Taunusstein 1984, S. 103ff.
30 Ebd., S. 104.
31 Vgl. Kosciuszko: *„In meiner Heimat gibt es Bücher..."* [Anm. 2]; ders.: *Im Lande des Mahdi I–III* [Anm. 3]; Unbescheid [Anm. 29], Teile I-III. Taunusstein 1979, 1984, 1986.
32 Kosciuszko: *„In meiner Heimat gibt es Bücher..."* [Anm. 2], S. 65.
33 *Meyers Konversationslexikon*. Bd. 11. Leipzig 1877, S. 251.

34 *Helmolts Weltgeschichte* [Anm. 16], S. 78.
35 Kosciuszko: „*In meiner Heimat gibt es Bücher...*" [Anm. 2], S. 69.
36 Ernst Marno: *Reisen im Gebiete des blauen und weissen Nil, im egyptischen Sudan und den angrenzenden Negerländern, in den Jahren 1869 bis 1873.* Wien 1874, S. 473.
37 Ebd., S. 468.
38 Ebd., S. 458, 468.
39 Kosciuszko: „*In meiner Heimat gibt es Bücher...*" [Anm. 2], S. 69.
40 Ebd.
41 Marno [Anm. 36], S. 461f.
42 Zit. nach Ki-Zerbo [Anm. 5], S. 227.
43 Voltaire: *Lettre d'Amabed*; zit. nach ebd.
44 Peter Martin: *Schwarze Teufel, edle Mohren. Afrikaner in Bewußtsein und Geschichte der Deutschen.* Hamburg 1993, S. 273.
45 Zu Hannibal vgl. ebd., S. 306-308.
46 Ebd., S. 328.
47 *Helmolts Weltgeschichte* [Anm. 16], S. 160.
48 Ebd., S. 14f.
49 Kosciuszko: „*In meiner Heimat gibt es Bücher...*" [Anm. 2], S. 69f.
50 Eckehard Koch: „*...die Farbe der Haut macht keinen Unterschied". Betrachtungen zum angeblichen Rassisten Karl May.* In: *Exemplarisches zu Karl May*, hg. v. Walther Ilmer u. Christoph F. Lorenz. Frankfurt/M. 1993, S. 109.
51 Günter Krabbe: *Dimiting im Dinkaland. Eine tragische Geschichte aus dem Südsudan.* In: *Frankfurter Allgemeine Zeitung*, 12. 8. 1989.
52 *Georg Schweinfurth's Reisen in Inner-Afrika.* In: *Globus. Illustrirte Zeitschrift für Länder- und Völkerkunde.* Bd. XXVI (1874), S. 307.
53 *Helmolts Weltgeschichte* [Anm. 16], S. 78.
54 Kosciuszko: „*In meiner Heimat gibt es Bücher...*" [Anm. 2], S. 73.
55 Ebd. S. 73f.; vgl. XVIII 73-78.
56 Zu den Dinka vgl. u. a. Ki-Zerbo [Anm. 5], S. 328f.; *Helmolts Weltgeschichte* [Anm. 16], S. 78-80; Hugo A. Bematzik: *Zwischen Weißem Nil und Belgisch-Kongo.* Wien 1929; Oswin Köhler: *Die Ausbreitung der Niloten.* Berlin 1950; Audrey Butt: *The Nilotes of the Anglo-Egyptian Sudan and Uganda.* London 1952 (1964); *Neue Große Völkerkunde*, hg. v. Hugo A. Bernatzik. Einsiedeln 1974; *Lexikon der Völker. Regionalkulturen in unserer Zeit*, hg. v. Wolfgang Lindig. München 1986.
57 Die Nuer und die Schilluk spielen in Mays Roman *Die Sklavenkarawane* eine bedeutendere Rolle als im *Mahdi*. Vgl. zu ihnen u. a. Wilhelm Hofmayr: *Die Schilluk.* Mödling 1925; Edward Evans-Pritchard: *The Nuer.* Oxford 1940 (1950); Dietrich Westermann: *The Shilluk People.* Berlin 1952; *Neue Große Völkerkunde* [Anm. 56]; *Lexikon der Völker* [Anm. 56].
58 Vgl. zu den Baggara u. a. Harold Alfred MacMichael: *A History of the Arabs in the Sudan.* London 1967 (Reprint der Ausgabe von 1922); Ian Cunnison: *Baggara Arabs.* London 1966. Zu den Kababish vgl. Talal Asad: *The Kababish Arabs.* London 1970. Überblicke in: *Neue Große Völkerkunde* [Anm. 56], *Lexikon der Völker* [Anm. 56] und *Helmolts Weltgeschichte* [Anm. 16].
59 *Helmolts Weltgeschichte* [Anm. 16], S. 160.
60 Ebd.
61 Ki-Zerbo [Anm. 5], S. 428.
62 *Helmolts Weltgeschichte* [Anm. 16], S. 351.
63 Ebd., S. 160.
64 Cornevin [Anm. 7], S. 306f.
65 Ki-Zerbo [Anm. 5], S. 428.
66 Vgl. Kosciuszko: „*In meiner Heimat gibt es Bücher...*" [Anm. 2], S. 80; Rudolf K. Unbescheid: *Der Mahdi. Karl May, Hakawati, und die weltpolitischen Hintergründe in*

seinem Werk. V. Teil. In: *Magazin für Abenteuer-, Reise- und Unterhaltungsliteratur,* Braunschweig (1977/78), Nr. 17, S. 56; ders.: *Das Land des Mahdi, Sklavenkarawanen und Karl May* [Anm. 29], I. Teil. Taunusstein 1979, S. 83f.
67 Richard Buchta: *Der Sudan und der Mahdi. Das Land, die Bewohner und der Aufstand des falschen Propheten.* Stuttgart 1884; zit. nach Kosciuszko: „*In meiner Heimat gibt es Bücher...*" [Anm. 2], S. 80.
68 Gerald Sparrow: *Gordon. Mandarin and Pasha.* London 1962, S. 155 (Übersetzung Koch).
69 Vgl. Kosciuszko: „*In meiner Heimat gibt es Bücher...*" [Anm. 2], S. 80.
70 Ebd., S. 81.
71 Vgl. Unbescheid: *Das Land des Mahdi, Sklavenkarawanen und Karl May* [Anm. 29], I. Teil. Taunusstein 1979, S. 92 u. a.; dort angegebene Quellen u. a.: Peter Malcolm Holt: *The Mahdist State in the Sudan 1881–1898.* Oxford 1958 (1961).
72 *Helmolts Weltgeschichte* [Anm. 16], S. 160; zur Geschichte des Mahdi-Aufstandes vgl. Ki-Zerbo [Anm. 5], S. 428ff.; Cornevin [Anm. 7], S. 305ff.; Heinrich Pleticha: *Der Mahdi-Aufstand in Augenzeugenberichten.* Düsseldorf 1967; Holt [Anm. 71].
73 Vgl. Ingrid Hofmann/Anton Vorbichler: *Das Islam-Bild bei Karl May und der islamochristliche Dialog.* Wien 1979.
74 Cornevin [Anm. 7], S. 270.
75 Ebd., S. 271.
76 Rudolf Slatin Pascha: *Feuer und Schwert im Sudan. Meine Kämpfe mit den Derwischen, meine Gefangenschaft und Flucht 1879 bis 1895.* Leipzig 1896.
77 Ki-Zerbo [Anm. 5], S. 430.
78 *Helmolts Weltgeschichte* [Anm. 16], S. 162f.
79 Ki-Zerbo [Anm. 5], S. 432.
80 Zur modernen Geschichte des Sudan vgl. Hourani [Anm. 18]; Ki-Zerbo [Anm. 5], S. 648-652; Hanspeter Mattes: *Sudan.* In: *Handbuch der Dritten Welt,* hg. v. Dieter Nohlen u. Franz Nuscheler. Bd. 5: *Ostafrika und Südafrika.* Bonn 1993, S. 156-177; Rainer Tetzlaff: *Sudan – Selbstzerfleischung eines rassisch zweigeteilten Landes.* In: *Vergessene Kriege in Afrika,* hg. v. Rolf Hofmeier u. Volker Matthies. Göttingen 1992, S. 215-249; Marina Peter: *Krieg im Sudan: Ein vergessener Konflikt?* In: *Jahrbuch Dritte Welt 1994,* hg. v. Joachim Betz u. Stefan Brüne. München 1993; Klemens Ludwig: *Bedrohte Völker. Ein Lexikon nationaler und religiöser Minderheiten.* München ³1994 (Artikel *Südsudanesen*); *Länderheft Sudan* (*Weltmission heute* 16), hg. v. Evangelischen Missionswerk in Deutschland. Hamburg 1995; Manfred Loimeier: *Zum Beispiel Sudan.* Göttingen 1998. Aktuelle Daten in: *Harenberg Aktuell 2003.* Dortmund 2002.
81 Ludwig [Anm. 80], S. 181.
82 Loimeier [Anm. 80], S. 13.
83 Miquel [Anm. 15], S. 90.
84 Ebd., S. 89f.
85 Ebd., S. 141-143.
86 *Brockhaus' Conversationslexikon.* Bd. 9. Leipzig ¹³1884, S. 686 (Artikel *Islam*).
87 *Helmolts Weltgeschichte,* hg. v. Armin Tille. Bd. 2.2, neubearbeitete u. vermehrte Auflage. Leipzig, Wien 1913, S. 256.
88 Peter Antes: *Der Islam als politischer Faktor.* Hannover ²1991, S. 44.
89 Ebd., S. 46.
90 Ebd., S. 47.
91 Will Durant: *Kulturgeschichte der Menschheit.* Bd. X: *Die Kultur des Islam.* Lausanne [1967], S. 343.
92 Alfred Biedermann: *Ueber Karl Mays „Mahdi".* In: KMJb 1927, S. 304.
93 Ilmer: *Einführung* [Anm. 28], S. 6.
94 Es gibt eine Fülle von Literatur zum islamischen Fundamentalismus. Grundlegend neben Antes [Anm. 88] vor allem Bassam Tibi: *Die fundamentalistische Herausforderung. Der*

Islam und die Weltpolitik. München 1992 (2002); ders.: *Im Schatten Allahs. Der Islam und die Menschenrechte.* München 1994 (2000); Samuel P. Huntington: *Kampf der Kulturen. Die Neugestaltung der Weltpolitik im 21. Jahrhundert.* München 1996 (2002); Michael Lüders: „*Wir hungern nach dem Tod". Woher kommt die Gewalt im Dschihad-Islam?* Zürich, Hamburg 2001. Ferner zum Verhältnis Christentum und Islam: Gerhard Schweizer: *Abkehr vom Abendland. Östliche Traditionen gegen westliche Zivilisation.* Hamburg 1986; Maxime Rodinson: *Die Faszination des Islam.* München ²1991; Karen Armstrong: *Nah ist und schwer zu fassen der Gott. 3000 Jahre Glaubensgeschichte von Abraham bis Albert Einstein.* München 1993; *Islam und Christentum in Europa. Philosophie und Religion*, hg. v. Reinhard Löw. Hildesheim 1994; Tilman Nagel: *Geschichte der islamischen Theologie. Von Mohammed bis zur Gegenwart.* München 1994.
95 Tibi: *Die fundamentalistische Herausforderung* [Anm. 94], S. 49, 33.
96 Ebd., S. 33, 43f.
97 Tibi: *Im Schatten Allahs* [Anm. 94], S. 47f.
98 Tibi: *Die fundamentalistische Herausforderung* [Anm. 94], S. 38f.
99 Löw [Anm. 94], S. 21.

Johannes Zeilinger

Mohammed Achmed ibn Abdullah

Der sudanesische Mahdi

> Welches Unglück das Leben Mohammed Achmeds auch immer hervorgerufen haben mag, er war ein Mann von beträchtlichem Adel des Charakters, ein Geistlicher, ein Soldat und ein Patriot.
>
> *Winston S. Churchill*

I

Das genaue Datum ist heute nicht mehr rekonstruierbar, aber es muß Ende der siebziger Jahre des 19. Jahrhunderts gewesen sein, als ein deutscher Reisender südwestlich von Khartum, auf halbem Wege ungefähr zwischen dem Wadi Melk und dem Ort Es Safih, ein recht ungewöhnliches Gespräch mit einem sudanesischen Fakir führte. Der weitgereiste und umfassend gebildete Europäer hatte nur wenige Stunden zuvor den Sudanesen selbstlos und heldenmütig vor dem sicheren Tod durch einen herumstreifenden Löwen gerettet. Dies mochte vielleicht das Interesse des Fakirs an einem nächtlichen Gespräch erklären, obwohl er doch, wie sich später herausstellen sollte, seinen Retter und dessen Gefährten der Rache eines berüchtigten Sklavenjägers auszuliefern gedachte. Sein etwas schmuddelig gekleidetes, hageres Gegenüber, so schrieb der Reisende später nieder, mag damals wohl etwas über dreißig Lebensjahre gezählt haben, sein dunkles, von einem schwarzen Vollbart umrahmtes Gesicht war von einem düster-strengen, ja asketischen Zug geprägt. Schon wenige Sätze bewiesen, daß Karl, Sohn der Deutschen, nicht nur Meister im Gebrauch einer Jagdbüchse, sondern auch seines Verstandes und Allwissens war. Überrascht rief daher der Sudanese aus:

„Wunder über Wunder! Ein Christ will mir, dem gelehrten Fakir el Fukara, Erklärung des Kuran, der Sunna und aller heiligen Schriften geben! Sollte man so etwas für möglich halten! Du bist nicht nur in Thaten, sondern auch in Worten verwegen, Effendi!"
 „Von einer Verwegenheit kann da gar keine Rede sein. Was ich sage, hat alles Grund und vollständige Berechtigung. Versuche es!"
 „Nein. Ich werde mich hüten, mit einem Christen über den Islam zu disputieren. Du lassest dich doch nicht bekehren. Es waren nur einige wenige Fragen, welche du mir beantworten solltest. Selbst dem weisesten der Weisen ist es unmöglich, ein endgültiges Urteil über unsern

Glauben zu fällen, denn Muhammed hat das Werk nur begonnen. Zu Ende führen wird es ein anderer."
„Wer?"
„Das fragst du? Und doch behauptest du, den Kuran und alle seine Erläuterungen zu kennen! Durch diese Frage hast du bewiesen, daß du sie noch nicht kennst."
„Du irrst dich abermals. Ich weiß, daß du den Paraklet, den Ma'dijj meinst, den viele von euch erwarten" (XVII 103f.)

Hier unterbrach der Reiseschriftsteller, der eigentlich gelernter Lehrer war, später kurz seinen Bericht, um seinen Lesern Nachhilfe in Orthographie zu geben:

Dieses Wort darf nicht Mahdi, sondern es muß Ma'dijj geschrieben werden; es kommt von dem arabischen Verbum hahdaja her, welches „führen" heißt, und bedeutet: der auf den rechten Weg Geführte, der Helfer, der Vermittler. Doch werde ich dem einmal gewohnten Gebrauche folgen und Mahdi schreiben. (104)[1]

Der Dialog setzte sich nun wie folgt fort:

„Du weißt das also doch?" fragte er. „Hast du gehört, daß ein Mahdi kommen wird?"
„Gehört und auch gelesen. Der Kuran erwähnt nichts von ihm, und auch den Kommentaren ist die Sendung eines Mahdi unbekannt; er lebt nur in der mündlichen Ueberlieferung, auf die ich nichts gebe."
„Ich desto mehr. Allah wird einen Propheten senden, welcher das von Muhammed begonnene Werk zu vollenden hat. Dieser Prophet wird die Ungläubigen entweder bekehren oder, wenn sie sich nicht bekehren lassen, sie vernichten und dann die Güter dieser Erde so verteilen, daß ein jeder nach seiner Frömmigkeit erhält, was ihm gebührt."
„Das sind mehr weltliche als religiöse Hoffnungen und Wünsche. Wäre ich Moslem, ich würde mich nur an den Kuran halten, nach dessen Lehren ein solcher Mahdi nicht erwartet werden kann."
„Wieso? Wenn der Kuran nicht von einem Mahdi redet, so ist das doch kein triftiger Grund, anzunehmen, daß es keinen solchen geben kann und geben wird."
„O doch, denn die Prophetologie des Kuran ist vollständig abgeschlossen. Nach Muhammeds eigenen Worten ist er der letzte Prophet, den Allah gesandt hat und senden wird; seine Lehre, der Islam, ist in sich vollendet und kann nicht durch Zusätze ergänzt oder gar verbessert werden, und nach ihm wird, wie er sagt, nur einer kommen, nämlich Isa Ben Marryam, und zwar am jüngsten Tage, an welchem er sich auf die Moschee der Ommijaden in Damaskus niederlassen wird, um zu richten die Lebendigen und die Toten. Ganz abgesehen davon, daß Muhammed da den Heiland der Christen als Weltenrichter hoch über sich selbst stellt, macht er damit eure Mahdihoffnung ganz und vollständig zu schanden."
„Das sprichst du als Ungläubiger."
„Nein, sondern als Kenner des Islam, als welcher ich mich in die Anschauung eines Moslem gedacht habe." (l04f.)

Dieser Dialog ist nur eine literarische Fiktion, gewiß. Und doch ist er nicht ohne Wirkung geblieben: Seine vielhunderttausendfache Reproduktion hat zumindest in Deutschland das Bild des Mahdi nachhaltiger geprägt als alle historischen Werke zusammen. Immerhin ist so der Fakir Mohammed Achmed als reale Person im kollektiven Volksgedächtnis erhalten geblieben, wenngleich nur in der fiktiven Zeichnung des Romanschriftstellers Karl May. Nun konnte May mangels detaillierter Quellen nur seine Phantasie als Grundlage der Beschreibung des Mahdi benutzen; weder Mohammed Achmeds Aussehen noch Form oder Inhalt des Dialogs stützen sich auf Augenzeugenberichte. Schon Mitte 1891 hatte May für den *Deutschen Hausschatz* seinen Fortsetzungsroman *Der Mahdi* beendet, aber erst 1892 erschien Pater Ohrwalders Bericht[2] über seine zehnjährige Gefangenschaft unter den Mahdisten und Rudolf Slatins Bestseller[3] gar erst 1896. Ob ihre Lektüre aber die Beschreibung des Mayschen Mahdi objektiver gestaltet hätte, ist fraglich; beide Berichte, als Primärquellen zum Mahdi-Aufstand immerhin unverzichtbar, tragen die unsichtbare Handschrift ihres Korrektors, des britischen Nachrichtenoffiziers Francis Reginald Wingate, der die öffentliche Meinung Englands subtil zu beeinflussen wußte.[4] So wurde in der englischen Presse der Begriff des ‚mad Mahdi' zum geflügelten Wort, das die Aufforderung eines nötigen Rachefeldzugs zum Beenden der Mahdi-Bewegung bekräftigte. In Mays Bibliothek befindet sich noch heute Slatins Bericht, ein Hinweis immerhin, daß ihm das spätere Schicksal seines einstigen fiktiven Gesprächpartners nicht gleichgültig blieb.

Bei aller fiktionalen Konstruktion hat der Dialog doch ein überaus wichtiges Thema zum Gegenstand, ja das Grundproblem des Mahdi überhaupt: die Frage nach seiner Legitimation. Hätte der Autor bzw. sein Alter ego Kara Ben Nemsi nicht nur Lexikonwissen wiedergegeben, sondern, wie in dem Roman behauptet, tatsächlich bei jenem berühmtesten aller Gelehrten studiert, der „Abu 'l feda, Beidhawi, Alis hundert Sprüche, Samachschari und andere eurer Gelehrten übersetzt" (103) hat[5], der Dialog hätte stunden-, ja tagelang weitergeführt werden müssen. Und vielleicht hätte dann der „Nemsawi" doch noch kleinlaut vor der Eloquenz seines asketischen Gesprächpartners kapituliert. Bis heute jedenfalls ist in der islamischen Theologie die Figur des Mahdi, also eines von Gott gesandten Erlösers, ein überaus kontrovers diskutiertes Thema, und die islamische theologische Literatur darüber hat an Umfang das enorme Œuvre Mays längst weit überholt.

II

Im Zentrum des islamischen Glaubens steht der Koran, das Heilige Buch. Es ist kein literarisches Werk, sondern das ewig gültige, noch vor Erschaffung der Welt aufgeschriebene Wort Gottes. Die Urschrift des Koran wird im Himmel aufbewahrt, sein Inhalt aber wurde in zahlreichen Visionen dem Propheten Mohammed aus dem Mund des Engel Gottes offenbart. Dessen Aufgabe war es, den Menschen dieses göttliche Wissen zu übermitteln: „Lies, denn dein Herr ist allgütig, der die Feder gelehrt, gelehrt den Menschen, was er nicht gewußt!" (Sure 96, Vers 3-5)[6] Dabei ist das Heilige Buch nicht nur Glaubensquelle, sondern auch göttliches Gesetz – selbst für das tägliche Leben. Da die Offenbarungen bis zum Tode des Propheten andauerten, gab es zu Lebzeiten Mohammeds keine abgeschlossene Sammlung. Erst unter Uthman, dem dritten Kalifen (d. h. rechtmäßiger Nachfolger des Propheten), wurde ein vollständiger und gültiger Text des Heiligen Buches erstellt, der freilich noch durch Besonderheiten der arabischen Sprache, wie dem Fehlen von Vokalbezeichnungen, verschiedene Interpretationen zuließ. Erst mit der Einführung unterscheidender Aussprachezeichen gelang es islamischen Theologen und Philologen, einen allgemein verbindlichen Text zu erstellen. Noch heute gelten zwei nur geringfügig abweichende Lesarten als kanonisch.

Neben dem Koran als unveränderlichem Gotteswort wurden aber auch das Vorbild des Propheten, seine Worte wie Gewohnheiten, sein gesamtes Tun und Lassen zur Richtschnur der Lebensgestaltung aller Muslime, seien sie Herrscher oder Untertanen. Diese Lebenspraxis des Propheten wird mit dem arabischen Wort *sunna* bezeichnet, was in etwa mit ‚Brauch' oder ‚Gewohnheit' übersetzt werden kann. Die Sunna setzt sich aus Tausenden von zunächst mündlich weitergegebenen Texten zusammen, die später auch schriftlich fixiert und in großen Sammlungen zusammengefaßt wurden. Sie ist so eine zeitlose, ewige Norm geworden und in ihrem Kern eine Art kollektive Erinnerung an das Wesen des Propheten.

Eine einzelne dieser zahlreich überlieferten Geschichten bezeichnet man als *hadith*, als ‚Überlieferung'; die korrekte Pluralform lautet im Arabischen *ahadith*, im Deutschen wird sie häufig mit Hadithe angegeben. Das Wort Hadith hat so im Laufe der Zeit die spezielle Bedeutung ‚Erzählung von einem Ereignis im Leben Mohammeds' bzw. ‚Bericht über einen Ausspruch Mohammeds' angenommen. Rein äußerlich können diese Hadithe von ganz unterschiedlicher Länge sein, sie bestehen aber immer aus zwei Teilen: dem eigentlichen Text und der Überlieferungskette. Denn wichtiger als der Text selbst ist ja seine Authentizität, und diese muß durch eine Kette von vertrauenswürdigen Gewährsmännern, *isnad* genannt, gewährleistet sein, die im allgemeinen eine größtmögliche Nähe zu dem Propheten herstellen soll. Als im 9. Jahrhundert sich al-Buchari (810–870) an eine Kompilation aller überlieferten Hadithe wagte, waren ihm bereits 600.000 dieser Berichte bekannt.[7] Nur knapp 7000 hielt er für beachtenswert; unter ihnen befand sich bezeichnenderweise keine Hadith, die das Kommen eines Mahdi prophezeite. Unter die zweifellos authentischen Hadithe hatte sich auch eine Unmenge von Erzählungen gemischt, die eher einer späteren Projektion auf das Leben des Propheten entsprachen. Darüber hinaus wurden natürlich auch explizit Hadithe geschaffen, die einseitig ganz bestimmten politischen oder dynastischen Interessen dienlich waren oder juristische wie theologische Thesen, Gesetze oder Auslegungen untermauern sollten. Die Unterscheidung also, welche Hadithe authentisch und welche bloßes Menschenwerk sind, ist eine der schwierigsten und umstrittensten Aufgaben der islamischen Theologie. Ibn Khaldun (1332–1406) setzte sich in der berühmt gewordenen Einleitung seines Geschichtswerks auch mit den Hadithen über den Mahdi auseinander und bezeichnete die Überlieferungskette der meisten als zweifelhaft. An dem etablierten Glauben an einen Mahdi indessen hielt er fest, und zwei der Hadithe hielt er zumindest für vertrauenswürdig. Auch heute ist die Diskussion über die Hadithe noch lange nicht abgeschlossen. Denn viele Lücken oder Unklarheiten der göttlichen Offenbarung im Koran werden nur durch Hadithe verständlich; dazu ergänzen sie häufig das Regelwerk des täglichen Lebens. So sind Bilderverbot und Knabenbeschneidung nicht Botschaften des Koran, sondern Vorschriften, die sich aus Hadithen herleiten.

Auch wenn die frühen kanonischen Hadith-Sammlungen (beide al-Sahih genannt) von al-Buchari oder Muslim ibn al-Haggag (ca. 817–875) keine Auskunft über die Mission des Mahdi gaben, ihn zumindest nicht unter diesem Namen erwähnten, so war doch von Beginn an die Gestalt eines Erlösers zumindest im Volksglauben verbreitet. Genauer: auch schon vor Beginn der Offenbarung des islamischen Glaubens. Denn vielen umgebenden Religionen, ob jüdisch, christlich oder persisch, war ja die Gestalt eines Erlösers, der eines Tages erscheinen und dem Elend der Welt ein Ende bereiten wird, bekannt und sogar integraler Bestandteil des Glaubens. Nun kam es schon in der Frühzeit des Islam zum Streit um die rechtmäßige Nachfolge des Propheten, der es versäumt hatte, sein Erbe klar zu bestimmen. Die recht frühe Spaltung der islamischen Glaubensgemeinschaft in Sunniten und Schiiten, dazu Konflikte unter den Arabern selbst und dynastische Auseinandersetzungen nährten diese latent vorhandenen Hoffnungen, daß einst oder auch bald ein Erlöser diese Streitigkeiten beenden und Recht und Ordnung wiederherstellen könne. Verständlich, daß dieser Glaube vor allem bei den Unterlegenen der Konflikte wuchs, brachte er doch Trost und Hoffnung auf eine zukünftige Rehabilitation. Der große Verlierer der frühen Streitigkeiten war Ali, der Schwiegersohn des Propheten; seine Parteigänger, die Schia Ali, erhofften daher als erste einen Mahdi, einen Wiederhersteller der ehemaligen Ordnung. Ursprünglich wurde in der islamischen Literatur der Terminus ‚Mahdi', also der (von Gott) ‚Rechtgeleitete', sehr allgemein benutzt; so wurden Abraham, der Prophet selbst, auch Ali und später die omayyadischen Kalife mit dem Beinamen ‚Mahdi' versehen. Als Mahdi im Sinne eines Erlösers wurde erstmals Mohammed ibn al-Hanafiya angesehen, der aus der Verbindung Alis mit einer Nebenfrau al-Hanafiya entsprang. Doch bald schon festigte sich der Glaube, daß der wahre Erlöser aus den Nachkommen Alis und Fatimas, der Tochter des Propheten, hervorgehen müsse. So wurde dann deren Enkelsohn Mohammed al-Nafs al Zakiya, Sohn von Hassan, als Mahdi angesehen, doch als dieser in einer erfolglosen Revolte gegen den Kalif al-Mansur getötet wurde, war der Weg offen für die bleibende Meinung, daß nun der erwartete Erlöser aus den Nachkommen von Hussein, Alis und Fatimas zweitem Sohn, erscheinen würde. Dabei vermischte sich die Hoffnung auf einen Mahdi mit der Person des Imam der Schiiten. Während die Sunniten die Gemeinschaft (der Gläubigen) an sich für unfehlbar halten, kann nach Ansicht der Schia die Gemeinschaft nicht ohne einen von Gott bestimmten Führer existieren. Dieser Führer, Imam genannt, war ohne Sünde, unfehlbar und Träger allen Wissens, der Mittler zwischen Gott und der gläubigen Menschheit. Als erster Imam wurde Ali angesehen, ihm folgten die Söhne Hassan und Hussein. Die weltliche wie geistige Macht des Imamats wurde vererbt, doch in der Nachfolge Dschafar as-Sadiqs, des sechsten Imam, erlebte die Schia eine weitere Spaltung. Ein Teil erkannte seinen Sohn Ismael, der freilich schon vor seinem Vater starb, als rechtmäßigen Imam an und wähnte ihn nicht tot, sondern im Verborgenen auf seine Rückkehr wartend. Da ihrer Ansicht nach mit ihm die Reihe der Imame beendet war, erhielten sie den Namen Siebener-Schiiten, während sie selbst sich Ismaeliten nannten. Doch auch unter den Ismaeliten gab es eine Gruppe, welche die Reihe der Imame fortgesetzt sehen wollte, und so erklärte sich einer der Nachkommen Ismaels, Obeid Allah, zum rechtmäßigen Imam und nahm nun auch den Titel des Mahdi an. Da er seine Legitimation von der Abstammung Fatimas herleitete, erhielt die von ihm begründete Dynastie, die im 10. bis 12. Jahrhundert große Teile Nordafrikas und Ägyptens beherrschte, den Namen Fatimiden. Dazu reklamierten die Fatimiden auch das Kalifat, die rechtmäßige Nachfolge des Propheten, während im fernen Bagdad als sunnitische Kalifen die Abbasiden regierten, die ihren Herrschaftsanspruch von Abbas, dem Schwiegervater des Propheten, herleiteten. Ihr bekanntester Vertreter war Harun al-Raschid, der seinerseits ebenfalls den Titel des al-Mahdi annahm.

Die Mehrzahl der Schiiten hatte allerdings nicht Ismael, sondern seinen Bruder Muza al-Kazim in der Nachfolge Dschafars anerkannt. Sein Nachfolger in der fünften Generation, nach korrekter Zählung also der zwölfte Imam, Mohammed al-Mahdi, entschwand schon als Kind und existiert nun auch im Verborgenen, ‚in Abwesenheit', bis er vor dem Ende der Zeiten in der Gestalt des Erlösers wiederkehren wird. Auf Grund der Zahl der Imame wird diese schiitische Richtung als Zwölfer-Schia bezeichnet; sie macht die Majorität der heutigen Schiiten aus, die ihr Zentrum in Persien und Teilen des Irak haben. Die Hoffnung, ja der feste Glaube an eine baldige Wiederkehr des verborgenen Imam, des Mahdi, wurde zum Zentrum der schiitischen Theologie; während der Herrschaft der Safawiden in Persien wurden immer zwei Pferde gezäumt und gesattelt bereitgehalten, um für das Erscheinen des Mahdi und seines Nachfolgers Jesus gerüstet zu sein.

Wenngleich die Idee des Mahdi ihre komplexeste Entwicklung unter den Schiiten erfuhr, so fand sie doch auch bei den Sunniten großen Anklang, besonders in den Sufi-Bruderschaften. Diese verbreiteten vor allem in der Zeit zwischen dem 11. und 12. Jahrhundert den Islam mystischer Prägung von Nordafrika bis nach Indien; sie hatten in ihre Glaubensinterpretation viele spekulative Elemente aus der Schia über die Endzeit der Welt und das Kommen des Mahdi aufgenommen, weshalb sie unter den einfachen Gläubigen besonders populär waren. Ein aus dem Sudan stammender Sufi-Asket, Wad al-Turabi, hatte sich im Mekka des 17. Jahrhunderts zum Mahdi ausgerufen, ansonsten waren die sunnitischen Mahdis in der Regel unbedeutende Randerscheinungen, die in der Geschichte des Islam kaum Spuren hinterließen. Außer Mohammed Achmed, dem sudanesischen Mahdi, ist hier nur Mohammed ibn Tumart erwähnenswert, der im frühen 12. Jahrhundert im Maghreb die Dynastie der Almohaden (al-Muwahhidun, Bekenner des Einen) begründete. Immerhin gab es auch im Ägypten des 19. Jahrhunderts selbsternannte Mahdis; einer kämpfte gegen die napoleonische Besatzungsmacht, zwei weitere waren Zeitgenossen Mohammed Achmeds. Alle Mahdis aber, egal in welchem Jahrhundert und in welcher Glaubensrichtung sie sich manifestierten, und mehr noch ihre Anhänger wurden mit einem ganz fundamentalen Dilemma konfrontiert: Ihr Erscheinen war keineswegs mit einem Ende der Zeit verbunden, und sie alle starben, ohne die zentrale Aufgabe ihrer Sendung erfüllt zu haben – den Glauben wiederherzustellen und der Gerechtigkeit zum Sieg zu verhelfen.

III

Eine Auswahl der wichtigsten Hadithe über den Mahdi:

> Al Mahdi ist von mir,
> leuchtend ist seine Stirn,
> gebogen seine Nase.
> Er wird die Erde füllen mit
> Redlichkeit und Recht,
> wie sie gefüllt war mit
> Bedrängnis und Ungerechtigkeit.
> Und er wird herrschen sieben Jahre.[8]

> Am Ende meiner Gemeinschaft
> Al Mahdi wird kommen.
> Ihm sendet Allah Regen
> und die Erde bringt ihre Pflanzen hervor.
> Er wird gleichermaßen Wohlstand geben;
> das Vieh wird zahllos sein,
> und die Gemeinschaft groß.
> Er wird leben sieben oder acht.[9]

> Die Tage werden nicht enden
> und Leben verlöscht nicht,
> bis die Araber geleitet werden
> von einem Mann aus der Familie meines Hauses –
> sein Name ist der gleiche wie mein Name.[10]

> Der Gesandte Gottes sagte
> zu der Frau Fatima,
> „Friede sei mit dir,
> Verkünde die gute Botschaft,
> Al Mahdi ist von dir."[11]

> Al Mahdi ist ein Mann meiner Kinder.
> Seine Farbe ist die der Araber
> und sein Körper wie der von Israel.

Auf seiner rechten Wange ist ein Muttermal
wie ein schimmernder Stern.
Al Mahdi wird zur Seite treten,
wenn Jesus, Sohn Marias herabsteigt
mit von Wasser tröpfelndem Haar.
So wird Al Mahdi zu ihm sprechen:
„Schreite voran und
führe das Volk im Gebet",
doch er wird antworten:
„Den Ruf zum Gebet
ist dir bestimmt
ihn anzuführen."
So wird er beten hinter einem Mann
von meinen Kindern.[12]

Gestalt und Funktion des Mahdi, des von Gott rechtgeleiteten Erlösers, gründen sich nicht auf Aussagen des Koran, sondern entspringen zahlreichen Überlieferungen des Propheten, die in den verschiedenen Richtungen des Islam unterschiedlich gewichtet werden. Sein Erscheinen ist nach diesen Traditionen ein Teil der eschatologischen Zeichen, welche die Stunde der Zeit markieren und dem Jüngsten Tag vorausgehen. Von Gott mit untrüglichen Signalen versehen – einer hohen, leuchtenden Stirn, einer gebogenen Nase, großer Gestalt und einem Muttermal auf der linken Wange –, stammt er aus dem ‚Volk des Hauses', der Verwandtschaft des Propheten, und ist ein direkter Nachkomme Fatimas, der Tochter des Propheten, und Alis, des vierten rechtmäßigen Kalifen und ersten Imam. Er trägt den Namen des Propheten, wie auch sein Vater den Namen des Prophetenvaters trägt. Seine Aufgabe ist es, die islamische Welt von Tyrannei und Häresie zu befreien und dem wahren Glauben zum Sieg zu verhelfen. Er wird Gerechtigkeit wiederherstellen, nicht im Sinne eines allgemein-ethischen Postulats, sondern durch das Wiedereinsetzen der Scharia, des allein gültigen göttlichen Gesetzes. Unter seiner Herrschaft, die eine Dauer von fünf, sieben, acht oder neun Jahren hat, wird Wohlstand herrschen und die Welt in neuem Überfluß erblühen. Beim Erscheinen des Propheten Jesus Sohn von Maria, dem der Koran zwar den Beinamen Messias, aber keinerlei Erlöserfunktion gegeben hat, wird der Mahdi ihn im Kampf gegen den Antichrist unterstützen.

IV

Mit den Truppen, die der osmanische Sultan 1798 zur Abwehr der französischen Invasion unter dem jungen General Napoleon Bonaparte nach Ägypten gesandt hatte, kam auch ein albanischer Offizier, Mechmed Ali, an den Nil. In der Anarchie, die der kurzen Besatzungszeit folgte, gelang es ihm, den Gouverneursposten des Landes zu erhalten und mit drastischen Maßnahmen jede Opposition und vor allem die bisher herrschende Schicht der Mamelucken auszuschalten, die zum großen Teil dann 1811 in dem berüchtigten Massaker in der Zitadelle von Kairo vernichtet wurde. Seine Pläne sahen vor, Ägypten zu einem unabhängigen Reich auszubauen. Zu diesem Zweck mußte das Land von Grund auf reformiert und modernisiert werden, und so errichtete Mechmed Ali eine neue, ihm ergebene Bürokratie, die sich an europäische Vorbilder orientierte und mit der bisherigen Muslim-Elite brach. Vor allem aber baute er eine moderne, schlagkräftige Armee auf, holte europäische Militärberater ins Land, gründete Militärakademien und schuf Industriezweige, die ganz auf die Bedürfnisse der Armee ausgerichtet waren. Mit ihr begann er Expansionskriege, die zum großen Teil von seinem Oberherrn, dem osmanischen Sultan, angeordnet waren, der jedoch den Aufstieg seines unternehmungslustigen Vasallen mit Mißtrauen betrachtete und wohl insgeheim auf sein Scheitern hoffte. Auf eigene Faust eroberte er dann große Teile des südlich gelegenen Sudan, um dort einerseits Reste der geflohenen Mamelucken zu vernichten, andererseits auch Gold zur Finanzierung seiner Projekte zu gewinnen und Soldaten zum Ausbau seiner Armeen ausheben zu können. Die beiden letzteren Hoffnungen sollten sich nicht erfüllen, aber große Teile des nördlichen und westlichen Sudan waren so bleibend unter ägyptische Oberherrschaft gelangt.

Bis dahin war *bilad as-sudan*, das ‚Land der Schwarzen', ein relativ wenig erforschtes Gebiet. Ursprünglich ein diffuser geographischer Begriff, der das gesamte subsahare Afrika umfaßte, verlagerte sich der Name auf den östlichen Teil dieses Landgürtels, der von der nubischen Wüste bis zu den Regenwäldern Zentralafrikas reichte. In diesem Gebiet hatte sich nie eine Zentralmacht etabliert; die politische Organisation umfaßte einige verschieden große Sultanate, war aber im wesentlichen auf Stammesorganisationen beschränkt, die ungestört und mit eigener Loyalität jahrhundertelang den Sudan besiedelten. Die ägyptische Eroberung importierte nun eine neue Klasse von Bürokraten, die korrupt und rücksichtslos die Ressourcen des

Landes ausbeutete. Vor allem der Sklavenhandel dominierte die Wirtschaft, und die Sklavenhändler – Europäer, Levantiner, Ägypter und Sudanesen – unterhielten eigene schlagkräftige Truppen, die de facto das Land beherrschten. Berichte von Forschungsreisenden und Missionaren hatten indes in Europa die öffentliche Aufmerksamkeit auf den größten Sklavenumschlagplatz der Welt gerichtet, und der politische Druck auf die ägyptische Verwaltung, diese Mißstände zu beseitigen, wuchs.

Dort war es Mechmed Alis Enkel Ismael gelungen, in Verhandlungen mit dem osmanischen Oberherrn weitgehende Autonomie der Herrschaft und dazu den erblichen Titel eines Vizekönigs, eines Khediven, zu erlangen, allerdings um den Preis einer Verdopplung der jährlichen Tributzahlungen. Seine Regentschaft war durch einen fieberhaften Expansions- und Modernisierungsdrang gekennzeichnet: Eisenbahnlinien, Häfen, Bewässerungskanäle und ganze Industriezweige wurden mit ausländischer Finanzhilfe aus dem Boden gestampft. 1869 wurde mit großem Pomp der Suezkanal eröffnet, und kurz darauf beauftragte der Khedive den Engländer Samuel Baker mit der Leitung einer großangelegten militärischen Expedition zur Bekämpfung des Sklavenhandels am Oberlauf des Nil. Dieses Unternehmen sollte seinen Ruf als aufgeklärter, zivilisierter und vor allem kreditwürdiger Herrscher sichern, darüber hinaus aber auch das Staatsgebiet vergrößern: eine neue Provinz, Äquatoria, wurde dem Vizekönigreich angegliedert.

Bakers Expedition hatte jedoch außer der Errichtung einiger Militärposten kaum tatsächliche Erfolge aufzuweisen. Im Gegenteil: Das Schicksal der Sklaven verschärfte sich, da nach Unterbindung des gewohnten Handelswegs auf dem Nil die Transportrouten nun durch abgelegene Wüsten führten und so die Mortalität der Gefangenen deutlich anstieg. Der Besitz von Sklaven war nach islamischem Recht gestattet[13], und die Bestallung eines Christen mit seiner Bekämpfung mußte religiös motivierten Haß gegen die fremde Verwaltung schüren. Dazu bildete der Handel mit Sklaven den wesentlichen Wirtschaftsfaktor des Landes, und selbst die Landwirtschaft konnte ohne Sklavenarbeit nicht auskommen. Wie auch immer, eine wirksame Bekämpfung des Sklavenhandels, die sich zu einer Prestigeangelegenheit der ägyptischen Verwaltung erwuchs, mußte eigentlich eine umgreifende Änderung des Landes, von Verwaltung, Wirtschaft und Lebensformen, umfassen; militärische Unternehmungen allein aber verschärften nur die Gegensätze zwischen Volk und Staatsmacht und führten zu einer unheiligen Allianz von Sklavenhändlern und Stammesangehörigen gegen diesen unverständlichen Eingriff in überkommene Rechte. Trotzdem war der Khedive weiterhin überzeugt, nur ein Europäer könne sowohl eine effektive Administration als auch einen wirkungsvollen Kampf gegen den Sklavenhandel führen, und so ernannte er den Engländer Charles Gordon zum Gouverneur der Äquatorialprovinz. Gordons Stab umfaßte eine Reihe europäischer und amerikanischer Forscher und Militärs, die mit der Region einigermaßen vertraut waren und wichtige Posten in der Verwaltung erhielten.

In Kairo begann sich Ismaels Lage dramatisch zu verschärfen, denn die ungebremste Kreditaufnahme hatte zu einer ungeheueren Schuldenlast geführt, die auch mit rücksichtslosen Steuererhöhungen und dem Verkauf der Suezkanal-Aktien nicht mehr kontrollierbar war. Um den Staatsbankrott abzuwenden, mußte Ismael den Hauptgläubigerländern England und Frankreich sehr weitreichende Kontrollen der Staatsfinanzen erlauben; dazu unterzeichnete er 1877 die Slave-trade Convention, die gewerbsmäßigen Sklavenhandel sofort und den privaten Sklavenbesitz innerhalb einer Frist von zwölf Jahren völlig verbot. Im gleichen Jahr wurde Gordon zum Generalgouverneur des gesamten Sudan ernannt und verstärkte kurz darauf den Kampf gegen die Sklavenjäger wie auch den Einfluß seiner europäischen Mitarbeiter. Doch als der Khedive 1879 auf Betreiben der Engländer zurücktreten mußte, sah sich auch Gordon der Grundlage seiner Tätigkeit entzogen und demittierte seinen Dienst. Ismaels Nachfolger im Amt, Rauf Pascha, erwies sich als zaudernder Herrscher, der mit einer laissez-faire-Politik die landesweiten Spannungen mindern wollte, doch seine Politik schwächte die ohnehin labile Macht der Verwaltung und ließ so ein gefährliches Machtvakuum entstehen. Der Sudan befand sich bereits in latentem Aufruhr: Die ungerechte, oft sogar rechtswidrige und willkürliche Besteuerung, mehr noch das Verbot von Sklavenhandel und Sklavenbesitz erschütterten die wirtschaftliche Basis der feudalen sudanesischen Agrargesellschaft, ohne daß die moralisch wie materiell abgewirtschaftete Regierung einen Weg zur Überwindung der Krise aufzeigen konnte. In dieser Situation fehlte nur noch eine Person, die als Manifestation der allumfassenden Unzufriedenheit ein klares, allgemeinverständliches Konzept zur Neuordnung des Landes vorlegen konnte – und auch über die Machtmittel verfügte, dieses Programm durchzusetzen. Eine weltliche Macht aber war bei den komplizierten innersudanesischen Rivalitäten kaum imstande, hier energisch das Land gegen die Fremdherrschaft zu einen.

Mehr als alle staatlichen oder auch stammesbedingen Loyalitäten war das einigende Band der Bewohner des Sudan die gemeinsame islamische Religion. Hier, an der Peripherie der muslimischen Ökumene, existierten kaum orthodox-islamische Institutionen, der Glaube war vor allem durch zahllose fromme Männer verbreitet worden, die einem der vielen religiösen Orden, den Tarikas (arab. *tariqa*, wörtlich ‚der Weg'), angehörten. Diese Orden waren institutionelle Erscheinungen des Sufismus, einer weitverbreiteten mystisch-esoterischen Bewegung, die schon in der Frühzeit des Islam aus asketisch-gnostischen Ausrichtungen entstanden war. Die Sufis hatten einst ihren Namen von ihrem *suf*, einem Gewand aus rauher Wolle, erhalten; ihre häufig inspirativ betonte Auslegung der Religion stand oft im Spannungsverhältnis zur orthodoxen Theologie, die durch die *ulema* vertreten wurde, die islamischen Gelehrten, Richter und Juristen. Aufgabe dieser frommen Männer war es nicht nur, Heiden zum Glauben, sondern auch einfache Gläubige zum Anschluß an ihre Bruderschaft zu überzeugen. Manche dieser Missionare waren so erfolgreich, daß sie eigene Orden gründeten und dann häufig als Walis, als Heilige, verehrt wurden. Sie wurden als Inhaber einer heiligen Macht verehrt, die vererbt oder durch Kontakt weitergegeben werden konnte. Das Oberhaupt einer solchen Bruderschaft oder einer ihrer Untergruppen wurde Scheich, Führer, genannt. Die Anhänger der Orden hießen *darawush*, Derwische, eine Bezeichnung, die sich vom Persischen *darwish* ableitete und mit ‚Bettler' oder ‚Bettelmönch' übersetzt werden kann. Religionslehrer oder solche, die den Islam aktiv verbreiteten, hießen im Sudan *faki*, eine Dialektform des arabischen *faqih*, mit dem eigentlich ein Rechtsgelehrter bezeichnet wird. Im Plural hießen die Fakis dann *fuqara*, ein Wort, das sich allerdings von dem Singular *faqir*, dem arabischen Äquivalent für *darvish*, ableitete. Diese linguistische Konfusion zeigt die für den Sudan typische enge Verbindung von religiöser Unterrichtung und Zugehörigkeit zu einer Bruderschaft. Auch die Koranschulen wurden allgemein als *khalwa*, eigentlich der Name eines Zufluchtsortes für Sufis, bezeichnet. Dazu hatte natürlich die Dominanz der Sufis für eine weite Verbreitung ihrer Glaubensinterpretation gesorgt. Eschatologisches Gedankengut, das in der orthodoxen Sunna eher zurückhaltend gelehrt wurde, war daher im Volksglauben des Sudan üblich – und so natürlich auch der Glaube an einen kommenden Mahdi.

Der Anschluß des Sudan an das ägyptische Vizekönigreich brachte auch Veränderungen in der Religionsausübung mit sich. Die reine Scharia hatte bis dahin nur wenig Geltung; Stammesgebräuche und überkommene Sitten bildeten gewohnheitsmäßiges Recht. Die ägyptische Verwaltung importierte ein System von religiösen Gerichtshöfen, die von dem osmanischen Hanafi-Ritus, einer der vier Schulen der Sunna, bestimmt waren und das weltliche Kaiserreich sozusagen theologisch-juristisch vertraten. Die al-Azhar Universität in Kairo als Zentrum der sunnitisch-orthodoxen Theologie wurde nun auch Ziel der sudanesischen Glaubensschüler, und diese, als Ulemas in ihre Heimat zurückgekehrt, wurden zu einer neuen Konkurrenz der bisher herrschenden Schicht der Fakire und Scheichs. Dazu versuchte die Regierung in Kairo, ausgewählte Führer von Bruderschaften in ihre Verwaltung mit einzubeziehen, doch damit entstanden neue Probleme, denn diese Form des ‚divide et impera' mußte zwangsläufig alte Rivalitäten vertiefen und neue Feindschaften schaffen. Da die ägyptisch-türkische Oberherrschaft in der Regel als ausbeuterisch und ungerecht empfunden wurde, vermischte sich nun der Widerstand gegen die Besatzer auch mit einer Neuordnung der religiösen Machtverhältnisse.

V

Mohammed Achmed wurde am 12. August 1844, dem 27. Rajab 1260 nach islamischer Zeitrechnung, auf der Nilinsel Labab in der Provinz Dongola geboren. Sein Vater Abdullah war Schiffsbauer und gehörte zum Stamm der Danagla, einem Teilvolk der Nubier, die indessen schon früh arabisiert worden waren. Mohammeds Familie zählte sich zu den zahlreichen Nachkommen des Propheten, den *ashraf* (wörtlich ‚die Edlen') oder Scherifen. Sowohl die Großeltern väterlicherseits als auch die Großmutter mütterlicherseits führten ihre Ahnenreihe auf Hassan, den Sohn Alis und Fatimas, zurück. Eine zusätzliche Verbindung zum Hause des Propheten bestand auch über den Großvater mütterlicherseits, der sich zu den Nachfahren von el Abbas, dem Onkel des Propheten, zählte. Mohammed Achmed war noch ein Kind, da zog die Familie nach Karari, nur wenige Meilen nördlich von Khartum, wo noch Akazienwälder den Bau der Nilbarken ermöglichten. Der Vater, selbst ein einfacher Fakir, unterrichtete hier den Sohn in den Grundkenntnissen des Schreibens und Koranstudiums; er starb jedoch bald und hinterließ vier Söhne und eine Tochter.

Mohammed Achmed fühlte sich schon früh zu religiösen Studien hingezogen. Während seine Brüder weiter dem Beruf des Vaters nachgingen, besuchte er Koranschulen und fiel bald durch eine schlichte, tiefe Frömmigkeit auf. Sein gefälliges, anspruchsloses Wesen half ihm, die Zuneigung und Achtung der Lehrer wie Mitschüler zu gewinnen; dazu lernte er leicht, und ebenso mühelos wie rigoros unterwarf er sich einem strengen Lebensstil. Einer seiner Lehrer, Scheich Mohammed al-Dikayr, wurde von der Staatsverwaltung bezahlt, und der junge Mohammed Achmed weigerte sich beharrlich – so besagt eine spätere Überlieferung –, an den gemeinsamen Mahlzeiten teilzunehmen, da sie seiner Überzeugung nach durch unrechtmäßige Ausbeutung seiner Heimat finanziert wurden. Im Alter von siebzehn Jahren hatte er dann all das gelernt, was ihm Koranschulen bieten konnten; der übliche Weg zur Vervollkommnung des Wissens hätte ihn zum weiteren Studium der Theologie an die al-Azhar-Universität nach Kairo geführt. Doch hier wählte Mohammed Achmed nicht den Weg der Vernunft, sondern er entschied sich für den Pfad der Mystik und Askese, um zur tieferen Gotteserkenntnis zu gelangen.[14]

Im Jahre 1861 schloß sich Mohammed Achmed einem Führer des Sufi-Ordens der Sammaniya, dem Scheich Mohammed Scharif Nur al-Deim, an. Dessen Großvater Scheich Achmed al-Tayyib, der als Heiliger verehrt wurde, hatte sich einst auf einer Pilgerreise in Medina der Sammaniya angeschlossen und danach die Bruderschaft im Sudan eingeführt. Sieben Jahre blieb Mohammed in seiner Gefolgschaft und zeichnete sich dort durch ein extrem asketisches Leben und unbedingte Treue, ja Unterwürfigkeit gegenüber seinem Lehrer aus. Schließlich wurde er selbst zu einem Scheich der Sammaniya ernannt und begann, das Land als Wanderprediger zu bereisen. Zunächst schloß er sich seinen Brüdern in Khartum an und heiratete dort die Tochter seines Großonkels. Als die Brüder auf der Suche nach Bauholz ihren Wohnsitz auf die Insel Aba im Weißen Nil verlegten, folgte er ihnen nach und wählte nun diese Insel zu seinem zukünftigen Hauptquartier. Nahe des Ufers hatte er sich eine Höhle zum Meditieren und Fasten erwählt; seine außerordentliche Frömmigkeit und Askese, aber auch seine Freundlichkeit und Mildtätigkeit führten ihm bald eine wachsende Zahl von Jüngern zu, die wiederum seinen Ruf als Gelehrter, ja Heiliger, und seine Taten und Wunder im ganzen Sudan verbreiteten.

Inzwischen hatte sich allerdings die anfängliche Zuneigung von Scheich Mohammed Scharif zu seinem ehemaligen Vorzeigeschüler rapide verschlechtert, ja war in offene Feindschaft umgeschlagen. Ursache war sicher die wachsende Popularität des jüngeren Scheichs, die für den Älteren einen Verlust an Prestige, aber auch eine Abnahme von Spenden, konkret also recht materielle Einbußen mit sich brachte. Zunächst versuchte Mohammed Scharif, durch Intrigen die Anhänger seines ehemaligen Schülers aufzustacheln, die bald in einen offenen Kampf zwischen beiden Gruppen ausarteten. Als dabei eine Zahl von Scharifs Anhängern gefangengenommen wurde, kam es auf der Insel zu einem Treffen beider Rivalen, bei dem die Gegensätze noch ein letztes Mal mühsam ausgeglichen werden konnten. Der endgültige Bruch benötigte aber nur noch einen geeigneten Anlaß, und den bot Mohammed Scharif unfreiwillig, als er anläßlich des Beschneidungsfestes seiner Söhne Musik und Tanz zur Unterhaltung der Gäste erlaubte. In Mohammed Achmeds Augen war dies ein klarer, offener Bruch der Scharia, des göttlichen Gesetzes, eine Sünde, die, wie er nun offen verbreiten ließ, auch einem Scheich nicht verziehen werden konnte. Als Mohammed Scharif von dem Verdikt seines Schülers erfuhr, handelte er rasch und impulsiv und schloß ihn als Verräter aus dem Orden der Sammaniya aus. Als Bekräftigung zitierte er ein Sprichwort, das den jungen Scheich zutiefst verletzte: „Der Dongolaner ist ein mit der Haut des Menschen überzogener Teufel."[15] Mohammed Achmed empfand die Schmach, den Schmerz der erzwungenen Trennung so tief, daß er mehrmals vor seinem Meister erschien – Oberkörper und Haupt mit Asche bestreut und den Hals als Zeichen tiefster Unterwerfung mit einer hölzernen Gabel umschlossen – und um Vergebung bat, die ihm jedoch jedesmal verweigert wurde. Nun hatte er den Streit mit seinem ehemaligen Lehrer ja nicht um persönlicher Vorteile willen provoziert, sondern nur, wie er glaubte, als Bewahrer der Reinheit der Lehre. Daneben hatte er aber auch Mut und Willenskraft bewiesen und eine bisher ungeahnte innere Kraft verspürt; er hatte sich gegen seinen geistigen Vater aufgelehnt und sich von ihm befreit. Mohammed Achmed war zum Werkzeug Gottes geworden, das nun auch aktiv den Kampf gegen den Verfall des Glaubens führen mußte.

Nun konnte freilich auch ein noch so erboster Scheich Mohammed Scharif seinen Schüler nicht einfach aus dem Orden ausstoßen, schließlich war dieser selbst ein Scheich mit einer spirituellen Kraft und einer großen Zahl von Anhängern, die sich nun fester denn je um ihren gestärkten Führer scharten. Nahe bei Musselimie am Blauen Nil lebte Scheich al-Koreschi, ein ebenfalls geachteter Führer der Sammaniya. Er war zwar kein Nachkomme des Ordensgründers, war aber noch von Scheich Achmed al Tayyib selbst auf den Weg, die Tarika der Sammaniya, geführt worden und stand so dem Ordensgründer geistig näher als sein Enkel. Ihm schloß sich nun Mohammed Achmed an, und für beide konnte die neue Verbindung nur von Vorteil sein: Scheich Koreschis Anhängerschaft und somit auch seine Reputation hatten sich unerwartet vermehrt, ihm war aber auch, da er sich schon in fortgeschrittenem Alter befand, endlich ein potentieller Nachfolger erwachsen. Mohammed Achmeds Ruf als untadeliger Asket, als Lehrer, Wundertäter und Heiliger breitete sich schnell über die engen Grenzen seines Wirkungskreises aus. So verbot der sudanesische Gouverneur aus Respekt vor dem Fakir den vorbeifahrenden Nildampfern, auf der Insel Holz zum Verfeuern zu schlagen. Als Gaetano Casati 1880 auf seiner Reise in den Süden Aba passierte, verlangsamte der Dampfer seinen Lauf, und Passagiere wie Schiffsbesatzung verneigten sich zur Insel hin im Gebet.[16] Daher verkannte auch die ägyptische Verwaltung lange Zeit die Brisanz der religiösen Erneuerungsbewegung, die doch zwangsläufig zum Widerstand, zum Kampf gegen die Verantwortlichen der angeprangerten Misere, gegen das etablierte politische System mutieren mußte.

Während dieser Zeit reiste Mohammed Achmed nach Kordofan, um dort zu predigen, seine Ansichten von der Verderbtheit der herrschenden Religionsausübung zu verbreiten und auf das Nahen Gottes hinzuweisen. Die einfachen Menschen belagerten ihn förmlich, erbaten sich Segen und hörten gerne seine Predigten, in denen er mehr und mehr die Gottlosigkeit der Herrschenden anprangerte. Dazu stellte er nun auch Kontakte mit führenden Kaufleuten her, die in ihrer Unzufriedenheit mit den politischen Verhältnissen in dem bescheidenen, aber rigorosen Prediger das Potential auch eines politischen Führers erkannten.

Nicht nur seine Ansichten, auch sein äußeres Erscheinungsbild imponierte vielen. Von großer, breitschultriger Gestalt und kräftigem Körperbau, überragte er die meisten seiner Zeitgenossen. Die lichtbraune Hautfarbe war Erbe seiner nubisch-arabischen Herkunft, ein dunkler Bart umrahmte sein ebenmäßiges, wohlgeformtes Gesicht. Die Wangen waren auf beiden Seiten mit drei Einschnitten tätowiert, auf der linken war deutlich ein Muttermal sichtbar. Eine hohe Stirn lag über tiefdunklen Augen, und meistens sah man ihn lächeln. Dabei wurden blendend weiße Zähne sichtbar, die in der Mitte des Oberkiefers eine Lücke zeigten. Dem Volksglauben nach brachte solch eine Lücke seinem Besitzer Glück, und so lautete einer seiner frühen

Beinamen ‚Abu Falja', übersetzbar in etwa mit ‚Vater der Zahnlücke'. Bekleidet war er meist mit einem einfachen Rock, einer Dschuppa, die von Flicken übersät war. Dieses Kleidungsstück sollte bald zur Uniform seiner Anhänger werden, die dann in der Zahl der aufgenähten Flecken als einem Beweis treuer Nachfolge wetteiferten. Seine Sprache war stets moderat und freundlich, gar süßlich, wie europäische Beobachter urteilten. Ganz sicher strahlte er Charisma aus, und da dieses Strahlen von seinen Jüngern im Wortsinne wahrgenommen wurde, sahen sie darin ein Zeichen seiner göttlichen Sendung.[17]

Scheich Koreschi starb im Jahre 1878, und Mohammed Achmed zog mit seiner Anhängerschar nach Musselimie, um über dem Grab des Scheichs eine Kuppel zu errichten. Die Jünger Koreschis erkannten ihn als neues Oberhaupt der Bruderschaft an und bestätigten ihn als Scheich der Sammaniya. Schon bald jedoch sollte sein Rang den eines Sufi-Scheichs weit überragen. Noch Scheich Koreschi hatte seinen Anhängern offenbart, bald werde ein Mahdi erscheinen, und alle Schüler glaubten nun, daß dieser Erlöser aus ihren Reihen erwachsen werde, eine Hoffnung, die mit Mohammeds Ernennung zum Oberhaupt der Bruderschaft plötzlich an Aktualität gewann. Diese Erwartung spiegelte eine weitverbreitete Hoffnung wider, die vor allem den armen und ungebildeten Bewohnern des Sudan Trost auf eine baldige Besserung ihrer oft verzweifelten Lage bot. Kurz, die Zeit war reif für das Erscheinen des Rechtgeleiteten; Zeichen seiner nahen Ankunft häuften sich, und da sein Kommen mit der Zeitenwende eines Jahrhunderts verbunden war, wuchsen die frommen Erwartungen: Das 13. Jahrhundert der islamischen Zeitrechnung näherte sich seinem Ende.

VI

Möglicherweise wäre trotz allem die Tätigkeit Mohammed Achmeds eine Marginalie der sudanesischen Sufi-Bewegung geblieben, aber noch während in Musselimie die Kuppel über dem Grab des verstorbenen Scheichs errichtet wurde, bat ein mitteloser Pilger, Abdullah ibn Mohammed, um Aufnahme in die Bruderschaft. Abdullah stammte aus dem Westen des Sudan, war Mitte dreißig und hatte mit seinem Vater die Pilgerreise nach Mekka angetreten, als dieser starb. Anstatt die Haddsch fortzuführen, schloß sich Abdullah nun der Sammaniya an; außer einem halbtoten Esel waren ihm keine Güter mehr geblieben. Er war ein tatkräftiger Mann, in dem sich Rationalität mit einem Hang zum Übersinnlichen paarte. Vor allem von der Idee des baldigen Erscheinens des Mahdi war er geradezu besessen; schon in Zobeir Rahman, einem der berüchtigsten Sklavenhändler des Sudan[18], wollte er den Erlöser erkannt haben. Zobeir hatte allerdings die angetragene Würde schlicht ignoriert, und so suchte Abdullah weiter nach dem Mann, der seinem Lebenstraum einen Inhalt geben könnte. Schon beim ersten Anblick Mohammed Achmeds war er überzeugt, endlich den ersehnten Mahdi vor sich zu haben: „Als ich sein Antlitz erblickte, vergaß ich alle überstandenen

Mühsale, ich sah nur ihn, hörte nur seine Worte und mußte meinen ganzen Muth aufbringen, um ihn nach langem, ängstlichen Zaudern anzusprechen."[19] Anders als bei Zobeir traf er jetzt auf einen Mann, der bereits überzeugt war, in der Wiederherstellung des reinen Glaubens eine bedeutende Rolle spielen zu müssen. So war Abdullahs Ankunft in Musselimie der letzte, aber entscheidende Auslöser für die Formung des sudanesischen Mahdi. Wer nun wen letztendlich überzeugt haben mag, bleibt Spekulation; sicher ist, daß erst durch Abdullahs Ankunft für Mohammed Achmed die Idee der Sendung als Mahdi konkrete Formen annahm.

Mohammed Achmed war indessen nicht nur ein bloßes Werkzeug im Weltbild seines neuen Jüngers. Zurückgekehrt von Musselimie nach der Insel Aba, begann er die traditionellen Prophezeiungen über das Erscheinen des Mahdi zu studieren und bemerkte dabei mehr und mehr Parallelen zu seiner Person, die ihn jetzt auf seine eigentliche Bestimmung vorbereiteten. Die volle Tragweite seines Schicksals erfuhr er allerdings nicht durch eigenes Studium, sondern durch Visionen, in denen ihm der Prophet die Wahrheit seiner Mission offenbarte.

In einer dieser Visionen ließ der Prophet ihn in Anwesenheit des Propheten al-Khidr, der Heiligen des Islam und seiner persönlichen Nachfolger auf seinem eigenen Stuhl Platz nehmen. Mohammed Achmed wurde zum Nachfolger des Apostels Gottes, zum *khalifatu-l-rasulullah*. Dazu wurde er zum Dschihad gegen die Ungläubigen ermächtigt. Der Prophet selbst gürtete ihn mit seinem Schwert und stellte ihm zehn Engel als Schutz zur Seite. Zu seinem ständigen Begleiter wurde Azrael, der Engel des Todes, ernannt, der seine Armee in den Kampf führen sollte. An seiner Seite schritt der Prophet al-Khidr, dem die Sufis Unsterblichkeit, Allwissen und Allgegenwart zuschrieben.[20] In einer weiteren Vision offenbarte der Prophet dem Mahdi die beiden von Gott bestimmten untrüglichen Erkennungszeichen seiner heiligen Mission: das Muttermal auf seiner linken Wange und das ‚Banner des Lichts', das ihm vorausging. Mit diesem Banner war zunächst ein Komet gemeint, der im Osten des sudanesischen Nachthimmels, also von Mekka her kommend, sichtbar war. Darüber hinaus aber hatte dieses Zeichen des Lichtes noch eine tiefere spirituelle Bedeutung, denn in derselben Vision offenbarte ihm der Prophet: „Du bist geschaffen von dem Licht aus dem Innersten meines Herzens." Dies spiegelte einen Sufi-Glauben wider, nach dem Gott noch vor der Entstehung der Welten eine Handvoll Licht geschaffen habe. Dieses Licht wurde dem ersten

Menschen Adam eingepflanzt und allen folgenden Propheten weitergegeben, bis schließlich zu Mohammed. Da in ihm die Reihe der Propheten ihren Höhepunkt wie auch ihr Ende gefunden hatte, wurde nun das Licht über die Tochter Fatima seinen Nachkommen weitergegeben. Für Mohammed Achmed, ab jetzt der Mahdi, bedeutete daher das Licht eine doppelte Bestätigung seiner Mission: Er war physischer wie spiritueller Nachfolger des Propheten und damit der vorhergesagte Erlöser, der legitime Erbe und Vollender des Glaubens. Seine Aufgabe war vorherbestimmt: die Welt von Ungerechtigkeit und Unterdrückung zu erlösen und den ursprünglichen, wahren Glauben wiederherzustellen.

Zunächst berichtete Mohammed Achmed nur einem kleinen Kreis enger Getreuer von seiner göttlichen Mission. Danach reiste er noch einmal in die Provinz Kordofan, um sich hier im Westen des Sudan der Gefolgschaft von religiösen Lehrern oder Stammesfürsten zu vergewissern. Er berichtete ihnen von seinen Visionen und wies auf all die überlieferten Kennzeichen des kommenden Mahdi hin, die sich nun in seiner Person erfüllt hatten. Alle aber, denen er sich als Mahdi offenbarte, ließ er einen geheimen Treueid schwören, der schriftlich niedergelegt werden mußte. Er ließ Flugschriften verteilen, die den Verfall der Religion beklagten, predigte vom Nahen des Mahdi und forderte die Zuhörer auf, ihr altes Leben aufzugeben und sich einer neuen Welt anzuschließen.

Am 29. Juni 1881, im Fastenmonat Ramadan, eröffnete Mohammed Achmed aller Welt seine Bestimmung als der erwartete Mahdi der islamischen Tradition. In einer Reihe von Briefen an Würdenträger nannte er sich nun Mohammed al-Mahdi und forderte seine Anhänger auf, sich um ihn zu scharen und gemeinsam die Hidschra, die Flucht vor den Ungläubigen, zu unternehmen. Damit wollte er sich gleich zu Beginn seiner Mission einer möglichen Verfolgung durch die ägyptische Verwaltung entziehen, darüber hinaus aber auch ganz unmißverständlich sein kommendes Programm bekanntgeben: die Nachfolge des Propheten anzutreten. Denn mit der Flucht des Propheten aus Mekka nach Medina begann die islamische Zeitrechnung eines neuen Zeitalters, das nun mit einer erneuten Hidschra den Beginn seiner Vollendung erleben sollte. Der Zeitpunkt war gut gewählt, denn in diesem Jahr fiel der Ramadan mit dem Höhepunkt der Regenzeit zusammen, die eine Reise zu Land und zu Schiff erschwerte und so den leicht gekleideten, abgehärteten Anhängern Vorteile gegenüber den schwerfälligen Truppen der Verwaltung bot.

Der Generalgouverneur des Sudan, Rauf Pascha, war von Scheich Mohammed Scharif bereits über die Pläne seines ehemaligen Schülers informiert worden. Rauf Pascha ließ daher einen Rat der Ulema zusammentreten, der eine Verhaftung von Mohammed Achmed empfahl, um die Verbreitung der Irrlehre zu verhindern. Da der selbsternannte Mahdi einer Aufforderung, sich freiwillig in Khartum zu stellen, verständlicherweise nicht nachgekommen war, ließ nun Rauf Pascha seinen Vertrauten Mohammed Abu Saud mit zwei Kompanien Soldaten nach Aba ziehen, um dem Spuk ein Ende zu bereiten. Am Abend des 12. August landete die Truppen auf der Insel, und da jeder der Offiziere begierig war, den Übeltäter schnell zu fassen, schwärmten die Soldaten noch in der Dunkelheit aus, ohne das Terrain zu kennen. Das Ufer war aber durch die Regengüsse in einen Sumpf verwandelt, und so versackte der Ansturm förmlich im Morast. Nun stürzten sich die Anhänger des Mahdi, nur mit Schwertern, Spießen und Knüppeln oder Steinen bewaffnet, auf die Soldaten, die ohne Orientierung sich gegenseitig beschossen und dann in finsterer Nacht niedergeknüppelt und hingemetzelt wurden. Nur wenige konnten sich zum Schiff retten, doch Abu Saud hatte zu Beginn der Kämpfe die Anker lichten und den Dampfer in der sicheren Mitte des Stromes auf das Morgengrauen warten lassen. Das Fiasko war komplett: Der Mahdi hatte nur zwölf seiner gut 300 Männer verloren, dafür aber erstmals moderne Waffen erbeutet, die nun unter die Anhänger verteilt wurden. Ein ernüchterter Rauf Pascha begann jetzt zu ahnen, daß hinter der Erhebung des Mahdi mehr als nur eine neue religiöse Schwärmerei stand, denn der heilige Krieg, zu dem der Mahdi nun aufrief, richtete sich ganz explizit gegen die Herren des Landes: Aus der religiösen Erneuerungsbewegung eines Fakirs wurde ein politischer Flächenbrand, der bald den ganzen Sudan umgestalten sollte. Zwar wurde sogleich eine zweite Strafexpedition ausgesandt, doch die fand die Insel Aba menschenleer vor, und schwerer Regen verhinderte eine Verfolgung der flüchtigen Rebellen.

Nun waren die Türken, wie die türkisch sprechende ägyptisch-osmanische Verwaltung allgemein genannt wurde, in der Regel ja Muslime, aber die vielen Reformversuche der Regierungen in Konstantinopel, Kairo und Khartum und die Übernahme westlicher Wert- und Verwaltungskonzepte mußten mit den traditionellen Lebensverhältnissen kollidieren. Wenn nun eine im Kern religiös motivierte Revolution Glaubensbrüder bekämpfen wollte, mußten diese als Verräter, als Ungläubige und Abgefallene denunziert werden, als Feinde Allahs, von denen das Land nur noch mit dem Schwert gereinigt werden konnte:

> Das Land war von den Türken mit Unterdrückung und Tyrannei gefüllt worden, welche die Unversehrtheit der Religion entweiht und den Muslimen eine Kopfsteuer auferlegt hatten. Falschheit und Niedertracht verbreiteten sich unter ihnen, sie gehorchten dem Satan und widersetzten sich dem barmherzigen Gott.[21]

Für den Abfall vom Islam kannte die Scharia nur die Todesstrafe, und so konnte der Mahdi die Ausmerzung der Feinde mit Gottes Gesetz legitimieren. Da er nun aber auch in direkter Nachfolge und im Auftrag des Propheten handelte, gab es nur noch die Wahl: sich ihm anzuschließen und zum rechten Glauben zurückzukehren oder dem Tode zu verfallen. Diese strikte Trennung zwischen Freund und Feind führte bald so weit, daß allein das Leugnen der Mahdischaft mit dem Tode bestraft werden durfte.

Der Mahdi war mit seinen Getreuen in die südlich gelegenen Nuba-Berge geflohen. Dort am Fuße des Dschebel Gedir schlug er sein Quartier auf; die Schar der Rebellen war entkräftet und erschöpft. Als Raschid Bey, der Gouverneur von Faschoda, von dem beklagenswerten Zustand der Mahdisten hörte, setzte er in aller Eile eine Truppe in Marsch, um gegen sie vorzugehen. Rauf Pascha hatte eigentlich dieses überhastete Unternehmen untersagt, und seine Befürchtungen wurden wahr: Die Truppe geriet am 9. Dezember 1881 in einen Hinterhalt und wurde niedergemacht. Raschid Bey fiel in dem Kampf, und erneut geriet eine große Menge von Waffen und Gerät in die Hände des Mahdi. Der zweite Sieg über Regierungstruppen wurde wieder als Wunder gefeiert, und es mehrten sich die Stimmen, die den Anhängern des Mahdi Unverletzlichkeit vor den Kugeln der Feinde Gottes zusprachen.

Bislang wurden die Anhänger des Mahdi als Derwische bezeichnet, doch da dieses Wort in der Umgangssprache ‚Herumtreiber' bedeutet, änderte der Mahdi ihren Namen und nannte sie Ansar, ‚Helfer'. Eine wohlüberlegte Wortwahl, denn der Prophet hatte mit demselben Wort auch seine Anhänger betitelt, die treu zu ihm gehalten hatten. In ähnlicher Weise stellte Mohammed al-Mahdi nun immer neue Parallelen seiner Bewegung mit Leben und Sendung des Propheten her. So ernannte er vier Stellvertreter, vier Kalifen, welche die Zahl der ersten vier rechtschaffenen Nachfolger des Propheten repräsentieren sollten. Unter diesen Kalifen war von Beginn an der wichtigste ohne Zweifel Abdullah, der mehr und mehr zur politisch-militärisch treibenden Kraft der Mahdiya wurde. Ein Kalifat blieb allerdings unbesetzt; der Scheich der Senussi im fernen Libyen lehnte die Würde kommentarlos ab. Die Ansar mußten ihrem Führer einen Treueid ablegen, der in seiner ganzen Terminologie den Schwur imitierte, den einst die ersten zwölf Anhänger dem Propheten geleistet hatten:

> Wir haben Gott und seinem Apostel Treue gelobt und wir haben Dir Treue geschworen, und bestätigen die Einheit Gottes, indem wir Ihm nichts und niemand beigesellen, wir geloben nicht zu stehlen, wir werden uns der Unzucht enthalten, wir werden keine falschen Anschuldigungen vorbringen und werden Dir im Rechtmäßigen nicht ungehorsam sein. Wir haben Dir Treue gelobt und entsagen der Welt und wenden uns vor ihr ab, und begnügen uns mit dem, was bei Gott ist, und ersehnen es und die kommende Welt, und wir werden nicht vor dem Dschihad fliehen.[22]

Das Bestreben, die Frühzeit des islamischen Glaubens wiederherzustellen, ging so weit, daß der Mahdi zunächst den Gebrauch von Feuerwaffen mit dem Argument verbot, auch der Prophet habe ohne Gewehre und Kanonen seine Gegner besiegt. Selbst der Dschebel Gedir wurde kurzerhand in Berg Masa umbenannt, da nach einer Tradition (die den Berg jedoch im Maghreb lokalisierte) der Mahdi von ebenjenem Berg herabsteigen sollte.

Für Rauf Pascha war mit der erneuten, freilich von ihm unverschuldeten Niederlage das Ende seiner Karriere gekommen; er wurde von seinem Gouverneursposten abberufen und durch einen militärisch erfahrenen General, Abd el-Kader, ersetzt. In der Zwischenzeit erhielt Giegler Pascha[23], ein Deutscher in Diensten Kairos, von der ägyptischen Regierung carte blanche zur Überwältigung des Mahdi. Unter der Leitung Jussuf el-Schallalis wurde ein umfangreiches Truppenkontingent zusammengestellt, das mehr als 6000 Mann umfaßte und sich in Richtung Dschebel Gedir in Bewegung setzte. Die zahlenmäßige und materielle Übermacht ließ die Offiziere selbst die einfachsten taktischen und logistischen Grundregeln des Kriegsgewerbes vergessen: Die Trockenzeit begann, und die Armee konnte nur langsam vorrücken. Dazu unterschätzte el-Schallali fatal die Stärke, Intelligenz und den Fanatismus der Mahdisten; einen Haufen halbnackter, ungebildeter Nomaden glaubte er als leicht zu besiegenden Gegner vor sich zu haben. In der Morgendämmerung des 30. Mai 1882 griffen die Mahdisten überraschend sein schlecht befestigtes Lager an und errangen einen bedeutsamen Sieg. Fast die gesamte Armee, darunter auch el-Schallali, wurde umgebracht, und die gewonnene Beute überstieg alle Vorstellungen der Ansar. Dazu war solch ein Erfolg in der Geschichte des Sudan ohne Beispiel; zwar hatte es immer wieder kleinere Scharmützel mit der Zentralmacht gegeben, doch nie zuvor hatte jemand die Regierung so offen und erfolgreich herauszufordern gewagt:

> Und nun trat ein bettelarmer, frommer, bisher gänzlich unbekannter Fakir auf, Mohamed Achmed, und erfocht mit einer Hand voll halbverhungerter, fast unbewaffneter Anhänger Sieg auf Sieg! Ja, es konnte nicht anders sein! Er hatte wahr gesprochen! Er mußte der erwartete, der von Gott gesandte Meister, el Mahdi el Monteser sein![24]

Bisher waren die Aktionen des Mahdi eher defensiver Natur gewesen; nun aber wendete sich das Blatt. Denn mit seiner Manifestation als Erlöser war ja nicht nur eine Wiederbelebung des Glaubens, sondern dessen siegreiche Ausbreitung auf der ganzen Welt verbunden, ein Ziel, das nur mit kriegerischen Maßnahmen erreicht werden konnte, und der Prophet hatte ihn ja ausdrücklich zum heiligen Krieg, zum Dschihad, aufgefordert. Das erste Ziel der Expansion war die Westprovinz Kordofan; hier hatte Mohammed Achmed schon bei seinen beiden Reisen viele Anhänger geworben und Zwistigkeiten unter den herrschenden Sippen geschickt ausgenutzt. Für die einfache Bevölkerung waren seine Direktiven klar verständlich:

> Ich bin der Mahdi, der Nachfolger des Propheten Gottes. Hört auf, den ungläubigen Türken Steuern zu zahlen und laßt jeden, der einen Türken findet, ihn töten, denn die Türken sind Ungläubige.[25]

Die Botschaft wurde freudig umgesetzt, sie war ein umfassender Freibrief für Razzien auf Außenposten der Verwaltungsmacht. Ein erster Sturmangriff auf die Provinzhauptstadt El Obeid scheiterte allerdings kläglich. Die unorganisierten Ansar, nur mit Schwertern, Lanzen und Stöcken ausgerüstet, wurden von den überlegen bewaffneten Verteidigern verheerend geschlagen; mehr als 10.000 Mann der Angreifer starben, darunter auch zwei Brüder des Mahdi. Für einen Augenblick stand die Zukunft der Mahdiya im Wortsinne auf des Messers Schneide; nur eine eilige Reorganisation der Rebellentruppen und eine Änderung der Taktik konnten noch einmal das Blatt wenden. So wurde um El Obeid ein Belagerungsring gelegt, und eine neue, schlagkräftige Truppe ausgehoben. Sie rekrutierte sich aus schwarzen Soldaten, die in den bisherigen Kämpfen von den Ansar gefangengenommen worden waren, und wurde mit den erbeuteten Feuerwaffen ausgerüstet. Neben den undisziplinierten und schlecht ausgerüsteten Stammeskämpfern bildete diese Truppe, Dschihadiya genannt, eine ausgebildete Armee; die Soldaten führten unter dem Banner des Mahdi das Leben weiter, das ihnen die Ägypter beigebracht hatten. Am 18. Januar 1883 ergab sich schließlich nach viermonatiger Belagerung El Obeid, und am folgenden Tag ritt der

Mahdi mit seinen Gefolgsleuten in die Stadt, um in der Moschee das Freitagsgebet zu sprechen. Der Fall der Stadt hatte ihn praktisch in den Besitz ganz West-Sudans gebracht; die noch verbliebenen Garnisonen ergaben sich oder wurden abgezogen.

Trotz aller Plünderungen wurde die Bevölkerung relativ milde behandelt. Die wenigen Christen mußten zum Islam konvertieren; nur Pater Joseph Ohrwalder, ein katholischer Geistlicher, der mit einigen Nonnen in die Hände der Mahdisten gefallen war, durfte seinem angestammten Glauben treu bleiben, freilich nur, wie der Mahdi erklärte, bis zu dem Zeitpunkt, an dem der Prophet Jesus wiedererscheinen und ihm seine Reverenz erweisen würde. Die schwarzen Regierungssoldaten wurden der Dschihadiya zugeteilt; die ägyptischen Truppenteile formten ein eigenes Kontingent, das allerdings ohne Feuerwaffen auskommen mußte. Der Mahdi verlegte sein Hauptquartier nach El Obeid; der Sieg hatte ihm einen ungeheuren Zuwachs an Land, Macht und Wohlstand gebracht, der nun organisatorisch in feste Bahnen gelenkt werden mußte. Da auch der Prophet Religionsstifter und Staatsmann in einem gewesen war, gab nun der Mahdi seinem Gottesstaat eine neue Ordnung.

Zentrales Dogma war natürlich seine von Gott erwählte Rolle als Mahdi:

Und der Prophet hat viele Male mir kundgetan, wer an meiner Bestimmung als Mahdi zweifelt, ist ein Ungläubiger an Gott und seinen Aposteln, und wer mir feindlich gesinnt ist, ist ein Ungläubiger, und wer mich bekämpft, ist verlassen [von Gott] in Seinen beiden Häusern [der jetzigen und der zukünftigen Welt], und sein Besitz und seine Kinder sind Beute der Muslime.[26]

In seiner Person manifestierten sich alle Zeichen, die nach den überlieferten Traditionen den wahren Erlöser bestimmten: Abstammung, Aussehen, Persönlichkeit und Charakter. Falls nun manche Traditionen einen abweichenden Inhalt hatten, so lag hier kein Widerspruch, sondern lediglich eine Fehlinterpretation vor: Gott muß sich nicht an die überlieferten Dogmen der Theologen halten, er ist absolut frei in seinen Entscheidungen und nicht an menschliche Spekulationen über Ankunft und Erscheinen des Mahdi gebunden. So war die sudanesische Herkunft des Mahdi, die von keiner bekannten Hadith gedeckt wurde, ein besonderes Zeichen der Allmacht und Barmherzigkeit Gottes, der hier gerade bei den schwächsten aller Gläubigen durch Mohammed Achmed seine Größe und Stärke offenbarte.

War einmal die göttliche Investitur seiner Mahdischaft gesichert, so folgte daraus die Unfehlbarkeit seiner Botschaften und Gebote, die ja dann nicht Menschenwerk, sondern Offenbarungen waren. Über zahlreiche

Visionen stand der Mahdi gewissermaßen als Dolmetscher, als direkter Mittelsmann zwischen Gott und der Menschheit, in dauerndem Kontakt zu dem Propheten, der ihm alle Geheimnisse und den Willen Gottes offenbarte. Diese Visionen hatten recht unterschiedliche Inhalte; sie gaben Ratschläge für Kriegszüge wie Regeln für den Alltag, waren daher Legislative wie Judikative in einem. In ihnen vermischten sich banale Anordnungen mit transzendentalen Erfahrungen; sie basierten aber immer auf einem Prinzip, der Nachfolge des Propheten und der Wiedererrichtung der ursprünglichen Gemeinschaft der Gläubigen.

Kunde kam von dem Apostel Gottes, daß der Engel der Erleuchtung von Gott mir gesandt ist um mich zu leiten und Er hat ihn dazu bestimmt. So lernte ich von dieser Kunde des Propheten, daß all das, was Gott mir vermittelst des Engels der Erleuchtung eingibt, auch der Apostel Gottes ausführen würde, wäre er nur gegenwärtig.[27]

Viele der Gesetze, die der Mahdi erließ, sollten all jene überkommenen Sitten abschaffen oder abmildern, die im Gegensatz zur Scharia standen oder sozial unverträglich schienen. Ein großer Teil dieser Verordnungen befaßte sich mit dem Schicksal der Frauen, deren Alltag nun strikten Regeln unterworfen wurde: Unverschleiert angetroffene Frauen wurden ausgepeitscht; die gleiche Strafe galt für Eltern, deren Töchter jenseits des fünften Lebensjahres unverschleiert angetroffen wurden. Frauen wurde verboten, auf Marktplätze zu gehen oder sich alleine auf Straßen zu begeben. Hundert Peitschenhiebe waren die Strafe für dieses Vergehen. Ebenfalls verboten wurde den Frauen und Mädchen das Hüten von Herden oder der Kontakt zu fremden Männern. Männer wiederum, die eine fremde Frau ansprachen, und sei es nur zum Gruß, wurden mit zwei Monaten Fasten und hundert Schlägen bestraft. Bewiesener Ehebruch hatte die Enthauptung des Mannes und die Steinigung der Frau zur Folge. Auch das Tragen von Schmuck oder Amuletten war Frauen wie Männern verboten; der bei einer Hochzeit zu entrichtende Brautpreis wurde begrenzt.[28] Wenngleich diese Gesetze für die Frauen auch eine gewisse Sicherheit in dem revolutionären Chaos darstellten, so wurden doch viele Freiheiten, die sie bei den nomadisierenden Stämmen genossen, deutlich eingeschränkt.

Wie in anderen islamischen Reformbewegungen wurde der Genuß von Alkohol und Tabak geächtet; exemplarisch sei hier die visionäre Begründung durch den Mahdi genannt:

Der Prophet informierte mich und sagte: „Die Sünde eines Rauchers von Tabak ist schwerer als die eines Trinkers von Wein, denn der Trinker von Wein wird mit achtzig Hieben geschlagen und der Raucher von Tabak wird mit hundert Hieben geschlagen."[29]

Sklaven, die von der ägyptischen Regierung freigelassen worden waren, wurden wieder in die Sklaverei zurückgeführt. Musik und Tanz waren geächtet, ebenso lautes Jammern bei Beerdigungen. Gotteslästerung und Unglaube an den Mahdi wurden mit dem Tode bestraft; überführte Mörder wurden ohne große Umstände sofort enthauptet. Den Dieben wurde je nach Umfang ihres Diebstahls Hand oder Fuß abgehackt. Andere Gesetze oder Anordnungen betrafen Landbesitz und Besteuerung. Kein Landbesitzer durfte mehr Pacht für Land erheben, das er nicht selbst bestellen konnte; damit wurde die wirtschaftliche Stellung der Kleinbauern der Nilregion gestärkt. Die Steuererhebung der ägyptischen Verwaltung wurde abgeschafft und durch die *zakah* ersetzt, eine in der Scharia obligatorisch vorgeschriebene Abgabe zur Unterstützung der Armen, die den Besitz an Vieh und den Ertrag der Ernten besteuerte. Ein Fünftel aller erbeuteten Güter wurde in Übereinstimmung mit der Scharia dem Schatzhaus des Mahdi zugeführt, der Rest je nach Bedürftigkeit unter die Krieger aufgeteilt. Der Staatsschatz selbst war – neben der Finanzierung militärischer Operationen – zur Unterstützung der Ansar bestimmt:

Lasset allen Ansar Unterstützung durch den Staatsschatz zukommen. Lasset den, der Verwandte und Familie hat, seien es viele oder wenige, dies kundig werden; auch dem, der wenig hat, soll genügend von dem Schatz gewährt werden.[30]

Oberster Richter war der Mahdi selbst; seine Autorität, Streitfälle anzuhören und zu entscheiden, wurde aber oft an vertrauenswürdige Anhänger delegiert. Einzige Richtschnur aller Entscheidungen waren der Koran, die Sunna und die Verkündigungen des Mahdi. Bei aller tatsächlichen oder vermeintlichen Härte dieser Gesetze waren damit Willkür und Korruption, Erbübel der osmanischen Verwaltung, ausgeschaltet, und eine bisher im Sudan unbekannte Rechtssicherheit geschaffen. Natürlich krankte sie an den Geburtsfehlern aller theokratisch oder rein ideologisch fundierten Lebensformen, der rigorosen Unterscheidung von Freund und Feind, von Gläubigen und Ungläubigen. Doch damit war der Mahdi-Staat kein singuläres Ereignis der Weltgeschichte; in dem Genf eines Johannes Calvin etwa oder dem England eines Oliver Cromwell herrschten nicht weniger Härte und Intoleranz, von späteren Staatsformen ganz zu schweigen, die den Willen Gottes durch biologische oder historische Gesetzmäßigkeiten ersetzten.

VII

Der Fall von El Obeid hatte die ägyptische Regierung endgültig davon überzeugt, daß nur noch eine großangelegte militärische Kampagne die Herrschaft über den Sudan sichern konnte. Hilfe von den Engländern konnte sie allerdings nicht erhalten, da der liberale Premier Lord Gladstone jede Intervention seiner Regierung ablehnte. Unglücklicherweise war Abd el-Kader als Generalgouverneur durch den unkundigen Ala al-Din Pascha abgelöst worden, und auch der designierte Kommandierende des ägyptischen Expeditionskorps, Colonel William Hicks, hatte keinerlei Erfahrungen im Sudan sammeln können. Hicks war ein pensionierter Offizier der indischen Armee, der nicht im Auftrag, sondern nur mit Billigung der britischen Regierung sein Amt antrat. Der Feldzug gegen den Mahdi stand von Anfang an unter ungünstigen Vorzeichen. Streitigkeiten zwischen Hicks und ägyptischen Offizieren über Taktik und Marschroute und zunehmender Mangel an Verpflegung schwächten die Moral und Effizienz der 10.000 Mann starken Truppe. Am 5. November 1883, nur noch drei Tagesmärsche von El Obeid entfernt, kam es zur Entscheidungsschlacht, die in einer völligen Vernichtung des ägyptischen Korps endete. Nur 250 Soldaten der Armee überlebten, Hicks und Ala al-Din waren unter den Toten. Auf dem Schlachtfeld wurde das Tagebuch eines österreichischen Offiziers gefunden, das Pater Ohrwalder zur Übersetzung erhielt:

Dieses sind schlimme Tage; wir befinden uns alle in einem Walde; wir sind alle schwermüthig. [...] Die Kugeln schlagen von allen Seiten ein, Kameele, Maulthiere und noch mehr Soldaten fallen. Unsere Menge ist zu dicht, als daß die Kugeln fehlgehen können. Wir sind ohnmächtig und wissen nicht, was thun.[31]

Der Sieg über Hicks hatte das Prestige des Mahdi nicht nur im Sudan, sondern in der ganzen muslimischen Welt enorm vermehrt. Delegationen aus dem Hedschas, aus Marokko, Tunesien und sogar aus Indien erschienen in El Obeid. Wichtiger aber war, daß die ägyptische Verwaltung nun der Expansion des Mahdi keinen militärischen Widerstand mehr entgegensetzen konnte. Ende Dezember kapitulierte Slatin Pascha, Gouverneur der Provinz Darfur; im April des folgenden Jahres ergab sich Lupton Bey, Gouverneur von Bahr al-Ghazal.[32] Allein Eduard Schnitzer alias Emin Bey konnte in der Südprovinz Äquatoria bis zu seiner spektakulären ‚Befreiung' durch Henry Morton Stanley der Mahdiya standhalten. Die Regierung Gladstone lehnte weiterhin ein Eingreifen im Sudan strikt ab, ordnete aber Maßnahmen zur

Evakuierung der in Khartum verbliebenen Europäer und Ägypter an. Bevor genauere Pläne für dieses Unternehmen ausgearbeitet wurden, hatte die britische Presse schon den einzig möglichen Retter Khartums benannt, und Gladstone reaktivierte daher George Gordon und gab ihm Order, „die beste Art einer Evakuierung des Inneren des Sudans zu erwägen".[33]

Die Entscheidung, Gordon – der im übrigen kaum ein Wort Arabisch verstand – mit der Mission zu betrauen, sollte sich als unglücklichste aller möglichen Maßnahmen erweisen. Während die britische Presse ihn als Befreier der Sklaven schätzte, galt er im Norden Sudans als der Mann, der die wirtschaftliche Grundlage des Landes zerstört hatte. Zehn oder auch fünf Jahre zuvor hatte ihm sein Bestreben, die Ungerechtigkeiten der türkischen Verwaltung zu mildern, Freundschaft und Achtung erworben. Jetzt aber hatte ein Sudanese die Befreiung vom Türkenjoch begonnen, erfolgreicher und weit konsequenter als es ein Fremder, noch dazu ein Christ, je vermocht hätte. Die englische Regierung überschätzte daher fatal die Möglichkeiten Gordons – „more valuable than an entire army"[34] – und, schlimmer noch, Gordon selbst tat dies ebenfalls. Noch auf dem Weg von Kairo nach Khartum sandte er einen freundlichen Brief an den Mahdi, in dem er ihm das Sultanat über Kordofan anbot und als Gegenleistung die Freilassung der europäischen Gefangenen forderte. Die Antwort des Mahdi hätte Gordon alarmieren sollen:

Wisse, daß ich der erwartete Mahdi bin, der Nachfolger des Apostels Gottes. Daher habe ich kein Verlangen nach dem Sultanat, noch nach der Königsherrschaft über Kordofan oder anderswo, noch nach dem Reichtum dieser Welt und ihrer Eitelkeit. Ich bin nur der Sklave Gottes...[35]

Am 18. Februar 1884 kam Gordon in Khartum an. In seiner Begleitung war allein Leutnant Stewart, der, wie erhaltene Tagebücher zeigen, die Situation im Lande deutlich nüchterner einschätzte. In einer dramatischen Geste ließ Gordon öffentlich alle Schuldbücher und Peitschen der Steuereintreiber verbrennen und verkündete ein neues Programm, das nun den Sudan den Sudanesen überlassen sollte: Steuern wurden gesenkt, die ägyptischen Truppen sollten abgezogen werden, und selbst Sklavenbesitz war wieder gestattet. Sein eigentliches Ziel aber sah er nun nicht mehr in einer Evakuierung der Stadt, sondern in der Niederwerfung der Mahdi-Rebellion. So schrieb er, in völliger Ignoranz der tatsächlichen Machtverhältnisse, nach Kairo: „At present, it would be comparatively easy to destroy Mahdi."[36] Doch seinen Worten fehlte die Macht, und da trotz großspuriger Ankündigungen kein englisches Truppenkontingent erschien, wandten sich enttäuschte Stammesführer und loyal gebliebene Scheichs ab. Im März wurde die Telegraphenlinie nach Ägypten unterbrochen, im Juli ein Militärtrupp von den Ansar aufgerieben. Khartum war nun von den Mahdisten eingeschlossen, und Gordon sandte Stewart in einem Dampfschiff nilabwärts, um die Blockade zu durchbrechen und Kairo von der bedrängten Lage zu berichten. Stewart indessen geriet in einen Hinterhalt und wurde mit seiner Begleitung umgebracht. Die britische Regierung hatte inzwischen auf Druck der öffentlichen Meinung (der sich die Königin Victoria anschloß) eine Entsatzexpedition angeordnet, die jedoch Gordon keine Hilfe mehr bringen konnte. Ende Oktober errichtete der Mahdi gegenüber von Khartum, südlich des Forts Omdurman, sein Hauptquartier. In mehreren Briefen forderte er Gordon zur Kapitulation auf; als aber der Pegel des Nil sank, beschloß er, die Stadt anzugreifen, um so dem sich nähernden Entsatzheer zuvorzukommen.

In den Morgenstunden des 25. Januar 1885, kurz vor der Dämmerung, begann der Angriff auf Khartum. Schnell wurden die Verteidigungslinien durchbrochen und binnen weniger Stunden war die Stadt erobert:

Das Schlachten dauerte von der Dämmerung bis in den Vormittag hinein, als der Boden rot vom Blut der Menschen und die Straßen mit Leichen gefüllt waren. Gott allein weiß, wie viele Türken getötet wurden und solche, die sich ihnen angeschlossen hatten.[37]

Gordon selbst wurde, als er in Generalsuniform die Stufen seines Palastes hinabschritt, von Lanzen durchbohrt. Sein Kopf wurde vom Körper getrennt und zu Slatin gebracht, der ihn identifizieren mußte. Später wurde der auf eine Lanze gespießte Schädel öffentlich ausgestellt und durfte mit Steinen beworfen werden. Die Ermordung Gordons war sicher nicht vom Mahdi angeordnet worden. Noch in seinem letzten Brief vor der Erstürmung Khartums hatte er ihn zum wiederholten Mal aufgefordert, die Stadt vor ihrer Zerstörung zu verlassen, und in einem Postskript hinzugefügt, die Engländer hätten ihm für seine Freilassung 20.000 Pfund angeboten, er würde aber nicht einmal fünf Silberstücke für seinen Abzug verlangen.

Mohammed Achmed al-Mahdi befand sich nun auf dem Zenit seiner Macht. Aus einem abgerissenen Sufi-Asketen war der Herrscher einer Theokratie geworden, dessen Machtstellung sich auch in einem gewandelten Äußeren dokumentierte. Dieses neue Leben in Luxus – allein sein Harem zählte über einhundert Konkubinen, von denen noch heute über sechzig mit Namen bekannt sind – mußte nun für die (europäischen) Beobachter anstößig wirken, die seine Botschaft allein als Aufruf zur inneren Einkehr begrenzt sehen wollten, dabei aber die wahre Dimension der Stellung eines Mahdi verkannten: Denn wenn schon die Ankunft des Mahdi auch Wohlstand unter den Gläubigen versprach, warum sollte er sich nicht zuallererst in seinem Verkünder manifestieren?

Die Einnahme Khartums sollte nach der Vorstellung des Mahdi nur eine Etappe in der Expansion seines Gottesreiches darstellen. Dem Herrscher von Fez ließ er daher kundtun: „Wisse, daß binnen kurzem, wenn Gott will, ich mit den Anhängern Gottes nach Ägypten kommen werde, denn die Angelegenheit im Sudan ist beendet."[38] Eine Woche vor seinem Tod noch schrieb der Mahdi einen Brief an den Khediven Taufik, in dem er die Notwendigkeit einer Wiederbelebung des Glaubens betonte, den verderblichen und korrupten Einfluß der Ungläubigen beklagte und die Unterwerfung des Khediven verlangte. Am 16. Juni 1885 erkrankte Mohammed Achmed plötzlich, und zwei Tage später konnte er erstmals nicht mehr das Freitagsgebet anführen. Das Fieber klang nicht ab, und am Vormittag des 21. Juni starb der Mahdi. Die Kürze der Erkrankung führte schnell zu dem Gerücht, eine seiner Konkubinen habe ihn vergiftet. Wahrscheinlicher ist aber, daß er eines natürlichen Todes starb; Slatin vermutete Typhus als Todesursache. Nur wenige Stunden später wurde er an der Stelle, an dem sein Bett stand, begraben. Über dem Grab ließen seine Anhänger eine Kuppel errichten, die lange Jahre als wichtigste Wallfahrtsstätte des Landes galt.

Der Tod kam überraschend; zwar hatte der Mahdi in groben Zügen die Grundlagen eines neuen administrativen wie legislativen Systems geschaffen, aber der Staat basierte bis dahin allein auf seiner Autorität. Die Nachfolgefrage wurde indessen von dem Kalifen Abdullah rasch und energisch geklärt. Er war der engste Vertraute des Mahdi gewesen und zugleich oberster Heerführer. Nun ließ er das Volk den Treueid auf seine Person schwören. Widerstand kam nur von den Verwandten des Mahdi, den Aschraf, die sich zunächst dem Kalifen fügten, aber noch über Jahre immer wieder offen und geheim gegen ihn opponierten und schließlich von Abdullah in blutigen Kampagnen ausgeschaltet wurden. Nach dem Vorbild seines Vorgängers bediente sich auch Abdullah visionärer Erscheinungen, die ihm eine ähnlich unanfechtbare Legitimität all seiner Taten verschafften. Nach der ersten Konsolidierung seiner Macht führte er dann den Dschihad weiter, bis ihn wirtschaftliche Schwierigkeiten zwangen, die Expansionspolitik zu beenden und den Staat auch im Inneren zu festigen. Insgesamt vierzehn Jahre herrschte der Kalif Abdullah. Unter seiner Leitung verwandelte sich die mahdistische Theokratie in eine Art autokratische Monarchie, die Mitte der neunziger Jahre mehr und mehr von den vorrückenden europäischen Mächten bedroht wurde. Im März 1896 erhielt der Oberbefehlshaber der anglo-ägyptischen Truppen, Horatio Herbert Kitchener, die Genehmigung zu einem Vorstoß in den Süden. Ursprünglich sollte durch die Eröffnung einer Front im Norden des Mahdi-Staates nur die italienische Expansion im südlichen Eritrea abgesichert werden, aber Kitchener bereitete sorgfältig und überlegt die Wiedereroberung des Sudan vor. Um den Nachschub zu sichern, ließ er eine Eisenbahnlinie durch die nubische Wüste legen und rückte langsam nach Süden vor. Fast drei Jahre dauerte der Feldzug, in dem schließlich die Truppen des Kalifen durch die überlegene Feuerkraft der englischen Armee besiegt wurden. Am 2. September 1898 kam es nördlich von Omdurman zur ungleichen Entscheidungsschlacht, bei der binnen einer Stunde über 25.000 Mahdisten von Maschinengewehren niedergemetzelt wurden; die Engländer verloren keine fünfzig Mann in diesem Massaker. Zwei Tage später wurden in den Trümmern von Gordons ehemaligem Gouverneurspalast die englische und die ägyptische Flagge gehißt und es wurde ein Gedenkgottesdienst abgehalten. Winston Churchill, der als Leutnant und Kriegsberichterstatter an dem Feldzug teilgenommen hatte, besuchte die Grabstätte des Mahdi:

Alles war zerstört. Dennoch war das bemalte Messinggeländer um den eigentlichen Sarkophag zu erkennen sowie der Stein, unter dem vermutlich der Leichnam lag. Dieser Ort war für mehr als zehn Jahre das Heiligste gewesen, das die Bewohner des Sudan kannten. Ihr erbärmliches Leben war vielleicht erhellt, vielleicht sogar irgendwie erhöht worden durch die Betrachtung von etwas, das sie zwar nicht ganz verstanden, doch das ihrem Glauben nach einen schützenden Einfluß ausübte. [...] Auf Befehl Sir H. Kitcheners ist das Grab entweiht und dem Erdboden gleichgemacht worden. Der Leichnam des Mahdi wurde ausgegraben. Der Kopf wurde vom Körper getrennt und, wie es in einer offiziellen Erklärung heißt, „für zukünftige Verwendung aufbewahrt" – eine Formulierung, die in diesem Fall nichts anderes bedeuten kann, als daß er von Hand zu Hand weitergereicht wurde, bis er nach Kairo gelangte.[39]

Die Gebeine des Mahdi ließ Kitchener in den Nil werfen, um, wie er später der Königin Victoria mitteilte, dem Irrglauben an den Mahdi ein für allemal ein öffentliches Ende zu setzen. Der Schädel wurde in ein Kästchen gepackt und nach London expediert; dort sollte er nach dem Willen Kitcheners die Asservatenkammer des Royal College of Surgeons bereichern. In Kairo intervenierte allerdings der britische Generalkonsul Lord Cromer und sandte den Schädel zurück nach Wadi Halfa. Dort wurde er anonym in der Ecke eines muslimischen Friedhofs bestattet.

Anmerkungen

1 Hier irrten allerdings May bzw. seine Quellen: Die Bezeichnung ‚Mahdi' (mit aspiriertem h ausgesprochen) leitet sich von dem arabischen Verb *hada* = führen ab.
2 Joseph Ohrwalder: *Aufstand und Reich des Mahdi im Sudan und meine zehnjährige Gefangenschaft dortselbst.* Innsbruck 1892.
3 Rudolf Slatin: *Feuer und Schwert im Sudan. Meine Kämpfe mit den Derwischen, meine Gefangenschaft und Flucht. 1879-1895.* Leipzig 1896.
4 Die Berichte Ohrwalders und Slatins wurden in ihrer veröffentlichten Form weitgehend von Wingate verfaßt. Die deutschen Ausgaben sind Übersetzungen der englischen Texte.
5 May reklamiert hier den Leipziger Arabisten Heinrich Leberecht Fleischer (1801-1888) als seinen Lehrer. Fleischer, in Schandau geboren, erhielt 1836 die Professur für Orientalische Sprachen an der Universität Leipzig. Die von May erwähnten Werke Fleischers sind: *Abulfedas Historia anteislamica* (1831), *Beidhawis Kommentare zum Islam* (1846-48), *Ali's Hundert Sprüche* (1837), *Samachscharis goldene Halsbänder* (1835) und *Samachscharis Lexicon Arabicum-Persicum* (1843-56). Immerhin befinden sich in Mays Bibliothek tatsächlich Werke von Fleischer, wobei das Datum ihres Erwerbs natürlich unbekannt ist: *Ali's Hundert Sprüche* (1837), *Grammatik der lebenden persischen Sprache* (2. Auflage 1875) sowie *Zu Rückerts Grammatik, Poetik und Rhetorik der Perser* (zwei Hefte o. J.).
6 *Der Koran.* Aus dem Arabischen übertragen von Max Henning. Stuttgart 1960, S. 586.
7 Alfred Lenz: *Geschichte und Stätten des Islam von Spanien bis Indien.* München 1977, S. 24.
8 Abdullah ibn As-Siddiq: *Al Mahdi, Jesus, & The Anti-Christ.* Buffalo, London 1985, S. 1 (Übersetzung Zeilinger).
9 Ebd.
10 Ebd., S.4f.
11 Ebd., S. 23.
12 Ebd., S. 16.
13 Vgl. Albert Hourani: *Die Geschichte der arabischen Völker.* Frankfurt/M. [2]2000, S. 157: „Mit der Sklaverei verbanden sich in den muslimischen Gesellschaften nicht die gleichen Assoziationen wie in den Ländern Nord- und Südamerikas, die von den westeuropäischen Nationen besiedelt wurden. Sklaverei war ein vom islamischen Recht sanktionierter Status. Nach diesem Recht konnte ein frei geborener Muslim nicht versklavt werden; Sklaven waren Nichtmuslime, die im Krieg gefangen oder anderweitig erworben worden waren, oder sie waren Kinder von Sklaven und in der Sklaverei geboren. Sie besaßen nicht die vollen Rechte der Freien, aber die *schari'a* gebot, sie gerecht und freundlich zu behandeln. Es galt als Verdienst, einen Sklaven freizulassen." Dazu ein – freilich nur selten befolgter – Hadith: „Von allem, was Gott geschaffen, liebt er nichts mehr als die Befreiung der Sklaven und nichts weniger als die Ehescheidung." In: Émile Dermenghem: *Mohammed.* Reinbek bei Hamburg [9]2002, S. 52.
14 Die von Eckehard Koch zitierte Ansicht, Mohammed Achmed sei durch die Lehren Mohammed ibn Abd al-Wahhabs beeinflußt worden, ist falsch. Zwar ist der nach ihm benannte Wahabismus ebenfalls eine islamische Reformbewegung, doch standen die puristischen Wahabis von Beginn an dem spirituell-asketischen Weg des Sufismus und auch der Idee eines kommenden Mahdis ablehnend, ja feindselig gegenüber. Vgl. Eckehard Koch: *Im Lande des Mahdi. Karl Mays Roman zwischen Zeitgeschichte und Moderne.* In: JbKMG 1995, S. 297.
15 Slatin [Anm. 3], S. 120.
16 Gaetano Casati: *Zehn Jahre in Äquatoria und die Rückkehr mit Emin Pascha.* 2 Bände. Bamberg 1891, S. 31.

17 Das hier beigegebene Porträt des Mahdi stammt ursprünglich aus England und erschien bereits im September 1884 in der Leipziger *Gartenlaube*, im Rahmen des Artikels *Bilder aus Oberägypten* von Heinrich Brugsch; im Mai 1891 wurde es auch im *Deutschen Hausschatz* (Jg. 17, S. 540) abgedruckt, allerdings seitenverkehrt, was hier korrigiert wurde.
18 Koch [Anm. 14, S. 276f.] sieht in Zobeir Rahman und seinem Sohn Soleiman al-Zobeir das historische Vorbild für Mays berüchtigtes Vater-Sohn-Paar Abd Asl und Ibn Asl.
19 Slatin [Anm. 3], S. 123.
20 Der Prophet al-Khidr, wörtlich ‚der Grüne‘, ist eine legendäre, mythologische Gestalt, die auf keiner historischen Person basiert und im Verborgenen wirkt.
21 Haim Shaked: *The life of the Sudanese Mahdi. A historical study of Kitab sa'adat al-mustahdi al-Imam al-mahdi (The book of the bliss of him who seeks guidance by the life of the Imam the Mahdi) by Ismail Abd al-Quadir*. New Brunswick 1978, S. 202 (Übersetzung Zeilinger).
22 Peter Malcolm Holt: *The Mahdist state in the Sudan 1881-1898. A study of its origins, development and overthrow*. Oxford ^{2}1970, S. 117 (Übersetzung Zeilinger).
23 Carl Christian Giegler, ursprünglich Uhrmachergeselle aus Schweinfurt, hatte sich zum Fernmeldetechniker ausgebildet und trat als Telegraphen-Ingenieur in ägyptische Dienste. 1882 wurde Giegler in der Nachfolge Rauf Paschas zum Interimsgouverneur des Sudan ernannt.
24 Slatin [Anm. 3], S. 137.
25 Holt [Anm. 22], S. 59.
26 Ebd., S. 109f.
27 Ebd., S. 128.
28 Umgerechnet zehn Dollar für eine Jungfrau und fünf Dollar für eine Frau, die zuvor bereits verheiratet war. Vgl. ebd., S. 131.
29 Ebd.
30 Ebd., S. 127.
31 Ohrwalder [Anm. 2], S. 62.
32 Beide hatten ihr Leben nur mit dem Übertritt zum Islam retten können, wobei Rudolf Slatin bereits Anfang 1883 als noch amtierender Gouverneur konvertiert war, um die Kampfmoral seiner Truppen zu stärken. 1895 gelang ihm die spektakuläre Flucht nach Ägypten. Lupton starb bereits 1888 in Omdurman.
33 Holt [Anm. 22], S. 89.
34 Ebd., S. 88.
35 Ebd., S. 93.
36 Ebd., S. 97.
37 Shaked [Anm. 21], S. 181f.
38 Holt [Anm. 22], S. 115.
39 Winston S. Churchill: *The river war*. Vol. II. London 1899, S. 212f.

Ergänzende deutschsprachige Literatur

Brook-Shepherd, Gordon: *Slatin Pascha. Ein abenteuerliches Leben.* Wien, München, Zürich 1972.

Cahen, Claude: *Der Islam.* Frankfurt/M. 1978.

Dietrich, Ernst Ludwig: *Der Mahdi Mohammed Achmed nach arabischen Quellen.* Berlin 1925.

Goos, Max (Hg.): *Briefe und Tagebücher des Generals Charles Gordon of Khartum.* Hamburg 1908.

Guadalupi, Gianni: *Der Nil. Die Geschichte seiner Entdeckung und Eroberung.* Erlangen 1997.

Neufeld, Karl: *In Ketten des Kalifen. Zwölf Jahre Gefangenschaft in Omdurman.* Berlin, Stuttgart 1899.

Pleticha, Heinrich (Hg.): *Der Mahdiaufstand in Augenzeugenberichten.* Düsseldorf 1967.

Tiedemann, Alfred von: *Mit Lord Kitchener gegen den Mahdi.* Berlin 1906.

Westphal, Wilfried: *Sturm über dem Nil: Der Mahdi-Aufstand; aus den Anfängen des islamischen Fundamentalismus.* Sigmaringen 1998.

Bernhard Kosciuszko

„In meiner Heimat gibt es Bücher ..."[1]

Die Quellen der Sudanromane Karl Mays

> Wer nur schildern kann, was er selbst erlebt und gesehen, ist kein Dichter, sondern ein Abschreiber. Der Dichter muß verstehen, seine Anschauungen in das Gewand aller Zeiten und Länder lebenswahr zu kleiden.
>
> *Wilhelm Raabe*[2]

„Jetzt gehe ich nach dem Sudan", so schrieb Karl May unternehmungslustig am 22. April 1899 aus Kairo dem Redakteur der Dortmunder *Tremonia*[3], Johannes Dederle; am 24. Mai bricht May dann endlich gen Süden auf: Siut, Luxor und Assuan sind die Stationen auf dem Weg ins ‚Land der Schwarzen'.[4] Kurz hinter Assuan ist der Ausflug allerdings schon zu Ende; May kehrt nach einem Kamelritt zum ersten Nilkatarakt bei der Insel Philae über Luxor nach Kairo zurück. Schuld an diesem unerwarteten Rückzug waren die unsicheren politischen Verhältnisse: „Die Engländer dulden das nicht" (das Weiterreiten); und die forsche Ankündigung: „darum reite ich als Kara Ben Nemsi meine alten Karawanenwege"[5], bleibt frommer Wunsch des Möchtegernkosmopoliten. Den Engländern sei Dank für ihr damaliges Verbot: Womöglich wäre Karl May im dunklen Afrika Ernstes zugestoßen, und wir hätten auf das Alterswerk verzichten müssen.

Knapp zehn Jahre zuvor hatte May sich zwar als Helden des Sudan und glorreichen Gegner des Mahdi geträumt, doch in den 1899 immer noch aufflackernden Unruhen der Mahdi-Anhänger[6] wäre dem 57 Jahre alten Herrn sicherlich kein Abenteuercoup nach altbewährt erdachter Art gelungen. May wird also wohl auch nicht sehr böse darüber gewesen sein, daß man ihn so zeitig wieder gen Norden schickte: Neben den zu erwartenden politischen Unbilden mußte er schließlich auch ans Klima denken, und der Juni ist keine sehr angenehme Reisezeit im Sudan:

Mitte Juni wurden die Regen immer häufiger, unsere Lage von Tag zu Tag unangenehmer, Krankheiten, Mangel an Nahrungsmitteln und Brennholz, Streitigkeiten und Raufereien unter der Mannschaft machten den Aufenthalt unerträglich.

Solche Verhältnisse haben für gemäßigteres Klima gewohnte Mitteleuropäer zumeist heftige Fieberanfälle zur Folge. Ernst Marno, dessen Buch

Reisen im Gebiete des blauen und weissen Nil, im egyptischen Sudan und den angrenzenden Negerländern, in den Jahren 1869 bis 1873 (Wien 1874)

das Zitat (412f.) entnommen ist, hatte das am eigenen Leib erfahren; monatelange Fieberanfälle waren der Preis für seine Forschungsreisen im Sudan, und am Fieber ist er dann am 31. August 1883 in Chartum gestorben: „ein Opfer von Berufstreue und Forschungseifer" (Richard Buchta). May war 1889 klüger als 1899; nicht per Bahn, Schiff und Kamel eroberte er den Sudan: Damals reiste May per Pegasus und – Marno.

Um es vorwegzunehmen, die Jugenderzählung *Die Sklavenkarawane* – von Oktober 1889 bis September 1890 im IV. Jahrgang der Zeitschrift *Der Gute Kamerad* erschienen – darf getrost als anonymes Denkmal für den ansonsten in Vergessenheit geratenen österreichischen Afrikaforscher Ernst Marno gelten.[7] Bis auf wenige Ausnahmen stammen die geographischen, ethnographischen und naturkundlichen Angaben der *Sklavenkarawane* – und der Bände *II* und *III* der *Mahdi*-Trilogie – aus dem erwähnten Werk Marnos.

Diese Entdeckung ist nicht neu. Der May-Forscher Franz Kandolf hat in seinen 1924 und 1925 erschienenen Aufsätzen *Krüger Bei und der „Vater der Fünfhundert"* und *Schrittmesser und Landkarten*[8] schon auf Marno als Quelle Karl Mays verwiesen. Ausführlich geht er dabei auf die in *Sklavenkarawane* und *Mahdi* vorkommende Figur des ‚Vaters der Fünfhundert' ein, die May aus einer Notiz Marnos heraus gestaltete. Es sei erlaubt, Marnos kurzen Text (330f.) trotz der angemerkten Präsenz auch an dieser Stelle wiederzugeben, da er Mays Meisterschaft zeigt, „eine kraftvolle, eindrucksfähige Gestalt" aus „Zeilen, die eigentlich nicht mehr als eine Andeutung sind, [herauszudichten]":[9]

Der frühere Mudir Ali Effendi el Kurdi, meist kurzweg Kurdi genannt, soll sich unter der Regierung Jaffar Bascha's Unterdrückungen und Gewaltthaten zu Schulden haben kommen lassen, so dass es, nebst der Freilassung der im vorigen Jahre wegen Sclavenhandel in Ketten Gelegten, einer der ersten Acte des neuen Gouverneurs „Mumtas Bascha's" war, diesen seines Postens zu entheben; an seine Stelle wurde Ali Effendi Abu hamsah miah [Vater der Fünfhundert, weil er es liebte, diese Anzahl Hiebe kurzweg Schuldigen zu dictiren] gesetzt. Mit der Abberufung des Ersteren und Einsetzung des neuen Mudir wurde der bei den Truppen beliebte, oberste General Musah Bascha betraut.

I. Über den Sklavenhandel und die schwarzen Völker im allgemeinen

Mit dem ‚Vater der Fünfhundert' ist gleich das Zentralthema der Sudanromane in den Blick geraten: Fast 2500 Seiten flammender Empörung widmet Karl May dem Kampf gegen den Sklavenhandel. Darin macht er sich zum Anwalt der gequälten und unterdrückten schwarzen Rasse, rüttelt mit den detaillierten Schilderungen der unglaublichen Grausamkeiten das Gewissen der mitteleuropäischen Leser auf und stellt gleichzeitig ein Modell zur Lösung des Problems vor. Zugegeben: ein utopisches Modell, denn einen Reïs Effendina hat es *so* nicht gegeben, genausowenig wie der ‚Vater der Fünfhundert' der Romane seinem historischen Pendant entsprach: In dem Zitat ist von einem engagierten Bekämpfer des Sklavenhandels keine Rede, wohl aber von einer Freilassung inhaftierter Sklavenjäger. May wußte wohl, wie die Wirklichkeit aussah; zu Beginn des *Mahdi*-Romans gibt er Zahlen wieder, die er der Zeitschrift *Aus allen Welttheilen* entnahm. (Die dortige Notiz beginnt mit der Darstellung des Schicksals von rund 400.000 im Jahre 1863 aus dem Kaukasus in die Türkei geflüchteten Tscherkessen – in wenigen Monaten waren fast alle Flüchtlinge Seuchen und Hungersnöten erlegen):

> Am raschesten starben die Erwachsenen weg, die Kinder wurden die Beute eines schamlosen, von der Regierung selbst begünstigten Sklavenhandels. Die Harems wimmelten von zehn- bis vierzehnjährigen Tscherkessinnen […], welche – statt wie früher zu 100 bis 160 Thaler – jetzt für den vierten, ja für den achten Theil dieser Summe verkauft wurden. Konstantinopel gab seinen Ueberfluß nach Alexandrien ab. Ein Reeder war auf seinem Passe als „Mitglied der sehr ehrenwerten Gilde der Sklavenhändler" tituliert. Und das geschieht zu einer Zeit, wo die Gesandten der hohen Pforte versichern, daß der Sklavenhandel zu Ende sei; zu einer Zeit, wo die ägyptischen Behörden ihrem Pascha Baker den Auftrag ertheilten, den Sklavenhandel auf dem Nil aufzuheben. Freilich ist's auch am Nil mit dieser Aufhebung nicht weit her. *Berlioux* schätzt die Zahl der jährlich über das Rothe Meer geführten Sklaven auf 40 000, davon 24 000 für Aegypten bestimmte, ungerechnet diejenigen, die vom oberen Nil für den Bedarf Nubiens geliefert werden. Man mag wohl den gesammten Verbrauch Aegyptens jährlich auf 70 000 Sklaven veranschlagen, die ihm auf 14 Landwegen und in 4 Hafenplätzen zugeführt werden. Rechnet man nun, daß auf einen verkauften Sklaven gewöhnlich vier andere kommen, die bei den Ueberfällen getödtet werden oder unterwegs den Krankheiten und Anstrengungen erliegen, so kommt man zu dem traurigen Schlusse, daß die Negerländer für Aegypten allein jährlich 350 000 Personen verlieren müssen![10]

Diese Zahlen lassen erkennen, daß der Sklavenhandel ein bedeutender Wirtschaftsfaktor war; dazu kommt, daß der Islam den Sklavenhandel erlaubt: Welche Gründe sollte es also für die ägyptischen Behörden geben, gegen den Sklavenhandel energisch einzuschreiten? Es gab nur einen Grund:

die Intervention der mächtigen europäischen Staaten; und so waren es auch nur ein paar Europäer, die den Kampf gegen den Sklavenhandel nachdrücklich betrieben: die Engländer Gordon Pascha und Sir Baker, der Deutsche Emin Pascha (Eduard Schnitzler), der Italiener Romolo Gessi, die Österreicher Munzinger und Rudolf Slatin Pascha. Die meisten starben im Kampf mit Sklavenjägern.[11]

Dieses Engagement einiger Europäer darf indes nicht darüber hinwegtäuschen, daß im letzten Drittel des 19. Jahrhunderts gerade die europäischen Großstaaten (und dieses Mal auch Deutschland) ihren imperialistischen Neigungen keinerlei Zwang antaten und mit den Eingeborenen dabei auch nicht gerade zimperlich umgingen. Ernst Marno, dem May in puncto Geographie, Ethnologie, Botanik und Zoologie bedenkenlos vertraute, konnte ihm in der Sklavereifrage keinerlei Vorbild sein. Als Beispiel für die Denkweise eines nicht unbedeutenden Afrikaforschers sei der Anhang I *Ueber die Sclaverei im Allgemeinen und die jüngsten Vorgänge im egyptischen Sudan. Die Nilfrage* des Marno-Buches (457-479) auszugsweise wiedergegeben. Marno beginnt seine Ausführungen zur Sklavereifrage mit einem Verweis auf

Darwin's Lehre „vom Kampfe um das Dasein und der hiebei stattfindenden natürlichen Auswahl", […] welche wir hier an den Völkern wie an der übrigen Natur zur Geltung kommen sehen, und auch hier finden wir die Richtigkeit des Satzes, „dass der Höherbegabte aus dem Kampfe mit dem Tieferstehenden, welcher bei der Berührung und dem Verkehr als natürliche, unausbleibliche Folge eintritt, als Sieger hervorgeht und Letzterer sich den neuen Verhältnissen fügen, anpassen oder zu Grunde gehen muss". (457) […] Alle Rangunterschiede, Kasten etc. etc. der menschlichen Gesellschaft sind aus diesen Verhältnissen hervorgegangen, demnach auch die Sklaverei. […] So betrachtet, erscheint die Sclaverei nicht als jenes Verbrechen, für welches sie häufig ausgegeben wird, da sie eben nur als eine Form des Resultates von Naturgesetzen sich zeigt und deshalb mit eben so wenig Recht und Wirkung verdammt werden kann, wie diese selbst; wohl aber haben wir das Recht und die Pflicht, hiebei auch *die Gesetze der menschlichen Gesellschaft* wie überall in Geltung zu bringen. […] Dies kann auch nur das einzig richtige Ziel unserer Bestrebungen sein; alle übrigen Massregeln der Gewalt von Aussen her […] werden den thatsächlichen Bestand dieser Angelegenheit nicht ändern, wenn die Verhältnisse jener Völker, welche die Träger der Sclaverei sind, nicht eine Umgestaltung von Innen heraus erleiden. (458ff.)

Nun führt Marno aus, was einer Umgestaltung im Innern entgegensteht:

1. Die Kulturstufe der betroffenen Völker

Das grosse, theilweise noch unbekannte Innere Africa's wird von einer grossen Anzahl von Negerstämmen bewohnt, welche in einem, nach unsern europäischen Begriffen, mehr thierischen als menschlichen Zustande leben. Die primitivsten Begriffe einer Moral mangeln, die gesellschaftliche Zusammengehörigkeit steht auf der niedersten Stufe der Horde mit dem Stammhaupt, ähnlich wie wir bei den Thieren Heerden finden, welche einem Anführer gehorchen. [...] die Anwendung der Naturkräfte und die geringen Erzeugnisse [stehen] auf der primitivsten Stufe. Die Stämme befehden einander unausgesetzt; rohe Gewalt gegen rohe Gewalt ist, wie bei den Thieren, auch hier die Losung. Der Gegner erschlägt den Besiegten, frisst ihn vielleicht gar auf oder macht ihn zu seinem Sclaven. [...] Dasselbe geschieht mit seinen eigenen Kindern. (461f.)

2. Die wirtschaftlichen und sozialen Verhältnisse der Sudan-Provinzen

[...] die geringe Arbeit, welche selbst ein auf ziemlich tiefer Stufe stehendes Leben bedingt, [wird] von der ansässigen Bevölkerung allgemein verabscheut und verachtet. [...] Bei dem grössten Theil der Bevölkerung, den nomadisirenden Stämmen, kann von Bodenbearbeitung nicht die Rede sein, bei den festsitzenden Dorfbewohnern beschränkt sich dieselbe auf die allernothwendigste und diese wird durch Negersclaven besorgt. [...] (463) Ähnlich verhält es sich mit den zu Hausdiensten verwendeten Negersclaven beiderlei Geschlechts, ohne vor der Hand kein Haushalt denkbar ist, da sie eben zu den nothwendigsten, alltäglichen Arbeiten herhalten müssen, zu welchen sich der Freie nie hergibt und auch nicht in nöthiger Menge vorhanden ist. [...] Die Erwartung, dass der sesshafte Dorfbewohner der jetzigen Generation dazu verwendet werde den Boden selbst zu bearbeiten und die übrigen Verrichtungen auszuführen, dürfte bei den herrschenden Vorurtheilen über die Arbeit auf gewaltige Hindernisse stossen [...] die nomadisirenden Stämme [wollen] schon gar nichts von Arbeit wissen, da sie sich viel edler dünken als der Sesshafte. (464f.)

Marno kommt zu dem Schluß:

So wenig man den Sclavenhandel und jene Uebergriffe, welchen der Sclave ausgesetzt ist, vertheidigen kann, eben so wenig wird man – wenn jene Länder nicht geradezu gänzlich aufgegeben werden sollen – einer gewaltsamen, plötzlichen und totalen Veränderung der gegenseitigen Stellung von Freien und Sclaven das Wort reden können, während allerdings eine geregeltere und mildere Form dieser Stellung das nächste Ziel des Gesetzes sein sollte. (468)

3. Politische Gründe

Die egyptische Regierung wird sich von Gebietsvergrösserungen nicht abhalten lassen, Kriege mit den Negerstämmen sind hiebei unausbleiblich und die im Kriege Gefangenen werden wohl als Beute zu betrachten und deren Verwendung zum Nutzen des Landes wird gestattet sein, wenn dieselbe geregelt und nicht der Willkühr Einzelner anheimgestellt ist. [Die Unmenschlichkeiten des Sclavenhandels treten am grellsten beim Einfangen und beim Transport der Sclaven auf, denn mit dem Eintreffen am Orte der Bestimmung erreichen sie gewöhnlich ihr Ende.] (468f.)

Der Möglichkeit einer Umgestaltung der Verhältnisse durch äußere Einflußnahme steht Marno skeptisch gegenüber:

Die Sclaverei selbst abzuschaffen, haben nur jene Staaten die Macht, deren Einfluss in den Sclavenländern nachdrücklich geltend gemacht werden kann. Wo dies aber bisher versucht wurde, geschah es leider auf eine Weise, welche Feindschaft und die unerquicklichsten Zustände [...] zur Folge hatte. Man wendet äussere Zwangsmittel an, ohne dieselben consequent durchführen zu können und macht sich hiedurch lächerlich, erzeugt Hass, Furcht und Spott (469f.).

Zum Schluß des die Sklaverei behandelnden Teils des Anhangs stellt Marno die Lebensbedingungen der Sklaven im Bereich des Islam dar:

Man hat behauptet, dass Verhältnisse, welche die Sclaverei bedingen, vorzüglich durch den Islam begünstigt werden, obwohl wir dieselben auch in nicht islamitischen Ländern finden und es gar nicht fraglich ist, dass das Loos der Sclaverei gerade in den islamitischen Ländern ein günstigeres sei. [...] (470) Das Loos der Sclaven bei den Muhammedanern ist im Allgemeinen durchaus nicht so hart, wie man gewöhnlich und zwar meist nach Reflexionen jener exaltirten amerikanischen Sclavenromane zu denken geneigt ist. Ausnahmefälle kommen wohl vor, sind aber nicht direct als die Frucht der Sclaverei zu betrachten, da ja Vergehen und Verbrechen auch in Europa stattfinden, nur dass sie dort unter der Ahndung des Gesetzes stehen. [...] Der Sclave repräsentirt einen Theil des Vermögens seines Herrn und der Muhammedaner betrachtet ihn als ein Glied des Hauses, ja selbst der Familie. Fälle von Misshandlung oder von Verkauf [...] kommen bei braven, brauchbaren Sclaven äusserst selten vor und das Härteste an seinem Schicksale ist, dass er arbeiten muss. Der Muhammedaner benimmt sich gegen den Sclaven humaner als der häufig nur auf Geldgewinn bedachte Europäer (472f.).

Zu den wirtschaftlichen, politischen und gesellschaftlichen Ausführungen Marnos konnte May natürlich keine Gegendarstellung liefern; er geht auf diese Aspekte des Sklavenhandels gar nicht erst ein.[12] Desto nachdrücklicher versuchte May, das von Marno gezeichnete – und so im damaligen Europa wohl auch allgemein akzeptierte – Menschenbild der schwarzen Völker zu korrigieren. Als direkte Replik auf Marnos abwertende Bemerkungen zur Kulturstufe der Schwarzen darf Mays innerer Monolog zu Beginn des *Mahdi*-Romans gewertet werden:

Welche Liebe und Anhänglichkeit! Er unterstützte sie, um sie nicht leiden sehen zu müssen! Er hatte sein Land, sein Volk und seine Eltern nicht vergessen. Er wollte zu ihnen zurück; nur darum sparte er. Und wie beschreibt man diese Schwarzen? Auf welche Stufe stellt man sie? Hätte ein weißer Knabe im Alter dieses Negerjungen besser fühlen, denken und handeln können? Gewiß nicht! Wer den Neger für nicht erziehungsfähig hält, wer ihm die besseren Regungen des Herzens abspricht, der begeht eine große Sünde nicht nur gegen die schwarze Rasse, sondern gegen das ganze Menschengeschlecht. (XVI 45f.)[13]

II. Die Negervölker der Sudanromane

In der *Sklavenkarawane* werden die Nuehr, die Niam-Niam, die Schilluk; im *Mahdi* die Dinka (Djangeh) und die Bor-Neger näher beschrieben. Für die völkerkundlichen Angaben griff May neben Marno auch zu dem Buch Philipp Paulitschkes

Die Sudan-Länder nach dem gegenwärtigen Stande der Kenntnis (Freiburg i. Br. 1885), in dem die den Sudan betreffenden Ergebnisse (vorwiegend) der deutschen Afrikaforscher referiert werden. Da Paulitschke weitgehend zitiert oder paraphrasierend zusammenfaßt, ist es nötig, jeweils auch den Forscher, dem Paulitschke folgt, mitzunennen.

Zuvor sei noch die kurios anmutende Mitteilung Mays (*Sklavenkarawane* 96), die Relation Hautfarbe/Bodenbeschaffenheit betreffend, geklärt. May kann sich hier auf niemand Geringeren als Georg Schweinfurth berufen:

> Wie die Gewächse Kinder des Bodens, dem sie entsprossen, so erscheine auch hier (sc. bei den Bongo), meint Schweinfurth, der Mensch gleichsam als Ausdruck der durch das rote eisenhaltige Gestein geschaffenen Terrainverschiedenheit. Die Bewohner der schwarzerdigen Tiefebenen, die im tiefsten Schwarz der Negerrasse erglänzenden Schilluk, Nuer und Dinka, stehen denen der roten Felserde entgegen. (Paulitschke 258)

Nun zu den Einzelvölkern: Dem Volke der Niam-Niam, oder wie es sich selber nennt, der Sandeh[14], kommt in der *Sklavenkarawane* besondere Bedeutung zu, da es durch eine der Hauptfiguren des Romans, durch Ben Wafa (Sohn der Treue), den Sohn des Königs der Niam-Niam, vertreten wird. May schildert uns detailliert Gestalt und Ausrüstung des jungen Helden (*Sklavenkarawane* 96ff.). Dabei darf er sich wieder auf Schweinfurth berufen. Vergleicht man jedoch Schweinfurths Niam-Niam-Anatomie mit dem Äußeren Ben Wafas, so fällt auf, daß May idealisierte (man kann fast sagen: europäisierte). Schweinfurth zeichnet folgendes Bild:

> lange Haarflechten und Zöpfe, aber stets das feingekräuselte Haar der echten Negerrasse, welche weit über die Schultern und bis zum Nabel herabreichen können, bedecken den runden breiten Kopf, [...] eine beispiellose Grösse und Offenheit der mandelförmig geschnittenen, etwas schräg gestellten Augen, welche, von dicken, scharf abgezirkelten Brauen beschattet, in ihrem weiten Abstande voneinander eine ebenso außerordentliche Schädelbreite verraten, erteilt dem Gesichtsausdruck ein unbeschreibliches Gemisch von tierischer Wildheit, kriegerischer Entschlossenheit und dann wieder Zutrauen erweckender Offenheit; dazu die wie nach einem Modell geformte Nase, welche, von gleicher Breite und Länge, eine geringere Höhe darthut; schließlich der zwar von sehr breiten Lippen berandete, aber selten die Nasenbreite überragende Mund, ein rundes Kinn und wohlabgerundete, wohlausgepolsterte Wangen vervollständigen die rundliche Gestalt der Gesichtsumrisses; ein untersetzter, zur Fettbildung geneigter Körper ohne scharf ausgeprägte Muskulatur, der die durchschnittliche Höhe mittlerer Europäer nur selten übersteigt, verbunden mit einem unverhältnismäßigen Überwiegen der Länge des Oberkörpers [...] Die Hautfarbe entspricht der der Bongo [...] Als Stammesmerkmal haben sie drei oder vier mit Punkten ausgefüllte, Schröpfnarben ähnliche Quadrate auf der Stirn, Schläfen und Wangen tätowiert, dann eine Xförmige Figur unter der Brusthöhle (Paulitschke 266f.).

Parallel dazu Ben Wafa nach May (Stichworte):

Haar: Gar nicht unschön, zwar wollig, aber ziemlich lang.

Augen: groß und mandelförmig geschnitten, sie standen sehr weit voneinander ab.

Ausdruck: kriegerische Entschlossenheit und Vertrauen erweckende Offenheit ('tierische Wildheit' hat May weggelassen).
Nase: gerade und schmal.
Gesicht: voll und rund, nähert sich dem kaukasischen Typus.
Körper: gedrungen, untersetzt, kräftig.
Hautfarbe: erdiges Rotbraun.
Tätowierung: keine Erwähnung bei May.

Haarputz, Schmuck und Bewaffnung werden ebenfalls nach Schweinfurth (Paulitschke 262 u. 268) geschildert. May fügte als pädagogische List den Vergleich Trumbasch/Cateja hinzu. Die Niam-Niam treten zum Schluß der *Sklavenkarawane* (439ff.) nochmals in den Brennpunkt des Geschehens: Der König der Niam-Niam hält Hofstaat, bevor er mit seinen Kriegern den deutschen Forschern hilft, Abu el Mot und seine Schergen zu fangen. Auch hier idealisiert May: Der schwarze Herrscher gerät ihm reichlich gemütlich und hausbacken; Schweinfurth weiß da über die Herrscher der Niam-Niam anderes zu berichten:

> Der Fürst, der den Titel „Bjiä" (fast wie „bien" ausgesprochen) führt, befehligt die waffenfähige Mannschaft im Kriege und vollstreckt mit eigener Hand die Todesurteile. Er bezieht seinen Tribut aus der Jagdbeute, besonders dem Elfenbein, und aus dem Ergebnisse des Knaben- und Mädchenhandels. [...] Von einigen (sc. Fürsten) werde behauptet, daß sie an Wutanfällen leiden, daß sie dieselben sogar fingieren, um durch willkürlich aus der Menge herausgerissene Opfer, denen sie mit eigener Hand die Schlinge um den Hals werfen und alsdann mit dem hakigen Säbelmesser einen tödlichen Streich in den Nacken versetzen, dem Volke einen Beweis ihrer Macht über Leben und Tod beizubringen. Wenig stimmt hierzu ein anderer Zug, den der Forscher berichtet, nämlich der, daß die Häuptlinge nicht selbst in den Kampf ziehen, sondern ängstlich den Verlauf desselben hinter den Schlachtreihen abwarten, um eventuell mit den Frauen, mit Hab und Gut das Weite zu suchen. (Paulitschke 270f.)

Neben den Niam-Niam spielen die Nuehr in der *Sklavenkarawane* eine tragende Rolle; sie ziehen zusammen mit Abu el Mot auf Sklavenfang aus, werden besiegt und durch Begnadigung zu Helfern der deutschen Helden. Daß die Schlacht im Nil nicht zu einem Blutbad wird, dazu trägt die Kenntnis Dr. Pfotenhauers über die besondere Natur der Frisuren der Nuehr bei (*Sklavenkarawane* 333), von der May wiederum durch Marno (346) erfuhr. Den kurzen Abschnitt über Körperbau, Schönheitsnarben und Zahnkosmetik dieses Volkes (*Sklavenkarawane* 339) klaubte May sich aus den Marno-Seiten 344 bis 346 zusammen, während er die Angaben über den von Pfotenhauer als Siegespreis verlangten Kopfputz des Nuehr-Häuptlings (247) dem deutschen Afrikaforscher und Missionar A. Kaufmann verdankt: „Die Kopfbedeckung des Häuptlings z. B. ist ein 16 cm langer, spitziger Kegel, über und über mit Kauri-Muscheln bedeckt, an dessen Spitze Schnüre von bunten Glasperlen hängen." (Paulitschke 236f.)

Das dritte in der *Sklavenkarawane* näher beschriebene Negervolk ist das der Schilluk (83ff.). May beschreibt sie nicht sehr wohl-wollend; doch stammt die Bezeichnung „Diebe und Räuber" zunächst einmal von Kaufmann (Paulitschke 235).[15] Auch in puncto Frisur und Tabakleidenschaft folgt May dieser Quelle, wobei er die Vorgaben – namentlich bei der Raucherszene – phantasievoll ausmalt. Bedeutung im Romangeschehen haben die Schilluk nicht (sie sind nur spannungserhöhende Staffage), wohl aber die Belanda, die von Abd el Mot überfallen werden. Vertreter dieses Volkes, das dadurch besonders positiv gezeichnet wird, sind Lobo und Tolo. Da die Belanda von Paulitschke und Marno nicht vorgestellt werden, erfand May kurzerhand eine modische Negerfrisur (103) und beschränkte sich auf die Darstellung der inneren Qualitäten der Angehörigen dieses Volkes.

Mit den Niam-Niam, Nuehr, Schilluk und Belanda hat Karl May die wichtigsten Negervölker des oberen Nilgebietes in seinem Roman auftreten lassen. Nur eine Völkerschaft fehlt noch: die Dinka (Djangeh).[16] Ihnen hat May den *Mahdi* vorbehalten. Drei der Dinkastämme werden ins Romangeschehen eingespannt: die Dongiol, die Bor und die Gohk. Schon zu Beginn des *Mahdi* trifft der deutsche Erzähler mit Angehörigen des Stammes der Dongiol zusammen: Die beiden von Abd el Barak mißhandelten Sklavenkinder gehören diesem Stamme an. Der Erzähler erkennt ihre Stammeszugehörigkeit an der typischen Dinka-Tätowierung (XVI 38)[17], die ihm Paulitschke (237) nach Kaufmann genau schildert. Die schon bei Kaufmann ansprechende Beschreibung der Dinka als „schönste[r] Menschenschlag am weißen Flusse […] schlank und von sehr hoher Statur […] Auch ihr Gesichtsausdruck, so negerartig er ist, hat etwas Mildes an sich im Vergleich mit den anderen Stämmen" (Paulitschke 237), wird von May durch Hinzufügung von Intelligenz noch gesteigert (XVI 46). Diese zu Beginn des *Mahdi*-Romans den Dinka von May besonders zugeschriebene Eigenschaft schränkt er später jedoch wieder ein: Von Agadi, zunächst Bote Ibn Asls, dann Verbündeter des deutschen Helden, erfahren wir, daß „sein Verstand [nicht zureichte], einzusehen, daß ich nur durch eine ganz einfache, natürliche Logik zu diesen Behauptungen gekommen war" (XVII 529). Allerdings muß man Agadi zugute halten, daß die eigenartige Logik, deren Opfer er wird, auch den meisten Lesern nicht ganz klar wird; schließlich handelt es sich um schlichtes Vorwissen, das hier vorgebracht wird. Da der

Leser ebenfalls Bescheid weiß, erscheinen ihm die Ausführungen ebenfalls zunächst ‚logisch'.

Außer den Dongiol treffen wir im *Mahdi* noch auf die Dinka-Abteilungen der Bor und der Gohk. Die knappen Angaben zur Bevölkerungszahl und Haartracht der Bor (XVIII 2) entnahm May Paulitschke (237, nach Kaufmann). Die Gohk jedoch hat May ganz nach eigener Phantasie gestaltet; hierzu ist anzumerken, daß gerade die ohne jede Quellenbenutzung gestaltete Begrüßungsszene bei den Gohk wohl die gelungenste Darstellung eingeborener Lebensart ist, die wir in den Sudanromanen finden.

III. Geographika

Die *Mahdi*-Trilogie nimmt ihren Anfang in Kairo. Wie schon bei der Beschreibung Montevideos (XII 1-4) zitiert May einen Quellentext, ohne ihn genau zu bezeichnen. Hatte er uns dort wenigstens noch den Namen des Verfassers (A. Delacour) verraten, so begnügt er sich hier mit der Bezeichnung „ein berühmter Reisender" (XVI 3). Das Zitat fand sich im 2. Jahrgang (1871) der Zeitschrift *Aus allen Welttheilen.* May entnahm es dem Vorabdruck des ersten Kapitels *Von Kairo zu den Mosesbrunnen, der Anfang einer Sinaireise nach dem Tagebuche erzählt* des Buches *Durch Gosen zum Sinai* von Prof. Dr. Georg Moritz Ebers (1837–1898). Ebers war wahrlich ein „berühmter Reisender"; berühmt als Reisender und Wissenschaftler: Er studierte Jura, Sprachwissenschaft, Archäologie und war Professor für Ägyptologie; reiste durch Südwesteuropa, Ägypten und Arabien – und berühmt als Schriftsteller: Ebers verfaßte historische Romane, die „zu seiner Zeit [...] großen Anklang [fanden], weil sie dem auf histor. u. oriental. Stoff gerichteten Zeitgeschmack entgegenkamen".[18] Ein Mann also, der in Wirklichkeit das verkörperte, was May nur in seiner Phantasie sein konnte. Trotz dieses Unterschiedes steht May nicht an, Ebers' Angaben zu kritisieren. Wie im Südamerika-Roman widerspricht May dem Kenner, um sein eigenes Wissen vorzuführen; ein Wissen, das er in diesem Falle den Berichten *Am Nil* von Adolf Rambeau im 6. Jahrgang (1875) der Zeitschrift *Aus allen Welttheilen* entnahm. May hält sich in seinen Bemerkungen über die Ehrlichkeit der Dolmetscher und Diener Ägyptens eng an Rambeau; auch das drastische Beispiel für die Geschäftspraktiken auf dem ägyptischen

Basar verwandelt sich nur vom Esels- zum Waffenkauf (XVI 2f.).[19] Unbedeutend sind auch die Änderungen der Rambeauschen Beschreibungen der Esbekijeh und der Muski (4f.). Anders dagegen die Straßenszene vor dem Bierhaus (38ff.):[20] Die einzelnen Motive gibt Rambeau vor, aber May fabuliert hier aus[21] und läßt die Schilderung des Kairoer Gassenlebens geschickt in die Djangeh-Kinder-Episode einmünden.

May muß über diese beiden Zeitschriftenartikel hinaus noch eine – leider bisher nicht auszumachende – Quelle benutzt haben, die ihm die Angaben zu den Hotels, die Beschreibung Gisehs, der Wasserkrugflöße, des Bewässerungssystems und der Stadt Siut (XVI 1, 113, 173f.) geliefert hat. Bekannt hingegen ist die Quelle der umfangreichen Schilderungen der Krokodilhöhlen von Maabdah (250ff.). In den *Mitteilungen der Karl-May-Gesellschaft* Nr. 7 und Nr. 8 (1971) wiesen Fritz Maschke (*Karl May und Alfred Brehm*) und Alfred Schneider (*Nochmals: Karl May und Alfred Brehm*) darauf hin, daß Alfred Edmund Brehms Schriften möglicherweise Quelle für May waren. Schneider verweist auf die in Brehms *Reiseskizzen aus Nord-Ost-Afrika* (Jena 1855) enthaltenen Passagen, die einen Besuch Brehms in den Krokodilhöhlen bei Monfalut beschreiben.[22] Das Werk Brehms findet sich nicht in Mays Bibliothek. Das wäre natürlich noch nicht Grund genug, eine Benutzung dieses Textes durch May auszuschließen, obwohl er – wie die Erfahrung zeigt – in größerem Ausmaß nur Texte heranzog, die ihm direkt zur Hand waren. May hat den Brehmschen Text wohl auch nicht benutzt. Er hatte einen anderen Bericht über die Krokodilhöhlen vorliegen: Ernst Marno unterzog sich ebenfalls den Strapazen einer Besichtigung dieser Höhlen und berichtete darüber im 5. Jahrgang der Zeitschrift *Aus allen Welttheilen* (1874). Anhand einer Gegenüberstellung entsprechender Textstellen wird deutlich, daß nur Marno als Quelle in Frage kommt:

May	*Marno*
Dieses [Dorf] liegt ungefähr eine halbe Wegsstunde von dem Dschebel Abu Fehdah entfernt, dem Gebirgszuge, in welchem sich die Höhlen befinden, die den alten Aegyptern als Begräbniskammern für ihre heiligen Krokodile dienten. [...] Dort lag ein Begräbnisplatz mit dem kuppelförmigen Grabmale eines Fakir. [...]	In dem hier am Flusse entlang streichenden Gebirgszuge Gebel Abu Fehdah befinden sich natürliche Höhlen, welche von den alten Aegyptern als Begräbnißkammern für die von ihnen verehrten Krokodile benutzt wurden [...]. Hier liegt ein Begräbnißplatz mit einem kuppelförmig überwölbten Schech oder Fakirgrabe; unser Weg führte an diesem vorüber,

Dieser Weg war keineswegs ein bequemer. Er führte steil empor zum Plateau, welches weithin mit glitzernden, durchsichtigen Krystall-Rhomboiden bedeckt war, die, ähnlich dem isländischen Spate, eine mehrfache Strahlenbrechung zeigten. Dabei gab es riesige schwarze Feuersteinkugeln, neben und über einander liegend, welche der Gegend den Anschein gaben, als ob hier zwei mit riesigen Kanonen bewaffnete Gigantenheere einander eine Schlacht geliefert hätten. Auf diesem Plateau erhob sich ein Hügel, in welchem wir eine sehr große Oeffnung bemerkten. Dürre Mumienreste, Zeugfetzen, Knochen lagen da umher und ließen vermuten, daß dieses Loch der Eingang der berühmten Höhle sei. […] Nun stieg der Führer in das Loch, welches über zwei Meter senkrecht niederführte. (XVI 250, 252, 256f.)	anfangs allmählich, später ziemlich steil aufsteigend, auf das hügelige Plateau des Berges. Die Hitze der hochgestiegenen Sonne, vermehrt durch die zurückstrahlende Wärme der öden, kahlen Felsen, war ziemlich fühlbar, während der Reflex der Sonnenstrahlen von der mit Quarzkrystallen überdeckten Fläche schmerzhaft glitzernd in die Augen traf. Weiterhin lagen riesige schwarze Feuersteinkugeln neben und über einander, welche den Platz wie ein Schlachtfeld der Titanen erscheinen ließen. Wohl eine Viertelstunde vom Fuße des Berges an waren wir auf dem steinigen Pfade gegangen, als wir einen kleinen Hügel erreichten, in welchem ein Schacht ungefähr 2 ½ m. senkrecht hinabführte. Herumgestreute Zeugfetzen, Palmenwedelreste, Knochen und gedörrte Mumienreste ließen erkennen, daß wir den Eingang der Höhle erreicht hatten. (*Aus allen Welttheilen*, Jg. 5, 1874, 240)

Schon diese kurze Gegenüberstellung dürfte genügen, Marnos Text als Quelle auszuweisen. May hält sich auch im weiteren Verlauf dieses Abenteuers eng an Marnos Bericht.

Auf dem weiteren Weg nach Süden werden die Orte Korosko und der Brunnen Bir Murat berührt (XVI 375f., 409, 478f.).[23] Für beide Stellen waren Quellen nicht auszumachen. Der zweite Band der *Mahdi*-Trilogie enthält nur noch sehr wenige quellenabhängige Stellen; May hatte das Kulturland Ägypten hinter sich gebracht und konnte nun, im unwegsamen Sudan, die nachprüfbaren Wege verlassen.[24] Zu Beginn des zweiten Bandes beschreibt er die Region Kordofan, in Anlehnung an Paulitschke (215f.) und erläutert abermals den Begriff Sudan. Die nächste geographische Anmerkung betrifft das Dorf Qaua (XVII 223); die knappe Angabe stammt aus Marno (323), dem auch (328) die Beschreibung Faschodahs (XVII 437; *Sklavenkarawane* 86[25]) entnommen ist. Im dritten *Mahdi*-Band finden wir nur noch eine einzige bedeutsame geographische Beschreibung, Wagunda betreffend (XVIII 86f.), für die eine Quelle wohl nicht existiert.

IV. Flora und Fauna

May fand in den von ihm benutzten Quellen – in erster Linie natürlich bei Marno – zahlreiche Angaben zur Tier- und Pflanzenwelt des Sudan. Es ist allerdings nicht möglich, bei der Menge der in den Quellenwerken oft nur beiläufig erwähnten Pflanzen, Sträucher und Bäume, die bei May ja ebenfalls meist nur so nebenbei auftauchenden Gebüsche und Wälder wiederzuerkennen. Da diese Textstellen jedoch in ihren Einzelheiten nur selten handlungstragend sind, genüge eine stichwortartige Auflistung der von mir gefundenen Textstellen in den Anmerkungen.[26]

Die Tierwelt ist eindeutiger auszumachen, da Karl May Tiere oft mit in die Handlung einbezieht: z. B. als Vollstrecker göttlicher Vergeltung oder als Beweis für die Unerschrockenheit und Überlegenheit des Ich-Helden. Vor allem Großwild ist May immer gut für eine Abenteuerepisode: Löwenjagden finden wir in fast allen Orientromanen. Auch im *Mahdi* (Bd. II) und in der *Sklavenkarawane* führt May die Überlegenheit des Helden im Umgang mit Raubtieren vor. Für seine geringschätzige Beschreibung arabischer Löwenjagden (XVII 45; *Sklavenkarawane* 5f.)[27] habe ich keine Quelle gefunden. Dagegen findet sich der Kern der Büffelszene (*Sklavenkarawane* 199f.) bei Marno (365f.), dem auch die Nilpferdjagd (*Mahdi*, Bd. III) nachgestaltet wurde (325 u. 409f.). Es ist jedoch keine Frage, daß gerade in solch abenteuergerechten Szenen die Quellen nur Anregung für May sind: Die Ausgestaltung ist ganz sein Metier.

Neben den Großtieren, die Abenteuermotive liefern, widmet May den Tieren besondere Beachtung, die ihm als Reisegefährten dienen: in der Hauptsache also Pferd, Kamel, Esel und Ochse. In der *Sklavenkarawane* beschreibt er ausführlich die Eigenarten des Kamels als Reit- und Lasttier (6f.); den ‚Sattel-Abschnitt' hat er Marno (207f.) entlehnt. Für die Reise zu den Gohk sind die Sklavenbefreier auf Ochsen angewiesen, um das ausgedehnte Sumpfgebiet überwinden zu können (*Sklavenkarawane* 237; XVIII 1, 32), eine Information, die samt der Erläuterung wieder auf Marno (296f.) zurückgeht.

Größere Textstellen widmet May den unangenehmen Reisebegleitern, den Stechfliegen, Mücken und verwandten Plagegeistern (*Sklavenkarawane* 141f.; XVIII 3f.). Wieder ist Marno (280ff.) Mays Gewährsmann. Gegen diese „höllischen Kreaturen" gibt es drei Gegenmittel: zunächst das Mückennetz, das zum eisernen Bestand des Tropenreisenden gehört; dann die Methode der Einheimischen: Qualm und Eingraben in Asche, die May mit zwei Sätzen vorstellt, die er aus der Seite 342 bei Marno herausdestillierte, und schließlich Mays Privatmittel (XVIII 16), die fürchterlich stinkende Wasserpflanze Sitt ed dschami el minchar, für die ich keine Quelle finden konnte; eventuell stammt dieser Tip aus dem in Mays Bibliothek befindlichen Werk G. Leipoldts: *Die Leiden des Europäers im afrikanischen Tropenklima und die Mittel zu deren Abwehr* (Leipzig 1887), das mir nicht zur Verfügung stand.

Mit einem probaten Mittel gegen eine andere Plage der Sudanregion, den Filariawurm (*Sklavenkarawane* 355), glaubt Dr. Schwarz den Eingeborenen neue medizinische Kenntnisse zu vermitteln; May hätte es eigentlich besser wissen müssen, da er aus Marno (405f.) erfuhr, daß Aufschneiden der Geschwüre und Aufwickeln des Wurmes erstens die im Sudan übliche Heilmethode war, und daß zweitens diese äußere Entfernung begleitet wurde von Umschlägen aus Durrahteig und Kuhmist; empfohlen wird auch ein Getränk aus Merissa und Hundekot (was May wahrscheinlich zu drastisch war). Wenn May schon die Gelegenheit, Arzt zu spielen, nicht ungenutzt vorübergehen lassen wollte, hätte er aber wenigstens das Mittel der Nuehr, das Marno verrät, nämlich ein Getränk aus den Blättern der Pflanze Goak, verordnen sollen. Ich bin auf diese Episode etwas näher eingegangen, da ja auch die auffällige Nichtbenutzung eines ansonsten benutzten Textes Bedeutung erlangen kann. In diesem Falle rege ich an, einmal zu untersuchen, ob Karl Mays medizinische Neigung sich vorzugsweise auf chirurgische Eingriffe richtet, die ja erzähltechnisch mehr hermachen.[28]

Besondere Erwähnung verdient die Vogelwelt des Sudan, die in der *Sklavenkarawane* eine leitmotivische Funktion erfüllt. Die Vögel werden von May (in jedem Fall nach Marnos Vorgaben[29]) nicht nur einfach erwähnt oder in ihrem Aussehen oder ihrer Eigenart vorgestellt, er baut das Erscheinen von Vögeln zu je einer kleinen Szene aus. Heinz Stolte widmet dem Thema *Die Vögel oder das Leitmotiv* das ganze 7. Kapitel seiner Arbeit *Ein Literaturpädagoge. Untersuchungen zur didaktischen Struktur in Karl Mays Jugendbuch „Die Sklavenkarawane"*[30], in dem er die verschiedenen Funktionen aufzeigt, die May dem Vogelmotiv zuweist:

1. Erzähltechnische Funktionen
   a) es „unterbricht im Fluß befindliche Handlung oder Auseinandersetzung, staut und steigert damit die Spannung, die Neugierde darauf, wie es wohl weitergeht";
   b) es „bringt Lebendigkeit, Bewegung und Perspektive in das Landschaftsbild (denn meistens fliegen die Vögel in hohem Bogen über den Nil)";
   c) „Durch die nahezu wörtliche Wiederholung kommt zudem zunehmend [...] ein Element des Komischen in die Sache".
2. Didaktische Funktionen
   a) es vergegenwärtigt „exotische Umwelt, [...] [bringt] ein kleines Stückchen ornithologischer Information";
   b) Die ständige Einbeziehung des Namens, den die Eingeborenen dem jeweiligen Vogel geben, in das wissenschaftliche ‚Verhör' stellt die geistigen Fähigkeiten der schwarzen Völker in einem besonders günstigen Licht dar, was Pfotenhauer denn auch mehrfach betont: „Da hast wieder aan' Beweis, daß sie gar gute und auch g'spaßige Beobachter sind." (*Sklavenkarawane* 151, vgl. auch 153 u. 335)

V. Der Mahdi

Der im *Deutschen Hausschatz* erschienene Sudanroman mit den Teilen *Am Nile* und *Im Sudan* trägt den Obertitel *Der Mahdi*. Für die Fehsenfeld-Buchausgabe wurde der Roman in *Im Lande des Mahdi* umbenannt. Es könnten zwei Gründe für diese Titeländerung gesprochen haben: Einmal war 1896 der Mahdi als Person nicht mehr so aktuell, und zum zweiten ist mit der Titeländerung der Tatsache Rechnung getragen worden, daß der Mahdi im Roman nur eine Nebenrolle spielt. Man hat den Eindruck, als hätte May diese Figur nur hineingenommen, um dem Titel wenigstens ein wenig gerecht zu werden: Das den Mahdi speziell einbeziehende erste Kapitel des zweiten Bandes verlöre nichts von seiner Dramatik, wenn der Mahdi dort nicht so unerwartet aufträte. So sind denn auch die Stellen, die uns mit dem Mahdi und seinem Anliegen bekannt machen, recht spärlich gesät. May stützte sich bei seinen biographischen Notizen zum Mahdi auf Richard Buchta:

Der Sudan und der Mahdi. Das Land, die Bewohner und der Aufstand des falschen Propheten (Stuttgart 1884) und wahrscheinlich auf den Lexikon-Artikel *Mahdi* in *Meyers Jahres-Supplement* V, 1884, 609.[31]

Der Roman soll um das Jahr 1879 spielen (nach der Angabe im Vorspann der Radebeul-Ausgabe). Damit stimmt das Alter überein, das May dem Mahdi bei seinem Auftritt im Roman zuschreibt: „Der Mann war wohl etwas über dreißig Jahre alt, hager und trug einen dunkeln, nicht sehr dichten Vollbart. [...] Der Ausdruck seines Gesichtes war streng, düster asketisch" (XVII 48). Bei Buchta (25) lesen wir: „Mohamed Achmed[32] ist vor etwa 40 Jahren in Dongola geboren, ein schlanker, gut gewachsener Mann von tief brauner Gesichtsfarbe, ein echter Nubier und kein Araber." Heute wird das Geburtsjahr des Mahdi mit 1844 angegeben.

Für die Erklärung des Begriffes ‚Mahdi' und seiner Orthographie zog May wieder Paulitschke (210) heran. Die schulmeisterliche Belehrung, die er in sein Gespräch mit dem Mahdi hineinschrieb (XVII 104), ist allerdings nicht so genau, wie man es in einer solchen Anmerkung erwarten sollte; Paulitschke schreibt: „Der Name Ma'hdijj kommt vom arabischen hádaja = führen, und bedeutet ‚der auf den rechten Weg Geführte, der Paraklet'." (May schreibt „Ma'dijj".)

Fahren wir jedoch in der Biographie des Mahdi fort: „Für einige Zeit Steuerbeamter gewesen, hatte er sich gezwungen gesehen, sein Amt niederzulegen, und war Sklavenhändler geworden." (XVII 49) Gleiche Angaben finden wir in *Meyers Jahres-Supplement* V; dort erfahren wir:

er wurde in Ägypten geboren, zu Kairo in der Schule des Chedive Abbas erzogen und dank seinen Talenten zum Generalrechnungsführer im Sudan ernannt. Hier leistete er der ägyptischen Regierung gute Dienste, bis ihn ein Streit mit dem Gouverneur zum Austritt aus seinem Amt zwang. Er begann jetzt einen Handel mit Sklaven, Elfenbein und Straußfedern und schwang sich bald zum Haupte der Sklavenhändler auf.

Eine andere Version bietet Buchta (25): „Er lebte in seinen jüngeren Jahren im Vereine mit seinen Brüdern als Schiffszimmermann in Chartum. Von dem Wunsche getrieben, ein Fakir zu werden, lernte er als schon Erwachsener lesen und schreiben". May wählt hier also die Quelle aus, die die ‚bessere' soziale Herkunft des Mahdi angibt, wie überhaupt auffällt, daß May – bei aller Feindschaft natürlich – dem Mahdi einige Sympathien entgegenbringt.

Auch über den weiteren Lebensweg des Mohammed Achmed, bis zu seiner ‚Berufung' als Erlöser der mohammedanischen Welt, weiß May Besseres zu berichten als Buchta:

> Mohammed Achmed Ibn Abdullahi war ein Hauar [Jünger] des berühmten Scheich Mohammed Scherif von der Samania. Er entzweite sich mit ihm und ging zur Terika des Scheiches el Gureschi über. Dadurch wurde er berühmt. Er wurde der Fakir el Fukara genannt und wohnte auf der Insel Aba, wo er den Titel eines Sahed [Entsagenden, Heiligen] erhielt. (XVIII 444)

Bei Buchta (26f.) hört sich dieser Lebensabschnitt des Mahdi ganz anders an:

> Schech Mohamed Achmed, welcher der meistens aus Schiffern bestehenden Verbrüderung der Kadirine, des Seyid Abd-el Kader el Djelani beigetreten, fand in Tamaniat einen älteren Berufsgenossen, den ebenfalls aus Dongola stammenden Fakih Nur ed Din, der ihm, dem neuen Konkurrenten, bald bitter böse wurde, denn Mohamed Achmed war der schlauere der beiden und trat dem bisher einflußreichen Kollegen hindernd in den Weg, und darum blieb er auch nicht lange in Tamaniat, er siedelte nach dem Weißen Nil über und lebte teils auf der Insel Aba […], teils in einem kleinen […] nach ihm benannten Dorfe, wo ihn Schreiber dieses besuchte.

Dieser krasse Gegensatz ist nur auf eine Weise zu erklären: May läßt hier, gegen Ende des Romans (und auch schon in ziemlich zeitlichem Abstand zu den Vorgängen im Sudan: Der Mahdi starb 1885), seiner Erzählkunst freien Lauf. Er erfindet eine Heiligenlegende, wie sie den einfachen Leuten vielleicht sogar in Wirklichkeit erzählt worden war. Aus der Vertreibung von Tamaniat wird so ein ‚heiliger' Streit, aus dem der Prophet an Macht und Würde gestärkt hervorgeht.

Ein besonders gelungenes Kabinettstückchen fügt May dem hinzu: Die von ihm selbst inszenierte Begebenheit, die Fußsohlen des Mahdi und ihre Bekanntschaft mit der ehrwürdigen Einrichtung der Bastonnade betreffend (XVII 336f.), läßt er nun als Legende von den im Dienste der heiligen Sendung wundgelaufenen Füßen des Mahdi im Volksmunde weitererzählen.[33]

In einem langen Gespräch mit dem Mahdi (XVII 101f.) läßt May die gesamte religionsgeschichtliche und weltpolitische Problematik des Mahdi-Aufstandes Revue passieren. Er hat es natürlich leicht, klug zu argumentieren, da die Ereignisse zum Zeitpunkt der Niederschrift des Romans ja schon längst abgelaufen waren. Mays (von mir behauptete) Sympathie für den Mahdi macht sich in dem auffallend freundlichen Ton bemerkbar, in dem das Gespräch gehalten ist. Diese Sympathie bezieht sich selbstverständlich nicht auf des Mahdis Ansichten über den Sklavenhandel oder gar auf seine religiösen Pläne: Aber der Mahdi war ja nur aus der Sicht der herrschenden Mächte ein Aufrührer; betrachtet man die Verhältnisse im Sudan aus der Perspektive der Bevölkerung, so war der Mahdi ein Befreier aus unerträglichen politischen und wirtschaftlichen Verhältnissen.

Die Geschichte der ägyptischen (= türkischen) Herrschaft im Sudan ist die Geschichte von 60 Jahren „systematische[r] Unterdrückung und Ausbeutung" (Buchta). Die Leidensgeschichte des Sudan sieht nach Buchta (48ff.) (in Stichworten) so aus: „Despotismus einer beutelustigen Soldateska" unter Ismael Pascha; „schwerste Repressalien" unter Mehemet Bei; Osman Bei „erklärte geradezu, daß der Zweck seiner Mission nicht die Organisation, sondern die Ausbeutung und Zerstörung sei"; wer bei ihm Recht suchte, wurde vor eine Kanone gebunden und in Fetzen geschossen; Steuereintreibung geschah üblicherweise mit Nilpferdpeitsche und grausamster Folter (May deutet das an: XVII 502), und im Sudan wurde „alles und jedes besteuert und nicht blos einfach, sondern durch die Kombinierung von Grundsteuer, Verzehrungssteuer, Einfuhrsteuer, Handelssteuer werden die meisten Produkte 4fach, auch 5fach taxiert"; es braucht kaum erwähnt zu werden, daß die eingetriebenen Summen in den dunklen Kanälen der Korruption verschwanden und keinesfalls zum Wohle des Landes verwendet wurden.

Kein Wunder also, daß der Mahdi, der „vor allem Abgabenfreiheit" versprach, größten Zulauf hatte. Kein Wunder auch, daß May, der ja sein zweites Ich Kara Ben Nemsi in den Orientromanen mit außerordentlichem Eifer gegen solche Mißstände angehen ließ, dem Mahdi wenigstens zum Teil wohlgesonnen war; er konnte das in einer so konservativen Zeitschrift wie dem *Deutschen Hausschatz* allerdings nur andeuten.

VI. Zur Quellenbenutzung in den Sudanromanen

Die Sudanromane umfassen zusammen fast 2500 Seiten Text (Freiburger Ausgabe). Führte man alle quellenabhängigen Stellen hintereinander auf, ergäbe das kaum mehr als 10 Seiten: ein verschwindend geringer Anteil also. Wirklich große Textanleihen macht May – wie schon im Südamerika-Roman – nur am Anfang des Romans, wobei ‚Anfang des Romans' hier wie dort heißt: im Bereich zivilisatorisch erschlossenen Landes. Sobald er das auch von ‚Normalreisenden' erreichbare (und nachprüfbare) Gelände verläßt, begnügt er sich damit, den Abenteuertext geschickt mit knappen Realitätsmalen zu versehen, die er den Quellen entnimmt. May setzt diese Realitätsmale in den verschiedensten erzähltechnischen Funktionen ein, wie das Vogelmotiv in der *Sklavenkarawane* besonders anschaulich zeigt. Man darf allerdings nicht übersehen, daß die auf Spannungserzeugung angelegte Unterbrechung des Geschehens durch an den Leser gerichtete Erklärungen gerade in Dialogen besondere stilistische Geschicklichkeit verlangt, da die in den Dialogen schon von vornherein vorhandenen Spannungsbögen leicht allzu abrupt zerstört werden können. Ein Beispiel für solch unorganisches Dreinreden (das bei May allerdings nur selten vorkommt) ist die Erläuterung der Mahdi-Orthographie (XVII 104).

In den Sudanromanen beschränkt May sich bei der Methode der Quellenbenutzung auf wörtliche oder leicht paraphrasierende Wiedergabe; nur in seltenen Fällen baut er – wie im Text angemerkt – die Quellenangaben in größerem Umfange aus. Die Technik der Quellenmischung, die er im Südamerika-Roman anwendete[34], ist hier nicht zu finden. May hat sich in mehr als 80 Prozent der Fälle auf Marno gestützt. Daß er Paulitschke nicht stärker heranzog, wird seinen Grund in dem sehr kompakten und im Schriftbild anstrengenden Text dieser Quelle haben. Paulitschke ist erheblich schwerer auf auswertbare Textstellen durchzusehen als Marno, der weitschweifiger ist. Die Verwendung der Zeitschriftenaufsätze zu Beginn des Romans dürfte der Versuch gewesen sein, Marno nach der intensiven Ausschöpfung für die *Sklavenkarawane* etwas zu ‚schonen', denn über Kairo und den Nil hätte May dort ebenfalls genügend Angaben gefunden.

Vollständige Identifizierung der quellenabhängigen Stellen und ihrer Herkunft war für einen derart umfangreichen Text nicht zu erwarten; die wichtigsten derartigen Stellen[35] dürften jedoch hiermit ermittelt und erläutert worden sein. Besonderes Gewicht legte ich dabei auf die Darstellung der schwarzen Völker und der Sklavereifrage, da die Sudanromane – wie Walther Ilmer in seinem Vorwort zum KMG-Reprint des *Mahdi* feststellt – keine reinen Abenteuer- und Reiseromane sind, sondern „als flammender Aufruf für die Freiheitsrechte aller Menschen, als Fanfarenstoß gegen Gewalt, Unterdrückung und Gefühllosigkeit, als Warnung vor falschen Propheten und sogenannten Heiligen zeitlose Gültigkeit" haben.[36]

Anmerkungen

1 Karl May: *Die Sklavenkarawane*. Reprint der ersten Buchausgabe Stuttgart 1893: Bamberg, Braunschweig 1975, S. 15.
2 Zit. nach Georg Lukács: *Die Grablegung des alten Deutschland.* Reinbek bei Hamburg 1967, S. 93f.
3 Hans Wollschläger/Ekkehard Bartsch: *Karl Mays Orientreise 1899/1900. Dokumentation.* In: JbKMG 1971, S. 169.
4 „Sudan ist der gebrochene Plural von áswad, ‚schwarz‘ (Plur. sud); béled, Plur. bilad, heißt ‚Land‘. Béled es-Sudan bedeutet demnach ‚Land der Schwarzen‘." Dieses Zitat stammt aus Philipp Paulitschke: *Die Sudanländer nach dem gegenwärtigen Stande der Kenntnis.* Freiburg i. Br. 1885, S. 1. Karl May benutzte diesen Text zweimal (XVI 172 u. XVII l).
5 Wollschläger/Bartsch [Anm. 3], S. 174 (6. Juni 1899).
6 Vgl. hierzu die Ausführungen von Rudolf K. Unbescheid: *Der Mahdi. Karl May, Hakawati und die weltpolitischen Hintergründe in seinem Werk*, VI. Teil. In: *Magazin für Abenteuer-, Reise- und Unterhaltungsliteratur*, Braunschweig, Nr. 18 (1978), bes. S. 51f.
7 In den großen Lexika (Brockhaus, Meyer) ist sein Name heute nicht mehr verzeichnet. Um diesen österreichischen Forscher, dem May so viel verdankt, nicht ganz der Vergessenheit anheimzugeben, zitiere ich die einzigen momentan greifbaren biographischen Angaben: „*Marno*, Ernst, ausgezeichneter Afrikareisender, geb. 13. Jan. 1844 in Wien, widmete sich zoologischen Studien, machte nach deren Beendigung 1866 zuerst eine Reise nach Abessinien in Begleitung eines Thierhändlers und kehrte im Herbst 1867 nach Europa zurück. Im Oktober 1869 verließ er abermals allein und auf eigene Kosten Europa, erreichte Chartum und ging über Sennar und Fasogl nach dem noch von keinem Reisenden besuchten Fadasi, sah sich aber durch Feindseligkeit der Eingeborenen gezwungen, nach Chartum zurückzukehren, und ging von hier 1870 nach Dar el Burum. Im December 1872 reiste er von Chartum nach Gondokoro, wo damals Baker sich aufhielt; im April 1874 kehrte er nach Chartum zurück. Im Oktober 1874 folgte er einer Einladung Gordons, der an Bakers Stelle getreten war, und erreichte nach einer 79tägigen Reise denselben am Bahr el Gibel in Ladd. Intriguen und Unannehmlichkeiten aller Art machten ihm indessen das Verbleiben bei Gordon unmöglich, so daß er einer Aufforderung des ägyptischen Obersten Long nachkam und mit ihm Mundo und Makraka besuchte, von wo er nach Chartum zurückkehrte. Seine Absicht, von Kordofan aus, wohin er sich begeben hatte, Dar Für zu besuchen, konnte er nicht ausführen, da die ägyptische Regierung die Erlaubnis verweigerte, und so kehrte er im Frühjahr 1876 nach Europa zurück. M. vereinigt mit scharfem Blick für alles Neue eine vorzügliche Gewandtheit im Verkehr mit den Eingeborenen, und Muth, Ausdauer und kräftige Gesundheit stempeln ihn zu einem Afrikareisenden, dessen Karriere noch nicht abgeschlossen ist. Zahlreiche Aufsätze in der ‚Neuen freien Presse‘, im ‚Zoologischen Garten‘, in Petermanns ‚Mittheilungen‘ sowie in den ‚Mittheilungen der k. k. Oesterreichischen Geographischen Gesellschaft‘ zeugen von seinem schriftstellerischen Talent. Außerdem veröffentlichte er ‚Reisen im Gebiete des Weißen und Blauen Nils‘ (Wien 1874)." *Meyers Konversationslexikon*. Leipzig 1877, Bd. 11, S. 251.
Im gleichen Lexikon (*Meyers Lexikon*. Leipzig 1927, Sp. 1751) steht später nur noch: „*Marno*, Ernst, Afrikareisender *13. Jan. 1844 in Wien, †31. Aug. 1883 Chartum, bereiste 1866-67 Abessinien, beteiligte sich 1869-74 an Expeditionen in das äquatoriale Nilgebiet und erhielt 1878 von Gordon die Verwaltung der Provinz Galabat. Er schrieb: ‚Reisen im Gebiete des Weißen und des Blauen Nils‘ (1874) und ‚Reise in der ägyptischen Äquatorialprovinz und in Kordofan 1874-76‘ (1878)." Ab 1932 taucht Marno nicht mehr im Lexikon auf.

8 Franz Kandolf: *Krüger Bei und der „Vater der Fünfhundert"*. In: KMJb 1924, S. 90-104; *Schrittmesser und Landkarten*. In: KMJb 1925, S. 154-165; beide wiederabgedruckt in: KMJb 1979.
9 Kandolf: *Krüger Bei* [Anm. 8], S. 103 (KMJb 1979, S. 36).
10 *Aus allen Welttheilen*, Leipzig, Jg. 2 (1871), S. 318f.
11 Nähere Angaben vgl. Unbescheid [Anm. 6], IV. Teil, Nr. 16 (1977), S. 50.
12 Vgl. jedoch XVI 47: „Man hat Diener, Haremswächter und Dienerinnen für die Frauen nötig, und weil man sie auf keine andre Weise bekommen kann, so kauft man sie."
13 Weitere Stellen gleicher Aussage finden sich in der *Sklavenkarawane* (384, 404 u. 440f.); ebenfalls im *Mahdi* (XVIII 152).
14 Vgl. *Sklavenkarawane* 98 (Beleg: Paulitschke 266, nach Dr. Vogel und Dr. Schweinfurth).
15 Auch bei Marno (311f.) finden sich Angaben dazu, aber May benutzte hier Paulitschke.
16 Der Stamm der Takaleh gehört nicht direkt zu den angeführten Negerstämmen: Erstens handelt es sich bei den Takaleh um Mohammedaner, und zweitens liegt ihr Stammesgebiet nicht im Handlungsraum der Sudanromane. May beschreibt das tapfere und grausame Volk (XVII 360f.) nach den Berichten Munzingers bei Paulitschke (218).
17 Dinka-Haartracht auch XVII 526 u. XVIII 26; Dinka-Tätowierung als Erkennungsmerkmal auch XVII 525 u. XVIII 9.
18 Alle Angaben zu Ebers nach *Meyers Handbuch über die Literatur*. Mannheim 1964, S. 320.
19 Vgl. *Aus allen Welttheilen*, Jg. 6 (1875), S. 365.
20 Vgl. ebd., S. 207f.
21 Ebenfalls nach vorgegebenen Einzelheiten bunt ausfabuliert wurde die Dschelaba in der *Sklavenkarawane* (21 ff.), nach einer Vorgabe von Marno (232ff.).
22 Diese Passagen finden sich abgedruckt in: MKMG 8 (1971), S. 15-20; bei Brehm S. 362-367.
23 Bei Marno (448f.) wird der Bir Murat erwähnt, die Angaben Mays sind jedoch weitaus genauer, so daß Marno hier als Quelle ausscheidet.
24 Nicht nachprüfbar sind diese Wege auch, weil May für den tiefen Sudan „eine einwandfreie Karte nicht zur Verfügung stand. Die in Petermanns ‚Mittheilungen' 1866 enthaltene und von Petherick gezeichnete Karte jener Gegenden, die in Mays Besitz war, ist nur mit Vorsicht zu gebrauchen, da sie [...] auf Grund der Angaben der Eingeborenen gezeichnet ist". So kommt es, daß der ‚Falke' „aus dem Bahr el Dschebel in den Rohl einfährt (Bd. 17), während doch nach der späteren Entdeckung der Rohl in den Bahr el Ghasal einmündet", und daß May „die Quellflüsse des Tondji in einer vom jetzigen Stand der Forschung abweichenden Richtung strömen läßt". Kandolf: *Schrittmesser und Landkarten* [Anm. 8], S. 161 f. S. 156 (KMJb 1979, S. 26f. u. 24).
25 Hier handelt es sich um die einzige bedeutende geographische Angabe der *Sklavenkarawane*.

26 | *May-Stelle* | *Stichwort* | *Marno* |
|---|---|---|
| XVII 413 | Ambag-Strauch u. -Floß | 324f. |
| XVIII 5 | Delebpalme | 351 |
| XVIII 392 | Ambag-Strauch u. -Floß | 324f. |
| XVIII 385 | Thalha-Mimosen | 111 |
| *Sklavenkarawane* 104 | Euphorbia venenifica | 253 |
| *Sklavenkarawane* 142 | Suffarah-Bäume | 220 |

27 In ähnlicher Weise äußert sich May schon in der Erzählung *Ibn el amm* (*Der Gute Kamerad*, Jg. 1, 1887).
28 Daß ‚chirurgische Phantasien' bei May eine wichtige Rolle spielen, zeigt besonders deutlich der Dr. Parmesan in *Das Vermächtnis des Inka*.

29 | *May-Stelle* | *Stichwort* | *Marno* |
|---|---|---|
| *Sklavenkarawane* 151 | Perlvogel | 177 |
| 153 | Flußadler | 174f. |

165

168 u. 193	Sporenkiebitz	169
186	Krokodilswächter	179
334	Abu Merkub	388f.
377	Abdimi-Storch	174
XVIII 99	Kronkranich	304

30 Heinz Stolte: *Ein Literaturpädagoge. Zur didaktischen Struktur in Karl Mays Jugendbuch ‚Die Sklavenkarawane'*. In: JbKMG 1972/73, 1974, 1975, 1976. Das angerührte 7. Kapitel bildet den gesamten 3. Teil der Arbeit (JbKMG 1975). Für die folgende Gliederung wurden Textteile daraus (S. 114f.) zusammen- und umgestellt.

31 Diesen Lexikonartikel druckt Unbescheid [Anm. 6], V. Teil, Nr. 17 (1978), S. 56, ab. Es ist natürlich möglich, daß May die in diesem Artikel enthaltenen Informationen in Zeitschriften- oder Zeitungsartikeln fand; solche anderweitigen Quellen waren jedoch nicht ausfindig zu machen. Der Lexikonartikel darf jedoch als damals zugängliches und verbreitetes Wissen genommen werden, das so oder in ähnlicher Form auch May zur Verfügung stand.

32 Buchta nennt nur diesen einen Namen. May weiß (XVI 122) von den zwei Namen, unter denen der Mahdi bekannt war. Das Lexikon bestätigt Mays Angaben: „Nach den einen hieß er Mohammed Achmed [...] nach ändern glaubwürdigem Berichten war sein Name Achmed Suleiman." May variiert sogar noch einmal: In XVIII 444 nennt er ihn Mohammed Achmed Ibn Abdullahi; hier wertet er ein Rundschreiben des Mahdi aus, das Buchta (27) wiedergibt. Der Mahdi stellt sich darin als „Mohammed der Mahdi, Sohn des Seid Abd Allah" vor.

33 Drei weitere Mahdi-Stellen enthält die Romantrilogie noch: XVII 430f.: Bericht über die Rolle der Baqqara und ihres Scheiches Amr el Mekaschef beim Mahdi-Aufstand (Quelle: Buchta 35 u. 78); XVIII 536, XVII 140: Erwähnung Arabi Paschas (Angaben dazu in *Meyers Jahres-Supplement* V); XVI 518: Begegnung mit dem Scheik der Monassir; die von May geschilderten Vorfälle im Verlaufe des Mahdi-Krieges müssen nach 1884 liegen, da Buchta und Meyer sie nicht erwähnen. Eine Quelle konnte ich nicht finden.

34 Vgl. ebd., S. 173ff.

35 Da nicht alle Stellen im Text des Aufsatzes untergebracht werden konnten, hier einige weitere Textanleihen Mays:

Sklavenkarawane	*Stichwort*	*Marno*
29f.	Herzog v. Gotha	141f.
102f.	Durrah-Zubereitung	316
115 u. 247	Sklavenjäger-Lied	432f., 434 u. 436

(Bei Marno hat das Lied 6 Seiten Umfang; May übernimmt die erste Strophe und stellt die weiteren aus Einzelzeilen verschiedener anderer Strophen zusammen.)

36 Walther Ilmer: *Einführung*. In: Karl May: *Der Mahdi / Im Sudan* (*Hausschatz*-Reprint). Hamburg, Regensburg 1979, S. 6.

Helmut Lieblang

Quilt

*Die Quellen der Sudanromane Karl Mays
Eine Ergänzung*

> Wenn wir begreifen, daß wir eigentlich immer am selben
> Ort sind, dann begreifen wir das Wesen des Lebens.[1]

Vor 22 Jahren erschien Bernhard Kosciuszkos Quellenstudie über Mays Sudanromane[2], die auch heute noch im Grundsätzlichen und Grundlegenden ihre Bedeutung und Gültigkeit hat. Seitdem ist aber eine Reihe bisher unbekannter Vorlagen entdeckt worden, die eine erneute Beschäftigung mit dem Thema sinnvoll und wünschenswert macht, zumal nun bis auf wenige Stellen Mays geographische Quellen offenliegen. Der vorliegende Beitrag versteht sich insofern als notwendige Ergänzung und Abrundung der damaligen Untersuchung, besonders hinsichtlich Mays *Mahdi*-Roman, nicht jedoch als Neubewertung des schon im wesentlichen von Kosciuszko vorgetragenen Materials.

*

In seiner Vorbemerkung zu *Im Weltmeer verirrt* (1929) beschreibt Friedrich Wilhelm Mader[3] sehr deutlich den Entstehungsprozeß seines Romans. Nachdem er Ludwig Hibeaus Erzählung *Ein weiblicher Robinson* gelesen habe, „die mich ungemein fesselte", habe er den Plan gefaßt, auch eine Robinsonade zu schreiben:

> Der Plan nahm mich so gefangen, daß ich sofort mit seiner Ausführung begann, wobei ich, wie immer, den Schauplatz der Erzählung, nämlich die Südsee, an Hand aller mir zugänglichen Quellen gründlich studierte. Übrigens war er mir schon aus früheren Studien vertraut.[4]

Eine Verfahrensweise, die wohl auch Mays Disposition bei der Niederschrift des *Mahdi*-Roman sehr nahekommt.

Spätestens seit der Eroberung von Khartum und dem tragischen Tod Gordon Paschas durch die Mahdisten im Jahre 1885 standen die Verhältnisse im ägyptischen Sudan im Brennpunkt des öffentlichen Interesses und befruchteten die Phantasie der Gazetten- und Bücherleser noch weit über die

Rückeroberung des Sudan mit Hilfe britischer Truppen unter Lord Kitchener im Jahre 1896 hinaus.[5] Ein Vergleich mit dem heutigen medialen Dauerbrenner Irak drängt sich geradezu auf. Die geographischen und ethnographischen Gegebenheiten und Zustände im östlichen Sudan erbrachten seit Beginn der Erforschung dieser Region zu Anfang des 19. Jahrhunderts eine Fülle von Literatur und waren zunehmend in den Blickpunkt geraten.[6]

In bezug auf den *Mahdi*-Roman hatte May das Terrain schon gründlich sondiert, denn bereits von Oktober 1889 bis September 1890 war seine Jugenderzählung *Die Sklavenkarawane* im 4. Jahrgang des *Guten Kameraden* erschienen. Entstanden war die Erzählung schon zwischen Dezember 1888 und Juli 1889.

Später kehrte May noch einmal mit der Kurzerzählung *Eine Ghasuah*[7] geographisch und thematisch zu den alten Schauplätzen zurück. Eine Geschichte, die quellenmäßig lediglich im Hinblick auf fremdsprachliche Ausdrücke und Einschübe von Interesse ist, kaum geographisches Material bietet und deshalb im Rahmen der vorliegenden Arbeit nicht berücksichtigt wird. Wenden wir uns nun einigen Tributarien zu, die May zusätzlich zu den bei Kosciuszko beschriebenen Hauptquellen zur Befruchtung seiner und des Lesers Phantasie angezapft hat.

1. Fabula, kartographisch

> Karte ist das verebnete, verkleinerte und erläuterte Grundrißbild der gesamten oder eines Teils der Erdoberfläche. Nach der ihr jeweils gestellten Aufgabe ist sie generalisiert und inhaltlich (thematisch) begrenzt.[8]

Landkarten waren für Karl Mays Universum von mehrfacher Bedeutung. Zum einen dienten sie ihm zur schnellen Orientierung in einem geographischen Raum und gaben ihm erste Anhaltspunkte über allgemeine, aber auch spezielle Merkmale der Raumausstattung, wie z. B. die Lage von Bergen, Wüsten- und Waldgebieten, den Verlauf von Flüssen, die Entfernungen zwischen unterschiedlichen Orten usw. Auf dieser Basis erfolgte die Verwendung von literarischen Vorlagen und Quellentexten, die weitere Informationen boten, mit deren Hilfe die Abenteuerhandlung entwickelt und der Handlungsraum der Erzählung ausstaffiert werden konnten.

Zum anderen boten gerade Karten des 19. Jahrhunderts ein erkleckliches Maß an weißen Flecken, die May Raum für Interpolationen gewährten, ein eigenes Abbild einer fabulierten Welt zu entwickeln.[9] Karten öffneten gleichsam ein Fenster für Blicke auf ferne, exotische Weltbilder. So finden wir in seinen Reiseerzählungen nie nur eine Wiedergabe kartographischer Vorstellungen seiner Zeit, sondern auch immer ein Abbild der Welt, wie May sie sich und seinen Lesern schaffen wollte. Ebenso wie in der Vorstellungswelt der Menschen am Vorabend der Neuzeit vermischten sich bei ihm Wirklichkeit und Phantasie, gesichertes Wissen und Fabel miteinander. Ein Vorgang, der sich über die Renaissance bis in Karten des 19. Jahrhunderts fortsetzt, ja auch heute noch wirkt – wie wir noch sehen werden.

Der „kenntnisreiche Geograph", wie May sich selbst einmal tituliert hat[10], war beidem verhaftet, dem wissenschaftlich orientierten, kartographierten Weltbild wie dem fabulierten Kartenbild sui generis, seiner eigenen bildhaften mappa mundi.

„Sie reden die Sprache unseres Landes und haben so genaue Karten über dasselbe, daß sie oft die Wege besser wissen, als wir selbst." (XVI 296) Welche Karten hat Karl May benutzt? Zur Verfügung standen ihm einerseits die seinen drei Hauptquellen beiliegenden Landkarten:

- Ernst Marno: *Reisen im Gebiete des blauen und weissen Nil.* Wien 1874 (*Special Karte des Bahr el Abiad und Bahr Seraf zu der Reise im Jahre 1872* / Maßstab 1:2.000.000) [*Marno*];
- Richard Buchta: *Der Sudan und der Mahdi.* Stuttgart 1884 (1. *Karte der Nillaender* / Maßstab 1:20.000.000; 2. *Karte des Aufstandgebietes im Sudan, Wohnsitze der Araber- und Bedjastämme* / Maßstab 1:7.500.000) [*Buchta*];
- Philipp Paulitschke: *Die Sudanländer nach dem gegenwärtigen Stand der Kenntnis.* Freiburg 1885 (*Uebersichts-Karte der Sudân-Länder* / Maßstab 1:11.500.000) [*Paulitschke*].

Darüber hinaus finden sich in Mays Bibliothek noch zwei Einzelkarten zum Handlungsraum Sudan:[11]

- *Carl Flemmings Generalkarte No. 42 – Die Nilländer* / Maßstab 1:6.000.000. Glogau [ca. 1885] [*Flemming 1*];
- *John Petherick's Reisen am Oberen Nil 1858-1863* / Maßstab 1:2.000.000. *Petermann's Geographische Mittheilungen,* Jahrgang 1866, Tafel 10 [*Petherick*].

Flemmings Generalkarte No. 42 stellt eine Merkwürdigkeit dar. Zum einen sind die von May erwähnten Orte mit dem Lineal unterstrichen, was nicht zu seinen Gepflogenheiten gehörte, wie die anderen Karten beweisen. May bevorzugte es, freihändig anzustreichen (vgl. Abb. 1 u. 2). Zum anderen weisen einige von Mays Toponymen geringfügige, aber dennoch bedeutsame Abweichungen auf:

May (XVI 426)	*Flemming 1*
Wadi el Gab	Wadi el-Kab
Moscho	Moschi

Die von May verwendete Schreibweise findet sich auf der *Karte der Nil-Länder vom Äquator bis zum Mittelmeer*. Nach neuesten Quellen bearbeitet von Otto Herkt (Maßstab 1:6.000.000), Carl Flemming, Glogau o. J. [*Flemming 2*]. Sie erschien ca. 1880 und führt wie die in Mays Bibliothek befindliche, spätere Karte alle textrelevanten Topographika auf, so daß sie – bis zu einer möglichen besseren Erkenntnis – ebenfalls als Quelle zu Mays Sudanromanen gelten kann.[12]

Flemmings Generalkarte No. 42 muß man jedenfalls als Quelle Mays ansehen, trotz des für ihn ungewöhnlichen Anstreichungsmodus. Sie enthält nämlich ein wesentliches Element, das auf *Flemmings Karte der Nil-Länder* fehlt: die ‚Pambisaberge', eine Station auf dem Reiseweg von Joseph Schwarz in der *Sklavenkarawane*. Am Fuß dieser Berge liegt das Belanda-Dorf Ombula, das von den Sklavenjägern vollständig zerstört wird:

„Die Belanda wohnen zwischen den Bongo und den Niam-niam, also südwestlich von hier, wohl gegen die Pambisaberge hin; aber wo das Dorf Ombula steht, davon find' ich auf dera Karten nix und in meinem Kopf noch viel weniger."[13]

Die Pambisaberge liegen in der westlichen Äquatorialprovinz (Al-Istiwa'iyah al-Gharbiyah) des Sudan nahe der Grenzen zum Kongo (Demokratische Republik Kongo, bis 1997 Zaïre) und zu Zentralafrika, zwischen Mbungu und Yubo, zwei linken Nebenflüssen des Sue. Wilhelm Junker, der als erster Europäer jene Gegenden im Mai 1880 erforschte, benannte das Bergland nach dem dort ansässigen Stamm der Pambia.[14] Der Name fand dann als ‚Pambiaberge' und ‚Pambia Gebirge' bzw. englisch ‚Pambia Mountains' Eingang in spätere Kartenwerke. Die einzige mir bekannte Karte, die den Namen ‚Pambisaberge' verwendet, ist *Flemmings Generalkarte No. 42*. Sie findet somit eine Fortsetzung in Mays Kartenbild.

Der Name des von May erfundenen Ortes Ombula („davon find' ich auf dera Karten nix") stammt mit hoher Wahrscheinlichkeit aus der *Petherick-Karte*, von der noch zu reden sein wird. Petherick verzeichnet nämlich in besagtem Gebiet einen Berg mit Namen ‚Umbolea' (Abb. 3), was durch einfache Vokalumstellung zu ‚Ombula' wird, ein Verfahren, das May gerne anwandte – doch davon später.

Mehr oder weniger wesentliche Inhalte und Einblicke gewähren natürlich alle oben genannten Karten. Handlungsrelevant und bedeutungsvoll für die Fabel sind jedoch lediglich drei Karten: *Flemming 1*, *Marno* und *Petherick*. Eine vierte, nämlich *Buchta 2*, enthält zwar ebenso wie die anderen Anstreichungen Mays – unterstrichen sind die Orte El Obeid, Insel Aba und Faschoda –, eine erkennbare Bedeutung ergibt sich hier jedoch bisher noch nicht, zumal diese Orte auch auf *Flemming* verzeichnet sind.

Großräumlich betrachtet, boten die genannten Karten May die Grundlagen für die Etablierung des Reisewegs des *Mahdi*-Romans, und zwar in drei großen Reiseabschnitten:[15] 1. *Flemming*: Kairo – Nubische Wüste (Atmur) – Bajudasteppe – Weißer Nil (Bahr el-Abiad); 2. *Marno*: Weißer Nil (Hegasi) – Dschebel Arasch Qol – Faschodah; 3. *Petherick*: Bahr el-Dschebel – Rohl – Wagunda. Für die Reisewege in der *Sklavenkarawane* bildeten nur zwei dieser Karten die Grundlage, nämlich *Flemming* und *Petherick*. Was aber diese Karten über den topographischen Aspekt hinaus bedeutsam macht, ist ihre Nutzung für eine Maysche mappa mundi.

Für die Beschreibung der Nubischen Wüste, der Atmur, benutzte May hauptsächlich einen Text von Carl Berghoff (siehe dazu weiter unten). In diesen Text interpoliert May die Nomenklatura der *Flemming*-Karte. Ein Beispiel: „Von Korosko aus kommt man über Ugab, Abu Rakib, Merischa, Bir Murat, Bir Absa, Tabun und Abu Schurwut nach Abu Hammed an den Nil." (XVI 427) Berghoff nennt den Brunnen ‚el Murhad'[16]; die anderen Stationen, außer Korosko und Abu Hammed, tauchen in seinem Text nicht auf.

In dem Namen ‚Abu Schurwut' deutet sich schon etwas weit Wichtigeres an: die Bedeutung von Quellen und Textvorlagen für die Rekonstruktion des Mayschen Urtextes. Das sei im Hinblick auf eine historisch-kritische Ausgabe nachdrücklich erwähnt. Auf der *Flemming*-Karte (wie auch auf anderen topographischen Karten der Gegend) wird der Ort mit ‚Abu Schurrut' notiert. Nun könnte man das ja ganz einfach für einen Abschreibfehler Mays halten. In einem anderen Falle macht die *Flemming*-Karte aber sehr deutlich, daß Abweichungen bei der Namensschreibung offensichtlich auf Setzerfehler zurückgehen, die Mays originales Manuskript verfälscht haben.[17]

Im ersten *Mahdi*-Band unterzieht der Ich-Erzähler den Onbaschi einer Prüfung, um dessen Ortskenntnisse und Wüstentauglichkeit zu testen. Ein in zahlreichen May-Erzählungen beliebtes Quiz nimmt seinen Lauf:

„Vorher möchte ich wissen, ob man sich auf dich und deine Ortskenntnis verlassen kann."
„Frage den Lieutenant, ob ich ihn nicht trefflich geführt habe! Ich kenne diese Wüste ebenso gut wie ein hiesiger Karawanenführer."
„Auch die Bajudawüste jenseits des Nils?"
„Auch."
„Kennst du die Widjan [Plural von Wadi = Thal] derselben?"
„Alle. Ich nenne dir das Wadi Mokattem, Uscher, Ammer, Abu Runi Laban und Argu."
„Und das große Wadi im Westen dieser Wüste?"
„Du meinst das Wadi Melk?"
„Ja. Ich vermute, daß die Räuber, wenn sie den nördlichen Weg einschlagen, sich in der Nähe dieses Wadi halten. Dasselbe stößt in der Nähe von Abu Gusi auf den Nil. Glaubst du, daß die Leute dort über den Nil gehen werden?"
„Auf keinen Fall, denn Abu Gusi liegt Alt Dongola gegenüber, und da ist die Gegend zu belebt, also zu gefährlich für sie."
„Wo sollten sie sich denn hinwenden?"
„Weiter nördlich, das Wadi el Gab entlang, vielleicht bis nach Tura und Moscho, wo es einsam ist und die Insel Argo den Uebergang erleichtert. Stimmst du mir nicht bei?"
„Ganz dasselbe, was du jetzt sagtest, habe ich schon dem Lieutenant als meine Ansicht erklärt. Ich halte an derselben fest und legte dir diese Frage nur vor, um dich zu prüfen." (XVI 425f.)

Der Teufel steckt im Detail. Wenn wir die Auflistung der Wadis in der Bajudawüste mit Mays Kartenvorlage *Flemming* vergleichen, fallen zwei Unstimmigkeiten auf, von denen eine zumindest nicht mit Mays Flüchtigkeit erklärt werden kann:

May	*Flemming*
Abu Runi Laban	Abu Ruei Laban

Daß ‚Abu Ruei' zu ‚Abu Runi' mutiert, mag noch als Abschreibfehler durchgehen, daß aber ursprünglich zwei verschiedene Wadis zu einem zusammengezogen werden, lag wohl nicht in der Absicht des Autors, denn beide Wadis sind auf der Karte deutlich voneinander unterschieden in Verlauf und Namenseindruck. Der Setzer hat hier offensichtlich ein Komma übersehen. Mays Text muß also ursprünglich ‚Wadi Mokattem, Uscher, Ammer, Abu Ruei, Laban und Argu' gelautet haben. Der Fehler im

Fehsenfeld-Text wurde in der Radebeuler Ausgabe getreulich beibehalten, interessanterweise aber in der Bamberger Ausgabe des Karl-May-Verlags korrigiert. Eine geglückte ‚Bearbeitung' und ein historisch-kritischer Aspekt, den man in der Bamberger Textausgabe nicht erwartet hätte.[18]

Marnos *Special Karte des Bahr el Abiad und Bahr Seraf* lieferte May Angaben zum zweiten großen Reiseabschnitt des *Mahdi*-Romans zwischen dem Dschebel Arasch Qol und Faschodah.[19] Von besonderer Bedeutung ist sie für die Ereignisse zwischen der Insel Hassaniah und dem Dschebel Arasch Qol. In diese Karte machte May Eintragungen und nahm mit der Markierung eines fiktiven Ortes, der Maijeh es Saratin, eine Manipulation vor, um sein eigenes Kartenbild zu entwerfen (vgl. Abb. 1). Bei den Eintragungen handelt es sich um Zeit- und Entfernungsangaben, die sich auf den entsprechenden Textabschnitt bei Marno beziehen. Wahrscheinlich handelt es sich dabei um Studien Mays vor Abfassung des Romans:

Mittags kamen wir an der Gesireh Manir vorüber und gelangte um Asr der ziemlich weit im Lande am Westufer liegende Gbl. Aras Qol in Sicht, später passirten wir die Mischrah Turah el Chadra und legten um Mitternacht bei dem Dorfe Hegasi am westlichen Ufer in der Nähe der Gesireh Duem an.

Nächsten Morgen fuhren wir an der Gesireh Hasaniah vorüber, welche als der Beginn der von nun an zahlreichen Inseln im Bahr el abiad gelten kann. Hier fangen auch die niederen Ufer an mit dichten Sunutwäldern bewachsen zu sein, welche theilweise auf weite Strecken noch unter Wasser stehen. Mittags kamen wir an der bebauten Gesireh Mohabileh vorbei und blieben Nachts an der am Ostufer befindlichen Helle Qaua liegen [...]. Grasinseln liegen den Ufern häufig vor; sie sind mit Mimosenbüschen, Weiden, Ambag, Cissus und Winden bewachsen, welche ein dichtes Pflanzengewirr und häufig Lauben bilden.[20]

Diese Angaben genügten May, um daraus seinen Ort des Maijeh es Saratin abzubilden. Für diese Namenbildung, wie auch für weitere fiktive Orte, die diesen Bestandteil enthalten, benutzte er den von Marno häufig erwähnten Begriff ‚Maijeh' (von May in die Karte eingetragen) in Verbindung mit einem arabischen Wort.[21]

„Wo liegt diese Bucht des Niles?"

„Am linken Ufer jenseits des Dorfes Qaua. Ihr Eingang ist so verwachsen, daß einer, der sie nicht kennt, sie gar nicht findet. Und wenn man hineinkommt, so kann der Rumpf des Schiffes sich unter den überhängenden Aesten, Zweigen, Büschen und Schlingpflanzen vollständig verstecken." (XVII 204)

Beim Scheine der Fackeln bemerkten wir, daß wir uns unter Sunutbaumen befanden, welche, wie wir mit dem Ruder maßen, gegen zwei Ellen unter Wasser standen. (220)

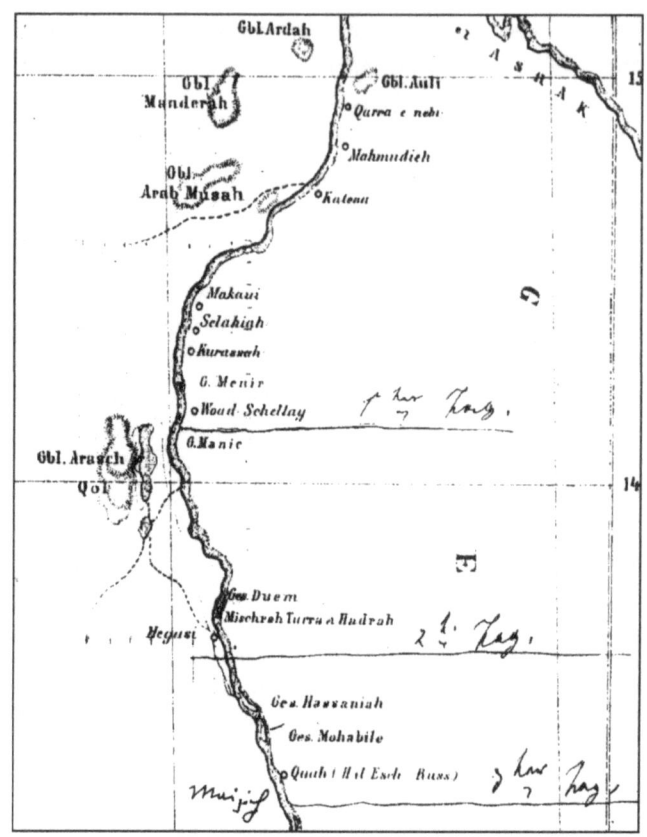

Abb. 1: Marno – „Dschebel Arasch Qol" (Ausschnitt)

Der Dschebel Arasch Qol, in der Welt Karl Mays „ein Ort des Schreckens, des Verderbens" (XVII 298), wird bei Marno nur beiläufig erwähnt. Er ist, wenn man vom Namen und einigen Details absieht, eine ureigene Schöpfung des Geschichtenerzählers May. Marnos dürre Angaben genügten, um Mays fruchtbare Imagination in Gang zu setzen und einen dramatischen Ort zu schaffen. Auch andere Reisende als Marno, die den Dschebel Arasch Qol aus eigener Anschauung beschrieben, bieten kein vergleichbares Gegenstück zu Mays Darstellung.[22]

Direkte Angaben finden sich eigentlich nur auf der *Marno*-Karte, die May zur Grundlage seiner Beschreibung macht und in seinem Sinne interpretiert. Eine Gegenüberstellung von Karte (Abb. 1) und Text macht das deutlich:

„Es giebt zwei Maijehs dort, zwei Sümpfe, welche durch einen Wasserarm mit dem Nile in Verbindung stehen. Der nördlichere ist größer und weit länger als der südliche. [...]"
„[...] Der große Maijeh wird Maijeh el Humma [Sumpf des Fiebers] genannt; den Namen des kleineren kenne ich nicht."
„Diesen Sumpf des Fiebers meine ich. Er zieht sich lang und schmal hart am Fuße des Berges hin. Man muß über vier Stunden gehen, um von einem Ende an das andere zu gelangen. Ungefähr in der Mitte seiner Länge tritt ein Busen vor, weit in den Berg hinein. Er ist sehr tief, mit trügerischem Omm Sufah bedeckt und an seinem Rande mit hohen, dicht belaubten Gafulbäumen [Balsamodendron] bewachsen" (XVII 240).

Weitere Elemente der Beschreibung, in der Hauptsache Angaben über die Vegetation des Ortes, entnahm May verstreuten Angaben Marnos, die dieser im Zusammenhang mit anderen Örtlichkeiten macht. Diese fügt der Erzähler zu einem lebensvollen Bild zusammen.[23]

Wenden wir uns zum Schluß des ersten Teils der *Petherick*-Karte zu, die im Vexierspiel zwischen Fiktion und Wirklichkeit eine besondere Rolle spielt. Es ist schon früher auf diese Karte als Quelle Mays hingewiesen worden.[24] Sie verdient jedoch eine größere Beachtung und detailliertere Betrachtung.

Sie ist in erster Linie kein Ergebnis der Geodäsie, sondern basiert hauptsächlich auf Pethericks[25] eigenen Ansichten der Gegend, die er fünf Jahre lang bereiste, sowie auf Angaben, die er von Eingeborenen gesammelt hatte.

„Ibn Asl hat Karten über alle Gegenden des oberen Niles, sehr genaue Karten, welche er sich nach den zuverlässigen Angaben seiner Agenten zeichnet. Ich habe mit ihm dieselben studiert und war dabei, als er nach ihnen den Weg bestimmte, den er gegangen ist." (XVII 575)

Pethericks Karte steht den Kartenentwürfen und Portulanen früh-neuzeitlicher Erderkunder und Seefahrer, die eher auf Beobachtung gründeten und nicht auf Messungen, viel näher als der wissenschaftlich orientierten Kartographie des ausgehenden 19. Jahrhunderts und folgender Zeiten. Es ist eine Karte, die nicht nur topographische Informationen bietet, sondern auch im Ansatz Geschichten erzählt. Eintragungen wie „Malegga – ein großes Land, dessen König Kajoro heisst", „Ausgangspunkt der Karawanen die nach Westen gehen", „Nordwest-Ufer des Sees, nicht sichtbar von Magungo" oder simple Fragezeichen versinnbildlichen das. Eine Karte, die dem Herzen des Abenteurers näher steht als dem Kopf des Kartographen. Wiewohl beiden gemeinsam ist, die Welt zu erfahren, jeder auf seine Weise. Es war der Versuch, einen bis dato unbekannten und unerforschten Teil der Erdoberfläche abzubilden und ihm ein Gesicht zu geben, die Zusammenschau einer Welt aus Tatsächlichem und Imaginärem, einer Welt, in der Magisches und exakt Beobachtetes noch eine Einheit bilden – die Welt Karl Mays.

> Beide, Kartograph und Abenteurer, debattieren wir über Entfernungen und Reisewege; insgeheim wohl wissend, daß wir uns eigentlich bloß auf Abwege begeben, versuchen wir damit doch, Kenntnisse aus ganz verschiedenen Quellen miteinander zur Deckung zu bringen. Wir gleichen dem Ruder und der Ruderdolle in einem Boot, deren jedes dem anderen das richtige Maß der Hebelkraft zu diktieren sucht, selbst wenn wir beide einsehen, daß wir uns vermutlich auf das gleiche Reiseziel zubewegen.[26]

Wenn Kandolf schreibt, daß May um die Ungenauigkeiten der Karte wußte und sich deshalb teilweise nicht daran hielt[27], so darf das bezweifelt werden. Wir wissen nicht, was May wußte, wir können es nur vermuten. Viel plausibler scheint mir zu sein, daß May sich keinen Deut darum scherte, ob die Karte korrekt abbildete oder nicht. Er schrieb ja keine geographischen Abhandlungen, sondern war damit befaßt, sich eine Welt zu imaginieren und sie dem Leser vor Augen zu führen, einen Metaraum, eine Anderswelt, in der er seine Phantasie spazierenführen konnte.

Was May wissen konnte, war die Tatsache, daß sich die *Petherick*-Karte in bezug auf die Verhältnisse im Bahr el-Ghasal-Gebiet in bestimmten Punkten deutlich von der *Flemming*-Karte der Nil-Länder unterschied. Weshalb er der Karte Pethericks den Vorzug gab, liegt vermutlich darin begründet, daß sie ihm viel mehr Raum dafür ließ, seine eigene Landschaft zu entwerfen. Sie ließ ihm Platz, Interpolationen vorzunehmen.[28]

Besonders bemerkenswert auf der *Petherick*-Karte ist der nach späteren Erkenntnissen falsche Verlauf des Tondj und die falsche Einmündung des Rohl in den Bahr el-Dschebel. Er mündet weiter nördlich in den Bahr el-Ghasal. May läßt nämlich auf dieser falschen Flußverbindung den ‚Falken' vom Bahr el-Dschebel in den Rohl einfahren (XVIII 2f.).[29] Auf den Tondj kommen wir noch im Zusammenhang mit der Lage des Eingeborenen-Dorfes Wagunda zu sprechen.

Auf der ebenfalls von May benutzten *Flemming*-Karte ist der Flußverlauf korrekt dargestellt, jedenfalls sind wir modernen Erhebungen folgend geneigt, es glaubend zu wissen. May hat sich für die *Petherick*-Karte entschieden, weil es ihm so gefiel, aus Gründen, die wir oben erörtert haben.[30]

Abb. 2: Petherick – „Wagunda" (Ausschnitt)

Wagunda liegt in der Nähe des obern Tonj-Flusses, da, wo dieser sich in die beiden Arme teilt, aus denen er entspringt. Der eine ist gerade nördlich nach Awek gerichtet, während der andere aus Südosten kommt. Beide bilden einen stumpfen Winkel [...]; beide fließen durch sumpfiges Land, welches in der Nähe der Ufer geradezu ungangbar ist. Ueber den Südarm ist aus diesem Grunde nicht zu kommen, und der Nordarm bietet nur eine einzige Stelle, an welcher der Boden so fest ist, daß man sich ihm nähern und ihn überschreiten oder, je nach der Jahreszeit, durchschwimmen kann. (XVIII 86f.)

Die Lagebeschreibung des Ortes Wagunda fußt zur Gänze auf der *Petherick-Karte* (Abb. 2), weitere Ingredienzen entsprangen Mays Inspiration und Fabulierlust, die hier wahrscheinlich nicht unbeeinflußt geblieben sind von Marnos Reisebeschreibung und vermutlich Bildern bei Paulitschke[31] sowie von Inhalten der *Petherick*-Karte bezüglich anderer Flüsse des oberen Nilgebietes. May überträgt hier Angaben, die über andere Örtlichkeiten gemacht werden, worauf folgender Satz hindeutet: „Das Dorf nahm ungefähr die Hälfte des Plateaus ein und bestand aus lauter runden Hütten von der Art, wie ich sie wiederholt beschrieben habe" (82).

Ein Blick auf die Karte lehrt uns, daß Wagunda eine topographische Fiktion Mays ist. Das ist an und für sich nichts Besonderes, weist doch sein Werk eine Fülle fiktiver Orte auf. Das Interessante bei Wagunda ist jedoch, daß die auf der Grundlage seiner Erzählungen entstandenen Karten des Karl-May-Verlages den Ort als real bezeichnen[32], ein kleines Mosaiksteinchen im Spannungsfeld zwischen Kartenbild und Weltbild. Beiläufig sei erwähnt, daß es sich bei dem Ort Foguda, einem Dorf der Gokh, genauso verhält.

Mays Namensgebung erklärt sich einfach durch *Pethericks* Bestand an Ortsnamen: Wagunda ergibt sich durch eine leichte Veränderung des Namens ‚Madunga', ein Ort, der in der *Sklavenkarawane* eine Rolle spielt. Foguda ergibt sich aus der Zusammenziehung der Ortsnamen ‚Fagual' und ‚Aguda', letzteres sogar von May doppelt unterstrichen (siehe Abb. 2), obwohl es nur zweimal im Text beiläufig erwähnt wird.[33]

Zum Abschluß dieses Kapitels sei noch auf eine kleine Information der Karte hingewiesen, die May zu einer großen Fabulierleistung angeregt hat. Petherick verzeichnet südlich des Ortes Nearhe: „Guta – Granit Berge – etwa 2000 ft – Schluchten" (Abb. 3). Das liest sich bei Karl May in der *Sklavenkarawane* so: „Nur noch hundert Schritte weiter, so wäre man über eine fast lotrechte Felswand aus Granitgestein gefallen, aus welcher Gesteinsart die Guta-Berge alle bestehen."[34] Hierher plaziert er die Schlucht der Suren, es Suwar, wo der Showdown der Sklavenjäger um Abu el Mot stattfindet. Die ganze Beschreibung der Schlucht[35] ist pure Maysche Phantasie, nach dem aktuellen Kenntnisstand jedenfalls. Ein dürrer Karteninhalt, der May jedoch genügte, eine pralle Geschichte zu erzählen.

Auch die Anreise zum Ort des Geschehens entwirft May nach der Karte, wie man unschwer erkennen kann: „erreichte das kleine Geschwader eine Stelle, an welcher sich der Fluß scharf ostwärts bog und von Süden her ein kleinerer, aber hier doch ziemlich breiter Wasserlauf in denselben mündete".[36]

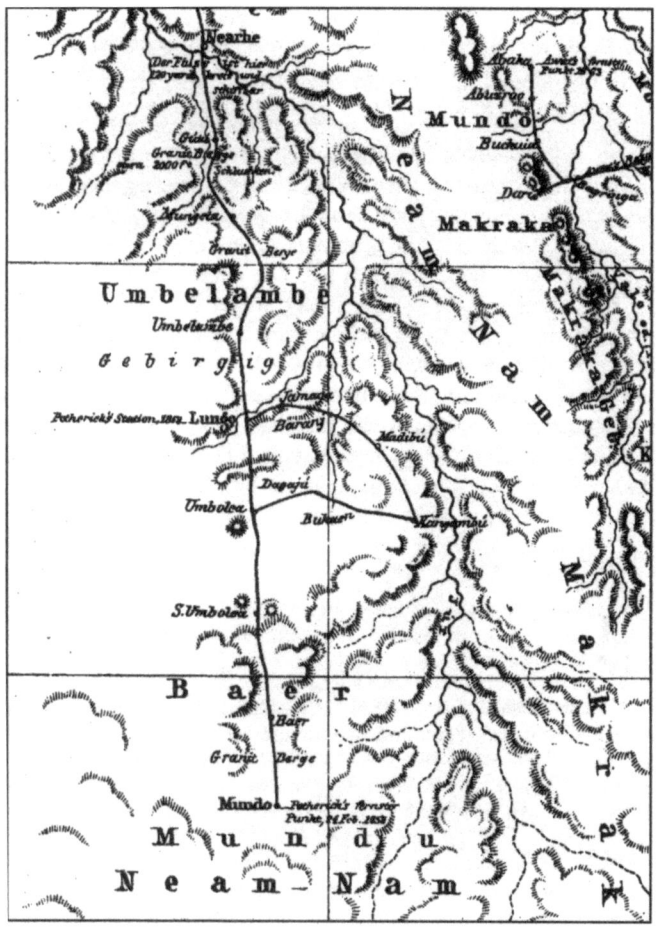

Abb. 3: Petherick – „Es Suwar" (Ausschnitt)

2. Bilder, sprachlich

> Picture yourself in a boat on a river,
> with tangerine trees and marmalade skies
> Somebody calls you, you answer quite slowly,
> a girl with kaleidoscope eyes.[37]

Illustrationen bilden einen weiteren wichtigen Baustein für die Staffage in Karl Mays Erzählungen. Sie müssen einen besonderen Reiz auf ihn ausgeübt haben. Man kann davon ausgehen, daß er mehrfach Abbildungen in seinen Vorlagen zur sprachlichen Darstellung des Abenteuerraumes herangezogen, ihnen sogar den Vorzug vor der Textquelle gegeben hat. Die äußerst bildhafte Gestaltung der Handlungsräume, die in der Regel die Textvorlagen an Dichte übertreffen, ja sogar authentischer anmuten als diese selber, läßt den Schluß zu, daß May ein großer Visualisierer gewesen sein muß. Seine imaginierte Sicht übertrifft an Plastizität häufig die reale Anschauung derjenigen, die physisch die beschriebene Landschaft bereist haben.[38] Andererseits haben Bildquellen leicht seine Phantasie entzündet und seine Lust zu fabulieren entflammt. Ein klassisches Beispiel dafür sind zwei Bilder aus dem Periodikum *Globus*[39], die er im Band *Von Bagdad nach Stambul* (III 304) versprachlicht hat.

Ein solches Beispiel für die Verarbeitung von Quellenmaterial findet sich auch im dritten *Mahdi*-Band, wenn auch weniger spektakulär:

> Die Zeit der kurzen Dämmerung näherte sich rasch, [...] als ich ein eigentümliches, guillotineartiges Gestell bemerkte, welches einige Schritte vom Ufer entfernt angebracht war. Vom Wasser aus führte ein tief ausgetretener Pfad zwischen den beiden Seitenpfosten und unter dem Querholze hindurch. An dem letzteren hing an einem schweren Steine eine kurze, eiserne Lanze, welche mit einer langen Leine in Verbindung stand, deren anderes Ende an ein leichtes Schilfbündel befestigt war. Die Spitze der Lanze war mit einem scharfen Widerhaken versehen.
> Dieses Gestell war eine Nilpferdfalle. Das Nilpferd ist nämlich keineswegs ein so friedliches Tier, wie es oft beschrieben wird. Es greift den Menschen im Wasser sogar sehr oft ungereizt an. [...] Darum weicht ihm der Neger, wenn möglich, auf dem Wasser aus, stellt ihm aber desto eifriger am Lande nach, da das Fleisch und ganz besonders der Speck dieses Tieres ein sehr gesuchtes Nahrungsmittel ist. (XVIII 5f.)

Daß dieser Text das Ergebnis der Bildbetrachtung ist, ergibt sich leicht durch den Vergleich. Die Abbildung ist eine Beigabe zu einem Aufsatz von Alfred Edmund Brehm in der *Gartenlaube*.[40] Brehm beschreibt zwar auch die Nilpferdfalle, wichtige Einzelheiten dieses Textes finden aber bei May keine Berücksichtigung, wie z. B. die Bestreichung des Eisens mit einem tödlichen Pflanzengift oder die Anbringung eines Schlagbaumes quer über den Fluß.

Gerade die Auslassung dieser Besonderheiten sowie der Duktus des May-Textes weisen auf eine Bildbeschreibung und nicht auf eine Textübernahme hin.

Abb. 4: Nilpferdfalle

Etwas verblüfft stellen wir fest, daß May diese Vorrichtung einige Zeilen weiter leicht variiert erneut beschreibt, wobei er gewissermaßen die Tonart wechselt:

> Das Nilpferd [...] hat [...], wie fast jedes Wild, seinen bestimmten Wechsel, den es täglich benutzt [...]. Auf diesem Wechsel nun stellen die Neger ihre Fallen auf, schwebende Spieße oder Harpunen, welche, um einen kräftigen, tiefgehenden Stoß zu erzielen, mit Steinen beschwert sind. Die Fallen sind mit Vorrichtungen versehen, welche, sobald sie von dem Tiere berührt werden, die Harpune von ihrem Halte lösen und zum Falle bringen. Sie sticht sich tief in den Nacken oder Rücken des Tieres ein und kann infolge des Widerhakens von demselben nicht abgeschüttelt werden. (6f.)

Nach der Bildbeschreibung, die May als unmittelbare Anschauung des Ich-Erzählers im Fortschreiten der Abenteuerhandlung darbietet, wechselt er die Perspektive. Was folgt, ist Wissenswertes über das Nilpferd als retardierendes Element, sind Informationen, die er aus Marno zusammengestellt hat.[41]

3. Intermezzo, enzyklopädisch

> Ein riesiger Koppelverband aus Wissensarchen schraubt sich mittlerweile im Wasser der Unwissenheit und des Vergessens durch die Jahrhunderte. Als Objekt der Begierde werden diese Archen immer wieder angeschwommen [...].[42]

Vom Beginn seiner schriftstellerischen Tätigkeit an bis zu seinem sogenannten Spätwerk hat Karl May eifrig kognitives Wissen aus Nachschlagewerken in seine Erzählungen eingebaut.[43] Besonders häufig benutzt hat er zwei Lexika. Für seine frühen Schriften zog er hauptsächlich den *Pierer* heran, ab etwa 1882 hinterläßt der *Brockhaus* eine unübersehbare Spur in Mays Werk.[44] Es hat sich erwiesen, daß gerade der *Brockhaus* eine der wichtigsten Quellenwerke Mays überhaupt ist. Aus diesem Grunde verdient er eine gesonderte Darstellung, wofür im Rahmen des vorliegenden Beitrags nicht genügend Raum bleibt. Hier soll lediglich beispielhaft dargelegt werden, daß sich May auch für den *Mahdi*-Roman des *Brockhaus* bedient hat und dem Leser kräftig einschenkt aus dem Faß des allgemeinen Wissens.

Nach allem, was wir wissen, wäre es nachgerade verwunderlich gewesen, wenn May bei der Darstellung der Nilpferdjagd nicht auf das Lexikon zurückgegriffen hätte, um dem Text einige zusätzliche kognitive Lichter aufzusetzen:

May

Die alten Aegypter nannten das Nilpferd Rer, das ist Wasserschwein, und der Körper dieses Riesentieres hat wirklich eine große Aehnlichkeit mit demjenigen des Schweines, nur daß die Verhältnisse fast ungeheuerlich sind. Der Kopf läßt sich mit nichts vergleichen; es giebt eben kein Tier, welches einen ähnlichen Kopf besitzt. Das Gesicht des Hippopotamus ist ganz unverhältnismäßig breit und platt. Die kleinen, schweineartigen Augen stehen hoch oben. Der Rachen, welcher mit starken Hauern bewaffnet ist, kann einen starken Menschen in der Mitte des Leibes umfassen. Da Augen, Ohren und Nasenlöcher in derselben Ebene liegen, so kann das Tier den ganzen Leib verborgen halten und das Gesicht allein über das Wasser erheben, um zu atmen oder nach Feinden auszuschauen. Unter der starken Haut befindet sich eine dicke Schicht halbflüssigen Fettes, wodurch dem Tiere das Schwimmen ungemein erleichtert wird. Die sehr plumpen Beine sind so kurz, daß beim Laufen der Leib beinahe auf der Erde schleift. (XVIII 18f.)

Brockhaus

Nilpferd oder Flußpferd (*Hippopotamus*) ist der Name einer Gattung von Säugetieren aus der Ordnung der paarzehigen Dickhäuter. In systematischer Hinsicht unterscheidet sich diese Gattung von den verwandten durch vier äußerlich fast ungespaltene und breite, platte, hufetragende Zehen und durch die Zähne, worunter geradeaus stehende kolbige Schneidezähne, *furchtbare Hauer* im Unterkiefer und dicke Backenzähne, deren Mahlfläche die Form eines Kleeblattes zeigt. Man kennt eine größere, über den ganzen afrik. Kontinent verbreitete Art (H. amphibius) und eine zweite, der andern gegenüber zwerghafte, aber sehr seltene Art, die in Liberia zu Hause ist (H. liberiensis). Das gemeine N. findet sich häufig in allen Flüssen und Seen des mittlern und südl. Afrika; in Unterägypten und am südl. Ende Afrikas ist es bereits ausgerottet oder doch gänzlich verscheucht. *Das N. hat die Gestalt eines kolossalen Schweins, nur ist bei ihm der Kopf verhältnismäßig kürzer und die Schnauze breiter, angeschwollen* und mit dicken Borsten besetzt. Der ungemein *plumpe*, 4 m lange, am Widerrist 1,5 m hohe, außerordentlich dicke Körper wird *von dicken, säulenartigen, doch so kurzen Füßen getragen, daß der Bauch im Gehen fast am Boden hinschleift*. Die Haut ist grob, braunrötlich, unbehaart, ungemein dick, am Rücken und an den Seiten etwa 5 cm stark, *der Kopf unförmlich groß, das Gesicht platt, von ansehnlicher Breite, und die kleinen, schweinartigen Augen stehen hoch oben. Der Rachen kann so weit geöffnet werden, daß er einen Menschen in der Mittes des Leibes umfaßt. Die Lage der Augen, Ohren und Nasenlöcher in derselben Ebene gestattet dem Tiere, in dem Wasser verborgen zu bleiben und das Gesicht allein etwas über die Oberfläche zu erheben, um zu atmen und seine Feinde zu entdecken.* <u>In bevölkerten Gegenden bringen die N. den Tag im Wasser zu und kommen nur des Nachts hervor, um ihre hauptsächlich aus Wurzeln und saftigen Pflanzen bestehende Nahrung zu suchen.</u> In menschenleeren Einöden verweilen sie sowohl einen Teil des Tags als auch der Nacht auf dem Lande. *Das Schwimmen wird ihnen erleichtert durch eine unter der Haut liegende und mehrere Centi-*

183

> *meter dicke Schicht von halbflüssigem Fett*, indem dadurch die unförmliche Körpermasse im Wasser spezifische Leichtigkeit erhält. Dieses im ungereizten Zustand ganz harmlose Tier überläßt sich der blindesten Wut, wenn es gereizt oder angegriffen wird, und sucht dann seinen Feind niederzutreten oder mit den lang vorragenden Zähnen zu erfassen und zu zermalmen. [...] Das biblische Tier Behemoth [...], welches Hiob (Kap. 40, 10-19) beschreibt, wird für das N. gehalten; *die alten Ägypter nannten das Tier „Wasserschwein" (Rer)*.[45]

Mays Textauswahl aus dem *Brockhaus* (im Zitat kursiviert) ist zweckbezogen. Die Beschreibung des Nilpferds ist nämlich dem Nilpferdabenteuer vorangestellt. Wichtig ist hier allein, daß sich der Leser ein Bild von der Erscheinung des Tieres machen kann[46], das im Mittelpunkt des folgenden Handlungsabschnittes steht und das May aus dramaturgischen Gründen als ein wahres Ungeheuer zeichnet.[47] Deshalb verzichtet May auch auf die biologische Klassifizierung und Angaben zur Verbreitung des Hippopotamus.

Die teilweise Textumstellung und Paraphrasierung folgt einem klaren Bauprinzip: einer allgemeinen Darstellung (‚eine Art Wasserschwein') folgt eine Skizze vom äußeren Erscheinungsbild des Dickhäuters. Der letzte Teil des zitierten *Brockhaus*-Artikels, die Charakterisierung des Tieres als schnell reizbar und angriffslustig, war May wohl Anlaß genug, das nun folgende Nilpferdabenteuer mit Hilfe von Marnos Material auszugestalten, eine Technik, die er virtuos beherrschte.

Die im *Brockhaus*-Zitat unterstrichenen Textteile erscheinen an anderer Stelle des *Mahdi*-Romans: „Das Nilpferd hält sich tagsüber auf dem Grunde des Wassers auf und steigt am Abende an das Land, um sich an saftigen Pflanzen zu äsen." (XVIII 6) Der ebenso gekennzeichnete biblische Ausdruck ‚Behemoth' ist zumindest eine Anmerkung wert. May verwendet ihn zweimal in der Variante ‚Behemot' in der *Sklavenkarawane*[48], im *Mahdi* taucht der Begriff nicht auf.

Bei der Integration von Lexikon-Informationen in den Textkorpus verknüpfte sich Mays pädagogischer Anspruch, der ‚Lehrer seiner Leser' zu sein[49], häufig mit der Dramaturgie des Abenteuers. Weiters benutzte er Lexikonwissen aber auch, um eine andere Textquelle zu verfremden, um ihr aus Gründen der Verschleierung ein neues Gesicht zu verleihen. Es ist ein der Technik der Quellenmischung verwandtes Verfahren, die Finesse des Intermezzo, bei dem kurze Wissenselemente aus häufig zwei verschiedenen Quelltexten in die Handlung eingeschaltet werden.

Brockhaus	Marno
Ambak oder Ambatsch heißt in den Nilländern *ein zu den Schmetterlingsblütlern gehörender Strauch*, Herminiera elaphroxylon Guill. et Perr. (*Aedemone mirabilis* Kotschy). Derselbe wächst, gewöhnlich die Papyrusstaude begleitend, im Überschwemmungsgebiete des obern Weißen Nil und des Victoria-Nyanza, kommt aber auch an den Ufern der Flüsse Senegambiens vor. *Die Stämme schießen im raschesten Wachstume noch 3-4,5 m über den höchsten Wasserstand empor, um auf dem wieder abgetrockneten Boden* bis auf die Wurzel *wieder abzusterben.* Die Pflanze ist borstig behaart, besitzt unpaarig-gefiederte Blätter mit zahlreichen Blättchen und große, orangefarbene, zu wenigen kurze, achselständige Trauben bildende Blüten mit fast bis zum Grunde zweilippigem Kelche. Die zehn Staubgefäße sind zu einem Bündel verwachsen, und die breit-linealische, flache, ring- oder spiralförmig zusammengerollte Hülse zerfällt zuletzt in viele einsamige, quadratische Glieder. *Der schwammige, aber doch dauerhafte Stamm ist sehr leicht und dient den Eingeborenen zur Anfertigung von Flößen,* indem die Ambakstämme mit Stricken aus zähen Gräsern (Andropogon giganteus Hochst.) oder aus den Fasern des Hanf-Eibisch (Hibiscus cannabinus L.) zusammengebunden werden.[50]	Grasinseln liegen den Ufern häufig vor; sie sind mit Mimosenbüschen, Weiden, Ambag [*Aedemone mirabilis* Kotschy, oder Herminiera elaphroxylon. G. P. R.], Cissus und Winden bewachsen [...]. Die Schilluk [...] bedienen sich kleiner Flösse aus Ambagstämmen. *Ein solches Floß ist so leicht, dass es ein Mann ohne Beschwerde tragen kann, und fasst,* je nach seiner Grösse, 1-3 Personen. Bei längeren Fahrten wird es wohl durch das in das weiche Mark eindringende Wasser schwerer und droht zu sinken, auf kürzeren Strecken ist es aber wegen seiner Leichtigkeit und der Möglichkeit, es schnell herzustellen, sehr tauglich.[51]

Die von May verwendeten Teile sind kursiviert; unterstrichen sind die Angaben, die er in einer Variante zusätzlich heranzieht (siehe weiter unten). Das Ergebnis seiner Textverknüpfung liest sich wie folgt:

Der Ambak oder Ambatsch [Aedemone mirabilis] ist ein zu den Schmetterlingsblütlern gehöriger Strauch, dessen Stämme zur Zeit der Ueberschwemmung schnell mehrere Meter hoch über den höchsten Wasserstand aufschießen, um nach dem Falle des Wassers abzusterben. Das Holz ist schwammig, aber doch sehr dauerhaft und dabei so leicht, daß es allgemein als Material zu Flößen benutzt wird. Ein Floß, welches zwei, ja drei Personen hält, kann ohne Mühe von einem Mann über Land getragen werden. (XVIII 392)

Die Arbeit Mays bestand darin, relevante Zeilen auszuwählen, Sprachglättung zu betreiben und Satzteile zusammenzuziehen. Der Teil des Artikels, den er wegließ – eine detaillierte botanische Beschreibung der Pflanze –, war hier deshalb entbehrlich, weil es im folgenden nur auf die Funktion der Pflanze als Material für die Herstellung von Flößen ankommt. May ging also mit Bedacht und planvoll vor. Er verfügte über eine „relativ ausgefeilte Technik, Lexikonwissen, also solide, präzise Information, seinen phantastischen Erzählhandlungen zu integrieren".[52] Auslöser für seinen Griff zum Lexikon war hier unzweifelhaft der von Marno verwendete Terminus ‚Ambag', der dem *Brockhaus* folgend an dieser Stelle des *Mahdi*-Textes mit ‚Ambak' wiedergegeben wird.[53] Auch diese variierende Schreibung zumeist fremdsprachlicher Bezeichnungen und Namen kann ein Mittel der Verschleierung seiner Hauptquelle sein.[54] Darüber hinaus ist es ein Signal für die Benutzung verschiedener Quellen. Die Funktion des Texteinschubs ist hier gleich dem oben erwähnten Beispiel die der Retardation als Spannungserzeugung und die der Information des Lesers als Vorbereitung auf besondere Merkmale der unmittelbar folgenden Handlung (Überquerung des Nil auf Flößen).

Man sollte auch einen persönlichen Aspekt des Autors beim Anschwimmen dieser Wissensinseln nicht aus dem Auge verlieren: den geübten Aufschneider als Wissensprotz, der seinen weniger gut informierten Lesern leuchtende kognitive Farbtupfer auf die Pupillen malt. Auch hier erweist sich May in der Hoch-Zeit seiner klassischen Reiseerzählung als versierter Schwimmer.

Im übrigen bietet dieses Beispiel aus dem dritten *Mahdi*-Band die Variation eines Textes, den May bereits im zweiten Band in ähnlicher Form und Funktion verwendet hatte:

Da sah ich die borstig behaarten Triebe und gefiederten Blätter zahlreicher Ambagsträucher emporragen. Dieser Ambag giebt das vortrefflichste Material zu Flößen. *Das Holz ist so leicht, daß ein Floß, welches drei Männer hält, sehr leicht von einer Person getragen werden kann. Da das Wasser mit der Zeit in das Mark*, welches sehr schwammig ist, *eindringt und dann das Floß zum Sinken bringt, ist ein solches Fahrzeug für eine längere Fahrt freilich nicht zu gebrauchen; für kürzere Zeit aber* oder gar für meinen Zweck konnte ich gar nichts Geeigneteres finden. Eine Eigentümlichkeit dieses Ambag ist übrigens, daß er stets die Papyrusstaude begleitet.
  Daneben stand zähgrasiges Andropogon giganteus und auch Hibiscus cannabinus, beides ganz vortrefflich, die drei bis vier Meter langen Ambagstämme zu verbinden. (XVII 413)

Mays Textproduktion ergibt einen fast symmetrischen Aufbau: *Brockhaus* – Marno (kursiviert) – *Brockhaus*. Mit der Bemerkung „für meinen Zweck konnte ich gar nichts Geeigneteres finden" zieht May die beiden Fremdtexte in seine Abenteuerhandlung hinein – ein zumindest halboriginärer Satz (denn er korrespondiert ja mit Marnos ‚tauglich'), der einer gewissen Ironie nicht entbehrt.

In der *Sklavenkarawane* wird der ‚Ambag' nur kurz abgetan: „Auf der Sohle des breiten Flußbettes stand ein fast undurchdringliches Dickicht von Ambag [Herminiera], welcher Strauch in der heißen Jahreszeit bis auf die Wurzel abzusterben, und während oder nach der Ueberschwemmung sich zu erneuern pflegt."[55] Weitere Informationen aus dem *Brockhaus* sind nicht vonnöten, denn die Funktion des Ambag ist hier eine andere als in den vorgenannten Beispielen – er dient als Kulisse zum Anschleichen und Lauschen.

Weitere vom *Brockhaus* abhängige Stellen brauchen hier nicht näher erläutert zu werden.[56]

4. Quellenmix, extensiv

> Man gebe zweieinhalb Meßbecher Bacardi White Label Rum, den Saft einer halben Pampelmuse und sechs Tropfen Maraschino in einen Elektromixer, mische das Ganze kräftig durch und serviere es schäumend in einem Kelchglas.[57]

Wenden wir uns am Schluß dieser Arbeit einem Phänomen zu, das zu Mays klassischem Repertoire der Textproduktion gehört, dem Einsatz längerer Fremdtexte und der Mischung größerer Texteinheiten – eine Manier, die May geschickt handhabt, im *Mahdi*-Roman dazu noch unter einem bemerkenswerten Aspekt.

a) Die Krokodilhöhle von Maabdah

Das Abenteuer in der Höhle von Maabdah bildet innerhalb des Romans eine abgeschlossene Erzählung, die durch die Person des falschen Heiligen Abd Asl und die des Mumienhändlers Ben Wasak mit der Haupthandlung verknüpft ist. Die Kurzerzählung dient in erster Linie dazu, ein zeitgenössisches Leserbedürfnis zu befriedigen. Kaum ein Abenteuerroman der Zeit, der das Land am Nil zur Kulisse seiner Handlung macht, verzichtet darauf, das alte Ägypten mit einzubeziehen oder es gar ganz zum Schauplatz zu machen.[58]

Des weiteren gehörten (und gehören) altägyptische Altertümer zum unverzichtbaren touristischen Programm der meisten Reisenden. Dem trägt May Rechnung, indem er den Ich-Erzähler von dem vermeintlichen Fakir (Abd Asl) zu geheimen Königsgräbern führen läßt (was sich jedoch als Falle herausstellt): „Könnte ich deine Mumiensärge sehen, so wäre es mir möglich, die Probe zu machen, ob ich etwas oder ob ich nichts gelernt habe. Im ersteren Falle würde ich mich unendlich freuen." (XVI 271) Im Zusammenhang damit kommt er nicht umhin, Altägyptisches einzuflechten: Cheper, Duat nefret, Amenemhe't III., Chopesch (268-270).

Bernhard Kosciuszko hat bereits eine wichtige Quelle der umfangreichen Schilderungen der Krokodilhöhle von Maabdah beschrieben.[59] Nach dem jetzigen Stand der Kenntnis sind es aber noch mindestens drei weitere Texte, die May zur Vorbereitung und Ausgestaltung des Höhlenabenteuers herangezogen und verarbeitet hat:

– N.A.V.: *Die Samum-Grotte in Aegypten*, in: *Magazin für die Literatur des Auslandes* (1834);[60]
– *Brockhaus*;
– Karl von Vincenti: *Mumienhandel*, in: *Deutsches Familienblatt* (um 1882).[61]

May	*Brockhaus*
Krokodile einbalsamiert? Jawohl! Die alten Aegypter balsamierten nicht nur menschliche Leichen, sondern auch diejenigen von Krokodilen, Stieren, Katzen, Wölfen, Ibissen, Sperbern, Fledermäusen und verschiedenen Fischarten ein. Sie glaubten an deren Fortdauer nach dem Tode und waren daher bestrebt, den Leib zu erhalten, damit die abgeschiedene Seele denselben bei ihrer Rückkehr vorfinden möge. Um die Leichen zu konservieren, wurde die Bauch-, Brust- und Kopfhöhle derselben mit einer Masse angefüllt, welche vorzugsweise aus einer Art Asphalt bestand, welche den Namen Mumiya führte. Aus diesem Grunde werden diese Dauerleichen Mumien genannt.	Außer menschlichen Körpern balsamierten die alten Ägypter auch die Körper ihrer heiligen Tiere, Stiere, Wölfe, Katzen, Ibis, Sperber, Fledermäuse, Krokodile, mehrere Fischarten u. a. [...] Dem Einbalsamierungsverfahren liegt der Glaube an das Leben nach dem Tode zu Grunde [...]. Der Name kommt von einem arabischen, vermutlich aus dem Persischen abgeleiteten Worte mumiya, welches vier Arten von Asphalt bezeichnet [...], mit welcher die [...] Leichen teils umgeben, teils in der Kopf-, Bauch- und Brusthöhle angefüllt sind [...].[62] *Vincenti* Dauerleichen[63]
Man streckte die Leichen lang aus und legte ihnen die Hände an die Seiten oder kreuzte sie über der Schoßgegend. Jedes einzelne Glied wurde besonders in Leinwand gehüllt und dann auch der ganze Körper mit	*Brockhaus* Die M. liegen langgestreckt und halten die Hände meist an den Seiten oder über der Schoßgegend gekreuzt; sie sind in eine außerordentliche Menge von Binden aus Leinwand [...] gehüllt, mit jedem Gliede besonders; sie

einer Menge von Binden umwunden. Dann legte man sie, je nach dem Stande, welchem sie angehört hatten, entweder in hölzerne Särge, die manchmal zwei- oder dreifach waren, oder in steinerne Sarkophage. Die Armen wurden uneingesargt begraben oder im Sande verscharrt. Es giebt mehrere Arten von Mumien. Die ältesten hat man in Memphis gefunden; sie sind schwarz und so ausgetrocknet, daß sie sehr leicht zerbrechen. Die Mumien von Theben haben eine gelbe, matt glänzende Farbe, und die Nägel sind mit Hennah gefärbt, ein Gebrauch, welcher bei den orientalischen Frauen noch heute sehr beliebt ist

Die älteste von uns gefundene Mumie ist diejenige des Königs Merenre, welcher vor weit über viertausend Jahren lebte. Viele der Mumien tragen Ringe und anderes Geschmeide, auch findet man Proben von Früchten und Getreide bei ihnen.

Leider ist schon seit Jahrhunderten mit den altägyptischen Totenstädten in einer Weise verfahren und in ihnen gehaust worden, die man tief beklagen muß. Noch in neuerer Zeit haben die plündernden Araber in den „Familienverhältnissen" der einbalsamierten Könige und Fürsten, indem sie dieselben aus den Särgen nahmen und unter einander warfen, eine ganz heillose Verwirrung angerichtet. Man handelte bereits im Mittelalter mit Mumien. Es hatte ein jeder das Recht, die Gräber zu öffnen und die Toten davonzutragen. Erst Mehemed Ali that diesem Treiben Einhalt, indem er den Mumienhandel als Monopol erklärte; doch hat der frühere Schacher nicht ganz aufgehört; er wird heimlich betrieben und ist zum Schmuggel geworden. Die Beduinen und Fellatah erbrechen die Mumienhallen und zerschlagen die Schädel der Leichen, welche, wie bekannt, ein Stückchen Goldblech enthalten – das Ueberfahrtsgeld auf dem Totenflusse.

ruhen in steinernen Sarkophagen oder in hölzernen Särgen, die manchmal doppelt oder dreifach sind; in den großen Volksgräbern liegen sie uneingesargt auf dem trockenen und steinigen Boden oder sind im Sande verscharrt.
[...] sind die M. sehr verschieden [...] Die ältern M. in Memphis sind schwarz und so ausgetrocknet, daß sie leicht zerbrechen [...]. In Theben dagegen sind die M. gelb und mattglänzend; die Nägel sind wie mit Hennah gefärbt [...].[64]

[...] Farbstoff, welcher unter dem Namen Henna oder Alhenna im Orient [...] von den Frauen zum Gelbfärben der Fingernägel [...] Verwendung findet.[65]
Die älteste erhaltene M. [...] ist die des Königs Merenre (6. Dynastie, mindestens 2500 v. Chr.) [...] die linke Hand ist meist mit einem Ringe oder Scarabäus geschmückt. In späterer Zeit werden die Amulette den Mumien noch zahlreicher beigegeben [...].[66]

Vincenti

Seit zwanzig Jahrhunderten wird in dieser Totenmine gegraben [...]
muß in unglaublicher Weise in den Nil-Nekropolen gewirtschaftet worden sein [...].
Die plündernden Araber haben unter diesen fürstlichen Leichen eine große Verwirrung der Familienverhältnisse angerichtet, indem sie die Mumien aus den Särgen rissen und auf einen Haufen warfen. [...]
Der eigentliche Mumienhandel [...] hat sich bereits im Mittelalter herausgebildet und ist vor etwa Jahren von Mohamed Ali als Staats-, oder besser gesagt, vizekönigliches Monopol erklärt worden.
[...] verwandelte sich das Geschäft [...] in Schmuggel
[...] Furchtbare Goldschakale sind später die Beduinen gewesen, und der Nilbauer ist desgleichen habgierig genug [...] erbrach man die Mumienhallen und zerschlug die [...] Schädel, um das bekannte Goldblech – das Fährgeld auf dem Totennil – aus der Mundhöhle zu ziehen.

Für unsere jetzige Zeit ist es kaum glaublich, daß sich sogar die Medizin der Mumien bemächtigte. Zunächst waren es die Alchymisten, welche den Stein der Weisen suchten, die ganze Schiffsladungen von Mumien bezogen. Diesen folgten die Elixierfabrikanten, welche sich mit der Herstellung eines Lebenssaftes beschäftigten. Man schrieb den Mumien und zerstückelten Leichenresten geheimnisvolle Kräfte zu. Gab es doch Gelehrte, welche behaupteten, daß man mit Stierblut, Menschenasche, Euphorbiensaft und Mumienstaub den Menschen auf künstliche Weise „herzustellen" vermöge!

Die deutschen und österreichischen Droguengeschäfte bezogen die Mumien über Livorno und Triest. Im Anfange der siebenziger Jahre kostete der Wiener Zentner Mumien fünfzig Gulden. Da der Schmuggel jetzt sogar mit Lebensgefahr verbunden ist, hat der Preis sich auf vier- bis fünfhundert Gulden erhöht, also verzehnfacht. Dieser hohe Preis ist wohl der Grund, daß es gewisse Geschäfte giebt, welche falsche Mumien aus Erde fertigen. Glücklicherweise hat man den arzneilichen Unwert des Mumienstoffes mehr und mehr eingesehen, so daß der Verbrauch sich jetzt nur noch auf „einige Alpengegenden beschränkt, wo das „Mum" von den Landleuten als Heilmittel gegen Tierkrankheiten gebraucht wird. (XVI 247-249)

Einen namhaften Aufschwung erhielt der Mumienschacher durch die Schwarzchemie und die Goldmacherei. Die venetianischen Goldmacher und Lebenssaft-Fabrikanten insbesondere verbrauchten eine solche Menge von Mumien [...].
[...] ganze Schiffsladungen von Balsamleichen nach der Adria verfrachtete [...].
Der ‚Mumienstoff' spielte nämlich im Tiegel der Schwarzchemiker eine bedeutende Rolle als Basis des Lebenselixiers [...]. Es gab Leute, welche der pulverisirten Mumie [...] belebende Kraft zuschrieben, welche sogar bis zur künstlichen Erzeugung von lebendigen Wesen gehen sollte. Die In-gredienzen [...] sind: Mumienpulver, Euphorbiensaft, Menschenasche und das Blut eines jungen, in der Brunft erstickten Stieres.
[...] Die deutschen und Wiener Droguenhändler bezogen früher die Mumien auf dem Transitwege über Triest oder Livorno [...]. Noch vor zehn Jahren stand der Wiener Zentner Mumien auf 50 fl.; seitdem ist der Preis für 50 Kilo bis beinahe 400 fl. gestiegen und dürfte noch höher gehen. Daß unter so bewandten Umständen mannigfach Fälschungen vorkommen und Mumiensurrogate in den Handel gebracht werden, leuchtet wohl ein. Man fabriziert denn auch Mumien aus Erde [...]. Glücklicherweise jedoch ist [...] der Arzneiwert des Mumienpulvers heutzutage in der öffentlichen Meinung im selben Grade gesunken, als das Material seltener und teurer geworden, so daß sich jetzt der Verbrauch fast lediglich auf unsere Alpenländer beschränkt, wo das Spezifikum als Heilmittel für kranke Tiere von den Landleuten selbst bereitet wird.[67]

Anders als bei den kürzeren Wissenseinschüben, die May als Farbtupfer benutzte, um den Leser ins Bild zu setzen und ihm Informationen vorzugeben, damit dieser besondere Elemente der Handlung nachvollziehen kann, verwendete er längere Fremdtexte, um die Bühne für einen größeren Handlungsabschnitt vorzubereiten.

Mays Auslassungen über Mumien dienen dazu, den Leser einzustimmen auf das folgende Abenteuer in der Krokodilhöhle, indem er im allgemeinen und en detail gewisse Schauer- und Gruseleffekte setzt. Wie man der

Gegenüberstellung entnehmen kann, verwendete er dabei in der Hauptsache zwei verschiedene Texte, die er, grob betrachtet, hintereinander klebte. Seine Arbeit und seine Kunstfertigkeit, wie man betonen muß, bestanden darin, die Texte zu einer Einheit zusammenzufügen. Dazu bediente er sich der Textumstellung, Paraphrasierung und Glättung sowie gelegentlicher kürzerer Einschübe („Dauerleichen', ‚Hennah'). Im Grunde ist nur der Einleitungssatz originär May: „Krokodile einbalsamiert? Jawohl!" Der weitere Text ist Zitat und Bearbeitung gemäß einer Dreigliederung: Überblick über Mumifizierung – Umgang mit Mumien früher – Schicksal der Mumien in neuerer Zeit.

Die Abhängigkeit Mays von Marno in der Dramatisierung des nachfolgenden Höhlenabenteuers hat bereits Kosciuszko aufgezeigt. Was bisher nicht bekannt war, ist die Tatsache, daß zusätzlich der mit ‚N.A.V.' gezeichnete Artikel *Die Samum-Grotte in Aegypten* Verwendung fand. Zwei kurze Beispiele mögen genügen, Mays Mischung zu demonstrieren:

May	*Marno*	*N.A.V.*
Wir stießen vom Lande und steuerten hinüber in die Mitte des Stromes. Abwärts ging es, an Mankabat vorüber; dann lag am linken Ufer Monsalud, am rechten aber Maabdah, wo wir anlegten. Von der letzten Nilüberschwemmung her stand das Ufer noch ziemlich unter Wasser, doch gab es einen aus demselben ragenden Damm, auf welchem wir das Dorf gelangten. Dieses liegt ungefähr eine halbe Wegsstunde von dem, Dschebel Abu Fehdah entfernt, dem Gebirgszuge, in welchem sich die Höhlen befinden, die den alten Aegyptern als Begräbniskammern für ihre heiligen Krokodile dienten. (XVI 250)	Ich hatte nachts das kleine Städtchen Monsalud in Oberägypten, am westlichen Ufer des heiligen Stromes erreicht und war am nächsten Morgen nach dem etwas stromaufwärts am entgegengesetzten Ufer liegenden Dorfe Maabdah übergefahren. In dem hier am Flusse entlang streichenden Gebirgszuge Gebel Abu Fehdah befinden sich natürliche Höhlen, welche von den alten Aegyptern als Begräbnißkammern für die von ihnen verehrten Krokodile benutzt wurden […]. Durch die letzte Nilüberschwemmung stand noch eine ausgedehnte Strecke des Ufers unter Wasser.[68]	Das Dorf El Mahabdeh ist etwas mehr als eine Viertelmeile von der Arabischen Gebirgskette entfernt; die Untiefen, die den größten Theil des Weges […] einnehmen, sind vermittelst einiger Dämme in Teiche umgewandelt worden.[69]

Erwähnenswert ist hier, daß May einen Fehler Marnos wiederholt: Er schreibt ‚Mon*s*alud' statt des korrekten ‚Mon*f*alud', was er der Karte hätte entnehmen können, die er auch benutzte (Erwähnung des Ortes Mankabat). Weiterhin wandelt May die Entfernungsangabe bei N.A.V. („etwas mehr als eine Viertelmeile") in eine Zeitangabe um („ungefähr eine halbe Wegsstunde").

May	*Marno*	*N.A. V.*
Dieser Weg war keineswegs ein bequemer. Er führte steil empor zum Plateau, welches weithin mit glitzernden, durchsichtigen Krystall-Rhomboiden bedeckt war, die, ähnlich dem isländischen Spate, eine mehrfache Strahlenbrechung zeigten. Dabei gab es riesige schwarze Feuersteinkugeln, neben und über einander liegend, welche der Gegend den Anschein gaben, als ob hier zwei mit riesigen Kanonen bewaffnete Gigantenheere einander eine Schlacht geliefert hätten. (256)	[...] unser Weg führte [...] anfangs allmählich, später ziemlich steil aufsteigend, auf das hügelige Plateau des Berges. [...] Weiterhin lagen riesige schwarze Feuersteinkugeln neben und über einander, welche den Platz wie ein Schlachtfeld der Titanen erscheinen ließen.[70]	Auf dem Plateau erblickt man hier und da auf dem Boden zerstreut, oder in mehr oder weniger beträchtlichen Massen, schöne durchsichtige Krystall-Rhomboide, die, ganz ähnlich dem Isländischen Spath, eben so wie dieser eine doppelte Strahlenbrechung haben [...].[71]

Diese und weitere größere und kleinere Einschübe aus N.A.V. in die Hauptquelle Marno zeigen deutlich Mays Technik der Quellenmischung, die er aus Gründen, die schon weiter oben beschrieben worden sind, vornahm.

Von besonderem Interesse bei der Verwendung dieser beiden Quellen ist der chronologische Aspekt. May verbindet scheinbar mühelos zwei vierzig Jahre auseinander liegende Texte, N.A.V. (1834)[72] und Marno (1874). Die Tatsache, daß er Inhalte aus zwei entfernt liegenden Zeiträumen in eins setzt, wirft zumindest die Frage auf, ob denn der ‚Lehrer seiner Leser' nur die Mystifikation eines begnadeten Kulissenschiebers war, dem es viel mehr darauf ankam, eine Welt zu inszenieren?

Bezeichnenderweise trägt das vierte Kapitel die Überschrift *Unter der Erde*: Das Höhlenabenteuer, der Abstieg in die Unterwelt – handgreiflich demonstriert an den ‚Dauerleichen' in den ‚engen Gängen mit heißer, stinkiger Luft', dem „Eingang [...] zur tausendfachen, zur tiefuntersten Hölle der Höllen" (257f.) –, erinnert unzweifelhaft an die ‚Nachtmeerfahrt des Herkules', das Absteigen des Menschen Herkules in die Todeshölle als

Vorbedingung zur Geburt des Helden Herkules. Bedeutsam genug, geht dieses Kapitel doch dem *In der Wüste* betitelten voraus: Dort, in der Wildnis der Nubischen Wüste, beginnt der eigentliche Kampf gegen die Sklavenjäger, beginnen die Bewährungsproben des ‚Helden'. Weitere Konnotationen und Assoziationen geraten ins Blickfeld: der auch räumlich naheliegende Auferstehungsmythos des Osiris, der ‚Held' als Messias, als Befreier der Sklaven, eine Verheißung, die auch der Vorstellung des ‚Mahdi', eines ‚Rechtgeleiteten', innewohnt. Eine Bedeutungsebene des Romans und eine Unterströmung des Romantitels *Im Lande des Mahdi*, die bisher vielleicht zu wenig beachtet wurde.

b) In der Nubischen Wüste

Der ausführlichen Beschreibung der Nubischen Wüste, der Atmur, wie May sie nennt, die er zum ersten großen Schauplatz des Feldzuges gegen die Sklavenhändler macht, liegen zwei Fremdtexte zugrunde:

- Carl Berghoff: *Reise durch den Atmur, die Nubische Wüste zwischen Korosko und Berber*, in: *Aus allen Welttheilen* (1882);[73]
- Joseph Ferlini: *Die Wüste Koruska*, in: *Magazin für die Literatur des Auslandes* (1839).[74]

Hier soll nur durch eine kurze Textauswahl Mays Abhängigkeit ausgewiesen werden. Er hält sich hauptsächlich an Berghoff, dem er kleinere Meßbecher Ferlini beigibt:

May	*Berghoff*	*Ferlini*
Die Gegend war zunächst noch bergig. Die Lastkarawane erreicht das Sandmeer gewöhnlich erst am dritten Tage. Was sich unsern Blicken bot, war lauter Oede und Trostlosigkeit; kein Baum, kein Strauch, nicht einmal ein einzelner Grashalm war zu sehen. In diese Einsamkeit brachten außer uns nur hier und da ein Geier oder ein Rabe Leben, welche über unsern Häuptern dahinzogen. Beide sind	Während der dritten Tagereise veränderte sich die Gegend. Die Berge und Felsen wurden seltener und verschwanden, einer weiten Ebene Platz machend. Unabsehbar dehnte sich der Horizont aus. Bachr bela Ma, Meer ohne Wasser wird diese Landstrecke genannt. Hier gibt es keinen Schatten von der Breite eines Zentimeters. Kein Grashalm, kein lebendes Wesen ist sichtbar […].	Dies macht erklärlich, warum man unterwegs so häufig die Gebeine von Kameelen, auch manchmal von unglücklichen Sklaven findet, welche in der

193

die einzigen Vögel der nubischen Wüste. Dieser Geier ist der weiß-köpfige (Vultur fulvus); er und der Rabe wagen sich nicht an lebende Tiere, infolgedessen man unterwegs oft Scenen vor sich hat, welche einem im Herzen wehe thun. (430f.).	[...] die Geier und Raben wagen sich nicht an ein noch lebendes Geschöpf [...].	furchtbaren Wüste haben umkommen müssen. Der Rabe (corvus vorax L.) und der Geier (vultur fulvus L.) sind die einzigen Vögel, welche man antrifft.
Der Brunnen selbst liegt in einem kleinen Thale, welches von steilen Felswänden eingeschlossen wird. Er hat sechs Löcher, welche ungefähr drei Meter tief in den lehmigen Boden gegraben sind. Das Wasser ist keineswegs rein; es schmeckt wie eine Lösung von englischem Salze und hat auch ganz dieselbe Wirkung. An dieser Stelle haben einige Beduinen ihre Zelte aufgeschlagen, um im Auftrage des Schechs den Brunnen zu bewachen und eine Abgabe zu erheben. Sie sehen elend und leidend aus und sind dürr, fast wie Skelette – eine Folge des Wassers, welches sie genießen müssen.	Dann ging ich hinaus, mir Brunnen und Umgebung anzuschauen. Ersterer [el Murhad] besteht aus sechs Wasserlöchern, die 3 m tief in den lehmigen Boden gegraben sind. Der Brunnen befindet sich in einem kleinen Tale, das von hohen, steilen Felsen umschlossen ist [...]. [...] es war bitter wie eine schwache Lösung von englischem Salze und hatte auch dieselbe Wirkung.	Die Leute, welche an dem Brunnen ihre Wohnzelte haben, etwa 50 an der Zahl, sehen bleich und krank aus und abgezehrt wie Skelette.[76]
Der Weg von Bir Murat nach Süden führt stundenlang über Felsen und Steingeröll eine beschwerliche Schlucht aufwärts. In der Nähe dieser Schlucht hielten wir, als wir kurz vor Sonnenuntergang dort ankamen. (479)	Ein beschwerlicher Pfad führte uns über Steine und Felsblöcke die Schlucht aufwärts, bis wir endlich gegen Sonnenuntergang einen mehr ebenen Weg erreichten.[75]	

Die Synopse spricht für sich selbst. Ergänzend zu Berghoff und Ferlini benutzte May noch eine Stelle aus dem Buch des Grafen d'Escayrac de Lauture, das er bereits für die Erzählung *Unter Würgern* ausgiebigst exzerpiert hatte. Es ist die Beschreibung eines ‚geheimen Brunnens', ein Topos, der in Mays Wüste nicht fehlen darf.[77]

Auch hier beachtenswert ist der Mix zweier zeitlich auseinander liegender Texte: Ferlini (1839) und Berghoff (1882). Der Zeitsprung ist mit 43 Jahren noch größer als beim obigen Beispiel des Höhlenabenteuers.
Auf eine kleine grammatikalische Diskrepanz sei abschließend noch hingewiesen. May bezeichnet die Wüste einmal als „die Atmur", auf der nächsten Seite als „den Atmur" (375f.). Wenn man sich die Spur genau anschaut, entdeckt man einen versteckten Hinweis auf zwei verschiedene Quellen: Marno berichtet von der ‚Reise durch den Atmur' – Ferlini nennt ‚Die Wüste Koruska'.

5. Schlußbemerkung

> Well, you don't know what we can find,
> why don't you come with me, little girl, on
> a magic carpet ride.[78]

Es kann nicht wirklich erstaunen, daß Karl May zur Abfassung solch eines dickleibigen Romans wie *Im Lande des Mahdi* alle möglichen nützlichen Baumaterialien heranzog, die Palette der Karten und Bilder, den Steinbruch der Lexika und Reiseschriften, um daraus eine Welt erstehen zu lassen. Erstaunlich ist die gelungene, authentisch klingende Kombination unterschiedlicher Vorlagen. Alle verschiedenen Materialien waren für May Anlaß und Gelegenheit, Geschichten in die Welt zu setzen und eine Welt abzubilden. Weiters gelingt es May, auch aus zeitlich weit auseinander liegenden Texten eine stimmige Einheit zu schaffen. Verschiedene Zeiten fließen in einer zusammen, in der Zeit von Phantasie und Fabel, die wesentlich losgelöst ist von den Meßwerkzeugen, mit denen wir unsere alltägliche Hilfskonstruktion aus ‚Zeit und Raum' zu bestimmen suchen. Eigentlich also in der Zeitlosigkeit, denn Fabel lebt immer in einem Uchronia und Utopia, selbst dann, wenn ein Autor vermeintlich konkret über den Irak des Jahres 2003 berichtet oder ein anderer aus dem Sudan von 1870 erzählt: „Denn nur Ansicht ist, was auch der Angesehenste erkennt und behält."[79] Dabei erweist sich Karl May nebenbei und ungewollt als Konservator alter Geographie.

Karl Mays Welt des Sudan ist vorstellbar echt und wahrhaftig in dem Sinne, daß man sie für wahr oder wirklich halten kann. Mehr können wir eigentlich auch nicht tun, denn was ist die ‚Wirklichkeit'? Vielleicht ein werdendes Mosaik oder ein Kaleidoskop zerbrechlicher Bilder im Dämmerlicht von Dichtung und Wahrheit, vielleicht ein Flickenteppich, ein Patchwork-Quilt, der ständig ergänzt oder umgenäht wird, neue Farbtupfer erhält, wenn andere verblassen. Und wenn er gut gemacht ist, kann er ein Zauberteppich sein, der trägt, zumindest eine Zeitlang, zumindest ein Buch lang.

Anmerkungen

1 Allan Watts: *Philosophische Phantasien*. München 1985, Motto.
2 Bernhard Kosciuszko: „*In meiner Heimat gibt es Bücher...*" *Die Quellen der Sudanromane Karl Mays*. In: JbKMG 1981, S. 64-87.
3 Friedrich Wilhelm Mader: *Im Weltmeer verirrt*. Stuttgart, Berlin, Leipzig 1929. Der evangelische Pfarrer Mader (1866–1947) schrieb zwischen 1903 und 1938 eine Reihe vielgelesener abenteuerlicher Jugenderzählungen, mit denen er Karl May entgegenwirken wollte, insbesondere was den ‚Wahrheitsgehalt' seiner Schriften betraf. Zu diesem Behufe stattete er seine Romane nicht nur mit Landkarten, sondern auch mit einem detaillierten Quellenverzeichnis aus, worin er bis hin zu einzelnen Seiten die von ihm benutzten geographischen und ethnologischen Elemente nachweist und offenlegt. (Was, nebenbei bemerkt, die Fiktion genauso wenig wahr macht, wie das Verschweigen oder Nichtbenutzen von Quellen die belletristische Erfindung unwahr macht.) Dieses Verfahren muß eindeutig als Reaktion auf die zu Anfang des 20. Jahrhunderts einsetzende sogenannte ‚May-Hetze' gesehen werden, als man May unter anderem zum Vorwurf machte, er habe seine Abenteuer gar nicht selbst erlebt, sondern ‚bloß erfunden', und Teile seines Werkes sogar von anderen abgeschrieben.
4 Ebd., S. 5f.
5 In dieser Zeit erschienen unter anderen Werken: Ludwig Staby: *Emin Pascha, ein deutscher Forscher und Kämpfer im Innern Afrikas*. Stuttgart 1890; *Gordon der Held von Khartum. Ein Lebensbild* [eine Kompilation verschiedener Werke, ohne Verfasserangabe]. Calw, Stuttgart 1891; Gaetano Casati: *Zehn Jahre in Äquatoria und die Rückkehr mit Emin Pascha*. Bamberg 1891; Joseph Ohrwalder: *Aufstand und Reich des Mahdi im Sudan und meine zehnjährige Gefangenschaft dortselbst*. Innsbruck 1892; Vita Hassan: *Die Wahrheit über Emin Pascha, die ägyptische Äquatorialverwaltung und den Sudan*. Berlin 1893; Franz Stuhlmann: *Mit Emin Pascha ins Herz von Afrika*. Berlin 1894; Karl Neufeld: *In Ketten des Kalifen. Zwölf Jahre Gefangenschaft in Omdurman*. Berlin, Stuttgart 1900; Rudolph Slatin Pascha: *Feuer und Schwert im Sudan. Meine Kämpfe mit den Derwischen, meine Gefangenschaft und Flucht. 1879-1895*. Leipzig 1896. – Selbst zu Anfang des 20. Jahrhunderts hatte das Thema noch nichts von seiner Faszination eingebüßt. Stellvertretend seien hier drei Werke genannt: Heinrich Sienkiewicz: *Durch Wüste und Wildnis*. Regensburg 1925 [Erstausgabe 1911 unter dem May-Titel *Durch die Wüste*]; Friedrich Wilhelm Mader: *Die Flucht aus dem Sudan*. Stuttgart, Berlin, Leipzig 1923, und das – meiner Meinung nach – beste Buch über den Mahdi-Aufstand von Arnold Höllriegel: *Die Derwischtrommel. Das Leben des erwarteten Mahdi*. Berlin 1932.
6 Hingewiesen sei besonders auf drei Quellenwerke Mays: Alfred Edmund Brehm: *Reiseskizzen aus Nord-Ost-Afrika oder den unter egyptischer Herrschaft stehenden Ländern*. 3 Bände. Jena 1855 [vgl. dazu Helmut Lieblang: „*Der Inhaber dieses Buiruldu...*" *Alfred Edmund Brehms Orient in Karl Mays Frühwerk*. In: JbKMG 1997, S. 232-271]; Graf d'Escayrac de Lauture: *Die Afrikanische Wüste und das Land der Schwarzen am obern Nil*. Leipzig 1855 [vgl. dazu Helmut Lieblang: „*Sieh diese Darb, Sihdi...*" *Karl May auf den Spuren des Grafen d'Escayrac de Lauture*. In: JbKMG 1996, S. 132-204]; Ernst Marno: *Reisen im Gebiete des blauen und weissen Nil, im egyptischen Sudan und den angrenzenden Negerländern, in den Jahren 1869 bis 1873*. Wien 1874 [vgl. dazu Kosciuszko, Anm. 2]. Erwähnt werden soll außerdem ein Klassiker der Sudan-Literatur: Georg

Schweinfurth: *Im Herzen von Afrika.* 2 Bde. Leipzig 1874. Schweinfurth befaßt sich wie Ernst Marno unter anderem besonders mit dem Problem des Sklavenhandels und bot damit möglicherweise Anregung und Vorlage für Mays Beschäftigung mit der Sklavenfrage. Ein Nachweis steht allerdings noch aus.
7 Erstmals erschienen 1903 im *Eichsfelder Marien-Kalender.*
8 Herbert Wilhelmy: *Kartographie in Stichworten.* Kiel 1966, S. I, 13.
9 Vgl. hierzu auch Helmut Lieblang: „*Ich war noch niemals hier gewesen".* Die Quellen zu ,Satan und Ischariot'. In: *Karl Mays „Satan und Ischariot",* hg. v. Dieter Sudhoff u. Hartmut Vollmer. Oldenburg 1999, S. 234-276, bes. S. 234f.
10 Zit. nach Karl May: *May gegen Mamroth. Antwort an die „Frankfurter Zeitung".* In: JbKMG 1974, S. 150.
11 Für die Überlassung der Kopien aus Karl Mays Bibliothek sei an dieser Stelle Herrn Hans Grunert, Dresden-Radebeul, herzlichst gedankt.
12 Die zum Bibliotheksbestand gehörige Karte bildete wahrscheinlich auch eine Grundlage des Kartographen des Radebeuler Karl-May-Verlags, Oberstleutnant a. D. Hans Pulkowski, für seine *Landkarten mit Reisewegen zu Karl May's Erzählungen.* Die akkuraten linealen Unterstreichungen der von May verwendeten Ortsnamen gehen womöglich darauf zurück, worauf auch eine Anmerkung in der zweiten Radebeuler Karte *Der Orient* hindeutet: „Nil-Länder. Nach älteren Karten bearbeitet auf Grund von Flemmings Generalkarte der Nil-Länder".
13 Karl May: *Die Sklavenkarawane.* Stuttgart, Berlin, Leipzig 1893, S. 165.
14 Vgl. *Petermann's Mitteilungen,* Jg. 1885, Tafel 16; Wilhelm Junker: *Reisen in Afrika 1875-86.* Bd. II. Wien 1890, Tafel 2.
15 Was nicht den Bänden der Buchausgabe bei Fehsenfeld entspricht, deren Dreiteilung von Umfangsberechnungen abhängig war und nicht von inhaltlichen Aspekten.
16 In der Reiseliteratur des 19. Jahrhunderts finden sich ganz unterschiedliche Schreibweisen für diese zentrale Stelle der Karawanenstrecke zwischen Korosko und Abu Hammed: ‚Mur hat el Morra' (Joseph Russegger: *Reise in Egypten, Nubien und Ost-Sudan.* 1. Theil. Stuttgart 1843, S. 431); ‚Brunnen im Wadi Murhad' (Richard Lepsius: *Briefe aus Aegypten, Aethiopien und der Halbinsel des Sinai.* Berlin 1852, S. 131); ‚Birr Murr-hat' (Bayard Taylor: *Eine Reise nach Centralafrika.* Leipzig 1855, S. 161).
17 Vgl. dazu Helmut Lieblang: *Von den malajischen Büchern... Eine Quelle zu ,Und Friede auf Erden!'* In: MKMG 132 (2002), S. 27-32, bes. S. 31.
18 Vgl. Karl May: *Im Lande des Mahdi.* I. Band: *Menschenjäger.* Bamberg 1952 (786. Tsd.), S. 363. Um Applaus von der falschen Seite zu vermeiden: Es geht nicht darum, Mays Texte zu verändern, für wie legitimiert man sich dafür auch halten mag und wie sicher man sich in bezug auf Fehler und Unstimmigkeiten zu sein glaubt, es geht darum, daß eine kritische Werkausgabe nicht ohne Anmerkungsapparat auskommt.
19 Ein Hinweis darauf findet sich schon bei Franz Kandolf: *Schrittmesser und Landkarten.* In: KMJb 1979, S. 26 (zuerst KMJb 1925).
20 Marno [Anm. 6], S. 323f.
21 Vgl. ebd., S. 160: „Viele dieser Einsenkungen halten das ganze Jahr wenigstens an einzelnen Stellen Wasser. Je nachdem sie näher oder weiter, höher oder tiefer liegen, verlieren sie langsamer oder schneller an Umfang, entfernen sich gleichsam weiter vom Flusse und bleiben schliesslich als Sumpf ohne Verbindung mit dem nun tief gefallenen Flussbette zurück. Solche Sümpfe werden Maijeh genannt." Woher der arabische Namensbestandteil stammt, konnte bisher nicht ermittelt werden.
22 Vgl. Theodor von Heuglin: *Reise in das Gebiet des Weissen Nil und seiner westlichen Zuflüsse in den Jahren 1862-1864.* Leipzig, Heidelberg 1869, S. 40f.; Hermann Steudner: *Excursion nach dem Djebl Arasch-Kol in Kordofan.* In: *Zeitschrift für allgemeine Erdkunde.* Neue Folge, Bd. 17. Berlin 1864, S. 76ff.

23 Wesentliche Elemente des Mayschen Dschebel Arasch Qol finden sich in XVII 240f., 246, 270f., 296ff; vgl. dazu z. B. Marno [Anm. 6], S. 150ff, 166f., 322, 334, 356. Die von May erwähnten Gafulbäume haben keine Entsprechung bei Marno. Woher May sein Wissen bezog, ist nicht bekannt.
24 Kandolf [Anm. 19], S. 26f.
25 John Petherick, 1813 im walisischen Glamorganshire geboren, war von Beruf Bergbauingenieur. Von 1845 bis 1848 untersuchte er im Auftrag des Khediven Mehmet Ali Oberägypten und den ägyptischen Sudan auf Bodenschätze, vornehmlich auf Kohlelagerstätten. 1848 ließ er sich in El Obeid, der Hauptstadt Kordofans, als Händler nieder, wo er sich hauptsächlich am Handel mit Gummi arabicum beteiligte. 1853 zog er nach Khartum und wurde Elfenbeinhändler. Als solcher unternahm er häufige Reisen ins damals noch nahezu unbekannte Bahr el-Ghasal-Gebiet. 1858 erreichte er als erster das Gebiet der Niam-Niam (Asandeh). 1861 erschien sein erster Reisebericht *Egypt, the Soudan and Central Africa*. 1862 beauftragte ihn die Royal Geographical Society in London mit der Mission, in Gondokoro, tief im Süden des Sudan, ein Vorratslager für John H. Speke und James A. Grant anzulegen, die sich anschickten, die Quellen des Nils zu entdecken. Er erreichte den Ort im Februar 1863, verpaßte aber die beiden Forscher um vier Tage. 1865 kehrte Petherick nach England zurück, wo er seine Erlebnisse niederschrieb. Sein Buch *Travels in Central Africa and Explorations of the Western Nile Tributaries* erschien 1869. Man sagt Petherick auch eine Beteiligung am Sklavenhandel nach, weil im Gummihandel nach damaliger Sitte Sklaven durchweg als Zahlungsmittel benutzt wurden. Gewiß ist, daß er seit 1861 als englischer Konsul in Khartum eifrig den Sklavenhandel auf dem Weißen Nil bekämpfte. Vgl. *Emin Pascha. Eine Sammlung von Reisebriefen und Berichten Dr. Emin Pascha's aus den ehemals ägyptischen Aequatorialprovinzen und deren Grenzländern*, hg. v. Georg Schweinfurth u. Friedrich Ratzel. Leipzig 1888, S. 521.
26 James Cowan: *Der Traum des Kartenmachers. Die Meditationen des Fra Mauro, Kartograph zu Venedig*. München 1997, S. 28.
27 Kandolf [Anm. 19], S. 26f.
28 Vgl. Lieblang: *„Ich war noch niemals hier gewesen"* [Anm. 9], S. 250f.
29 Vgl. Kandolf [Anm. 19], S. 24. Auch auf den viel später erschienenen Karten im *Meyer* und im *Brockhaus*, die May häufig benutzte, haben sich die falschen Angaben Pethericks erhalten. Vgl. dazu die Karte *Nordöstliches Afrika und Arabien*, in: *Brockhaus' Conversations-Lexikon. Allgemeine deutsche Real-Encyklopädie*. Leipzig [13]1882, nach S. 184, sowie die Karte *Ägypten, Darfur und Abessinien*, in: *Meyers Konversations-Lexikon. Eine Encyklopädie des allgemeinen Wissens*. Leipzig [4]1885, nach S. 208.
30 An diesem Punkt stellt sich die Frage, wie denn ein echter ‚Karl-May-Atlas' beschaffen sein müßte. Sollte er ein Kartenbild liefern, wie wir Heutigen es uns machen, oder eins mit Mays Ansichten und Augenmerk? Mir scheint, ein solches Kartenwerk sollte die Karten enthalten, die May benutzt hat, mit seinen Anmerkungen, Anstreichungen und Einfügungen, ungeachtet der im Vergleich zu modernen Kartendarstellungen enthaltenen Fehler und Unstimmigkeiten. Denn es geht ja nicht darum, Karl May in die heutige Geographie einzupassen, sondern darum, den Planeten Mays so anzuschauen, wie er ihn geschaffen hat. Macht es Sinn, Mays ‚Dschinnistan' mit Kilometerangaben zu versehen? Vgl. dazu Hans-Henning Gerlach: *Karl-May-Atlas*. Bamberg, Radebeul 1997, S. 233.
31 Zu Paulitschke vgl. Kosciuszko [Anm. 2].
32 Vgl. *Landkarten mit Reisewegen zu Karl May's Erzählungen. 2. Der Orient*. Radebeul bei Dresden [1933]; Gerlach [Anm. 30], S. 229.
33 Vgl. XVII 581, XVIII 83, 86. Der ebenfalls unterstrichene Ort Agardu wird gleichfalls nur erwähnt (XVII 582, XVIII 151). Der Vollständigkeit halber sei noch auf den Bantunamen ‚Waganda' in *Emin Pascha* [Anm. 25], S. 524, hingewiesen, ohne einen Zusammenhang behaupten zu wollen: „Waganda heißt das Volk von Uganda". Zumindest ein Beweis dafür, daß May einen authentisch klingenden Namen erfunden hat.

34 May: *Die Sklavenkarawane* [Anm. 13], S. 448.
35 Ebd., S. 436-452.
36 Ebd., S. 438.
37 The Beatles (John Lennon): *Lucy in the sky with diamonds* (1967).
38 Als frühes Beispiel mag die Beschreibung des Reiseweges von Point de Galle nach Kolombo in *Der Girl-Robber* (XI 420ff., zuerst in: *Deutscher Hausschatz*, Jg. 6, 1879) gelten. Vgl. dazu Helmut Lieblang: *Englisch-Ostindien.* In: MKMG 108 (1996), S. 36-41. Das Beispiel schlechthin für eine ‚wahrhafte' Darstellung aus der Zeit von Mays klassischen Reiseerzählungen ist die Darstellung Kurdistans im zweiten Band des Orientzyklus. Vgl. Günther Deschner: *Die Kurden. Das betrogene Volk.* Frankfurt/M., Berlin 1991, S. 37, 45ff., 48; Hans Hauser: *Die Kurden. Stiefsöhne Allahs.* Frankfurt/M., Berlin 1991, S. 20f., 28; Namo Aziz: *Kurdistan. Menschen, Geschichte, Kultur.* Nürnberg 1992, S. 15, 40, 93.
39 *Das Möharremfest bei den schiitischen Tataren zu Schuscha in Karabagh.* In: *Globus. Illustrirte Zeitschrift für Länder- und Völkerkunde*, Band XVI (1869), Nr. 9, S. 129-137 (Abb. S. 132f.).
40 A. E. Brehm: *Das Flußpferd (Hippopotamos) und die Arten, wie es gejagt wird.* In: *Die Gartenlaube. Illustrirtes Familienblatt*, Jg. 1857, S. 329f. (Abb. S. 329).
41 Marno [Anm. 6], S. 182-189, 324f., 410f. Vgl. Kosciuszko [Anm. 2], S. 77. Ähnlich verfährt May auch in der *Sklavenkarawane* [Anm. 13, S. 198], wo er eine Abbildung aus Paulitschke (*Die Sudanländer nach dem gegenwärtigen Stand der Kenntnis.* Freiburg 1885, Kap. 1, S. 5) mit einem Text aus Marno (S. 38) kombiniert. Die Angaben zu Nilpferd und Nilpferdjagd in der *Sklavenkarawane* stammen fast ausschließlich aus Marno.
42 Rudi Schweikert: *Das gewandelte Lexikon. Zu Karl Mays und Arno Schmidts produktivem Umgang mit Nachschlagewerken.* Wiesenbach 2002, S. 9.
43 Summarisch sei hier verwiesen auf die zahlreichen Arbeiten von Rudi Schweikert in den *Mitteilungen* und *Jahrbüchern der Karl-May-Gesellschaft.* Eine nutzbringende und erfrischende Zusammenschau seiner Studien ist kürzlich erschienen [Anm. 42].
44 *Pierer's Universal-Lexikon der Vergangenheit und Gegenwart oder Neuestes encyclopädisches Wörterbuch der Wissenschaften, Künste und Gewerbe.* 19 Bde. Altenburg ⁴1857-65; *Brockhaus* [Anm. 29], 16 Bde., Leipzig 1882-87. Auf zwei *Brockhaus*-Artikel, die May im *Mahdi* zitiert (Bd. V, S. 587: ‚Dschalo'; Bd. XIV, S. 895: ‚Snussi'), ist bereits früher hingewiesen worden: Rudolf K. Unbescheid: *Das Land des Mahdi, Sklavenkarawanen und Karl May.* In: *Winnetou, Old Shatterhand, Kara Ben Nemsi, Hadschi Halef Omar. Karl Mays Erzählungen und die Wirklichkeit* (Loseblattsammlung), hg. v. Horst Heinke. Taunusstein 1975-88, S. 44ff.
45 *Brockhaus* [Anm. 29], Bd. XII, S. 249.
46 Anders als heute war das Nilpferd zu damaliger Zeit ein viel größeres Exotikum. Erst 1859 konnte man die beiden ersten Flußpferde in einem deutschen Zoo bewundern. Vgl. *Meyers Konversations-Lexikon* [Anm. 29], Bd. VI, S. 412.
47 Im übrigen folgt May hier einem beliebten Topos der zeitgenössischen Reiseliteratur. Kaum ein Reisewerk über die oberen Nilgegenden, das auf die Beschreibung einer Nilpferdjagd verzichtet.
48 May: *Die Sklavenkarawane* [Anm. 13], S. 389 u. 392.
49 Er schreibe über seine Reisen, „um der Lehrer meiner Leser zu sein und mir nebenbei Geld zu verdienen" (VII 153), läßt May sein Alter ego in *Winnetou I* sagen. Obwohl man bei May eine starke Identifikation mit dem Ich-Erzähler Old Shatterhand voraussetzen darf, sollte man jedoch nicht vergessen, daß er dies einer Romanfigur in den Mund legt. Vgl. Schweikert [Anm. 42], S. 11.
50 *Brockhaus* [Anm. 29], Bd. I, S. 526f.
51 Marno [Anm. 6], S. 324f.
52 Schweikert [Anm. 42], S. 11.

53 Bei anderen Erwähnungen der Pflanze, auch in der *Sklavenkarawane*, folgt May der Schreibweise Marnos: ‚Ambag'.
54 Vgl. Kosciuszko [Anm. 2], S. 83.
55 May: *Die Slavenkarawane* [Anm. 13], S. 219.
56 Hier eine Auflistung aller bisher ermittelten Stellen:

Stichwort	Mahdi	Brockhaus
Ambag/Ambak	XVIII 392	I, 526f.
Dscharabub	XVII 364f.	V. 587 (Dschalo)
Gizeh	XVI 113	VIII, 66
Hennah	XVI 248	I, 424 (Alkannawurzel)
Kordofan	XVII 1f.	X, 529
Mumien	XVI 247f.	XI, 923
Nilpferd	XVIII 6, 18f.	XII, 249
Senussi	XVII 364f.	XIV, 895 (Snussi)
Siut	XVI 172, 175f., 178, 234	XIV, 852
Sümpfe	XVIII 65	I, 332 (Albemarlesund)

57 Piet Kistemaker: *Wilde gastronomische Abenteuer. Ernest Hemingways kulinarische Biographie.* Reinbek bei Hamburg 1999, S. 143.
58 Um nur einige zu nennen: Georg Ebers: *Eine ägyptische Königstochter* (1864); Wilhelm Walloth: *Das Schatzhaus des Königs* (1883); August Niemann: *Das Geheimnis der Mumie* (1886); Maximilian Kern: *Das Erbe des Pharao* (1911).
59 Ernst Marno: *Die Krokodilhöhle bei Maabdah.* In: *Aus allen Welttheilen*, Jg. 5 (1874), S. 240f. Vgl. Kosciuszko [Anm. 2], S. 75f.
60 N.A.V.: *Die Samum-Grotte in Aegypten.* In: *Magazin für die Literatur des Auslandes*, Bd. 11 (1834), S. 314f.
61 Karl von Vincenti: *Mumienhandel.* In: *Deutsches Familienblatt. Eine illustrirte Wochenschrift*, Bd. III, Nr. 24. In dem betreffenden Artikel aus Karl Mays Bibliothek (Sig. 825) läßt sich keine Jahreszahl feststellen. Vermutlich handelt es sich um den 3. Jg. (1882) von *Schorers Familienblatt. Eine Illustrierte Zeitschrift*, das bis dahin *Deutsches Familienblatt* betitelt war. Das von Karl May redigierte gleichnamige Blatt, von dem lediglich der 1. Jg. (1875/76) erschienen ist, steht nicht zur Debatte.
62 *Brockhaus* [Anm. 29], Bd. XI, S. 923.
63 Vincenti [Anm. 61], S. 380.
64 *Brockhaus* [Anm. 29], Bd. XI, S. 923.
65 Ebd., Bd. I, S. 424.
66 Ebd., Bd. XI, S. 923.
67 Vincenti [Anm. 61], S. 379-382.
68 Marno: *Die Krokodilhöhle bei Maabdah* [Anm. 59], S. 240.
69 N.A.V. [Anm. 60], S. 314.
70 Marno: *Die Krokodilhöhle bei Maabdah* [Anm. 59], S. 240.
71 N.A.V. [Anm. 60], S.314.
72 N.A.V. ist die älteste bisher eruierte Quelle Mays überhaupt, wenn man von den zahlreichen Bibelzitaten, die sein Werk durchziehen, einmal absieht.
73 Carl Berghoff: *Reise durch den Atmur, die Nubische Wüste zwischen Korosko und Berber.* In: *Aus allen Welttheilen*, Jg. 13 (1882), S. 336-339.
74 Joseph Ferlini: *Die Wüste Koruska.* In: *Magazin für die Literatur des Auslandes*, Bd. 16 (1839), S. 403f.
75 Berghoff [Anm. 73], S. 338.
76 Ferlini [Anm. 74], S. 404.

77 Mays Beschreibung findet sich in XVI 437, die Parallelstelle bei d'Escayrac [Anm. 6], S. 289.
78 Steppenwolf (John Kay): *Magic carpet ride* (1976).
79 Heraklit: *Fragmente.* Griechisch u. deutsch hg. v. Bruno Snell. München ^{7}1979, S. 13 (Fragment B 28).

Silvia Zahner

Das Ich im Lande des Mahdi

Eine erzähltheoretische Analyse

Mancher meiner geneigten Leser wird am Schlusse des vorigen Kapitels gedacht haben: „Jetzt sollte der Verfasser eigentlich schließen, denn nach schriftstellerischen Regeln ist die Erzählung nun zu Ende, da die sämtlichen Konflikte gelöst worden sind und der Gerechtigkeit Genüge geschehen ist." Dem habe ich zu entgegnen, daß ich nicht eigentlich schriftstellere, sondern Erlebnisse niederschreibe und es unmöglich hindern kann, wenn sich das Leben und die Wirklichkeit nicht nach schriftstellerischen Regeln richten und sich selbst vom scharfsinnigsten Kritikus nicht den Gang der Ereignisse vorschreiben lassen. Es giebt ewige Gesetze, welche hoch über allen tausend Regeln der Kunst erhaben sind. (XVIII 153)

Diese Erklärung des erzählenden Ich nach dem Tod von Ibn Asl ist interessant. Sie ist nicht unbedingt stichhaltig, denn warum sollte ein Erzähler nicht nach dem Ende einer Episode aufhören können? Andererseits zeigt sich hier das Selbstbewußtsein eines Erzählers, der es sich erlauben kann, sich nicht an die Regeln zu halten. Ich möchte mit Hilfe einiger erzähltheoretischer Kategorien untersuchen, inwieweit sich das Ich in dieser Erzählung an die Regeln hält oder auch nicht. Dabei wähle ich diejenigen Kategorien, die im Text am häufigsten auftreten und damit den Inhalt am meisten beeinflussen. Das sind auf der Erzählerebene der Erzählerkommentar, auf der Handlungsebene Dialog, Innerlichkeit der Figuren, Rückgriff und geraffter Redebericht und, sozusagen zwischen den beiden Ebenen, die Vermischung der Perspektiven.[1]

Erzählerkommentar

Üblicherweise kann man in Ich-Erzählungen zwei Ebenen unterscheiden: die Handlungsebene mit dem handelnden Ich und die Erzählerebene mit dem erzählenden Ich. Beide Ich sind natürlich die gleiche Person; sie unterscheiden sich nur dadurch, daß das handelnde Ich Teil der Geschichte ist, die das erzählende Ich mitteilt. Auf der Handlungsebene spielt sich die erzählte Geschichte ab. Da diese in der Regel zum Zeitpunkt des Erzählens abgeschlossen ist, ist das Tempus der Handlungsebene das Präteritum. Das Tempus der Erzählerebene ist das Präsens, weil hier und jetzt erzählt bzw. gelesen wird. Wenn nun das erzählende Ich die Handlung unterbricht, um einen Kommentar abzugeben, wechselt es dazu auf die Erzählerebene, was sich im Text als Tempuswechsel manifestiert, das heißt, das erzählende Ich wechselt vom Präteritum der Handlungsebene zum Präsens der Erzählerebene. Dies zeigt sich sehr schön am Zitat, welches ich diesen Ausführungen vorangestellt habe. Der Inhalt des Zitats hat nichts mit der eigentlichen Handlung zu tun, sondern ist eine Absichtserklärung des erzählenden Ich.

Die Erzählerkommentare können sich natürlich auch auf die Handlung beziehen, indem das erzählende Ich zum Beispiel Ortschaften oder Gebräuche beschreibt, die das handelnde Ich gesehen hat. Im *Mahdi*-Roman findet sich ein Erzählerkommentar zu Beginn der Hälfte der Kapitelanfänge, seien das nun Beschreibungen von Kairo (XVI 1) oder Korosko (375) oder aber das Einbalsamieren von Krokodilen (247). Wenn Kapitel und erst recht ganze Erzählungen mit einem Erzählerkommentar beginnen, deutet das auf eine starke Präsenz des erzählenden Ich. Der Leser wird nicht allein gelassen, sondern vom erzählenden Ich durch die Geschichte geführt. Das erzählende Ich im *Mahdi* ist mit viel Humor gesegnet. Dieser zeigt sich besonders deutlich bei der Beschreibung der fatalen Feuerspritze von Khoi, von der das erzählende Ich sogar eine Zeichnung macht, um „meine geometrischen Talente bewundern zu lassen" (vgl. XVIII 215ff.). Doch auch kurze humorvolle Einschübe sind immer wieder zu finden, wie zum Beispiel der folgende Vergleich:

Das war ein Schlürfen und Schmatzen, fast wie an einer feinen Hoteltafel, wenn die Suppe serviert worden ist und kein Mensch auf den Ekel und Abscheu seines Nachbars Rücksicht nimmt. Bär bleibt eben Bär, im kurdischen Hochgebirge und an der Table d'hote in Cannes, Baden-Baden oder Scheveningen! (XVIII 322)

Dieser Vergleich erfolgt kurz bevor Kara Ben Nemsi und Halef die Bären töten, ehe diese Ssali Ben Aqil und dessen Vater fressen können. Das gibt dem ganzen Abenteuer eine gewisse ironische Note, welche beim Leser keine Angst um den Helden aufkommen läßt. Durch solche Erzählerkommentare wird zwar immer wieder die Handlung unterbrochen, aber dafür läßt das erzählende Ich den Leser nie im unklaren und lockert Spannungen mit Humor auf.

Damit verlasse ich die Erzählerebene und komme zu den erzählerischen Mitteln der Handlungsebene.

Rückgriff / geraffter Redebericht

Ich beginne mit Rückgriff und gerafftem Redebericht, weil beide das Eingreifen des erzählenden Ich auf die Handlungsebene deutlich machen und es für beide Kategorien im *Mahdi* außergewöhnliche Beispiele gibt.

Der auffälligste Rückgriff in allen drei Bänden umfaßt das gesamte dritte Kapitel in *Mahdi III*. Es beginnt mit den Worten: „wenn mich nicht das Schicksal einige Jahre vorher und in einem weit von Sudan entfernten Lande" (153), und endet mit dem Schluß des Kapitels, worauf das neue Kapitel den Faden der Handlung erneut aufnimmt mit: „Und wieder war's am Nile" (385). Zwischen diesen beiden Zitaten wird von der Bekanntschaft mit Ssali Ben Aqil erzählt – mit den üblichen erzählerischen Mitteln. Das erzählende Ich unterbricht die Handlung, um ein früheres Abenteuer einzuschieben. Dies zeigt, daß das erzählende Ich über der Handlung steht und sie in beliebiger Reihenfolge erzählen kann.

Auch durch den gerafften Redebericht manifestiert sich das erzählende Ich als Instanz über der Handlung. Es faßt Dialoge zusammen und erzählt das Gesagte in eigenen Worten. Zwei sehr anschauliche Beispiele finden sich in *Mahdi III*. Da sie zu lang sind, um sie hier zu zitieren, möchte ich den jeweiligen Anfang und Schluß betrachten, welche die Textstelle als gerafften Redebericht kennzeichnen. Das erste Beispiel findet sich im vorhin erwähnten dritten Kapitel. Kara Ben Nemsi und Halef treffen bei der Verfolgung der Pferdediebe auf den betrunkenen Wirt aus Khoi. Der Ich-Held befragt diesen zur Situation der Gefangenen. Das beginnt zunächst in Dialogform und wechselt dann mit den Worten: „Der Wirt setzte seinen Bericht fort, und ich erfuhr noch folgendes" (271). Dann faßt das erzählende Ich den Bericht des Wirtes zusammen, was am Gebrauch des Plusquamperfekts und Konjunktivs zu erkennen ist. Dies wird beendet durch die Worte: „‚Jetzt, o Emir', fügte er seinem Berichte hinzu" (274). Danach hält Kara Ben Nemsi dem Wirt einen Vortrag über die Folgen der Trunksucht, worauf sich der Wirt (natürlich!) bessert.

Das zweite Beispiel ist ähnlich. Ssali Ben Aqil erzählt Kara Ben Nemsi, was er alles erlebt hat. Im Gegensatz zum vorherigen Beispiel geht jedoch der geraffte Redebericht nicht aus einem Dialog hervor, sondern aus einer Raffung anderer Handlungen.

Dann, als ich meine Obliegenheiten alle erfüllt hatte und nun ausruhen konnte, kam Ssali zu mir […] und erzählte mir dann, was er seit unserer Trennung in der Gegend von Khoi erlebt hatte. Es war viel und doch wenig (535).

Dieser geraffte Redebericht endet wie der oben besprochene in einem Dialog: „sagte Ssali am Schlusse seines Berichtes" (539). Das Besondere beider Beispiele liegt darin, daß sich die Berichte über mehrere Seiten erstrecken, was sonst bei Karl May kaum zu finden ist. Außerdem verwandelt sich das erzählende Ich bei der Wiedergabe der Berichte in einen Er-Erzähler, indem es sogar Dialoge wiedergibt. Diese Dialoge wurden vom erzählenden Ich konstruiert, da es sie nicht selbst gehört hat und kaum anzunehmen ist, daß der Wirt oder Ssali dieselben wörtlich so geführt haben. Dadurch werden aus den Berichten der beiden Figuren eigenständige kleine Erzählungen eines Er-Erzählers.[2] Üblicherweise finden sich Berichte anderer Figuren in Dialogform. Ich werde bei der nun folgenden Behandlung des Dialogs darauf zurückkommen.

Dialog

Der Dialog ist das wichtigste und auch häufigste erzählerische Mittel, wie die Auszählung zeigt. In *Mahdi I* beansprucht er 56 % des gesamten Textes, in *Mahdi II* sogar 61 %, während es in *Mahdi III* immerhin noch 47 % sind. Im Durchschnitt besteht also mehr als die Hälfte des gesamten Textes aus Dialogen. Dies hat verschiedene Konsequenzen für den Text. Die wichtigste ist die hohe Unmittelbarkeit, das heißt, das erzählende Ich als Vermittlungsinstanz wird so sehr in den Hintergrund gedrängt, daß sich der Text beinahe wie ein Drama lesen läßt. Der Leser kann unmittelbar an der Handlung teilhaben, ohne daß diese vom erzählenden Ich unterbrochen wird. Eine weitere Konsequenz ist die enorme Gedächtnisleistung des Ich, das sich so viele und so lange Gespräche wortwörtlich merken kann.

Etwas überraschend kommt der plötzliche Rückgang der Dialoge in *Mahdi III*. An die Stelle ausführlicher Gespräche treten dort die bereits erwähnten gerafften Redeberichte. Es gibt keine Andeutung im Text über das Motiv des erzählenden Ich. Es ist unklar, ob das erzählende Ich von seinem Gedächtnis im Stich gelassen wurde, so daß es sich nur noch an den Inhalt, aber nicht mehr an den Wortlaut des Berichteten erinnert, oder ob es einen anderen Grund gab, den Bericht des Wirtes und denjenigen von Ssali

Ben Aqil zusammenzufassen. Doch die Folge ist, daß der dritte Romanband seine hohe Unmittelbarkeit zeitweilig einbüßt, während dagegen das Ich etwas menschlicher wird in bezug auf sein Erinnerungsvermögen. Doch selbst 47 % Dialog sind immer noch viel, und die Unmittelbarkeit, die durch die Dialoge erzeugt wird, ermöglicht es dem Leser, zeitweilig zu vergessen, daß er berichtete Ereignisse liest und nicht direkt den sprechenden Personen zuhört. Da die meisten Gespräche zwischen zwei Personen stattfinden, ist es nicht einmal nötig, Inquitformeln zu gebrauchen, was die Unmittelbarkeit noch verstärkt.[3] Die Funktionen der Dialoge sind vielfältig. Sie lösen Handlungen aus oder beenden sie. Durch das Gespräch erfährt das handelnde Ich, was nötig ist, um zu entscheiden, wie gehandelt werden soll. Figuren haben durch den Dialog die Möglichkeit, ihre Ansichten und Gefühle auszudrücken. Die Dialoge besitzen also die gleichen Funktionen wie in anderen Reiseerzählungen auch.[4]

Innerlichkeit

Die Innerlichkeit der Figuren, also ihre Gedanken und Gefühle, scheinen keine große Rolle zu spielen, nicht einmal diejenigen des erlebenden Ich. Von all den möglichen erzählerischen Mitteln, mit denen ein Erzähler über die Gefühle und Gedanken seiner Figuren berichten kann, finden sich im *Mahdi* vor allem zwei: der Innerlichkeitsbericht und die stumme Sprache. Das mag zunächst, natürlicherweise, eine Folge der Ich-Erzählung sein. Das erzählende Ich kann nicht wissen, was die anderen Figuren denken und fühlen. Doch auch die Innerlichkeit des erlebenden Ich spielt keine große Rolle. Es ist allerdings nicht so, daß gar nichts darüber gesagt wird. Immerhin kann das erlebende Ich durch das Beobachten der Gestik und Mimik der anderen Figuren auf deren Befindlichkeit schließen. Das erzählerische Mittel, um diese Beobachtungen darzustellen, ist die stumme Sprache, die die Gestik und Mimik der Figuren beschreibt. Diese kommt zwar recht häufig, jedoch immer nur in kurzen Sätzen oder sogar Teilsätzen vor, meist in Begleitung der Dialoge, wie im folgenden Beispiel: „Er hatte das mit großem Stolze gesprochen und sah mich nun erwartungsvoll an" (XVI 10). Das erlebende Ich schließt aus dem Tonfall auf den Stolz des Sprechers und aus der Miene auf seine erwartende Haltung. In Beispielen wie: „Er schüttelte den Kopf" (223), schließt das erlebende Ich aus der Geste auf die

Ungläubigkeit des Gegenübers. Solche Belegstellen für stumme Sprache sind zwar wie gesagt im ganzen Text auf fast jeder Seite zu finden, doch sie sind immer kurz. Hier und da finden sich auch längere Stellen wie die folgende:

> Er hatte erst in gewöhnlichem Tone und dann in immer wachsender Begeisterung gesprochen; seine Augen leuchteten, und der Fanatismus glänzte, ja, triefte ihm förmlich vom Gesichte. (XVIII 191)

Doch auch dieses etwas längere Beispiel ist, wie die meisten Belegstellen für stumme Sprache, eingebettet in einen Dialog. Natürlich kann auch die Innerlichkeit des erlebenden Ich durch stumme Sprache ausgedrückt werden, wie die folgenden Beispiele zeigen: „ich schnappte förmlich nach Atem" (215), und: „fragte ihn in so zornigem Tone" (60). Sie sind jedoch im Vergleich mit der stummen Sprache der anderen Figuren seltener, etwa im Verhältnis 3:1, das heißt, von drei Beispielen für stumme Sprache bezieht sich höchstens eines auf das erlebende Ich.

Dieses Verhältnis ist gerade umgekehrt beim Innerlichkeitsbericht. Das kann kaum überraschen, denn der Innerlichkeitsbericht macht Aussagen darüber, wie eine Person denkt und fühlt. Das erzählende Ich braucht sich in bezug auf das erlebende Ich nur zu erinnern, doch bei den anderen Figuren ist es schwieriger. Wie soll das erzählende Ich wissen, was in den Köpfen der anderen Figuren vorgeht, wenn sich dies nicht durch stumme Sprache äußerlich ablesen läßt? Das erzählende Ich bei Karl May benimmt sich in diesem Fall wie ein allwissender Er-Erzähler, womit es eigentlich die Erzählkonventionen durchbricht. Doch wird diese, dem Ich-Erzähler nicht zustehende Allwissenheit dadurch gemildert, daß das erlebende Ich sich in der Regel davor hütet, allzu bestimmte und eindeutige Aussagen über die Befindlichkeit anderer zu machen, wie im folgenden Beispiel: „Der Mann schien mich trotz der kurzen Zeit doch schon ein wenig in sein Herz geschlossen zu haben" (XVI 105). Hier benutzt das erzählende Ich das Verb ‚scheinen' und zeigt damit, daß es sich nur um einen Eindruck des erlebenden Ich, aber nicht um genaues Wissen handelt. In manchen Fällen vergißt das erzählende Ich diese Zurückhaltung, wie das folgende Beispiel zeigt:

> Seine Ehrlichkeit sträubte sich, das ihm Anvertraute in unsere Hände gelangen zu lassen. Er kämpfte mit sich. Endlich entschied die Sorge um sich und die Seinen (XVII 532).

Daß das erzählende Ich so genau weiß, was in Agadi, um den es sich hier handelt, vorgeht, ist doch erstaunlich. Daß dieser sich sträubt und mit sich kämpft, hat das erlebende Ich vielleicht an seiner Miene abgelesen, doch daß die Sorge um die Seinen den Ausschlag für Agadis Entscheidung gibt, läßt höchstens ein kühner Schluß aus dem anschließenden Gespräch zu. Das erzählende Ich benimmt sich wie ein allwissender Er-Erzähler, obwohl es eigentlich nur wissen kann, was das erlebende Ich erfahren hat. Es wird jedoch nie erwähnt, daß das erlebende Ich telepathische Fähigkeiten hat.

Die Innerlichkeit des erlebenden Ich ist für das erzählende natürlich kein Geheimnis. Es braucht sich nur zu erinnern. Doch außer gelegentlichen Aussagen über Freude, Besorgnis, Erschöpfung oder Angst spielen die Gedanken und Gefühle des erlebenden Ich offenbar keine Rolle. Die gesamte Handlung konzentriert sich auf äußere Ereignisse. Abgesehen davon ist die Befindlichkeit verschiedener Personen hin und wieder Inhalt der Dialoge, so daß für das erzählende Ich kein Anlaß besteht, weiter darauf einzugehen. Was die Innerlichkeit des erlebenden Ich betrifft, wird ihr außerdem ein spezieller Platz durch das letzte erzählerische Mittel, das ich besprechen möchte, eingeräumt, nämlich durch die Vermischung der Perspektiven.

Vermischung der Perspektiven

Die Erzähltheorie kennt das Demarkationsproblem zwischen Erzähler und Figur. Das bedeutet, daß eine Textstelle nicht eindeutig dem einen oder andern zugeordnet werden kann. Das ist deshalb für die Interpretation einer Textstelle wichtig, weil sich der Leser auf die Aussagen des Erzählers verlassen kann, während die Wahrnehmung der Figur subjektiv ist und somit sowohl die Figur als auch den Leser täuschen kann.

In Karl Mays Ich-Erzählungen findet sich ein ähnliches Problem, doch bezieht es sich ausschließlich auf die Vermischung der Perspektiven von erlebendem und erzählendem Ich. Die Schwierigkeit bei diesen Textstellen ist, daß bestimmte Aussagen nicht eindeutig als Gedanken des erlebenden oder Kommentar des erzählenden Ich eingeordnet werden können. Dies fällt zwar beim Lesen kaum auf, doch es hat einen wesentlichen Einfluß auf die Ich-Erzählung. Auf Kommentare des erzählenden Ich kann sich der Leser bedenkenlos verlassen, aber die Gedanken und Gefühle des erlebenden Ich sind subjektiv aus dem Moment der Handlung heraus und können täuschen. Ich möchte an einigen Beispielen das Problem erläutern.

In den ersten beiden Textstellen geht es um den Fakir, der sich später als Abd Asl entpuppt:

> Nein, dieses Gesicht konnte nicht lügen. Der Mann, welcher dem Grabe so nahe stand, daß jeder Augenblick ihn hineinstoßen konnte, sollte ein Freund von Verbrechern sein? Unmöglich, ganz unmöglich! Ich empfand in diesem Augenblicke das festeste, das innigste Vertrauen zu ihm. (XVI 319)

Es handelt sich hier um die Wahrnehmung des erlebenden Ich. Doch die Präsenz des erzählenden Ich ist ebenfalls zu spüren. Der Ausdruck „in diesem Augenblicke" im letzten Satz ist ein Kommentar des erzählenden Ich, denn nur derjenige, der weiß, daß der Eindruck täuscht, kann so etwas sagen. Das erlebende Ich kann nur feststellen, daß es Vertrauen empfindet.

Das nächste Beispiel ist nur ein paar Seiten später zu finden. Hier zeigt sich, daß das erlebende Ich mittlerweile Verdacht geschöpft hat:

> Aus welchem Grunde ich dem Diener diesen Befehl gab? Ich hatte jetzt gegen den Fakir einen, wenn auch nicht bestimmten Verdacht gefaßt. Seit seiner letzten Rede war ich überzeugt, daß sein frommes Gesicht eine Lüge sei. Es konnte mir ja wohl sehr gleichgültig sein, ob es unter den muhammedanischen Fakirs einen Heuchler mehr oder weniger gebe, aber wer sich auf diese Weise zu verstellen vermochte, der war nicht nur ein Heuchler, sondern wohl gar ein gefährlicher Mensch. Daß er gerade mir gefährlich werden wolle, das war kaum anzunehmen. Welchen Grund hätte er haben können? Und sollte mir ja eine Gefahr drohen, nun, so bedurfte es nur der nötigen Vorsicht, und ich war Manns genug, es mit diesem alten Manne aufzunehmen. Es befand sich außer uns kein einziger Mensch in der Nähe, und zudem hatte ich das Messer und die beiden Revolver im Gürtel stecken. (327)

Der erste Satz ist dem erzählenden Ich zuzuordnen. Er klingt wie die Wiederholung einer Frage. Aus dem Zusammenhang wird klar, daß diese Frage dem Leser suggeriert wird und deshalb an das erzählende Ich gerichtet ist. Die anschließenden Sätze geben die Antwort und deren Begründung, die eigentlich dem erzählenden Ich zuzuordnen sind, aber das Wort „jetzt" im zweiten Satz wird der Perspektive des erlebenden Ich zugeordnet, denn nur dieses kann während der Handlung von „hier" und „jetzt" sprechen. Für das erzählende Ich ist „hier" und „jetzt" die Erzählerebene, auf die Handlungsebene bezogen referiert es mit „damals" und „dort". Der Satz: „Es konnte mir ja wohl sehr gleichgültig sein", ist nicht eindeutig einzuordnen. Das „ja wohl" deutet eher auf einen Kommentar des erzählenden Ich, doch die Aussage als solche konnte auch vom erlebenden Ich stammen. Der Inhalt hilft in diesem Fall auch nicht weiter. Mit dem Satz: „Daß er gerade mir gefährlich werden wolle", wechselt die Perspektive zum erlebenden Ich, weil das erzählende Ich bereits weiß, wie und warum der Fakir Kara Ben Nemsi verderben will. Hier gibt der Inhalt der Aussage den Ausschlag für die Zuordnung. Im dritten Beispiel geht es um den Reïs Effendina:

> Das war ganz im Tone eines Vorgesetzten zu seinem Untergebenen gesprochen. Wie oft hatte ich die Fehler seiner Leute, sogar seine eigenen, gut gemacht, und jetzt wollte er wiederholt erfahren haben, daß ich nichts von Strategie verstand! Ja gewiß, ein Stratege war und bin ich nicht im mindesten; aber Ibn Asl zu fangen, dazu glaubte ich ebensoviel Geschick wie er zu haben. (XVIII 91)

Die Textstelle steht mitten in einer verbalen Auseinandersetzung zwischen Kara Ben Nemsi und dem Reïs. Der erste Satz beschreibt den Tonfall des Reïs, ist somit ein Beispiel für stumme Sprache. Weil er einen Vergleich beinhaltet, ist der Satz eine Feststellung des erzählenden Ich. Mit „Wie oft hatte ich die Fehler" beginnt die interessante Stelle. Der Inhalt des Satzes scheint die Empörung des erlebenden Ich auszudrücken. Andererseits steht er mitten zwischen zwei dem erzählenden Ich zuzuordnenden Sätzen, könnte also sehr wohl die Empörung des letzteren zeigen. Der Teilsatz: „Ja gewiß, ein Stratege war und bin ich nicht im mindesten", ist ein Erzählerkommentar, während der Schluß des Satzes wieder eher in die Perspektive des erlebenden Ich fällt, das heißt, seine Überzeugung zum Ausdruck bringt.

Den zitierten und allen übrigen Beispielen ist gemeinsam, daß die Perspektiven des erzählenden und erlebenden Ich sehr eng beieinander sind. Manchmal so nahe, daß nicht eindeutig und zweifelsfrei zu sagen ist, wessen Meinung zum Ausdruck kommt. Das ist insofern ungewöhnlich, als das erzählende und das erlebende Ich durch eine bedeutende Zeitspanne getrennt sind. Mindestens zweimal im *Mahdi* verweist das erzählende Ich auf geschichtliche Ereignisse, die einige Zeit nach den von ihm erlebten Abenteuern stattfanden.[5] Das bedeutet, daß zwischen dem erlebenden und dem erzählenden Ich nicht nur die Zeit liegt, die das Ich nach den Erlebnissen bis zu deren Erzählung brauchte, sondern einige Zeit mehr, da zwischen Erleben und Erzählen auch noch verschiedene geschichtliche Ereignisse ihren Fortgang nahmen. Daraus folgt, daß das erlebende und das erzählende Ich durch eine größere Zeitspanne getrennt sind. Die Perspektive des erzählenden Ich sollte also größer und weiter sein als diejenige des erlebenden. Doch das einzige Wissen, das das erzählende Ich dem erlebenden voraus hat, ist das Wissen um den Ausgang der Geschichte. Wie am Anfang des Abschnittes erwähnt, hat die Vermischung der Perspektiven oberflächlich betrachtet keinen Einfluß auf den Leser. Es scheint keine Rolle zu spielen, welches Ich bestimmte Aussagen macht. Dem möchte ich entgegenhalten, daß es für die Interpretation einer Aussage sehr wohl bedeutend ist, ob sie vom erzählenden oder vom erlebenden Ich stammt. Da das erzählende Ich über der Handlung steht, sind seine Aussagen verläßlich, manchmal beinahe allwissend. Die Eindrücke des erlebenden Ich hingegen können den Leser in die Irre führen, denn sie sind subjektiv aus dem Augenblick heraus und können das erlebende Ich täuschen. Durch die Vermischung der Perspektiven wird die Grenze zwischen objektiven Aussagen des erzählenden Ich und den subjektiven Aussagen des erlebenden Ich verwischt.

Ergebnisse

Diese rudimentäre erzähltheoretische Analyse hat gezeigt, daß sich vom formalen Standpunkt her der *Mahdi* kaum von den anderen Reiseerzählungen Karl Mays unterscheidet. Der Dialog ist auch hier das weitaus häufigste erzählerische Mittel und damit verantwortlich für die relativ hohe Unmittelbarkeit des Textes. Eine andere wichtige Konsequenz ist die Auswirkung der Dialoge auf die Charakterisierung des Ich. Was muß dieser Mann für ein Gedächtnis haben, um sich all die Gespräche so genau und ausführlich einprägen zu können, so daß er fähig ist, sie nach geraumer Zeit wortgetreu wiederzugeben! Das grenzt beinahe ans Übermenschliche.

Durch seine Kommentare scheint das erzählende Ich eine wichtige Stelle einzunehmen, doch dieser Eindruck entsteht nur, weil sich diese Kommentare häufig an so prägnanten Stellen wie Kapitelanfängen befinden. Die Kommentare des erzählenden Ich stellen die Szene für die Dialoge bereit, ähnlich den Regieanweisungen in einem Theaterstück. Die stumme Sprache und der Innerlichkeitsbericht treten in der Regel in Begleitung der Dialoge auf, so daß auch sie wie Regieanweisungen wirken. Das erzählende Ich zeigt sich als weise, manchmal beinahe allwissend und benimmt sich hier und da wie ein allwissender Er-Erzähler, wie die Beispiele für gerafften Redebericht zeigen, wo es sogar die Rolle eines Er-Erzählers übernimmt, um die Berichte anderer Figuren darzustellen. Aber nicht zuletzt durch die große Anzahl der Dialoge nimmt das erlebende Ich den weitaus größeren Teil des Textes in Anspruch.

Die Vermischung der Perspektiven trägt ebenfalls zum außergewöhnlichen Charakter des Ich bei. Durch die Unklarheit, von welchem der beiden Ich bestimmte Reflexionen artikuliert werden, färbt etwas von der Weisheit des erzählenden auf das erlebende Ich ab. Eigentlich müßte sich auch etwas von der Subjektivität des erlebenden Ich auf das erzählende übertragen, doch dies ist nicht der Fall.

Kara Ben Nemsis Überlegenheit über die anderen Figuren erklärt sich somit auch aus dem Gebrauch der erzählerischen Mittel. Die langen Dialoge zeugen von einem außergewöhnlichen Erinnerungsvermögen, die stumme Sprache von der Meisterschaft der Beobachtungsgabe und die Vermischung der Perspektiven von einer überragenden Weisheit. Zum Glück ist der Ich-Held auch freundlich und humorvoll, sonst wäre seine Überlegenheit wohl nicht zu ertragen.

Wenn das erzählende Ich in dem an den Anfang dieser Ausführungen gestellten Zitat meint, daß es sich von niemandem vorschreiben lasse, was es zu tun habe, so bezieht sich dies nicht nur auf den Inhalt, sondern ebenso auf die Form der Erzählung. Durch die Vermischung der Perspektiven wird das erlebende Ich weiser als es sein sollte, während das erzählende Ich immer mal wieder die Grenzen eines Ich-Erzählers überschreitet und sich wie ein allwissender Er-Erzähler benimmt. Und die Dialoge erzeugen einen Grad an Unmittelbarkeit, der zu Karl Mays Zeit unerreicht ist.

Anmerkungen

1 Alle Begriffe stammen aus: Rolf Tarot: *Narratio viva*. Bd. 1: *Theoretische Grundlagen*. Bern 1993.
2 Etwas ähnliches findet sich im *Silberlöwen III*, wenn Kara Ben Halefs Abenteuer wie eine kleine Novelle erzählt werden (XXVIII 360-412).
3 Inquitformeln sind Phrasen wie ‚sagte er', ‚rief sie', ‚er meinte' o. ä.
4 Vgl. Hermann Wiegmann: *Stil und Erzähltechnik in den Orientbänden Karl Mays*. In: *Karl Mays Orientzyklus*, hg. v. Dieter Sudhoff u. Hartmut Vollmer. Paderborn 1991, S. 119f.
5 XVI 518 u. XVII 337.

Helmut Schmiedt

Autor und Autorität

Wie Karl May im ‚Mahdi' seine Leser beeindruckt

Der lange anonym bleibende Ich-Held, der sich später als Kara Ben Nemsi erweist, kommt ‚im Lande des Mahdi' weit herum. Einmal reitet er auf die Stadt Faschodah zu, doch die Umstände nötigen ihn, zunächst in einiger Entfernung von seinem Ziel anzuhalten und sich mit den Begleitern zu verbergen. Ein geeigneter Ort findet sich rasch:

eine aus Sunut-, Hegelik- und anderen Hochbäumen bestehende Waldung, zwischen deren Stämmen Kittr- und Vabaqbüsche standen, welche durch die Ranken des Cyssus quadrangularis dicht verwoben waren. In diesem Walde machten wir Halt und suchten uns einen Platz, an welchem wir nur durch den reinen Zufall aufgefunden werden konnten. (XVII 438)

Der Verfasser des vorliegenden Aufsatzes muß gestehen, daß er sich unter den genannten Baumarten wenig vorstellen kann, daß er von Kittr- und Vabaqbüschen vorher nie etwas gehört hat und daß ihm auch der Begriff Cyssus quadrangularis nichts sagt; vermutlich geht es den allermeisten Lesern des Romans ähnlich. Man wird auch ausschließen können, daß sie sich diese Begriffe bei der Lektüre der Stelle bzw. mit ihrer Hilfe einprägen. Zwar vermittelt der Schriftsteller May seinem Publikum manchmal in didaktisch geschickter Weise Wissen, indem er den Gegenstand der Belehrung zum organischen Teil der Handlung macht[1], aber davon kann hier nicht die Rede sein. Zu beiläufig erfolgt die Information, zu nebensächlich sind die genannten Details; wichtig ist nur, daß die Bewaldung dicht genug wirkt, die Reisenden zu verbergen, und ob dafür nun Sunutbäume, Cyssus quadrangularis oder andere Gewächse verantwortlich sind, spielt keine Rolle.

Diese Beobachtung irritiert vielleicht zunächst einmal, denn wir erwarten von einem gelungenen Roman, daß er uns abseitige Details erspart und uns statt dessen Dinge präsentiert, die zumindest halbwegs von Belang sind, die eine gewisse Bedeutung für das Gesamt der Handlung, die Charakterisierung der Personen oder ähnliches besitzen. Warum teilt der gewiefte Erzähler, für den wir May doch halten wollen, uns etwas mit, von dem er wissen muß, daß wir es nicht wissen müssen, nicht wissen können und vermutlich auch gleich wieder vergessen?

Einen Sachverhalt allerdings werden wir bei der Lektüre dieser und vieler anderer Stellen wohl doch registrieren: daß der Autor bzw. Erzähler überhaupt in der Lage ist, derartige Informationen mit großer Selbstverständlichkeit anzubieten. Sie sind oft peripherer Natur; aber daß es sie gibt, daß May diverse Daten und Fakten über Land und Leute mit geradezu verschwenderischer Fülle in den Text einzustreuen vermag, unterstreicht wieder und wieder seine sachliche Kompetenz – sogar dann, wenn man das stete Belehren für aufdringlich und enervierend hält. Unter der Maske seines Ich-Erzählers und Ich-Helden demonstriert also der empirische Autor Karl May in den entsprechenden Passagen, wie unendlich viel er weiß und zu sagen hat, weit hinaus über das, was für das genaue Verständnis inhaltlicher Zusammenhänge im engeren Sinne von Belang ist.

Das kommt nicht von ungefähr. May präsentiert den Lesern eine Welt, die in räumlicher – und inzwischen auch in zeitlicher – Hinsicht sowie in bezug auf das, was dort geschieht, unendlich weit entfernt ist von dem, was sie kennen. Es gäbe die Möglichkeit, diese Ferne, diese Distanz zum ‚Anderen', selbst zum konstitutiven Bestandteil des Erzählens zu machen. Aber May nutzt sie nicht; seine Intention geht vielmehr dahin, eine Art Verfügungsgewalt über das, was er mit seinen Schilderungen herbei- und heraufbeschwört, unter Beweis zu stellen, und damit dies gelingt, muß er den Leser gründlich von seiner Kompetenz überzeugen. Eine derart in der Sache gegründete Autorität demonstriert man sinnvoll am ehesten da, wo es durch die Umstände geboten erscheint; aber man kann, wie unser Textbeispiel lehrt, ihre Durchschlagskraft auch dort zur Geltung bringen, wo sie nicht funktional ist, sondern als Ornament erscheint. Im Ensemble der verschiedenen Möglichkeiten, Kompetenz nachzuweisen, kommt der beiläufigen Vermittlung von Nebensächlichkeiten durchaus nicht zwangsläufig eine nebensächliche Rolle zu.

Wie schafft es May überhaupt, das Publikum so zu beeindrucken, daß es ihn akzeptiert – als einen Autor, der souverän über den exotischen Stoff verfügt, der spektakuläres und manchmal, mit Verlaub, aberwitziges Geschehen als authentisch darbietet, der seinen Helden als deutschen Reisenden mit schier übermenschlichen Fähigkeiten präsentiert? Solchen Fragen hat sich zwar – implizit oder ausdrücklich – die May-Forschung schon häufig gewidmet, aber sie sollen hier anhand einer speziellen Durchleuchtung der *Mahdi*-Trilogie noch einmal gestellt werden, und im günstigen Fall mag sich dabei die eine oder andere neue, weiterführende Antwort ergeben. Wie verschafft sich der Autor May Respekt?

Ein Romancier imponiert aufmerksamen und kundigen Lesern zunächst einmal dadurch, daß er über ein reichhaltiges Repertoire erzählerischer Gestaltungsmöglichkeiten verfügt; daß May in dieser Hinsicht einiges aufzuweisen hat, ist von der Forschung inzwischen hinreichend belegt worden.[2]

Im *Mahdi* brilliert er unter anderem mit einer geschickten Verwendung von Leitmotiven. Man wird zunächst kaum erwarten, daß sich in einem Abenteuerroman dafür ausgerechnet das Motiv ‚Haare' eignet, aber May demonstriert auf wenigen Druckseiten das Gegenteil: Zunächst zerrt der böse Abd el Barak das von ihm ausgebeutete Mädchen Djangeh an den Haaren in die Höhe (XVI 50), dann heilt Kara Ben Nemsi den Haarausfall bei der Schwester seines Reisebegleiters (72), und schließlich findet er Haare im Essen (74). Der Leser wird also nacheinander mit abgrundtiefer Schlechtigkeit, dem grandios segensreichen Wirken des Helden und einem eher komischen Vorkommnis konfrontiert, und in diesen drei Dimensionen des Umgangs mit dem Motiv ‚Haare' spiegelt sich einiges von dem, was inhaltlich und atmosphärisch den Gesamtroman konstituiert. Ähnlich variantenreich gestaltet May die verschiedenen Höhlenbesuche seiner Figuren: Der erste vollzieht sich unfreiwillig mit einem Sturz durch den „Eingang zur Hölle" (237), den zweiten unternimmt Kara Ben Nemsi aus Neugier und wissenschaftlichem Interesse (256ff.), und im dritten Fall soll der Held eingesperrt werden und verhungern (334ff.). Das Begriffsfeld ‚Hölle' (vgl. auch 258 und 335) verklammert alle drei Episoden, so daß sich bei diesem Leitmotiv eine – allerdings nur vage angedeutete – religiös-mythologische Assoziation einstellt.

Während wir es bei den bisherigen Beispielen mit Leitmotiven zu tun haben, die jeweils in eng begrenzten Teilen des Romans entfaltet werden, verwendet der Erzähler die entsprechende Technik bei anderen Motiven auch in weit ausgreifenden, nahezu die komplette Trilogie umfassenden Arrangements. Gleich mehrfach riskiert es der Held, sich als angeblicher Verbündeter in feindliche Hauptquartiere zu begeben; zweimal hat er Erfolg, doch bevor sich das Gefühl der Monotonie beim Leser einstellen kann, wird er während des dritten Versuchs entlarvt (XVII 176), und fortan erscheint die Sache wieder spannend. Mays Leitmotivtechnik bestätigt einen elementaren Eindruck von seinen Fähigkeiten als Epiker: Er erzählt häufig das Gleiche, aber er tut es in immer neuen, überwiegend einfallsreichen Variationen, und das ist eine nicht geringe Kunst.

Eine weitere Neigung des Autors besteht darin, pointierte theoretische Explikationen handfest anschaulich zu machen oder, umgekehrt, etwas zu schildern, was dann auch im abstrahierenden Räsonnement gewürdigt wird. „Die felsige Wüste zu beschreiben, ist eine undankbare Aufgabe" (XVI 432): Aus einer derart pauschalen Feststellung zieht der sonst so eloquente Erzähler den ebenso radikalen wie naheliegenden Schluß, das Beschreiben der felsigen Wüste mit keinem Wort zu versuchen. Die Schilderung eines strapaziösen, selbst dem Helden qualvoll erscheinenden, aber notwendigen Rittes wird mit einer ins Philosophische reichenden Weisheit abgeschlossen: „Hat der Mensch einmal ein Muß erkannt, so soll er alle Kräfte einsetzen, demselben gerecht zu werden." (435) Handelt es sich hier ausschließlich um Äußerungen des Erzählers an den Leser, so werden an anderen Stellen die Figuren zu Adressaten von Sentenzen, mit denen der Ich-Held auf seine Aktivitäten reagiert: Ein vorsichtiges Verhalten wird legitimiert durch die unabweisbare Erwägung, es sei „besser, für irgend einen guten Zweck zu leben als für denselben zu sterben" (440), und als weitere, durchgängig relevante Richtschnur des Handelns gilt die Überlegung, man dürfe „sich nicht immer nach den gegebenen Verhältnissen richten, sondern muß suchen, dieselben zu beherrschen, sie zum eigenen Vorteile umzuändern" (533). May formuliert in solchen Sätzen natürlich nicht nur Maßregeln für seine Leser und seine Protagonisten, sondern auch für die eigenen Erzählinhalte, und darüber hinaus handelt es sich hier wohl um weitere Exempel für die Neigung zum ‚Übersetzen', die Gerhard Neumann an Mays Romananfängen beobachtet hat.[3]

Überhaupt ist Karl May ein Meister darin, verschiedene Faktoren des Erzählens und des Erzählten wie selbstverständlich miteinander zu verknüpfen. Der zweite Band beginnt mit weiteren Belehrungen, die in diesem Fall Kordofan gelten, seiner Bevölkerung, seiner Tier- und Pflanzenwelt; und dann folgt ein Satz, dessen erster Teil wie eine Fortsetzung der Informationsvermittlung erscheint, sich dann aber – nach dem Komma – als Wiedereinstieg in die Schilderung der abenteuerlichen Handlung entpuppt:

Das Wadi Melk wird schon mit zu Kordofan gerechnet, und da wir uns zwischen diesem und Es Safih befanden, so hatten wir Nubien hinter uns gelegt. (XVII 2)

Auch für Mays Neigung, die Besonderheiten der Fremde durch Rückgriffe auf seine und des Lesers reale Erfahrungen zu erläutern[4], gibt es im *Mahdi* zahlreiche Beispiele. Sehr elegant wirkt eins, in dem auf das geschickteste die Perspektiven des Ich-Helden und des Ich-Erzählers durcheinander gewirbelt werden. Die Reisenden haben soeben die strapaziöse Reise durch eine Sumpflandschaft bewältigt, nun ist ein erquickender „Bach" erreicht. Der Erzähler fährt fort:

> Bach? Das klingt so heimatlich! Freilich mache ich, indem ich dieses Wort anwende, mich einer Unrichtigkeit schuldig. Was wir Weiher und Bäche nennen, giebt es in jenen Gegenden nicht. Und die Höhen, von denen ich sprach, waren noch lange keine Berge. Aber nach einer dreitägigen Wanderung durch fieberstinkenden Sumpf kommt man leicht in die Gefahr, eine Bodenanschwellung als Höhe und ein Wasser, welches nicht ganz still steht und leidlich durchsichtig ist, als Bach zu bezeichnen. (XVIII 69f.)

Das Ich als Erzähler räumt ein, einen falschen Begriff gewählt zu haben, rechtfertigt dies aber mit der Erklärung, genau damit das Empfinden des Ichs als handelnde Figur zu treffen: ein origineller Umgang mit dem Phänomen der Freudschen Fehlleistung avant la lettre.

Die skrupulöse Beachtung sprachlicher Details ist allerdings, wie schon einige Zitate belegt haben dürften, nicht durchgängig ein Kennzeichen des Romans. Dennoch weist der Text eine Reihe von Stellen auf, bei denen sich der Autor um seine Formulierungen besonders bemüht hat. Der gerade erwähnte Ritt durch die Sumpflandschaft wird unter anderem durch entsprechende Klangspiele in der Schilderung vermittelt: „Das schwappte und schnappte, klitschte und klatschte, schob sich nach vorn und schlickerte wieder zurück" (XVIII 66). Im Kurdistan-Teil konterkariert Halefs Sprachkomik gelegentlich das Pathos der Bekehrungs- und Versöhnungsszenen (vgl. z. B. 363). Ein pointiert ausgeführter Chiasmus setzt Kara Ben Nemsi ins rechte Licht: „Er kann alles, was er will", bemerkt ein Begleiter über ihn, aber der Held korrigiert: „Wenigstens will ich nur das, was ich kann" (XVII 224f.); die Verbesserung teilt mit, daß sich Kara Ben Nemsis Verhalten am Realitätsprinzip orientiert.

Der Chiasmus ist eine rhetorische Figur, die von der Kontrastierung lebt: Die Verben des ersten Satzes tauschen im zweiten ihre Plätze. Was sich hier im Kleinen, in der Mikrostruktur des kurzen Dialogs, andeutet, beherrscht in ausgeprägter Form weite Bereiche der Romanhandlung und zumal der Figurendarstellung: Das Prinzip der Entgegensetzung dominiert, und zwar auf sehr verschiedene Weise. Sein und Schein eines Protagonisten können weit auseinander klaffen, wie bei jenem frommen, ehrwürdigen alten Fakir, der sich nach kurzer Zeit als Erzbösewicht Abd Asl entpuppt. Anders steht es um den Reïs Effendina: Nachdem er lange mit Kara Ben Nemsi freundschaftlich und vertrauensvoll zusammengearbeitet hat, neidet er ihm die größeren Erfolge im Kampf gegen die Sklavenjäger schließlich so sehr, daß er zu seinem erbitterten Gegner wird. Bei Abd Asl ist der Helldunkel-Kontrast einer der Gleichzeitigkeit, beim Reïs Effendina einer der Nachzeitigkeit, der Entwicklung. Bei Murad Nassyr kommt beides zusammen, denn auch dieser ursprüngliche Freund des Helden verwandelt sich in dessen Feind, allerdings aufgrund der Enthüllung eines von Anfang an bestehenden Sein-Schein-Widerspruchs: Kara Ben Nemsi muß erkennen, daß der Mann, dessen Gesicht den „Ausdruck der Ehrlichkeit" (XVI 7) trägt, insgeheim ein Sklavenhändler ist. Die Figur des Selim lebt überhaupt nur davon, anders zu reden als zu sein, doch sind die Widersprüche hier jederzeit so offensichtlich, daß man von einer auch nur vorübergehenden Verwechslung von Sein und Schein nicht sprechen kann: Wann immer Selim etwas sagt, preist er sich als gewaltigen Helden, und wann immer er etwas tut, agiert er als Feigling und Tölpel. Kara Ben Nemsi wiederum scheut sich nicht, bei seiner scheinbar freundlichen Kommunikation mit diversen Schurken in die verschiedensten Rollen zu schlüpfen, die mit seinem wahren Charakter nicht das geringste zu tun haben; als ihn beispielsweise ein höchst dubioser Gesprächspartner mit seinem Namen zu beeindrucken versucht, der in der Übersetzung „Sohn der Grausamkeit" lautet, kontert der Held ungerührt, er heiße Abu Machuf, „Vater des Entsetzens" (571 f.).

Das alles ist gewiß nicht übermäßig subtil. Aber der Autor May schafft sich mit seiner Bevorzugung der simplen Schwarzweiß-Konstellationen immerhin einen soliden Rahmen, innerhalb dessen er zahlreiche und vielfältige Bewegungen vornehmen kann, und so bemerken die Leser, daß ständig etwas – und, in Grenzen, etwas durchaus immer anderes – passiert, ohne daß das Ganze jemals Gefahr liefe, außer Kontrolle zu geraten. Das Erzählen im *Mahdi* vollzieht sich im buchstäblichen Sinne ordentlich bzw. geordnet.[5] Manchmal wird ausdrücklich angedeutet, daß nicht nur die Ästhetik des Erzählens, sondern das zugrunde liegende Ideal von Schönheit generell in der Vorstellung von harmonischer Ordnung gegründet ist: Die Frauen der Fessarah sind „wegen ihrer Schönheit" weithin berühmt, und die persönliche Inaugenscheinnahme einiger von ihnen bestätigt diesen Ruf ausschließlich dadurch, daß die „Regelmäßigkeit ihrer Gesichtszüge" deutlich zu bemerken ist (XVI 545); in scharfem Kontrast tritt sogleich ein Bösewicht auf, dessen Gesicht derart viele Narben aufweist, „als ob es durch ein Hackebrett zerfleischt worden sei", und dessen Stimme – „rauh und krächzend" – „fast ebenso häßlich [ist] wie sein Gesicht" (546). Wo Regelmäßigkeit ist, da ist Schönheit; Karl Mays Erzählen vollzieht sich überwiegend im Rahmen einer stabilen Systematik.

Aber auch die Leser, denen solche Konstruktionen vielleicht noch zu diffizil sind, werden nicht im Stich gelassen. May spickt seinen Text immer wieder mit Selbstverständlichkeiten, mit zusätzlichen Hinweisen, die ganz und gar überflüssig sind, da sich ihr Inhalt aus der Schilderung der Ereignisse eigentlich von selbst erschließt (vgl. z. B. XVII 125) – niemand soll bei der Reise den Nil entlang abhanden kommen, auch der naivste Leser nicht.

Frederik Hetmann hat Karl May einen „absolute[n] Erzähler" genannt, einen, „der, gleichgültig um was für ein Thema es sich handelt, eine breite Leser- oder Zuhörerschaft in seinen Bann zu schlagen versteht".[6] An diese glückliche Formulierung darf man denken, wenn man darauf stößt, daß May dem Publikum manchmal Passagen anbietet, die, bei Lichte besehen, eigentlich nur als dreiste Zumutung, als Beleidigung des gesunden Menschenverstandes zu verbuchen wären und offenbar dennoch akzeptiert werden. Drei Beispiele mögen diese Eigenart belegen: eines, das ein weiteres Leitmotiv des Romans betrifft, ein zweites, bei dem großspurig über ein Kompositionsproblem des Autors May hinweggeschwadroniert wird, und ein drittes, bei dem es um den vermeintlichen Realitätsgehalt der geschilderten Ereignisse geht.

Das Motiv der Gefangennahme des Helden findet sich in Mays Abenteuerromanen häufig, aber kaum irgendwo so häufig wie in der *Mahdi*-Trilogie: Immer wieder, manchmal im Abstand weniger Druckseiten, wird Kara Ben Nemsi von seinen Feinden ergriffen und mit dem Tode bedroht. Meist ist die Situation dann so, daß er sich gegen eine sofortige Umsetzung dieser Drohung nicht wehren könnte, aber die Bösewichter halten sich zurück, da sie Sadisten sind und auf die Gelegenheit warten, ihr Opfer möglichst langsam, qualvoll sterben zu lassen – und bis die kommt, ist der Held längst wieder entwischt. Die Abfolge der Ereignisse vollzieht sich mit abstruser Eintönigkeit: Gefangennahme – Todesdrohung – Verschiebung der Exekution auf einen für Folterungen günstigeren Zeitpunkt – Flucht des Gefangenen. Nach mehrmaligem Mißerfolg müßten die Feinde – zum beträchtlichen Teil immer wieder dieselben Personen – eigentlich erkennen, daß es ihnen nicht beschieden ist, ihr Opfer für längere Zeit festzuhalten, und daraus die Konsequenz ziehen, nach der Gefangennahme Kara Ben Nemsis sofort zu handeln. Aber der Schriftsteller May scheut sich nicht, ihnen dieses Minimum an Pragmatismus vorzuenthalten, obwohl er ihnen Einsicht in die Abläufe durchaus zugesteht – diesmal, so sagen sie jedes Mal, würden sie ihn aber mit Sicherheit festhalten. Es bräuchte nicht viel Phantasie, das Schema auch in diesem Punkt zu variieren; zumindest könnte der Autor die Monotonie der immer gleichen Ereignisfolge ein wenig verhüllen, indem er sie nicht auch noch von den Figuren ausdrücklich bereden läßt. Aber der Mechanismus läuft – mit den üblichen kleinen Veränderungen, was die näheren Umstände der Gefangennahme und Befreiung betrifft – immer gleich ab, und es ist schon eine arge Zumutung für den Leser, daß er ein derart dummes Verhalten der Bösewichter als plausibel zur Kenntnis nehmen soll.

Ähnlich steht es um die Einleitung der Kurdistan-Episode im dritten Band. Bekanntlich reichte die *Hausschatz*-Version des Romans nicht dazu aus, drei Fehsenfeld-Bände zu füllen. Nach 152 Druckseiten, also rund einem Viertel des sonst üblichen Umfangs, endet das zweite Kapitel von Band 3 und mit ihm der aus dem *Hausschatz* verfügbare Textvorrat. Wäre es bei dieser Seitenzahl geblieben, hätte sich jeder Leser über das extrem dünne Fehsenfeld-Büchlein entrüstet. May fügt, dies zu verhindern, eine völlig neue, in früherer Zeit und an anderem Ort spielende Abenteuergeschichte hinzu, mit einem neuen Protagonisten, der dann auch noch kurz im Sudan operieren darf. Er erreicht damit die geziemende Seitenzahl, und um den arg willkürlichen Anschluß nach 152 Seiten zu rechtfertigen, argumentiert er mit den Erfahrungen des wirklichen Lebens', das sich „nicht nach schriftstellerischen Regeln richte": Natürlich sei, wie „mancher meiner geneigten Leser [...] am Schlusse des vorigen Kapitels gedacht haben [wird]", die Erzählung nach gängigen Kriterien zu Ende, „da die sämtlichen Konflikte gelöst worden sind und der Gerechtigkeit Genüge geschehen ist", aber da er, der Erzähler, „nicht eigentlich schriftstellere, sondern Erlebnisse niederschreibe", müsse es noch weitergehen, denn „das Schicksal" habe ihn „einige Jahre vorher" einen Mann kennenlernen lassen, der ihm hier „im tiefen Süden" nun überraschend wieder begegnet sei (XVIII 152).

Das alles ist natürlich nichts als eine Ausrede. Um den etwas peinlichen Kompositionsbruch zu überspielen, greift May auf den von ihm zu jener Zeit gern vorgetragenen Gedanken zurück, er erzähle vom ‚wirklichen Leben', und damit der Leser sich nicht gar zu sehr düpiert fühlt, wird ihm schmeichelnd eine Erkenntnis nachgesagt, die ins Schwarze trifft. Das, was eigentlich ein sehr handfestes Dilemma der Buchproduzenten May und Fehsenfeld ist, wird auf die Ebene eines Widerspruchs zwischen Ästhetik und Wirklichkeit gehoben und mit dem vermeintlichen Sieg der Realität über die Kunst bewältigt. Wer dann immer noch zweifelt, wird mit einem Bibelwort beruhigt, der letzten Äußerung, bevor die Schilderung des Kurdistan-Abenteuers einsetzt: „Herr, deine Wege sind wunderbar, und du führest alles herrlich hinaus!" (153), ein nicht eben bescheidenes Zitat, denn der Herr, der über die wunderbaren Wege führt, heißt in diesem Fall Karl May.

Das dritte Beispiel dieser Reihe findet sich im vorletzten Absatz des letzten Kapitels. Der Erzähler informiert die Leser, die einmal nach Kairo kommen könnten, darüber, daß sie sich im dortigen Hafen nur nach einem bestimmten Schiff erkundigen müssen, um Ben Nil zu treffen, den jetzigen Kapitän und früheren Begleiter des Ich-Helden, der ihnen gern von alldem erzählen werde, was in den vorliegenden Büchern zu lesen ist (565f.). Das bedeutet nichts anderes als die Empfehlung, den Realitätsgehalt des Buches selbst zu prüfen, und paßt bestens zum anschließenden *Nachwort*, mit dem „Dr. Karl May" auf „Photographieen von Old Shatterhand und Kara Ben Nemsi bei Herrn Photograph Adolf Nunwarz in Linz-Urfahr, Oberösterreich" (571) hinweist.

Der absolute Erzähler, der unabhängig vom Gegenstand das Publikum in seinen Bann schlägt, fährt an solchen Stellen – salopp gesagt – mit dem Leser Schlitten. Er traktiert ihn mit Handlungssequenzen, Kommentaren und Hinweisen, die gegen alle Regeln der Plausibilität, Vernunft und Wahrhaftigkeit verstoßen und dennoch wie selbstverständlich daherkommen. Hier ist – und das soll durchaus als Kompliment gelten! – eine edle Dreistigkeit am Werk, eine sich souverän dünkende siegreiche Frechheit, die den einen ohne weiteres imponiert und der die anderen ihre Achtung gerade dann nicht versagen können, wenn sie sie als solche erkennen: wie bei einem Zauberkünstler, den wir erst recht bei der Entdeckung bewundern, daß er uns soeben unsere Geldbörse unbemerkt entwendet hat.

Der Autor May braucht, um solche Wirkungen erzielen zu können, einen Helden, der dem Leser in doppelter Weise einleuchtend erscheint: eine Figur, die sich nach unserem Weltwissen als glaubwürdiger Charakter oder zumindest Typus darstellt, sich aber zugleich auf den Höhen eines grandiosen Heroismus bewegt. Es bedarf eines Helden, der alltägliche Eigenschaften aufweist, bzw. eines Durchschnittsmenschen, der Sensationelles leistet. Nur unter dieser Voraussetzung sind wird ihm so nahe, daß er nicht in unerreichbaren Fernen verschwindet, und so fern, daß wir ihn bewundern können.

Das Helden-Ich ist in diesem Sinne nicht frei von sympathischen und weniger sympathischen Schwächen. Die Undankbarkeit des Reïs Effendina trifft Kara Ben Nemsi tief, auch wenn er sich das nicht anmerken lassen will. Die entsetzlichen Szenen der Sklavenjagden kann er kaum ertragen. Die „alberne Eitelkeit" ist ihm nicht fremd, „trübte meinen Blick" (XVII 449) und führt ihn in ein Abenteuer, das fast verhängnisvoll ausgeht. Und daß auch ein Kara Ben Nemsi nicht immer nur zielstrebig und rational handelt, zeigt darüber hinaus ein beiläufiger „Scherz" (228), der weder besonders originell ist noch die Handlung im mindesten weitertreibt; mit solcher Redundanz läßt sich gleich wieder die Vorstellung verbinden, daß hier über ‚wirkliches Leben' berichtet wird, in dem man bekanntlich nicht immer auf dem kürzesten Weg von einem Punkt zum anderen gelangt. Der Held ist uns insofern ganz nah.

In der Sphäre des Gewöhnlichen bewegt sich Kara Ben Nemsi auch während einiger Auftritte, die zwar die beteiligten Figuren überraschen, für den Leser aber noch mühelos nachvollziehbar sind. So wird der Held einmal zufällig Zeuge eines Gesprächs, dessen Teilnehmer ihn nicht bemerken, und einer von ihnen ist dann über alle Maßen erstaunt – „Effendi, du bist wirklich der weiseste der Weisen" (XVI 298) –, als Kara Ben Nemsi weiß, was man von ihm will. Die hier von der Figur artikulierte Bewunderung ergreift während des folgenden Gesprächs aber auch den Leser und konturiert damit das Heldenbild auf einer deutlich höheren Stufe, obwohl die Konstruktion im Rahmen des ohne weiteres Plausiblen bleibt. Ein Mann namens Ben Wasak vermißt seinen Bruder, der im Verlauf einer Geschäftsreise abhanden gekommen ist; Kara Ben Nemsi läßt sich genau schildern, was Ben Wasak weiß, und am Ende des Berichts ahnt er bereits, was vorgefallen ist. Ben Wasak ist höchst beeindruckt von dieser Leistung, obwohl sie auf nichts anderem beruht als auf Kara Ben Nemsis Überlegung, in Anbetracht der sprichwörtlichen orientalischen Gastfreundschaft habe die Reise des Bruders keineswegs so ablaufen können, wie Ben Wasak von angeblichen Zeugen mitgeteilt wurde. Das hätte der freilich auch selbst bemerken müssen, und so glänzt die Klugheit des Helden hier weniger im

Zuge einer außergewöhnlichen Tat als in Relation zur Fehlleistung einer anderen Person – aber sie glänzt eben (298ff.). Der Leser bewundert, was die Intelligenz des Helden zustande bringt, aber es wird ihm als etwas durchaus Naheliegendes vermittelt.

Das Spiel mit dem, was sowohl einleuchtend als auch außergewöhnlich erscheint, wird ergänzt durch geschickt eingestreutes Understatement. Es gibt wohl keinen anderen Roman Mays, in dem Menschen so häufig mit der Peitsche geschlagen werden wie im *Mahdi*; die Spanne reicht vom Hieb, den jemand einem Feind in spontaner Wut versetzt, über die ausgiebige Prügelstrafe bis zum Totschlagen im buchstäblichen Sinne. Nicht einmal Kara Ben Nemsi kommt ungeschoren davon: Ibn Asl, der schlimmste aller Schurken, versetzt ihm erst einen und dann noch „einige weitere Hiebe". Was empfindet der Getroffene daraufhin? Dem Dilemma zwischen einer Schilderung extremer Schmerzen, die zu einem solchen Helden nicht recht passen würde, und einem Verschweigen jeglicher physischer Reaktion, das unglaubwürdig wäre, entkommt May, indem er die ‚technische' Seite des Vorgangs akzentuiert und von der Empfindung nicht im Blick auf die Schmerzen, sondern auf die sie hervorbringende körperliche Versehrung spricht: „Ich hatte infolge der leichten, dünnen Kleidung die Schwielen derselben [der Hiebe] dann längere Zeit zu fühlen." (XVIII 104) Es wird also nicht verschwiegen, daß auch Kara Ben Nemsi körperliche Qualen ertragen muß, aber die Formulierung spart elegant aus, wie sehr sie ihn peinigen.

So wird das Bild des Ich-Helden mit vielen Facetten gezeichnet, mit Übergängen von allzumenschlichen Eigenheiten und Schwächen über leicht vorstellbare Leistungen und besondere Taten bis hin zu jenen spektakulären Unternehmungen körperlicher und geistiger Art, zu denen kein anderer fähig ist; und das meiste kommt im Ton der Bescheidenheit daher – und damit um so wirkungsvoller –, denn Erzähler und Held versäumen kaum eine Gelegenheit, das Außergewöhnliche herunterzuspielen, wie im Fall des Schmerzes. Den Gipfel der Stilisierung Kara Ben Nemsis bildet eine abermals diskrete und dennoch unverkennbare Gleichsetzung mit dem Wirken Jesu. Ein bislang fanatischer Anhänger des Islam fühlt sich aufgrund seiner jüngsten Erlebnisse vom Christentum angezogen. Kara Ben Nemsi erzählt ihm „von den alttestamentlichen Weissagungen, von Christi Geburt, seinem Leben, Sterben und Auferstehen, von seinen Lehren". Er tut dies eingedenk „des Wortes unsers Heilandes an Petrus: ‚Von jetzt an wirst du Menschen fangen!'", und zugleich des, von dem einst als Tugendlehrer der Nation etikettierten Gellert stammenden, „Dichterwortes: ,O Gott, wie muß das Glück erfreun, der Retter einer Seele sein!'" (XVIII 376) – also in gleichermaßen höchster christlicher und aufklärerischer Mission –, aber das Gespräch nimmt noch eine unerwartete Wendung: Der Zuhörer fragt nach den Wundern, die Jesus getan hat, behauptet erst einmal, daß es derartiges jetzt nicht mehr gebe, und läßt sich schließlich von Kara Ben Nemsi überzeugen, daß doch noch Wunder geschehen; als unabweisbaren Beleg dafür nennt der Held nichts anderes als die sensationellen Ereignisse, deren Zeuge der Mann in der letzten Zeit wurde, und die hat ja nun, wenn auch in Erfüllung von „Gottes Allmacht", niemand anders bewirkt als der Held selbst. Dem Zweifler bleibt nur übrig, sein Urteil euphorisch zu revidieren:

„Ja, es geschehen Wunder, und ich bin jetzt überzeugt davon. Aber ihr waret es, die dies alles vollbracht haben; die Liebe, die euch leitet, ist's gewesen" (XVIII 379).

Die Episode findet sich am Schluß des Kurdistan-Teils, den May, wie eben erwähnt, mit einem indirekt auf ihn als Autor gemünzten Bibelzitat von den wunderbaren Wegen des Herrn eingeleitet hat; der Kreis rundet sich.[7]

Bei aller Wertschätzung der erzählerischen Mittel und Inhalte, mit denen May sein Publikum beeindruckt, darf man ein inhaltliches Element nicht übersehen, das zumindest aus heutiger Sicht reichlich dubios wirkt: Mays umfassende und radikale Herabwürdigung des Islam und auch des Orients generell.

Wie sich die Texte dieses Autors gegenüber fremden Religionen, Kulturen und Gesellschaften verhalten, gegenüber dem ‚Anderen' überhaupt, ist bekanntlich seit langem ein heikler, heftig diskutierter Punkt in diversen Interpretationen. Es steht jedoch außer Zweifel, daß May im vorliegenden Fall besonders einseitig orientiert ist:

In keinem seiner bis dahin geschriebenen Werke wird der Islam derartig negativ beschrieben wie im *Mahdi*, der damit ein direkter Vorläufer der Marienkalender-Geschichten wird; die Kurdistan-Episode, die ganz im Stile dieser Erzählungen gehalten ist, paßt in dieser Hinsicht ins Romankonzept.[8]

Hohe geistliche Würdenträger und auch die realgeschichtliche Titelfigur des Romans entpuppen sich als Bösewichter, und die Sklavenhändler und -jäger begleiten ihre scheußlichen Verbrechen gern und voller Überzeugung mit frommen Sprüchen; beim Reïs Effendina, einem Einheimischen, der sie verfolgt, tritt dagegen die religiöse Überzeugung bezeichnenderweise in den Hintergrund. Immer wieder nutzt der Erzähler die Schilderung häßlicher

Einzelfälle religiösen Fehlverhaltens zu diskriminierenden Verallgemeinerungen nach dem Muster „so sind sie alle" (XVI 96); er etikettiert das islamische Gebet als ein „gedankenloses Plappern" (XVIII 400f.) und hält an den Lehren des Islam gerade nur das für „richtig" (XVII 102), was mit dem Inhalt der Bibel übereinstimmt. Häufig entwickelt sich der Plot so, daß selbst Einheimische die Superiorität des Christentums anerkennen müssen, und manchmal kommentieren sie dann auf kuriose Art den eigenen Glauben: „Du bist ein Christ, Effendi; wären doch alle Moslemim solche Christen!" (513)

Auch unabhängig vom Thema Religion schneidet der Orient in expliziten Kommentaren schlecht ab. Daß der Erzähler/Held auf seine „deutsche Abstammung [...] stolz wie nur irgend einer [ist]" (XVIII 468), bildet das zeittypische Fundament für seine Urteile, und die „sozialen Verhältnisse des Orients" (218) werden anhand eines grotesken Beispiels pauschal der Lächerlichkeit preisgegeben. Bei einer Frau, die sich mit Kaffeekochen über das ungewisse Schicksal ihres Bruders hinwegtröstet, spricht der Erzähler von einem „indolenten Wesen" und generalisiert abermals: „Eine unverfälschte Orientalin!" (XVII 568) Die schon beschriebene Neigung, pointiert mit scharfen Gegensätzen zu arbeiten, macht sich auch in diesem Rahmen bemerkbar, z. B. bei der Löwenjagd: Bei der von den Einheimischen betriebenen Hatz beteiligen sich „sämtliche Krieger eines Stammes oder auch mehrere Stämme", während ein kühner „einzelner Europäer" das ganze Wagnis auf sich allein nimmt; und während die unsinnige Massenveranstaltung der „Wüsten- und Steppenbewohner" (45) stets zahlreiche Menschenopfer fordert, bevor der Löwe erlegt ist, reüssiert der Fremde sogleich mit einem einzigen gezielten Schuß. Der theoretisierenden Explikation folgt auch hier die ‚Übersetzung', die anschauliche Demonstration mittels eines Fallbeispiels.

Kein Zweifel: Karl May paßt sich mit solchen Tendenzen zur umfassenden, auf verschiedenen Argumentationsebenen betriebenen Herabwürdigung des Orients und des Islams dem imperialistischen Zeitgeist des späten 19. Jahrhunderts an. Viele damalige Leser werden sich davon haben beeindrucken lassen, denn eine aus anscheinend authentischer Erfahrung geborene Bestätigung der Überzeugungen, die man ohnehin hegt, wird häufig als angenehm empfunden und zugunsten dessen verbucht, der sie ausspricht.

Der Schriftsteller Karl May gewinnt unter diesem Aspekt insofern an Autorität, als er sich an etwas hält, das unabhängig von ihm da ist. Er tut es aber auch, indem er sich durch etwas legitimiert, das er ganz und gar selbst geschaffen hat.

Mays Ich-Held ist, wie jeder auch nur halbwegs kundige Leser weiß, keine nur einmal auftretende Figur; vielmehr agiert er in den verschiedensten Texten, treibt sich in diversen Weltgegenden herum, vor allem im Orient und in Nordamerika, und selbst Erzählungen, in denen er nicht auftaucht – beispielsweise *Das Vermächtnis des Inka* –, lassen ihrer Art nach an ihn denken. Wer lesend diese Welt betritt, sieht sich einem Verweissystem ausgesetzt, das vor den Grenzen des jeweiligen Werks nicht haltmacht: Der Old Shatterhand eines bestimmten Amerikaromans ist zugleich der Old Shatterhand etlicher anderer Amerikaromane und der Kara Ben Nemsi mehrerer Orientromane; und umgekehrt. May entwickelt die Konzeption des Serienhelden und nutzt sie konsequent, um den Leser hin und her zu schicken und damit systematisch in seinen Kosmos einzubinden.

Auch im *Mahdi* werden die Querverbindungen immer wieder sichtbar. Der Mann, der sich später als der Vater des Oberschurken Ibn Asl entpuppt, spricht einmal von Abu el Mot, dem früher „berühmteste[n] Sklavenjäger" (XVI 323), dessen Ruf nunmehr aber von dem Ibn Asls übertroffen werde, und der Kenner weiß, daß Abu el Mot derjenige ist, dem deutsche Helden in *Die Sklavenkarawane* nachjagen: Ganz nebenbei etabliert sich *Im Lande des Mahdi* als so etwas wie eine Fortsetzung des älteren Romans, obwohl Kara Ben Nemsi dort nicht als handelnde Figur auftritt. Mehrfach zieht der Erzähler Eindrücke aus Amerika heran, um die gegenwärtigen treffender zu veranschaulichen:

Hätte ich nicht auf einem Hedschihn, sondern auf einem Pferde gesessen, so wäre es leicht gewesen, zu denken, daß der Ritt durch eine amerikanische Prairie gehe. (XVII 3)

Auch die Feststellung einer krassen Nicht-Übereinstimmung kann der Beschreibung dienlich sein: Old Shatterhand hat in den USA verschiedene Sümpfe kennengelernt, aber der Sumpf, mit dem es Kara Ben Nemsi in der Nähe des Nils zu tun bekommt, ist doch noch etwas ganz anderes (vgl. XVIII 65).

In mehreren Fällen hilft das, was der Held anderswo erprobt hat, bei der Bewältigung aktueller Aufgaben: Das Spurenlesen, in dem es Kara Ben Nemsi als Old Shatterhand „jenseits des großen Meeres im Bilad Amirika"

(XVIII 237) zur Meisterschaft gebracht hat, erweist sich wiederholt als eine überaus nützliche Kunst. Auch in weniger ernstem Zusammenhang leisten wildwestlich gewonnene Erfahrungen gute Dienste: Kara Ben Nemsi kombiniert das „wilde, schrille Kriegsgeheul der Komantschen und Apatschen" (76) mit einer exzessiven Rezitation des *Liedes von der Glocke*, um Einheimischen zu imponieren. Noch erheblich enger gestaltet sich eine intertextuelle Verbindung des Kurdistan-Abenteuers: Kara Ben Nemsi und Hadschi Halef Omar begegnen einem jungen Mann, von dem sich später herausstellt, daß er der Neffe von Gasahl Gaboya ist, dem Scheik der Bebbeh-Kurden, der von Halef in *Von Bagdad nach Stambul* erschossen wurde; der Mann will Blutrache für den Onkel üben, und so führt die die Romangrenzen überschreitende Verwandtschaft dieser Figur zu einer Kette neuer Abenteuer bzw. ermöglicht sie überhaupt erst.

Da ist einer – so mag mancher ‚geneigte Leser' denken –, der sich tatsächlich auskennt: ein Erzähler, der in und mit geradezu weltweiten Zusammenhängen arbeitet; heute würde man ihn einen global player nennen. Indem May derartige Querverbindungen in das Werk einzieht, rundet er seinen Abenteuerkosmos immer weiter ab und verstärkt dessen Kohärenz. Die Autorität, die ihm in dem einen Roman zuwächst, wird durch die aus den anderen bestätigt und unterstützt sie zugleich.

Wie jeder bedeutende Schriftsteller imponiert May seiner Leserschaft schließlich auch noch dadurch, daß er gelegentlich besonders eindrucksvolle Textpassagen präsentiert, Stellen, die durch ihre ausgeprägte Originalität qualitativ herausragen und sich dem Gedächtnis empfänglicher Leser dauerhaft einprägen. Eine solche Stelle ist im *Mahdi* die mit der Visionsflinte; man darf sie ruhig einen kleinen Geniestreich nennen.

Kara Ben Nemsi unterhält sich in dieser Szene mit dem ortskundigen Führer der Reisegruppe. Der Mann besitzt eine merkwürdige Flinte, deren Kolben von einer für Kara Ben Nemsi nicht verständlichen Zeichnung verziert wird; sie stellt indes, wie der stolze Besitzer versichert, den „Kopf des Propheten" (XVII 4) dar. Kara Ben Nemsi versucht daraufhin erfolglos, die Einzelheiten des angeblichen Gesichts zu identifizieren: Nase, Mund, Augen und anderes. Der Gesprächspartner bestätigt, das alles sei in der Zeichnung tatsächlich nicht vorhanden; es müsse auch nicht vorhanden sein, denn der Prophet brauche keine Nase, da er „jetzt der reinste der Geister" sei und „selbst aus zehntausend Wohlgerüchen" bestehe, brauche keinen

Mund, „da er durch den Kuran zu uns redet", brauche keine Augen, „weil vor Allah alles offenbar ist", usw. „So ist von dem Kopfe also gar nichts da", aber „ich erkenne jeden Zug des Gesichtes!" (5) Kara Ben Nemsi erinnert mahnend an das islamische Verbot, „einen Menschen abzubilden" und gar den Propheten zu porträtieren. Der andere antwortet, der Künstler habe das Verbot nicht gekannt; er habe vor dem Propheten gelebt und ihn also nur „im Geiste" gesehen und gezeichnet. Dies wiederum bezweifelt Kara Ben Nemsi mit dem Hinweis, damals sei das Pulver noch nicht erfunden gewesen, und so gebe es hier gleich zwei Wunder zu bestaunen: „erstens ein Schießgewehr aus einer Zeit, in welcher es noch kein Pulver gab, und zweitens das Bild des Propheten aus einer Zeit, in welcher er noch gar nicht lebte". An dieser Stelle macht der stolze Besitzer der Flinte geltend, der Künstler habe eben „eine Vision" entwickelt, und so handle es sich um eine „Visionsflinte", die einzige, „welche es giebt" (6). Im weiteren Verlauf des Gesprächs stellt sich heraus, daß die Waffe zum Schießen absolut nicht taugt und daher ihren Zweck im Verständnis Kara Ben Nemsis ganz und gar nicht erfüllt; aber nach Meinung des Besitzers tut sie das durchaus, denn sie „beweist, daß mein Urahne den Propheten gesehen hat" (8).

Für germanistische Filigrantechniker empfiehlt sich eine ausgiebige Beschäftigung mit dieser Stelle. Wenige Dialoge bei May lohnen eine Sprechaktanalyse so sehr wie diese. Die Etikettierung der ‚Wunder' erscheint als ein komisches Präludium zu der entsprechenden Passage im Kurdistan-Abenteuer. Der Gedanke, den Wert einer Waffe nicht nach ihrer Tauglichkeit im handfesten Sinne, sondern nach ganz anderen, sozusagen ideellen Maßstäben zu bemessen, nimmt ein wenig die komische, pazifistisch angehauchte Darstellung des Militärischen vorweg, die wir in Mays Spätwerk, speziell in *Ardistan und Dschinnistan*, finden. Darüber hinaus erinnert die Stelle von fern an jene Szene in Heinrich von Kleists Lustspiel *Der zerbrochene Krug*, in der Frau Marthe die Beschreibung des zerstörten Kruges und die des Bildes auf dem Krug kurios vermischt. Wenn man es philosophisch betrachtet, wird unter anderem die Frage nach der Erscheinungsform des Nichts erörtert.

Vor allem aber ist dies ein Kabinettstück phantasiereichen Erzählens, das unbeirrt voranschreitet und auf immer neue Überraschungen verfällt. Am Ende läßt sich darin auch ein Kommentar Mays in eigener Sache entdecken. Die Szene lebt ja von der ertragreichen Konfrontation des hemmungslos seinen schönen Illusionen nachgebenden Flintenbesitzers mit der kühl sezierenden Rationalität Kara Ben Nemsis: Je mehr Kapriolen das freie Fabulieren schlägt, desto unerbittlicher greift der radikale Aufklärer zu; und je präziser das Realitätsprinzip die absurde Erzählung unter die Lupe nimmt, desto schwungvoller gedeiht sie. In diesem Zusammenspiel wird blitzartig manches von dem sichtbar, was Mays Erzählwelten begründet, konturiert und langfristig am Leben erhält.

Anmerkungen

1 Vgl. Heinz Stolte: *Ein Literaturpädagoge. Untersuchungen zur didaktischen Struktur in Karl Mays Jugendbuch ‚Die Sklavenkarawane'.* In: JbKMG 1972/73, S. 171-194; JbKMG 1974, S. 172-194; JbKMG 1975, S. 99-126; JbKMG 1976, S. 69-91. Zu Mays Neigung zum Belehren generell vgl. Ulf Abraham: *Der Held als Musterschüler und Oberlehrer. Der Motivkomplex ‚Schule – Lernen – Belehren' in ausgewählten ‚Reiseerzählungen' Karl Mays.* In: JbKMG 2002, S. 67-80. Über Mays Quellen zum Mahdi informiert zusammenfassend Bernhard Kosciuszko: *Im Lande des Mahdi I-III.* In: *Karl-May-Handbuch*, hg. v. Gert Ueding in Zusammenarbeit mit Klaus Rettner. Würzburg ²2001, S. 211.
2 Vgl. die Zusammenfassung bei Helmut Schmiedt: *Handlungsführung und Prosastil.* In: *Karl-May-Handbuch* [Anm. 1], S. 131-152. Eine ausführliche Detailanalyse bietet z. B. Werner Kittstein: *Karl Mays Erzählkunst. Eine Studie zum Roman ‚Der Geist des Llano estakado'.* Ubstadt 1992.
3 Vgl. Gerhard Neumann: *„Ich spreche überhaupt alle Sprachen, wie Ihr von früherher wißt". Die Kunst des Anfangs in Karl Mays Romanen.* In: JbKMG 1993, S. 135-170.
4 Vgl. Helmut Schmiedt: *Der Schriftsteller Karl May. Beiträge zu Werk und Wirkung*, hg. v. Helga Arend. Husum 2000, S. 239-250.
5 Entsprechendes gilt für die übrigen Reiseromane bzw. -erzählungen wie auch für die Jugenderzählungen; für die Münchmeyer-Romane gilt es wohl nicht bzw. nur in deutlich anderer inhaltlicher Ausprägung.
6 Frederik Hetmann: *„Old Shatterhand, das bin ich". Die Lebensgeschichte des Karl May.* Weinheim, Basel 2000, S. 166.
7 Daß literarische Figuren mit göttlichen Zügen oder Charakteristika Jesu Christi ausgestattet werden, ist keineswegs selten; manchmal wird dies – in mehr oder weniger provokatorischer Absicht – sogar bei Figuren betrieben, die keineswegs im Einklang mit der christlichen Tradition handeln, z. B. im Fall von Goethes Werther oder des Oskar Matzerath in der *Blechtrommel* von Günter Grass. Vgl. auch Martin Nicol: *Karl May als Ausleger der Bibel. Beobachtungen zur ‚Old Surehand'-Trilogie.* In: JbKMG 1998, S. 305-320.
8 Kosciuszko [Anm. 1], S. 214.

Michael Niehaus

Theorie der Warnung

Karl Mays ‚Im Lande des Mahdi'

Der Titel bedarf der Erläuterung. Was soll es heißen und was kann es rechtfertigen, eine Theorie der Warnung mit dieser dreibändigen Reiseerzählung Karl Mays zu verbinden? Und was sollte eine Theorie der Warnung überhaupt sein? Die folgenden Überlegungen verdanken sich zunächst dem Befund, daß in den Reiseerzählungen Karl Mays im allgemeinen und in der *Mahdi*-Trilogie im besonderen verschiedene Formen des Warnens und Gewarntwerdens eine strukturell bedeutsame Funktion haben – eine Funktion, die viel über den Status dieser Texte und ihres Ich-Erzählers aussagt. Um dieses Feld in den Blick zu bekommen, bedürfte es einer Theorie der Warnung, innerhalb derer die verschiedenen Formen des Warnens und Gewarntwerdens beschrieben wären. Aber eine solche Theorie gibt es bislang nicht. Das liegt nicht zuletzt daran, daß nicht so recht klar ist, welche Disziplin für eine solche Theorie zuständig sein sollte. Vor allem jedoch liegt es daran, daß nicht klar ist, ob die verschiedenen Formen des ‚Warnens' überhaupt zu Recht mit diesem gemeinsamen Wort erfaßt werden.

Natürlich kann hier keine Theorie der Warnung entwickelt werden. Wohl aber lassen sich anhand einer Lektüre dieser Reiseerzählung einige Eckpunkte einer solchen Theorie skizzieren. Und weiterhin zeichnet sich darin die allgemeine Frage ab, die in einer Theorie der Warnung impliziert ist. Die *Mahdi*-Trilogie soll also als ein literarischer Text aufgefaßt werden, der auf eine ausgezeichnete Weise in eine Theorie der Warnung und ihre Fraglichkeit einführt. Einem literarischen Text wird man gerade dann gerecht, wenn man ihn nicht lediglich als *Erkenntnisgegenstand*, sondern auch als ein *Erkenntnisinstrument* auffaßt.

Zunächst benötigen wir eine vorläufige Vorstellung der Phänomene, die mit dem Wort ‚warnen' in Zusammenhang gebracht werden; hierfür bietet sich der *Mahdi* bereits als reicher Fundus von Beispielen an (I). Vor diesem Hintergrund werde ich sodann – mit dem Ich-Erzähler als Bezugspunkt – verschiedene Formen des Gewarntwerdens (II) und des Warnens (III) aus dem *Mahdi* kommentieren und einzuordnen versuchen, wobei die Ergebnisse auch für die Frage nach dem Status und dem Statut der Reiseerzählungen Mays als *Interaktionsromane* fruchtbar gemacht werden sollen.

I

Warnungen können ausgesprochen werden. In diesem Falle sind sie Sprechakte. John L. Austin beispielsweise rechnet das Warnen (*to warn*) zu den sogenannten exerzitiven Äußerungen, mit denen man „für oder gegen ein bestimmtes Verhalten entscheidet oder spricht".[1] In die gleiche Rubrik gehören verwandte Sprechakte wie *abraten, fordern* und *ermahnen*, aber auch scheinbar ganz unähnliche wie *widmen, plädieren* oder *ernennen*. Das hängt zwar mit den allgemeinen Problemen der Austinschen Taxonomie zusammen, es hat aber auch mit dem besonderen Sprechakt des Warnens selbst zu tun. In der Sprechakt-Klassifikation von Searle firmiert das Warnen als Beispiel dafür, daß einige Verben „bei verschiedenen Verwendungsweisen einen jeweils andern illokutionären Witz haben" können.[2] Damit ist gemeint, daß sie als Äußerungen jeweils anders aufgefaßt werden wollen, nämlich einmal als *Direktiv* und einmal als *Assertiv*. Im ersten Fall ist die Warnung als Aufforderung zu verstehen, etwa wenn der Ich-Erzähler in *Im Lande des Mahdi* sagt: „Wage es nicht, mich zu berühren!" (XVII 508) Im zweiten Fall hat sie eher die Funktion, auf etwas aufmerksam zu machen, etwa wenn es heißt: „Wir warnen dich, Effendi! Du bist fremd und kennst die Gesetze des Landes nicht." (XVI 67) Man hat diese Eigenschaft damit in Zusammenhang gebracht, daß beim Warnen eine Wenn-dann-Beziehung am Werke ist, die verschieden pointiert werden kann. Dieter Wunderlich ordnet das Warnen daher den sogenannten *konditionalen Sprechakten* zu[3]; Norbert Klein spricht vom Warnen als einem *hybriden Sprechakt*, der „Merkmale verschiedener illokutiver Elementartypen" trägt.[4] Klein zufolge liegt eine Warnung vor, wenn der Sprecher dem Hörer ein von ihm „nicht verantwortetes Ereignis" ankündigt, von dem er annimmt, daß der Hörer es negativ bewertet, und auf das er sich in irgendeiner Weise, etwa durch Modifikation seines „Handlungsplans", einstellen kann. Vom *Drohen* soll sich das Warnen dadurch unterscheiden, daß das „negative Ereignis [...] unabhängig vom Willen des Sprechers" ist; bei der Drohung werde es hingegen „vom Sprecher willentlich herbeigeführt". Im Gegensatz zu anderen, die die Drohung als Spezialfall der Warnung beschreiben, sind für Klein Warnungen *kooperativ*, Drohungen hingegen *kompetitiv*.⁵ Das Problem bei einer solchen sprechakttheoretischen Auffassung deutet sich an, wenn man sich den explizit performativen Gebrauch der betreffenden Verben anschaut. Die explizit performative Wendung *Hiermit warne ich dich* ist viel seltener, als man meinen möchte. Im *Mahdi* wird zwar ausgesprochen viel gewarnt, diese Wendung kommt jedoch kaum vor (obzwar man das mehrfach auftauchende „Nimm dich [...] in acht!", XVII 52, als ein Äquivalent auffassen kann). Darüber hinaus aber wird die explizit performative Form keineswegs nur verwendet, um ein sprecherunabhängiges Ereignis zu bezeichnen. Im Gegenteil: Häufig betrifft der als Warnung explizierte Sprechakt ein Übel, das vom Sprecher selber ausgeht. Im *Mahdi* kann man das an verschiedenen Stellen sehen, an denen die Instanz des Erzählers einen Sprechakt als Warnung ausweist. Der Ich-Erzähler tritt etwa nahe an Abd el Barak heran, „so daß nur einige Zoll Raum zwischen uns verblieb, und warnte: ‚Laß diese Beleidigungen! Wiederholst du noch einmal dieses Wort, so schlage ich dich nieder'" (XVI 52). Vom kooperativen Charakter des Warnens wird man hier wie in anderen Fällen, in denen ein Sprechakt als Warnung expliziert wird, nicht unbedingt sprechen wollen. Analog setzt sich auch die Interaktion in diesem Beispiel fort. Wenig später tituliert der Mokkadem den Warner erneut als

„Christenhund, den Allah verderben wird in – – –"
Er kam nicht weiter; er hatte das beleidigende Wort wiederholt, und ich war es mir und allen Christen schuldig, ihm zu geben, was ich ihm für diesen Fall angedroht hatte. (XVI 53)

Man sieht, daß Warnungen wie Drohungen funktionieren können. Und gerade *weil* das so ist, werden sie häufig als Warnungen ausgewiesen. Das Drohen ist schon deshalb kein dem Warnen vergleichbarer Sprechakt, weil die explizit performative Wendung *Hiermit drohe ich dir* überhaupt nicht existiert. Denn das Drohen zielt auf eine Wirkung im Hörer ab, die nicht vom Sprecher vollzogen werden kann. *Drohen* ist, mit anderen Worten, ein perlokutionäres Verb⁶ und keineswegs ein „originäres illokutionäres Konzept".⁷ Nur in der *Beschreibung* kann das Warnen als Drohen aufgefaßt, und nur in der Explikation kann das Drohen als Warnen deklariert werden. Gleichwohl berührt die Charakterisierung des Warnens als eines *kooperativen* und des Drohens als eines *kompetitiven* Aktes zweifellos etwas Wesentliches. Das hängt mit dem *Status* des Warnens als einem illokutionären Akt zusammen.

Aber das als illokutionärer Akt begriffene Warnen deckt offensichtlich nur einen kleinen Teil dessen ab, was Warn*funktion* hat oder dem eine Warnfunktion *zugesprochen* werden kann. Zunächst einmal müssen Warnungen nicht sprachlich verfaßt sein. Bevor sie selber von Ibn Asl gefangengenommen werden, machen sich Ben Nil und der Ich-Erzähler darüber Gedanken, wie sie den ahnungslos den Nil herauffahrenden Reïs Effendina warnen können. „Warnen? Sobald wir ihm zurufen, sind wir verloren", meint Ben Nil. „Pah! Die Warnung kann durch ein Gewehr geschehen, welches wie durch ein Versehen losgeht", erwidert der Ich-Erzähler (XVII 156). Eine *ausgesprochene* Warnung kann natürlich durch zuvor verabredete Warnzeichen ersetzt werden. Das ist aber hier nicht der Fall. Wir haben hier sozusagen eine Minimalform der Warnung vor uns. Man kann ihr eine beinahe tautologische Form geben: Der Schuß warnt davor, daß es hier Leute gibt, die schießen können. Und das reicht, zumal in der literarischen Gattung des Abenteuerromans. Es versetzt den Reïs Effendina aus dem *Stand* des Ahnungslosen in den *Stand* des Gewarnten. Es warnt ihn davor, daß jemand in der Nähe ist. Es warnt ihn davor, daß etwas Unerwartetes eintreten kann. In seiner Minimalform bewirkt die Warnung die Erwartung des Unerwarteten. Die Warnung erzeugt ein *gefaßtes Subjekt.*

Der Gewehrschuß ist weiterhin ein Beispiel für den nicht nur Lesern von Abenteuererzählungen bekannten Sachverhalt, daß die Warnfunktion nicht unbedingt einem intentionalen Akt zu entspringen braucht: Ein zufällig sich entladendes Gewehr hätte ja die gleiche Wirkung. Warnungen ereignen sich, sie sind *Anzeichen*. Jedes Anzeichen kann Warnfunktion bekommen. Es muß nicht so auffällig und eindrücklich sein wie ein Schuß. Im letzten Kapitel der *Mahdi*-Trilogie warnt der Ich-Erzähler die zu befreienden Sklaven „mit jener warnenden Bewegung auf den Mund, welche in der Zeichensprache aller Völker eine Aufforderung zum Schweigen bedeutet". Insoweit handelt es sich nicht um ein Anzeichen, sondern um einen Akt des Warnens, dessen Bedeutung sogar naturgegeben sein soll. Indes bewirkt diese Aufforderung, daß auch das „bisher ununterbrochene Stöhnen und Wimmern" der Gefangenen plötzlich aufhört. Für einen „Westmann" wäre diese *unerwartete* Stille dem Erzähler zufolge ein warnendes Anzeichen gewesen, „von den beiden Takobaleuten aber wurde es gar nicht beachtet" (XVIII 362). Anzeichen können ebenso gut Warnfunktion übernehmen, wenn sie – wie in diesem Falle – unauffällig und unwillkürlich sind oder sogar den Intentionen des Betreffenden zuwiderlaufen. Im Abenteuerroman übernimmt zum Beispiel ein verräterischer Gesichtsausdruck häufig eine derartige Warnfunktion: „Sein Gesicht hatte keineswegs abstoßende Züge, aber der scharfe, forschende, ja stechende Blick, mit dem er uns musterte, gefiel mir nicht." (XVII 9)

In all diesen Fällen gibt es keinen *Akt* des Warnens, sondern lediglich einen *Vorgang* des Gewarn*twerdens*, der sich nicht auf einer kommunikativen Ebene vollzieht. Es verwundert insofern keineswegs, daß Warnfunktionen nicht auf den Menschen beschränkt sind. Die Verhaltensbiologie spricht vom „Warnverhalten" der Tiere und meint damit „Verhaltensweisen, die ein Tier beim Auftauchen eines Fressfeindes zeigt, und die andere Individuen über die Anwesenheit des Räubers informiert".[8] Ein solches Verhalten weist nicht auf eine kommunikative Absicht hin. Das Warnverhalten ist vielmehr ein Reizsignal, das dann zum Beispiel den Fluchtreflex auslöst. Und darin unterscheidet sich dieser Vorgang grundlegend von den Warnungen, die menschlichen Subjekten zuteil werden. Bei ihnen löst das Gewarntwerden keinen Reflex aus, sondern versetzt sie in einen anderen *Stand.* Sie verstehen sich als gewarnt und sind nunmehr gefaßt, denn sie können sich zu dieser Tatsache verschieden verhalten. Warnungen kann man ignorieren, aber man darf hernach nicht sagen, daß man nicht gewarnt worden wäre.

Man kann den Vorgang des Gewarntwerdens als eine Art *Versetzung in einen anderen Stand* beschreiben, weil dabei kein Warnender als kommunizierendes Subjekt in Betracht kommt. Dies öffnet den Blick auf die scheinbar ganz entgegengesetzte *institutionelle Dimension* der Warnung. In der Wildnis oder auf dem Aktienmarkt können bestimmte Vorkommnisse als warnende Anzeichen für einen drohenden Überfall oder für einen drohenden Kursverfall aufgefaßt werden. Aber sie müssen es nicht. Wenn wir die Warnsignale nicht als solche erkennen, entgehen sie uns. Gewiß besteht bei den Anzeichen wie bei allen anderen Zeichen die Gefahr einer falschen Deutung. Darüber hinaus besteht aber die Gefahr, daß sie uns ebensowenig als solche auffallen wie den beiden Takobaleuten. Daher geht das Bestreben bei der Institutionalisierung von Warnungen dahin, diese nicht nur zu möglichst unmißverständlichen, sondern auch zu möglichst ins Auge springenden und eindrücklichen Warnsignalen zu verdichten, wie man an den roten Verkehrszeichen unschwer erkennen kann. So gesehen ist das Warnzeichen als solches ein *ausgezeichnetes* Zeichen, weil es auf seiner Zeichenhaftigkeit insistiert.

Innerhalb der institutionellen Dimension sind die *Eindrücklichkeit* und die *Ausdrücklichkeit* der Warnung die notwendigen Voraussetzungen dafür, daß man nachher nicht sagen kann, man sei nicht gewarnt worden. Im *Mahdi* ist die Eindrücklichkeit vor allem in der Verabreichung der Bastonnade gegeben. Warnungen sind in diesem Zusammenhang ein Mittel der Verhaltenslenkung, der *Disziplinierung*. Sozusagen Warnungen schlechthin teilt der ‚Vater der Fünfhundert' aus, wenn auch die Freigesprochenen „dafür, daß sie mit den Raubmördern eines Stammes waren, durch die Bank weg zehn Hiebe zudiktiert" (XVII 515) bekommen. Man spricht daher vom *Warnzweck* der Disziplinarmaßnahmen – der Verweise, der Ermahnungen, der Zurechtweisungen oder der Rügen –, die den Gewaltunterworfenen von der verfügenden Instanz in wohlverstandenem Eigeninteresse zugemessen werden.[9] Disziplinarmaßnahmen sind Warnungen, die vor weiteren Disziplinarmaßnahmen warnen. Logisch gesehen impliziert die Warnung eine Art *Aufsicht*, deren disziplinierender Charakter in konkreten Maßnahmen deutlich werden kann: „Ich teile dir offen mit, daß ich dich und dein Haus beobachten lassen werde. Denke daran, daß unsere Konsuls uns besser als eure Behörden euch zu beschützen verstehen!" (XVI 291)

Innerhalb des jeweiligen Bezugsrahmens kann der jeweils *zweithöchsten* Disziplinarmaßnahme noch ein Warnzweck zugesprochen werden, nicht aber der *höchsten*, die allen Warnungen zugrundeliegt: Die Ampelkarte, der Führerscheinentzug, die Entfernung aus dem Dienst oder der Tod durch „fünfhundert Hiebe" (vgl. XVII 489) sind denen vorbehalten, welche die eindrücklichen und ausdrücklichen Warnungen hartnäckig in den Wind geschlagen haben. Die Disziplinargewalt befindet sich dabei in der Position einer Instanz, die Gnade vor Recht ergehen lassen kann, indem sie es bei Warnungen beläßt statt bis zum Äußersten zu gehen. Dies kommt etwa im § 56 des *Strafgesetzbuches* zum Ausdruck, der von der „Strafaussetzung" handelt und in Absatz 1 verfügt, daß eine höchstens einjährige Gefängnisstrafe zur Bewährung ausgesetzt werden kann, „wenn zu erwarten ist, daß der Verurteilte sich schon die Verurteilung zur Warnung dienen lassen" wird. Auch hier versetzt die Warnung in einen anderen Stand. Dasselbe Verhalten hat nach der Warnung andere Folgen als vor der Warnung. Man könnte fast sagen, es beginnt eine andere Zeitrechnung:

„Ich will nicht genauer nachforschen, wer und was ihr seid, doch tretet ihr mir zum zweitenmale feindlich entgegen, so kommt ihr nicht so leichten Kaufs davon wie jetzt. Nun könnt ihr gehen, wohin euch beliebt, aber schnell." (XVI 468)

In jedem Falle wird die Warnung von einer Instanz ausgesprochen, die gegenüber dem gewarnten Subjekt eine *höhere Gewalt* repräsentiert. Natürlich geht es der höheren Gewalt um die Anerkennung seitens des Subjekts. Diese Anerkennung läßt sich aber nicht an den etwaigen Unterwerfungsbekundungen gegenüber den warnenden Instanzen ablesen, sondern einzig am Verhalten, nachdem der Gewarnte wieder ins Leben entlassen worden ist. Denn das Leben ist es, das über Warnungen reguliert wird. Unter dem Gesichtspunkt der Warnung erscheint das Leben als die gestundete Zeit der möglichen Bewährung (die allgemeinste und darum auch abstrakteste und leerste Form dessen ist das *Memento mori*, der Totenschädel, welcher unablässig vor der Endlichkeit des Lebens warnt). Gerade innerhalb institutioneller Ordnungen wird das Leben dann als eine Art *Verfahren* wahrgenommen.[10] Die höhere Gewalt, welche die Warnung ausspricht, bewährt sich ja gerade daran, daß sie nicht nur in der Lage ist, die dem Gewarnten für einen Rückfall in Aussicht gestellten Folgen zu realisieren, sondern daß sie sich auch dazu *ermächtigt*, daß sie sich dazu *autorisiert*. Nur durch diese Selbstautorisierung wird den Folgen kraft ihrer Festsetzung ihrerseits der Status höherer Gewalt zugeschrieben.

Der Warnende spricht daher nicht im eigenen Namen, sondern im Namen einer höheren Gewalt, auf die er *verweisen* kann. Und dies macht die gemeinsame Struktur der institutionellen Warnungen und der naturwüchsigen Warnzeichen deutlich. In beiden Fällen werden die Folgen im Falle einer Mißachtung der Warnung einer höheren Gewalt zugeschrieben. Das gilt bei einer Warnung vor überfrierender Nässe wie bei der Bewährungsstrafe. Die Folgen sind nicht notwendig – die überfrierende Nässe braucht keinen Unfall zu verursachen, beim Rückfalltäter kann noch einmal Gnade vor Recht ergehen. Aber *wenn* sie sich einstellen, werden sie mit der Mißachtung der Warnung begründet.

Durch eine Warnung wird das Subjekt nicht wirklich angesprochen, sondern von etwas in Kenntnis gesetzt. In diesem Sinne ist warnende Rede nicht kommunikativ. Wer eine Warnung ausspricht, spricht als Vertreter einer Instanz. Nur deshalb versetzt sie in den Stand des Gewarntseins. Daher muß die sprechakttheoretische Beschreibung die Theorie der Warnung verfehlen: Erst wenn man erkennt, daß eine Warnung *zunächst* etwas anderes ist als ein Sprechakt, bekommt man das Feld in den Blick, das eine Theorie der Warnung zu bearbeiten hätte. Und von diesem veränderten Blickwinkel aus kann dann die Frage nach der Position des Subjekts gestellt werden, das eine Warnung ausspricht.

II

Es ist kein Zufall, daß für die verschiedenen Formen des Warnens und Gewarntwerdens jeweils Beispiele aus dem *Mahdi* gegeben werden konnten. Warnfunktionen sind in dieser Trilogie ein ständig wiederkehrendes Element. Dies gilt allerdings auch für andere Reiseerzählungen Karl Mays und in gewisser Weise für das Genre der Abenteuererzählung überhaupt. Denn vom Helden der Abenteuererzählung läßt sich sagen, daß er als das *gefaßte Subjekt* das Unerwartete erwartet und aufmerksam ist noch für die geringsten Warnzeichen:

> Wenn man sich auf jahrelangen Reisen so oft in Gefahr befunden hat wie ich, so gewöhnt man sich, den geringsten Umstand zu beachten, das kleinste Vorkommnis schnell zu erfassen und alles, was sich nicht sofort erklären läßt, mit Mißtrauen zu betrachten. Dieser Gewohnheit habe ich es mit zu verdanken, daß ich zwar die Narben vieler Wunden an mir trage, aber doch noch am Leben bin. (XVIII 163)

Auf der einen Seite geht es also für den Helden des Abenteuerromans um den Vorgang des Gewarntwerdens. Im Rahmen der typischen Tätigkeiten des Ich-Erzählers wie etwa dem Anschleichen oder dem Belauschen sind verschiedene Vorgänge des Gewarntwerdens natürlich stets mitgesetzt. Auch Verhalten und Gebaren der übrigen Personen übernehmen für den Ich-Erzähler regelmäßig Warnfunktion. Gerade die *Mahdi*-Trilogie entfaltet jedoch eine eigentümliche Ambivalenz dieser Warnzeichen. Besonders im ersten Band erweist sich der Ich-Erzähler in der Lektüre der Warnzeichen durchaus als schwankend. Von Murad Nassyr heißt es beispielsweise: „Wenn nur nicht der gar so pfiffige Blick gewesen wäre, mit welchem er vorhin meiner Antwort entgegengesehen hatte! Dieser hatte mich trotz des ehrlichen Gesichtes des Türken mißtrauisch gegen ihn gemacht." (XVI 15) Diese mißtrauische Einstellung wird aber nicht handlungsrelevant und tritt in den Hintergrund, da sich der Ich-Erzähler dann doch für die gemeinsame Reise gewinnen läßt. Bei der Einführung des Reïs Effendina verzichtet der Text ganz auf Warnzeichen. Nichts von der Enttäuschung, die dem Ich-Erzähler von dieser Figur bevorsteht – eine Enttäuschung, die in der Tiefendimension vielleicht das eigentliche Zentrum der *Mahdi*-Trilogie ist –, läßt sich an ihrer Erscheinung ablesen: „Sein Gesicht, dessen dunkle Augen mit forschendem Wohlwollen auf mir ruhten, wurde von einem schwarzen Vollbarte eingerahmt" (141). Oder: „Er sah mich von der Seite so gutmütig pfiffig an, daß ich fühlte, ich müsse ihn rasch lieb haben können. Er war kein bigotter Moslem; er besaß Lebhaftigkeit, Energie und Wohlwollen, wie ich beobachtet hatte." (146)

Zwar gibt es eine ganze Reihe von üblen Subjekten, von deren Aussehen und Auftreten sich der Ich-Erzähler sogleich zu Recht gewarnt fühlt, bei einer zentralen Figur befällt ihn jedoch eine Unentschlossenheit, die um so merkwürdiger ist, als sie in mehreren Anläufen ausführlich gestaltet und hin und her gewendet wird. Gemeint ist die erste Begegnung mit dem Fakir, der sich später als Abd Asl entpuppt. Beim ersten Gewahrwerden von dessen Gesicht erblickt der Ich-Erzähler „so wahrhaft ehrwürdige Züge, wie ich sie noch selten gesehen hatte" (252). Auch später läßt er den Fakir gerne in seinem Boot mitfahren, „weil der Eindruck, welchen er auf mich gemacht hatte, ein so günstiger gewesen war" (267), und nach dessen überraschendem Angebot, ihm die Mumiensärge zu zeigen, wird noch einmal betont, daß „sein ehrwürdiges Gesicht [...] nicht einen einzigen Zug [hatte], welcher auf Hinterlist und Heimtücke schließen ließ". Die allgemeine Erwägung, „daß er eine ganz besondere Absicht hegen müsse, eine egoistische, vielleicht gar für mich schlimme Absicht" (272f.), findet daher keinen Anhaltspunkt und wird wieder fallengelassen. Der Ich-Erzähler kann und will sich nicht als gewarnt betrachten; er darf sich aber auch nicht als ungewarnt betrachten. Später erklärt er, sich „eines eigenartigen Gefühles, einer dunkeln Ahnung nicht erwehren" zu können, die „kein bestimmter Verdacht, sondern eine unbestimmte Empfindung" (312) sei. Daher muß der Ich-Erzähler konzedieren, daß ihm der „Gedanke" an den Fakir „wirklich zu schaffen" macht: „Es widerstrebte mir, einen Verdacht gegen diesen ehrwürdigen Mann aufkommen zu lassen". Weil er sich aber trotzdem „einer unbestimmten Ahnung nicht erwehren" kann, plant er, ihm eine „Falle" zu stellen, „in welche er gehen mußte, wenn meine Ahnung keine falsche war" (315). In Beobachtung des betenden Fakirs ruft er hinwiederum innerlich aus: „Nein, dieses Gesicht konnte nicht lügen. [...] Unmöglich, ganz unmöglich! Ich empfand in diesem Augenblicke das festeste, das innigste Vertrauen zu ihm." (319) Dieses Vertrauen gerät abermals ins Wanken, als der Fakir auf den Sklavenjäger Ibn Asl zu sprechen kommt und dabei die „milde Würde" seines Gesichts „einer Art von irdischer, sehr irdischer Begeisterung" (323) weicht. Daher versucht der Ich-Erzähler, den weiteren Verlauf des Gesprächs als einen Test zu gestalten, in dessen Verlauf ihm etwa die „ganz eigenartige Lache" seines Gegenüber zum „Rätsel" wird – „War das aus Hohn oder aus Uebermut?" – und an dessen Ende es heißt:

„Ich hatte jetzt gegen den Fakir einen, wenn auch nicht bestimmten Verdacht gefaßt. Seit seiner letzten Rede war ich überzeugt, daß sein frommes Gesicht eine Lüge sei." (326f.) Die Unbestimmtheit dieses Verdachtes führt jedoch dazu, daß auf dem Weg zur Höhle die Erklärungen des Fakirs nach dem Dafürhalten des Ich-Erzählers den „vorsichtigsten und mißtrauischesten Menschen" (329) und auch ihn selbst befriedigen. Daß der Fakir ohne weiteres bereit ist, in der Höhle voranzugehen, zerstreut jeden bestimmten, auf die gegenwärtige Situation bezogenen Verdacht. Nachdem der Ich-Erzähler mit Selim in die Falle gegangen ist, bekommt er dann freilich die Auskunft: „Du begannst bereits, mir zu mißtrauen; ich sah es dir an; aber du warst doch so dumm, mir zu folgen." (335)

Der Ich-Erzähler war so dumm, weil er sich mangels *Eindrücklichkeit* der Warnung zunächst nicht in den *Stand* des Gewarntseins versetzt sah (weil er sich nicht dazu durchringen konnte, sich als gewarnt zu betrachten) und weil er sein Gewarntsein dann mangels *Ausdrücklichkeit* nicht im Hinblick auf die konkrete Situation als Gefahrensignal interpretieren konnte. Innerhalb der *Mahdi*-Trilogie nimmt diese ganze Episode eine Sonderstellung ein. Auf ganz unübliche Weise ist der Ich-Erzähler nicht in der Lage, einen Standpunkt zu finden. Auch wird Abd Asl durch diese Einführung auf eine Weise hypostasiert, die durch den weiteren Handlungsverlauf nicht gedeckt ist: Später erscheint dieser Mann als ein gewöhnlicher Bösewicht mit leicht durchschaubaren Gedankengängen und Gefühlen. Daß hier ein über die Motivierung der Romanhandlung hinausgehendes Problem bearbeitet wird, wird auch in den Interaktionen zwischen dem Fakir und dem Ich-Erzähler deutlich. Denn nach der dargestellten Problemlage können die Warnzeichen (wenn man von den Fußspuren zur Höhle absieht) ja nur von der Interaktion des Fakirs mit dem Ich-Erzähler herrühren. Und hier fällt auf, daß sich der Fakir dem Ich-Erzähler zunächst mit Worten nähert, in denen genau jene Frage angesprochen wird, die sich der Ich-Erzähler bezüglich des Fakirs stellt:

Er [...] nahm mich scharf in die Augen, trat nahe zu mir heran und sagte:
„Was ist das für ein Gesicht! Was sind das für Züge, für Augen! Welche Gedanken wohnen hinter dieser Stirne! Ich möchte sie ergründen und dann in deine Zukunft blicken" (253).

In der anschließend praktizierten Handlesekunst setzt sich der Fakir ganz explizit in die Position des Warners ein:

„Das Auge meiner Seele erblickt einen Sohn der Rachsucht, welcher dir nach dem Leben trachtet. Er war dir öfters nahe, aber Allah beschützte dich. Wenn du ihm entgehen willst, so reise jetzt nicht weiter. [...] Glaube mir, oder glaube mir nicht; mich erfreut oder betrübt es nicht" (255).

Unter anderen Umständen würde der Ich-Erzähler sich die Aufforderung zur Verhaltensänderung, die in dieser Warnung liegt, selbst zur Warnung dienen lassen. Er würde die Warnung gerade nicht befolgen und dem augenscheinlich wohlinformierten Warner auf den Grund gehen. Hier neutralisiert statt dessen die bloße Tatsache, daß Gesicht und Gebaren des Fakirs keinen Anhaltspunkt für einen Verdacht liefern, die strategischen Erwägungen. Denn die Kehrseite des Mißtrauens, das der Ich-Erzähler als Grundeinstellung des Abenteuer-Reisenden anführt, ist das uneingeschränkte Vertrauen in den, dessen Angesicht keinen Anhaltspunkt für einen Verdacht bietet.[11] Es gilt nicht nur den Reisegefährten, die sich bereits bewährt haben. Vielmehr operiert der Ich-Erzähler unter der Voraussetzung, daß es keinen Verrat ohne lesbare Warnzeichen in Gesicht und Gebaren gibt. Die Welt ist lesbar, und der Verrat überfällt den, der sie zu lesen versteht, nicht ohne Vorwarnung. Um aber in diesem Grenzfall, in dem die Lesbarkeit der Welt probehalber ins Wanken gebracht wird, die Vorwarnung zu entdecken bzw. hervorzurufen, bedarf es eines strategischen Vorgehens, das den Regeln menschlicher Kommunikation widerstreitet. Der Ich-Erzähler muß seinem Gegenüber eine Falle stellen, muß ihn aushorchen, um sich Klarheit darüber zu verschaffen, ob sein Gegenüber ihm eine Falle stellt. Eben darauf nimmt der Verlauf der Interaktion mit dem Fakir Bezug, wenn es ausnahmsweise der Ich-Erzähler ist, der sich verrät und darum verdächtigt werden darf, sein Gegenüber zu verdächtigen: „Als ich diesen Namen aussprach, erschrakst du beinahe. Das kommt mir verdächtig vor. Du bist nicht so ehrlich gegen mich, wie ich es gegen dich bin!" (325)

Es geht für den Ich-Erzähler nicht darum, die Warnung des Fakirs ernst zu nehmen und in die Tat umzusetzen. Wer eine Warnung in den Wind schlägt, vergeht sich nicht gegen ein Gesetz kommunikativen Handelns. Allerdings gibt es eine prinzipielle Schwierigkeit, den Ich-Erzähler zu warnen; sie läßt sich etwa einer seiner Unterredungen mit dem wohlmeinenden Lieutenant des Reïs Effendina entnehmen; dort heißt es:

„Thue, was dir beliebt; ich habe nun nichts mehr dagegen, denn ich weiß, daß du doch auf meine Warnungen nicht hörst."
„Ich bin für jede begründete Warnung dankbar; aber die deinige ist so allgemein und unbestimmt, daß ich sie unmöglich gelten lassen kann. Uebrigens stürze ich mich nicht etwa kopfüber in die Gefahr, sondern ich gehe ihr mit vollem Bedachte entgegen" (551f.).

Der Ich-Erzähler akzeptiert keine Warnungen, die seinen Handlungsplan betreffen. Der Warnende kann also nicht als *Instanz* anerkannt werden. Der Ich-Erzähler zieht daher die rein informativen den explizit performativen Warnungen allemal vor. Am besten ist ein Geräusch „wie das ferne Rollen des Donners und doch zugleich wie das Gähnen einer in der Nähe sich befindenden und aus dem Schlafe erwachenden Hyäne" (XVII 59), das den kundigen Ich-Erzähler exklusiv und unmißverständlich vor einem sich nahenden Löwen warnt.

Ganz und gar fruchtlos sind freilich all jene Warnungen, die in Wahrheit Drohungen sind. Wenn Murad Nassyr dem Ich-Erzähler ankündigt: „Merke dir, was ich dir schon sagte: Sollte ich dich wiedersehen, so zerschmettere ich dich" (XVI 416), so übergeht der Ich-Erzähler dies natürlich mit Schweigen. Warnungen vor einem *Übel*, das vom Warner selbst ausgeht, fallen bei Karl May ausnahmslos unter die feindlichen Drohungen. Sie gehen nie von einer vom Ich-Erzähler anerkannten Instanz aus. Und sogar dort, wo er in die Situation gerät, diesen feindlichen Drohungen nachgeben zu müssen, beharrt er darauf, daß darin noch nicht einmal eine *scheinbare* Anerkennung liegen darf. Bei seiner Gefangennahme durch Ibn Asl will dieser wissen, ob der Ich-Erzähler den Anschlag auf den Reïs Effendina vereitelt hat: „Gestehe es auf der Stelle, sonst zertrete ich dich unter meinen Füßen!" (XVII 175) Anläßlich dieser Vermeidungsalternative bietet der Text zunächst einmal eine ausführliche Reflexion über die Eigenart derart mißlicher Situationen und deduziert dann eine dritte Handlungsmöglichkeit, die dem Gewalthaber zwar das Gewünschte liefert, es aber anders deklariert, damit dieser sich auch „jetzt, in diesem Augenblicke" nicht einbilden kann, „daß ich Angst vor ihm habe": „Gestehen? Nur Verbrecher, nur Sünder haben Geständnisse abzulegen. Was ich that, war keine Sünde, kein Verbrechen." (176)

Damit ist ein wesentliches Moment der Positionierung des Ich-Erzählers vor Augen gestellt: Dieses Ich bewahrt sich einerseits stets die Fähigkeit zu strategischer Interaktion; es spielt jederzeit in dem mit, was Goffman als das „Ausdrucksspiel" gegenseitiger Beobachtung beschrieben hat.[12] Aber diese strategische Interaktion hat andererseits eine Grenze an der kommunikativen Seite der Interaktionssituation. Der Ich-Erzähler, der sich unter Umständen gerne dumm und unwissend stellt und gerade dadurch den Selbstverrat des sich überlegen Wähnenden provoziert, kann dem Gegenüber niemals aus strategischen Rücksichten dessen *Anerkennung* kommunizieren. Er kennt keine Instanzen außer sich selbst.

Damit dies im Abenteuerroman funktioniert, bedarf es, sobald der Ich-Erzähler in der Gewalt des Feindes ist, der bekannten *Logik des Aufschubs*, die es jeweils verhindert, daß die angedrohten Übel in die Tat umgesetzt werden. Daher wird das Subjekt jeweils in den Stand gesetzt, sich zu diesen Drohungen zu verhalten und etwa zu sagen: „du drohst nur, doch du hast nicht den Mut, es auszuführen" (XVII 186). Es ist allerdings weniger der mangelnde Mut, der die Feinde daran hindert, den ihnen ausgelieferten Ich-Erzähler umstandslos zu töten, als vielmehr ihr Verlangen, diesen Tod in einem ‚Fest der Martern' zu *zelebrieren*[13], ihm einen seiner Bedeutung entsprechenden Raum zu verleihen.[14] Mag die Unverbesserlichkeit dieses stets aufs neue vereitelten Wunsches sowie seine logische Fundierung in der notwendigen Unverletzlichkeit des Ich-Erzählers auch weit hergeholt erscheinen – er entbehrt doch nicht einer gewissen Folgerichtigkeit. Die Qualen, die dem Ich-Erzähler in Aussicht gestellt werden, sollen eine Art *finaler Interaktion* sein. Auf merkwürdige Weise spiegelt sich in der Vorgehensweise der Feinde, dem Ich-Erzähler zunächst mit einem eigenhändig ausgeführten und unabwendbaren Martertod nur zu drohen (und ihn dadurch abwendbar zu machen), die Politik des Ich-Erzählers, der die Feinde immer neu vor der in Aussicht gestellten und niemals eigenhändig vollstreckten Todesstrafe warnt, um sie zur Umkehr zu bewegen. Der Ich-Erzähler besitzt einen hohen Symbolwert, im Gegensatz etwa zu den Negern, die Ibn Asl im dritten Band des *Mahdi* vor seinen Augen hinschlachten läßt wie Vieh. Auch hier entschließt sich der gefesselte Ich-Erzähler zur Provokation seines Peinigers *in spe* und spricht von der „Strafe, die dich und deine Weißen erwartet" (XVIII 120). Ibn Asl, der die Motive dieser Provokation zu kennen vermeint, spricht in seiner Entgegnung das Gesetz des Aufschubs unverhüllt aus:

„Du giebst dich verloren; du weißt, daß du meiner Rache hoffnungslos verfallen bist und daß dich Martern erwarten, die noch niemand vor dir erlitten hat. Um diesen Qualen zu entgehen, um leicht und schnell zu sterben, hast du dir vorgenommen, mich zu reizen. Du meinst, daß ich dich im Zorne rasch töten werde; aber da hast du dich verrechnet; ich bin klüger als du denkst." (121)

Zur strategischen Interaktion ist es – im Abenteuerroman – nie zu spät. Es kann aber sein, daß die Möglichkeit dazu gewissermaßen *aussetzt*. Das geschieht dann, wenn das Unheil ohne Vorwarnung hereinbricht. Natürlich sind die Reiseerzählungen Karl Mays voll von Szenen, in denen die Gegner überrumpelt werden, wenn sie sich am sichersten wähnen, im Schlaf oder am Lagerfeuer, in denen sie etwa überwältigt werden als „Folge der Ueberraschung, einer so vollständigen, erstarrenden Ueberraschung, wie ich bisher noch keine beobachtet hatte" (XVII 35).

Wie aber kann dem *Ich-Erzähler* solches geschehen? Unter welchen Umständen kann er sich sicher wähnen, wenn er es nicht ist? Tatsächlich handelt es sich hier um einen Grenzfall. Wenn man sich das Vorfeld einer solchen Überwältigung ohne Vorwarnung ansieht, kann man sehen, daß dieses Fehlen einer Vorwarnung in der Regel – nicht immer! – gerahmt wird von einer mehr oder minder expliziten Vorwarnung auf der Ebene des *Textes*. Mit anderen Worten: Wo der Ich-Erzähler als Figur ungewarnt bleibt, tendiert die Erzählinstanz dazu, sich von ihr zu lösen und ihrerseits Warnsignale vorwegzuschicken. Im ersten Kapitel des dritten *Mahdi*-Bandes werden Ben Nil, Selim und der Ich-Erzähler während einer vermeintlich harmlosen Vogeljagd beim Reinigen und Trocknen der durch Selims Ungeschicklichkeit naß gewordenen Gewehre überwältigt. Vorausgeschickt wird aber ein Passus, in dem sozusagen die *Möglichkeit* dieses unvorhergesehenen Überfalls erläutert wird. Die Gefährten hätten laut miteinander gesprochen, „da wir keinen Grund zu haben glaubten, leise zu reden und dem Walde hinter uns eine besondere Aufmerksamkeit zuzuwenden". Aber der Häuptling habe die Gegend „ohne Absicht" fälschlich als menschenleer bezeichnet. „Wir sollten Leute sehen, nicht bloß sehen, und zwar was für welche!" (XVIII 39) Eine analoge textuelle Vorwarnung findet sich nur etwa sechzig Seiten später bei der nächsten Gefangennahme des Ich-Erzählers; auch hier spielt das Fehlverhalten Selims (dessen Teilnahme an einer Unternehmung selbst schon als eine Art allgemeines Warnzeichen fungiert) die ausschlaggebende Rolle. Der Ich-Erzähler mutmaßt, daß sich Selim aus gewohnter Unzuverlässigkeit vom vereinbarten Punkt entfernt hat:

Da dies sehr leicht möglich, ja sogar wahrscheinlich war, fühlte ich, der ich sonst so vorsichtig bin, mich nicht beunruhigt […].
„Er ist wieder in den Wald gegangen," sagte ich. „Warum, wozu?"
Kaum hatte ich diese Frage ausgesprochen, so bekam ich die Antwort, aber auf eine ganz und gar unerwartete Weise. Es richteten sich nämlich jenseits des Strauches mehrere Gestalten auf, welche mit den Kolben ihrer Gewehre zum Schlage ausholten. Ich wollte zurückspringen, aber es war bereits zu spät. Ein Hieb streckte mich nieder (102).

Die Minimalform der Vorwarnung, so zeigt sich hier, ist die Information der Erzählinstanz, daß das, was nun geschieht, ohne Vorwarnung geschieht. Was derart geschieht, ist nicht mehr auf der Ebene der Interaktionen zu beschreiben; daß es aber gleichwohl als Grenzfall zu gelten hat, macht der Text auf schöne Weise deutlich, indem er es als eine *Antwort* deklariert – aber eben als eine „ganz und gar unerwartete" Antwort.

Es scheint jedoch auch der Fall vorzukommen, daß die Vorwarnung gänzlich ausfällt:

Ich bückte mich nieder, um den untern Teil der Pfähle zu untersuchen. Da ertönte neben mir ein Schrei von Ben Nils Stimme. Ich wollte mich rasch aufrichten, bekam aber einen Hieb auf den Kopf, daß ich die Besinnung verlor. – – (XVII 542)

Doch ist nicht auch dies ein Grenzfall des Interaktionsromans? Richtet die Literatur nicht auch hier eine minimale Vorwarnung ein, eine Zeitspanne zwischen dem Schrei Ben Nils und dem Hieb auf den Kopf?

III

In welcher Weise besetzt der Ich-Erzähler den Platz des Warnenden? Tatsächlich führt der Ich-Erzähler bei Karl May so etwas wie ein *Prinzip der Warnung* ein, wenn er Gnade vor Recht ergehen läßt. Dieses Verhalten entspricht ebenfalls dem Strukturgesetz des Abenteuerromans und der Logik des Aufschubs, denn es trägt nicht unwesentlich zu einem *recycling* der Gefahrensituationen bei: Von den Gewarnten kann immer wieder neue Gefahr ausgehen.

Während kein anderer gegenüber dem Ich-Erzähler die Position des Warnenden behaupten kann, spricht dieser seine Warnungen stets als eine Instanz aus. Entweder ist die Warnung begründet, weil der Ich-Erzähler die Welt der Erscheinungen zu lesen versteht – wenn er etwa weiß, daß dies der Laut eines Löwen und nicht einer Hyäne ist. Oder aber die Warnung ist begründet, weil der Ich-Erzähler sie *wahrmachen* kann. Bei Karl May steht der Ich-Erzähler des Abenteuerromans also auch für die institutionelle Dimension der Warnung. Er warnt vor zukünftigen Übeln, die er selber zufügen kann, um eine Verhaltensänderung herbeizuführen, um zu disziplinieren. Auf seine Warnungen trifft all das zu, was über den Warnzweck von Disziplinarmaßnahmen gesagt werden kann, insbesondere was die Eindrücklichkeit und die Ausdrücklichkeit der Warnung betrifft:

„Ich warne dich zum letztenmale. Wenn du wirklich denkst, so hoch über mir zu stehen, weil ich ein Christ bin, so lache ich darüber; aber wenn du diesen albernen Hochmut so weit treibst, mich zu schimpfen, so werde ich dich zwingen, einen bescheideneren Ton gegen mich anzuschlagen." (XVIII 432)

Der Ich-Erzähler wird durch das Aussprechen dieser eindrücklichen Warnung an Abu Reqiq zu einem Verfahrensveranstalter, der gegebenenfalls durch das Verhalten des Gewarnten selbst zur Zufügung eines Übels autorisiert wird. Die Warnung bewirkt, daß der Gewarnte sich das, was ihm geschieht, selbst zuschreiben muß. Nach einer weiteren Tirade Abu Reqiqs erklärt der Ich-Erzähler:

> "Gut, du hast's gewollt! Du wirst sofort erfahren, daß der Giaur, der ewig Verfluchte, der Hund es wohl versteht, dich demütiger zu machen. Ben Nil, der Kerl bekommt einstweilen zehn Hiebe auf jede Fußsohle. Besorge das! Und wenn er dadurch nicht bescheidener wird, werden ihm noch zwanzig aufgezählt!" (432f.)

Es ist eher eine Ausnahme, daß das Prinzip der abgestuften Disziplinarmaßnahmen so klar und eindeutig ausgesprochen und umgesetzt wird (weshalb sich der zum Ausführungsorgan bestimmte Ben Nil denn auch erstaunt zeigt). Daher erweist sich hier auch besonders deutlich, daß die Disziplinarmaßnahmen, eben weil sie die bloße Verhaltensänderung bezwecken, zunächst einmal nicht mit der Führung der *Seelen* befaßt sind. Mit dem Aussprechen von Warnungen bekehrt man keine Seelen, wozu im Lande des Mahdi überhaupt wenig Aussicht besteht (daß man die Seelen weniger durch Warnungen als durch gutes Beispiel und Vertrauensvorschuß bekehrt, führt die *Mahdi*-Trilogie statt dessen im eingeschobenen Hadschi-Halef-Omar-Teil in aller Breite vor). Nur insofern die Warnung ein Verfahren impliziert, in das die Möglichkeit der *Gnade* eingebaut werden kann, die den Verfahrensaspekt übersteigt, enthält sie ein Moment der Seelenführung. An und für sich aber richtet sich die Warnung an die *Vernunft*, und ihr kooperativer Charakter ist rein formaler Natur. Abu Reqiq erscheint von vornherein als hoffnungsloser Fall, der fühlen muß, weil er nicht vernünftig sein will (es wird ihm die zumindest formale Anerkennung abverlangt, zu deren Vollzug der Ich-Erzähler im entsprechenden Fall keineswegs bereit wäre). Und der noch mehr fühlen muß, weil auch das Fühlen nichts fruchtet: Erst auf die Warnung seiner Spießgesellen hin – "Wenn du deine Zunge nicht zähmst, wirst du dreißig oder fünfzig Streiche erhalten, während dich doch schon die ersten zehn vollständig zufriedenstellen konnten!" (434) – nimmt er endlich *Vernunft* an.

Dieses Beispiel führt einen trivialen und rohen Mechanismus vor: Jeder Schlag ist die Zufügung eines Übels und zugleich eine Warnung, daß weitere

Schläge folgen, wenn keine Verhaltensänderung erfolgt. Aber gerade an dieser Minimalvorrichtung sieht man, daß Warnungen nicht aus Sprechakten bestehen müssen. Im institutionellen Kontext müssen sie nur unmißverständlich als Warnungen definiert sein. Eine begleitende Rede kann sicherstellen, daß alles zur Warnung dienen kann, was die theoretische Möglichkeit weiterer Warnungen offenhält.

Auch hierin liegt eine Entsprechung zu dem Befund, daß die Reiseerzählungen Karl Mays sozusagen *Interaktionsromane* sind. In ihnen bleibt die blinde Gewalt ein letztlich bestürzender Grenzfall. In der Regel ist auch die gewaltsame Auseinandersetzung symbolisch strukturiert; sie bleibt Interaktion. Nirgends wird das deutlicher als an den zahlreichen Stellen, an denen der Ich-Erzähler als die höhere Gewalt auftritt, die auf wunderbare Weise *Kugeln* sprechen läßt. Und Kugeln *sprechen* lassen heißt *warnen*.

Am Ende des ersten Bandes der *Mahdi*-Trilogie sind die in ihrer Falle gefangenen Sklavenfänger nicht bereit, sich Ketten anlegen zu lassen. Zunächst gehen den warnenden Kugeln die warnenden Worte voraus:

„Ist die Viertelstunde vorüber, so werde ich diejenigen, welche am meisten widerstreben, lahm machen, indem ich sie in das rechte Knie schieße. Seht ihr dann, wie sicher wir treffen, so werdet ihr euch doch noch entschließen, euch mit den Ketten zu befreunden." (XVI 612)

Nachdem der Ich-Erzähler nacheinander drei Widerstrebende wie angekündigt mit seinen Kugeln niedergestreckt hat, nehmen die übrigen Vernunft an:

„Effendi, du bist ein schrecklicher Mann, und deine Kugeln muß der Teufel gegossen haben. Ich glaube, du würdest uns, einen nach dem andern, alle lahm machen. Da wollen wir uns doch lieber fügen. Hier sind meine Hände; laß mir die Kette anlegen!" Dieser Wunsch wurde ihm sofort erfüllt. (613f.)

Was hier wahrgenommen wird, ist die Möglichkeit zu einer euphemisierenden Beschreibung, die immer dort vorhanden ist, wo Gewalt nicht blind ist, sondern Kugeln sprechen. Der etwas zynische Kommentar, der die erzwungene Kooperation in eine wunschgemäße umtauft, ist zugleich charakteristisch für die innere Haltung eines Subjekts, das für sich in Anspruch nimmt, als *Instanz* zu agieren. Wer als höhere Gewalt (die sich hier in ihrer Zielsicherheit manifestiert) vor einem Übel warnt, das er gegebenenfalls dem Gewaltunterworfenen zufügen wird, besitzt eben allemal die Definitionsmacht. Und weil die höhere Gewalt die Definitionsmacht hat, kann sie auch in letzter Instanz darüber entscheiden, was als eine eindrückliche *und* ausdrückliche, also als eine *unmißverständliche* Warnung aufzufassen ist.

In einem komplexen Beispiel im zweiten Band der *Mahdi*-Trilogie können wir lernen, daß die Warnungen der höheren Gewalt auch nach Art von Orakeln ergehen dürfen, bevor sie wider Erwarten durch eine Kugel in Erfüllung gehen. Der Ich-Erzähler sieht hier voraus, daß der Gegner Ben Nils, ein Dschelabi, den Zweikampf mit Messern zur Flucht benutzen will:

Bestimmte Regeln waren nicht gegeben worden, doch erteilte ich dem Dschelabi noch die kurze Warnung:
„Nimm deine Beine in acht!"
„Dies zu sagen, ist überflüssig," lachte er. „Das Leben wohnt im Herzen; er wird mich also nicht in die Beine stechen wollen." (XVII 87)

Beim anschließenden Fluchtversuch wird der Dschelabi durch einen Beinschuß niedergestreckt und mit dem Kommentar bedacht:

„Du lachtest mich aus, als ich dich warnte. Und doch hatte ich recht, als ich dich aufforderte, auf deine Beine acht zu haben. Du erkennst von neuem, daß es nicht allzu leicht ist, einen christlichen Effendi zu überlisten." (87f.)

Gewiß wird sich der Dschelabi das zerschossene Schienbein zur Warnung dienen lassen. Das ist aber nicht alles, was es über ein derartiges Verfahren des Ich-Erzählers zu sagen gibt. Offensichtlich tut es der ‚Gültigkeit' der Warnung keinen Abbruch, daß sie vom Gewarnten nicht verstanden wird. Weil der Warnende die Definitionsmacht hat, kann er darüber entscheiden, welcher Grad der Warnung für den Betreffenden angemessen ist. Die Warnung des Ich-Erzählers ist zwar eindrücklich, da sie mit Bedeutung und Betonung ausgesprochen wird; und sie ist auch ausdrücklich, insofern sie die gefährdete Gegend genau bezeichnet. Gleichwohl handelt es sich auch hier um eine Art Grenzfall des Interaktionsromans, insofern der Dschelabi ohne Vorwarnung getroffen wird.

Er hat es sich eben selbst zuzuschreiben, daß er die Warnung nicht verstanden hat. Während der Ich-Erzähler die Deutungshoheit bezüglich der ihn betreffenden Warnungen ausübt (weshalb er sie gegebenenfalls ganz in den Wind schlagen kann), müssen die vom Ich-Erzähler ausgesprochenen Warnungen sorgfältig aus dessen Geiste ausgelegt werden. Das folgt daraus, daß der Ich-Erzähler keine warnende Instanz anerkennt, aber als warnende Instanz anerkannt werden muß. Es muß nicht nur unterstellt werden, daß jede Warnung ihren Sinn hat, sondern auch, daß es einen Sinn hat, wenn dieser Sinn nicht an der Oberfläche liegt. In einem *rechtsförmigen* Verfahren hätten alle Verfahrensschritte und also auch die Warnungen unmißverständlich zu sein. Der Ich-Erzähler bei Karl May hingegen stellt den

Grenzfall dar, daß ein Subjekt *als* Instanz spricht und damit lediglich eine *Art* Verfahren errichtet.

Der Ich-Erzähler bemerkt sehr wohl, daß der Dschelabi ihn nicht versteht; er soll ihn ja nicht verstehen. Würde der Ich-Erzähler einfach erklären, daß er ihm im Falle einer Flucht ins Bein zu schießen gedenke, so würde er den Fluchtversuch wohl vereiteln. So aber versteht der Dschelabi nicht, daß die Warnung vor einem Übel ergeht, das der Ich-Erzähler ihm selbst zuzufügen gedenkt. Erst auf diese Weise manifestiert sich der Warner so recht als höhere Gewalt. Es ist daher ein wesentlicher Bestandteil dieser Disziplinarmaßnahme, die Gewaltunterworfenen zum rechten Hören zu bringen *und* ihnen vor Augen zu stellen, daß sie stets unter der *Aufsicht* der höheren Gewalt stehen.

Die Selbstinthronisierung der warnenden Instanz hat gauklerische Züge. Die Reiseerzählungen lassen uns dieses Gaukelspiel wohl sehen, wie einem letzten Beispiel entnommen werden kann, das sich im Anschluß an die Warnung des Dschelabi ergibt. Später werden der verletzte Dschelabi und Abd Asl abseits an zwei Bäumen festgebunden und vom Ich-Erzähler belauscht. Hernach gewährt er Abd Asl ein Gespräch unter vier Augen mit dem Fakir el Fukara, mit der Mahnung, diese Gunst ja nicht zu mißbrauchen, „denn es würde dir schlecht bekommen. Ich würde ganz sicher bemerken, daß du mich hintergehen willst." Denn wie jener „fromme und berühmte Marabut" hat der Ich-Erzähler die „Zungen von zwölf sprechenden Raben und die Ohren von zwölf jungen Adlern" verspeist und hört nun „bis in die weiteste Entfernung alles", was seine Feinde gegen ihn beraten: „Nimm dich also in acht; ich höre alles!" (XVII 97) Aufgrund seines Vorwissens kann der Ich-Erzähler erschließen, was Abd Asl dem Fakir el Fukara aufträgt und was der ihm eigentlich verpflichtete Fakir verschweigt. Er sagt es Abd Asl auf den Kopf zu, daß ein Anschlag gegen ihn gesponnen werden soll: „Denke doch an die Adlerohren!" (99) Und nachdem er den hartnäckig Leugnenden mit einigen Einzelheiten konfrontiert hat, erklärt er: „Du siehst, daß meine Adlerohren mir sehr gute Dienste leisten." Abd Asl will daraus schließen, daß der Ich-Erzähler „mit der Hölle im Bunde" steht. Diesem geht es aber nicht darum, den anderen übernatürliche Fähigkeiten vorzugaukeln; es geht ihm nicht darum, ihnen den ganz natürlichen *modus operandi* vorzuenthalten, der ihn in den Stand des Wissens versetzt hat. Dem Statut des Interaktionsromans entsprechend will er sich vielmehr als die Instanz inthronisieren, die in ihren strategischen Interaktionen den anderen stets voraus ist und dies auf paradoxe Weise auch formulieren kann: „Hättet ihr euch überlegt, daß, wie ihr nun schon so oft erfahren habt, alles, was ich thue, einen bestimmten Zweck hat, so wäret ihr nicht in die Falle gegangen" (100). Ist das eine Warnung? In jedem Falle sind die Adlerohren die bildliche Ausdrucksweise dafür, daß der Ich-Erzähler immer im Bilde ist. Er warnt vor sich als der *Instanz*, die die *Aufsicht* führt.

Anmerkungen

1 John L. Austin: *Zur Theorie der Sprechakte* (*How to do things with words*). Stuttgart ²1979, S. 173; vgl. die Aufzählungen S. 174 u. 203.
2 John R. Searle: *Eine Taxonomie illokutionärer Akte*. In: ders.: *Ausdruck und Bedeutung. Untersuchungen zur Sprechakttheorie*. Frankfurt/M. 1982, S. 49.
3 Vgl. Dieter Wunderlich: *Studien zur Sprechakttheorie*. Frankfurt/M. 1976, S. 272ff.
4 Norbert Klein: *Hybride Sprechakte: Warnen, Drohen und Erpressen*. In: *Sprache: Verstehen und Handeln*. Akten des 15. Linguistischen Kolloquiums Münster 1980. Bd. 2, hg. v. Götz Hindelang u. Werner Zillig. Tübingen 1981, S. 227.
5 Vgl. ebd., S. 230f.
6 Vgl. Austin [Anm. 1], S. 149ff.
7 Vgl. Klein [Anm. 4], S. 231.
8 *Kompaktlexikon der Biologie*. 3 Bde. Heidelberg, Berlin 2002, Bd. 3, S. 336.
9 Ortlieb Fliedner: *Die Zumessung der Disziplinarmaßnahmen*. Berlin 1972, S. 103f.
10 Vgl. Michael Niehaus: *Verfahrensmängel. Die Gerichtsverhandlung in Karl Mays Reiseerzählungen*. In: JbKMG 1999, S. 185f.
11 Vgl. etwa folgende Stelle aus dem Hadschi-Halef-Omar-Teil, wo es um Schir Samurek geht, der darum bittet, die Fesseln gelöst zu bekommen, um zu beten: „War das Betrug, war es eine List? Ein forschender Blick in sein Gesicht beantwortete mir diese Frage mit einem überzeugten, sichern ‚Nein!' Ich schnitt ihm alle Fesseln durch" (XVI-II 360f.).
12 Vgl. Erving Goffman: *Strategische Interaktion*. München, Wien 1981, S. 11-74.
13 Vgl. zu diesem Term die Ausführungen von Michel Foucault: *Überwachen und Strafen. Die Geburt des Gefängnisses*. Frankfurt/M. 1976, S. 44-90.
14 Abgesehen von den ebenfalls nicht seltenen Fällen, in denen der Ich-Erzähler seinen Feinden glaubhaft machen kann, ihnen noch als Geisel oder Informant dienen zu können.

Joachim Biermann

„Welch ein Sujet für einen Dichter!"

Der Nil als Schauplatz in Karl Mays ‚Im Lande des Mahdi'

Landschaften spielen eine zentrale Rolle in den meisten Werken Karl Mays. Verbindet sich der Name dieses Autors auch zunächst einmal mit seinen bekannten Heldenfiguren und den Abenteuern, die sie erleben, so ist doch die Bedeutung der Szenerie, in die May sie hineinsetzt und in der er sie ihre Abenteuer erleben läßt, kaum zu übersehen. Zwar gibt es genügend Berichte über die jugendliche May-Lektüre, die darüber Auskunft geben, man habe die ausgedehnten Landschaftsschilderungen Mays schlichtweg überschlagen, um nur dem spannungsgeladenen Handlungsverlauf schnell genug weiter folgen zu können und das ersehnte happy end nicht zu weit hinauszuschieben – und der Verfasser bekennt gerne, daß auch seine frühe May-Lektüre ganz ähnlich verlief –, doch widerspricht das nicht der eingangs gemachten Feststellung.

Allein die vielen Quellenstudien, die einen der Schwerpunkte der May-Forschung des letzten Jahrzehnts bilden, belegen bereits, daß May für die landeskundliche Fundierung seiner Erzählungen einschlägige Literatur intensiv hinzuzog – ein Tatbestand, der in den Anfängen der Forschung durchaus noch nicht geläufig war –, und seien es nur von ihm für verläßlich gehaltene Lexikonartikel.[1] In diesen Studien wird zudem recht deutlich, wie sehr May dieser Quellenwerke auch bedurfte, um seine Phantasie zu stimulieren, um die abenteuerliche Handlung erst einmal in Gang zu setzen.[2] In die Landschaften, wie er sie z. B. in Reiseberichten geschildert fand, projizierte er seine Figuren hinein, und in ihnen werden deren Erlebnisse und Abenteuer gewissermaßen ‚geboren'. Christoph Bräutigam spricht hier treffend von einer „Verbindung von geographischer Kenntnis, Phantasie und Fabuliersucht, die für May subjektiv Wirklichkeit schafft".[3]

Nun sind allerdings nicht die Quellen des *Mahdi*-Romans Gegenstand der vorliegenden Untersuchung. Sie beschäftigt sich vielmehr mit der Rolle, die dem von May gewählten Schauplatz und seinem typischen ‚Inventar' im Verlauf der Erzählung zukommt.

Der Stellenwert des Schauplatzes für Mays Erzählungen wird zunächst einmal deutlich in einer beträchtlichen Anzahl von Titeln, die quasi zu geflügelten Worten geworden sind:[4] Das ‚wilde Kurdistan‘, die ‚Schluchten des Balkan‘ und das ‚Land der Skipetaren‘ gehören ebenso in diese Reihe wie das ‚Land des Mahdi‘.[5] Es ist erkennbar, daß diese Titel zum einen den Ausgangspunkt der Mayschen Phantasie bildeten, weil sie gleich zu Beginn feststanden (‚Durch das Land der Skipetaren‘), zum anderen aber erst bei der Herausgabe der Buchausgabe neu formuliert wurden (‚In den Kordilleren‘) und damit belegen, wie sehr auch im nachhinein May sich der grundlegenden Bedeutung des Schauplatzes für seine Reiseerzählungen bewußt war. Auch gelegentliche Fehlleistungen auf diesem Gebiet widersprechen diesem Befund nicht: Die Tatsache nämlich, daß die Handlung beim Schreiben einen anderen als zuvor geplanten Verlauf nahm und die – für ein ganzes Buch oder auch ein Kapitel – titelgebende Örtlichkeit (oder Gestalt) in den Hintergrund gerückt ist bzw. weit später als ursprünglich vorgesehen handlungsrelevant wird.

Wagen wir mit diesem kurzen Blick auf das Gesamtwerk Mays auch nur, eine zunächst unbewiesene These aufzustellen, so soll nun, fokussiert auf den hier zu behandelnden Roman, der hypothetische Tatbestand an einem Beispiel verifiziert werden. Bereits im Oktober 1885 konnten die Leser im *Deutschen Hausschatz* lesen:

Herr Dr. Karl May schrieb uns am 19. September 1885: „Der ‚*letzte Ritt*‘ wird schon darum Ihre Leser höchlichst interessiren, weil diese Begebenheit unter den jetzt aufständischen Balkan-Völkerschaften spielt. Bin ich damit zu Ende, dann folgt sofort die versprochene Arbeit über den *Mahdi*."[6]

Nun, die Arbeit an diesem Sujet zog sich noch einige Jahre hin, bis die hier angekündigte Erzählung unter dem Titel *Der Mahdi* dann von Oktober 1891 bis September 1893 im *Deutschen Hausschatz* erschien. Es ist nicht auszuschließen, daß es tatsächlich die politische Aktualität war (Mohammed Achmed, der Mahdi, war kurz zuvor, im Juni 1885, gestorben), die Mays Phantasie 1885 zunächst inspirierte. Doch 1890, als er die Reiseerzählung dann tatsächlich zu schreiben begann, lag dieser aktuelle Anlaß nicht nur bereits etwa fünf Jahre zurück, es gibt auch andere Anzeichen, daß es nicht eigentlich die politische Lage der Zeit war, die die wesentliche Antriebsfeder Mays darstellte.

So ist bekannt, daß noch etwa zur Zeit des Abschlusses des Manuskripts für den ersten Teil des *Mahdi* dieser Titel durchaus nicht feststand, sondern daß May den Titel *Unterm Sclavenjoch* (zumindest auch) in Erwägung zog.[7] Überdies haben wir mit dem *Mahdi* nun eines jener Werke vorliegen, deren

Titel anderes verspricht, als der Verlauf der Erzählung dann letztlich einlöst. Der Mahdi tritt im Roman eigentlich nur als eine Nebenfigur auf, und das auch erst im zweiten Teil, der mit dem (hier nunmehr richtig gesetzten) ersten Kapitel *Der Mahdi* beginnt.

Es scheint wohl eher die – damals längerfristig aktuelle – Thematik der Sklaverei, die sich in dem genannten zeitweilig erwogenen Titel widerspiegelt, gewesen zu sein, die Mays erste und eigentliche Inspiration darstellt. Diese Feststellung wird untermauert durch die Tatsache, daß May die Sklaverei zur gleichen Zeit nicht nur in den Mittelpunkt des *Mahdi*-Romans, sondern gleich mehrerer Werke stellte: Im Herbst 1892 wurde die kurze Erzählung *Eine Ghasuah* veröffentlicht[8], und auch Mays zweites großes Werk, in dessen Mittelpunkt die Sklaverei steht, nämlich die Jugenderzählung *Die Sklavenkarawane*, wurde im gleichen Zeitraum, 1889/90, publiziert, ebenso wie die kleine Skizze *Sklavenrache* im 38. Jahrgang der Zeitschrift *Der Gute Kamerad*. Alle dem Thema Sklaverei gewidmeten Werke entstanden also in der kurzen Zeitspanne zwischen 1888 und 1892.

Gerade ein Vergleich der beiden großen Werke *Der Mahdi* und *Die Sklavenkarawane* kann den schriftstellerischen Ansatz Mays beleuchten. Der Sudan, das Zentrum der Sklavenjagd, bildet in beiden Erzählungen natürlich einen gewichtigen Schauplatz. Die zeitlich früher entstandene *Sklavenkarawane* läßt die beiden Brüder Schwarz aus verschiedenen Richtungen in den Sudan, den Zielpunkt ihrer Forschungsreise, streben: Während der eine von Sansibar kommend nilaufwärts reist, bricht der andere zwar in Kairo auf, nimmt aber nicht die Route nilabwärts, sondern wählt eine Route durch die Wüstengebiete Kordofan und Darfur.[9] Wenn der Nil hier auch deutlich als geographischer Bezugspunkt und gelegentlicher Schauplatz erkennbar wird, so spielt er doch bei weitem nicht die zentrale Rolle, die ihm im *Mahdi* zukommt.

Der Mahdi erschien auf zwei Jahrgänge des *Deutschen Hausschatzes* verteilt in zwei ‚Bänden', nämlich dem ‚ersten Band' *Am Nile* und dem ‚zweiten Band' *Im Sudan*.[10] Die Titel der beiden Teile machen eine geographische Blickrichtung Mays bei der Planung und Gestaltung dieser Erzählung sehr wahrscheinlich, und bereits durch diese Titelwahl wird deutlich, daß dem Nil hier eine wesentlich zentralere Rolle zugewiesen wird als in der *Sklavenkarawane*. Auch die Umbenennung des Werks bei der Einrichtung für die Buchausgabe behält diese geographische Ausrichtung bei und ersetzt den handlungsmäßig gar nicht berechtigten Titel *Der Mahdi* durch *Im Lande des Mahdi*, ein schlagkräftiger Titel, der den Hinweis auf den exotischen Schauplatz mit der nunmehr bereits von einer gewissen Mythenbildung umgebenen Gestalt des Mahdi verbindet.

Der Nil nimmt nun, wie bereits diese äußeren Umstände andeuten, tatsächlich eine zentrale Funktion im *Mahdi*-Roman ein und dient als geographischer, aber auch als thematischer Bezugspunkt der gesamten Erzählung. Mays Phantasie ließ sich offenbar von diesem für Ägypten und den Sudan lebenswichtigen Strom anregen und gab dem *Mahdi*, der ansonsten in Thema, Handlungsführung und Personal in vielem eng mit der *Sklavenkarawane* verwandt ist, auf diese Weise seinen eigenen Charakter.

Ein kleines Detail bereits beleuchtet die unterschiedliche Art und Weise, auf die der Nil beim Schreiben in Mays Phantasie präsent war. In der *Sklavenkarawane* lesen wir: „Für den Neuling ist eine Nacht auf dem Nile verleitend genug, ihn wach zu erhalten; die beiden [Schwarz und Pfotenhauer] aber kannten diesen durch die Stechfliegen verschmälerten Genuß zur Genüge."[11] Das klingt beiläufig und recht prosaisch und deutet die hier evozierte wild-romantische Stimmung einer Nilnacht nur von ferne an.

Nahezu die gleiche Situation finden wir auch im *Mahdi*, doch wählt May seine Worte hier anders: „Eine Nacht auf dem Nile! Welch ein Sujet für einen Dichter! Mir aber war gar nicht sehr poetisch zu Mute. Ich hatte eine ganze Reihe von Nächten nur wenig geschlafen, war infolgedessen sehr abgespannt und mußte doch – rudern." (XVII 223)[12] Das erlebende Ich auf der Handlungsebene des Romans wird von seiner Müdigkeit nahezu übermannt und kann die ihn umgebende Szenerie nicht recht genießen. Das erzählende Ich jedoch reagiert emotional; ihm fällt sofort die Romantik des Schauplatzes ein, die ihn zu einem kurzen (May-typischen) hymnischen Ausruf verleitet.

Wir deuten dies als ein Anzeichen dafür, daß May den *Mahdi* ganz bewußt als Nil-Roman konzipiert hat und daß er sich von der romantischen Stimmung, in die ihn (und seine Zeitgenossen[13]) dieser mythische Fluß versetzte, inspirieren ließ. So ist erklärlich, daß hier einmal – was nicht allzu häufig bei May geschieht – die Empfindungen des erzählenden und des erlebenden Ich auseinanderdriften. Der Erzählerkommentar wäre an dieser Stelle gar nicht notwendig gewesen, doch die Nil-Romantik ist dem schreibenden May als eine Art roter Faden für den *Mahdi* bei der Niederschrift stets präsent und wird an solch unspektakulärer Stelle virulent.

May greift mit seinem Ausruf „Eine Nacht auf dem Nile! Welch ein Sujet für einen Dichter!" auf das Klischee der romantischen Verklärung des großen Stromes zurück, das er im einzelnen gar nicht erläutern muß – dem Leser genügt die kurze Andeutung, um ganz ähnliche Gefühle zu entwickeln, wie sie dem Schriftsteller vorgeschwebt haben mögen. Wie so häufig, können wir die ersten Spuren der mythischen Bedeutung des Nil bei May bereits in den frühen, zu Beginn seiner Redakteurstätigkeit verfaßten *Geographischen Predigten* entdecken:

> Bei dem reichen Segen, welchen ein Fluß seinen Anwohnern, ja ganzen, weitgedehnten Länderstrecken gewährte, war es kein Wunder, daß die Völkerschaften des Alterthums [...] auch den Strömen Wesen unterstellten, in deren Character die Eigenschaften des flüssigen Elementes einzeln oder im Verein zur Geltung kamen.
>
> Jedes strömende Wasser [...] hatte einen Gott oder eine Göttin, und so geschah es, daß man wohl gar beide als gleichbedeutend nahm und dem Flusse göttliche Verehrung erzeigte. Noch bis in die neueste Zeit hat sich diese Heilighaltung [...] erhalten, und es mag hier nur genügen, auf den Nil und den Ganges zu zeigen, womit zugleich daraufhingewiesen ist, daß das Gesagte besonders auf die Völker des Orients Bezug findet.[14]

Doch obwohl der Nil auch über die *Sklavenkarawane* hinaus in einer ganzen Reihe von May-Werken (etwa in *Scepter und Hammer*, *Leïlet* und *Durch Wüste und Harem*) eine Rolle spielt, bleibt seine Bedeutung für den Handlungsverlauf meist relativ gering. Dies scheint im *Mahdi* anders zu sein. Und so bleibt es nicht bei dem kurzen Ausruf des Erzählers, den wir oben zitierten. Vielmehr widmet May bzw. sein Erzähler dem Fluß weitere hymnische Passagen, wie sie fast stets seine emotionale Befindlichkeit einem Schauplatz gegenüber verdeutlichen.[15] Schauen wir auf den Beginn des zweiten Kapitels der Zeitschriftenfassung (Beginn des dritten Kapitels der Buchausgabe *Im Lande des Mahdi I*):

> Eine Segelfahrt auf dem Nile, welche inhaltsreichen Worte! Man hat el Kahira, die Pforte des Orientes[,] hinter sich und strebt dem Süden zu. [...]
>
> Nach dem Süden! Das ist so viel wie eine Fahrt ins Unbekannte, ins Geheimnisvolle. Und wer diese Fahrt schon zehn- oder zwanzigmal gemacht hat, dem bleibt der Süden doch immer noch die Gegend des Dunkels, in welcher täglich neue Entdeckungen zu machen sind.
>
> Jetzt kann man mit der Bahn von Kairo nach Siut fahren; aber eine pfeifende Lokomotive am Nil, eine dunkle, häßliche Rauchwolke in der herrlichen Luft des heiligen Stromes, das will wie eine Entweihung erscheinen. [...]
>
> Ich ziehe das Deck eines Schiffes dem engen Bahncoupée vor. Da sitzt man auf seiner Matte oder auf seinem Polster, die Pfeife in der Hand und den duftenden Kaffee vor sich. Der über zweitausend Fuß breite Strom dehnt sich wie ein See vor dem Blicke aus, scheinbar grenzenlos. Das erregt die Phantasie, welche vorauseilt, dem Süden entgegen, um sich denselben mit riesigen Pflanzen und Tierbildern zu bevölkern. (XVI 172f.)

Das ist eine sehr aufschlußreiche Textpassage. Im letzten Teil bestätigt May die Arbeitsweise, die weiter oben als Hypothese präsentiert wurde, selbst. Der Schriftsteller May ist es, der zwar nicht auf dem Schiffsdeck, aber –

vermutlich mit einer Tasse „duftenden Kaffee" vor sich und vielleicht auch einer „Pfeife [resp. Zigarre] in der Hand" – an seinem Schreibtisch sitzt und sich von den geographischen Gegebenheiten des Nil, über den er vielleicht soeben noch einiges im *Pierer* oder im *Meyer* nachgelesen hat, inspirieren läßt. Tiere und Pflanzen beginnen, die Szenerie „zu bevölkern", und Mays so angeregte Phantasie beginnt zu arbeiten..."[16]

Zugleich erhellt der zitierte Text auch das typisch europäische Bild vom Nil, das May mit seinen Lesern teilt, ein Tatbestand, der die unmittelbare Wirkung seiner Erzählungen auf den Leser nur verstärkt. Das Stichwort „Orient" fällt, und es steht für das so romantisch „Geheimnisvolle", das „Unbekannte".[17] Auch thematisiert May hier den für seine Werke so typischen Abenteuercharakter. Kairo, der Startpunkt der Reise, läßt zwar bereits alle Bilder und Düfte des Orients aufkommen, ist aber auch noch eine Art ‚outpost' der Zivilisation. Diese hat sich sogar, in Form einer Eisenbahnstrecke, weiter nach Süden vorgewagt. Doch der echte Abenteurer verschmäht die Segnungen der Zivilisation, wenn sich ihm eine andere Gelegenheit bietet. Und so öffnet sich die „Pforte des Orientes" zu dem ersehnten Abenteuerraum hin, jene „Gegend des Dunkels, in welcher täglich neue Entdeckungen zu machen sind". Diesem Ziel entgegen bringt der Nil den Abenteurer und versetzt ihn in jene träumerische Stimmung, die so viele (und sei es auch nur im Geiste) in die Ferne treibt. Der Nil wird zum Weg, zur Brücke in die unbekannte und daher Sehnsucht erweckende andere Welt, in der es noch etwas zu erleben gibt.

Den Mythos vom Nil greift May auch nach dieser ersten Bezugnahme im Verlauf der Erzählung noch gelegentlich auf und zeigt damit, daß er ihm präsent bleibt. Anläßlich der Bootsfahrt über den Nil zu den Krokodilhöhlen von Maabdah heißt es z. B.: „Es war ein wunderbar schöner Morgen, ein Morgen, wie er nur am Nil geboren werden kann." (250) Und später findet sich dann die bereits zitierte Lobpreisung der „Nacht auf dem Nile".

Von Anfang an und dann bis zu den letzten Seiten des Romans dominiert der Nil zudem die Reiseroute. Bereits bei der ersten Begegnung, von der berichtet wird, derjenigen zwischen Kara Ben Nemsi und Murad Nassyr, bietet letzterer dem Deutschen an, mit ihm in den Sudan zu reisen (12). Es ist sofort klar, daß damit nur eine Nilfahrt gemeint sein kann, ohne daß Murad Nassyr dies zunächst überhaupt erwähnt. Erst im Verlaufe des Gesprächs spricht er davon: „Denken Sie, die lange und gefährliche Fahrt auf dem Nile" (14). Und Kara Ben Nemsi freut sich auf die „freie Reise nach Chartum" (31), die seinen Geldbeutel schonen wird.

Die weiteren Handlungsorte werden sämtlich durch ihre Lage am Nil oder in Beziehung auf den Fluß bestimmt: Von Kairo geht es nach Siut, von wo Kara Ben Nemsi einen Ausflug zu den Krokodilhöhlen von Maabdah unternimmt. Der nächste Ort, der erreicht wird, ist Korosko an der großen Krümmung des Nil. Von Korosko aus geht es zunächst nicht weiter den Fluß entlang, sondern man wählt den Weg durch die Nubische Wüste. Wie sehr aber auch hier der Nil den gedanklichen Bezugspunkt bildet, zeigt sich daran, daß May die Route als Ausweichroute meint kennzeichnen zu müssen:

> In diesem Bogen [des Nil] giebt es mehrere Stromschnellen und Katarakte, welche die Schiffbarkeit des Stromes, wenn nicht unterbrechen, so doch sehr hemmen. [...] Darum pflegt man von Korosko aus den großen Bogen, anstatt ihn zu Wasser mitzumachen, zu Lande abzuschneiden und so die Reise um ein Beträchtliches zu kürzen. (375)

Doch während es über die vorhergehende Nilfahrt noch hieß: „Die Fahrt von Siut nach Korosko kam mir nicht langweilig vor", lesen wir nun über den Aufenthalt in Korosko: „Das waren langweilige Tage." (377f.) Das folgende Wüstenabenteuer ist dann jedoch beileibe nicht mehr langweilig, sondern bietet eine sich von den Flußabenteuern kontrastierend abhebende und so für Abwechslung sorgende Szenerie.

In Hegasi kehrt die Reiseroute zum Nil zurück. Und obwohl es eine nur „armselige" kleine Siedlung ist, bekennt der Erzähler: „Ich freute mich beim Anblicke des Flusses, den ich seit dem Zuge zu den Fessarah nicht wieder gesehen hatte." (XVII 116) Die nächsten Ereignisse spielen sich in und bei Hegasi ab, bevor es dann den Nil weiter aufwärts geht. Diesmal allerdings muß Kara Ben Nemsi die Fahrt als Gefangener auf Ibn Asls Noquer antreten. Auch die weitere Handlung ist auf dem Nil oder in unmittelbarer Nähe des Flusses angesiedelt, doch ersetzen nun, wo man immer tiefer in den Sudan eindringt, Schauplätze, die Mays Phantasie entsprungen sind, teilweise die realen, auf der Landkarte zu findenden Orte. Doch immer basiert Mays Imagination auf den realen Möglichkeiten, die der Sudan bietet. Ein Maijeh, „ein sumpfiger Nebenarm" (181) des Nil namens Maijeh es Saratin, bildet den nächsten Schauplatz, und später befindet man sich an einem weiteren Maijeh, dem „Sumpf des Fiebers". Dieser steht „durch einen Wasserarm mit dem Nile in Verbindung" (240). Weiter geht es nach Faschodah, dem damals sicherlich jedem Zeitgenossen bekannten Ort. Allerdings kürzt der Erzähler auch hier die Krümmungen des Nils mittels eines Kamelritts ab (354). Von Faschodah aus bildet dann wieder der Nil den Reiseweg. Oberhalb dieses Ortes ändern sich die Verhältnisse auf dem Weißen Nil, die der Erzähler markanterweise aus der Sicht des Nilfahrers beschreibt:

> Dazu kommt die veränderte Scenerie der Ufer. Der Nil ist hier nicht der durch dürres Wüstenland gehende Fluß, [...] sondern er greift in vielen Haupt- und Nebenarmen über ein weites, niedriges, sumpfiges und meist dicht bewaldetes Gebiet. Dort herrscht das Fieber; dort werden die Stechfliegen zur entsetzlichen Plage; dort liegen riesige Krokodile zu hunderten im Schlamme; Nilpferde weiden auf dem Grunde des Flusses, und zahlreiche größere oder kleinere Raubtiere bevölkern die dichten, oft undurchdringlichen Wälder. Man kann tagelang fahren, ohne einen einzigen freien Ausblick zu genießen. (518)

Die Seribah Aliab der Sklavenjäger „liegt am rechten Ufer des Flusses" (536), und auch die abschließenden Ereignisse spielen sich in dem den Nil hier im Süden umgebenden Sumpfgelände ab; die Undurchdringlichkeit der Vegetation macht den Fluß gar zum einzigen Weg, der das Vorwärtskommen ermöglicht (XVIII 14). Während May in der Buchfassung, um sie auf volle drei Bände zu bringen, eine umfangreiche neue, in Kurdistan spielende Handlung einfügt, welche die ursprüngliche Konzeption aufbricht, endet die Zeitschriften-Urfassung mit der Rückreise des Helden, für die er wiederum den Nil als Reiseroute wählt:

> Wir kehrten zurück, zunächst nach der Seribah Aliab, welche zerstört wurde. Unter Mitnahme derjenigen, die wir dortgelassen hatten, ging es mit den Djangeh nach dem See No und von da bis zur Mündung des Sobat [...]. Als wir dann nach Faschodah kamen, war der „Vater der Fünfhundert" ganz entzückt [...]. Immer stromabwärts fahrend, legten wir später in Maabdah an [...] Ben Nil und Selim [...] schifften sich reich beschenkt (besonders der brave Ben Nil) wieder mit uns ein. Sie wollten mit bis nach Kairo gehen [...].[18]

So schließt sich der Kreis – der Nil bestimmte eindeutig die Reiseroute und bleibt vom Beginn des Romans bis zu seinem Ende im Zentrum der Handlung und auch in den Gedanken des sie konzipierenden Autors Karl May.

Auf eine weitere, recht ungewöhnliche und im Werk Mays ansonsten nicht zu entdeckende Weise manifestiert sich die Tatsache, wie sehr der Nil die Imagination des Schriftstellers bei der Abfassung der Erzählung bestimmte. Der Fluß wird nämlich auch zum Namensgeber zweier Figuren des Romans, Ben Nil und Abu en Nil. Das ist um so ungewöhnlicher, als May damit in einem Fall von dem bei ihm vorherrschenden Schema arabischer Namensgebung abweicht.

Arabische Namen dieser Art, also unter Voranstellung von ‚Ben' (Sohn) oder ‚Abu' (Vater), sind im Regelfall Beinamen, die charakterliche oder sonstige besondere Eigenschaften des Namensträgers bezeichnen, und scheinen dem ‚Old' im Mayschen Wilden Westen zu entsprechen, allerdings im Gegensatz dazu authentisch zu sein.[19] Beispiele finden sich in Mays Werk zuhauf: Abu-Seïf, der Vater des Säbels, Abu el Mot, der Vater des Todes, oder Abu Kital, der Vater des Kampfes, auf der ‚Väterseite'; Ben Wafa, der Sohn der Treue, Ben Kasawi, der Sohn der Grausamkeit, im *Mahdi*, oder Ben Adl, der Sohn der Gerechtigkeit, auf der Seite der Söhne. ‚Ben' bezeichnet zuweilen wohl auch das Sohn-Verhältnis zum Vater, wie im vorliegenden Roman etwa bei Ben Wasak, dem Mumienschmuggler von Maabdah, oder Ben Menelik, dem Scheik der Monassir.

Im Falle des Steuermanns Abu en Nil scheint dies noch ähnlich zu sein. Sein Name wird zwar nirgends explizit gedeutet, sondern nur mit „Vater des Niles" übersetzt. Jedoch legt die Zusatzinformation, er sei „der beste Steuermann vom Anfang bis zum Ende dieses Stromes" (XVI 346), die Vermutung sehr nahe, daß er sich seinen Namen durch diese Qualifikation verdient hat.

Bemerkenswert ist allerdings, daß dieser Name erst Mitte des ersten Bandes von *Im Lande des Mahdi* erstmals erwähnt wird, obwohl Abu en Nil schon zuvor eine nicht unbedeutende Rolle spielt. Sein Verhör durch den Reïs Effendina und sein Gespräch mit Kara Ben Nemsi, in dem er auch über recht persönliche Dinge Auskunft gibt („‚Du bist schon fast sechzig Jahre alt. Hast du Familie?' – ‚Einen Sohn und mehrere Enkel und Enkelinnen, droben in Gubatar, bei denen sich auch mein Weib befindet'", 161) und an dessen Ende ihm Kara Ben Nemsi zur Flucht verhilft, böten genügend Anlaß, ja machen es fast zwingend notwendig, daß er nach seinem Namen gefragt wird, dennoch heißt es hier stets nur „der Steuermann".

Erst nachdem der Name Ben Nils, seines Enkels, gefallen ist, kommt May offenbar auf den Gedanken, auch dessen Großvater einen Nil-bezogenen Namen zu geben. Ben Nil selbst erhielt, wie er erzählt, seinen Namen, weil er „auf dem Nile" geboren wurde: „Meine Mutter befand sich mit Abu en Nil auf dem Wasser unterwegs, als ich geboren wurde." (346) Der Vater Ben Nils wird interessanterweise hier gar nicht erwähnt.

Ein Sohn, ein Kind des Nil also. Wohl ohne Gegenstück im Werk Mays ist diese aus dem Mythos des Stroms sich herleitende Namengebung, die den Leser unmittelbar an ähnliche Mythen denken läßt, etwa an Aphrodite, die schaumgeborene Göttin der Schönheit, oder auch an den ‚Vater' Rhein aus heimischen Gefilden. Ähnliche Bezüge mögen May an dieser Stelle durch den Kopf gegangen sein, doch bleibt die Namensgebung Ben Nils Episode. Im Verlauf des Romans ist er der treue und tapfere junge Gefährte des Erzählers, doch in irgendeiner Beziehung zum Nil wird er (leider) nicht mehr dargestellt.

Dies scheint für Mays Arbeitsweise durchaus nicht untypisch zu sein. Die Dinge, die seine Phantasie beflügeln und einen imaginativen Schub auslösen, stehen meist nur am Beginn seines Fabulierens. Ist er in dem so errichteten Abenteuerraum erst einmal – in Gedanken – heimisch geworden, so dominieren eher die typischen Elemente Mayscher Abenteuerhandlungen das Geschehen – der ewige Zyklus des Anschleichens und Belauschens, des Gefangennehmens und Befreiens und ähnlicher May-Topoi beginnt.

Volker Klotz hat bereits früh auf diesen Tatbestand hingewiesen:

[Mays] Abenteuer leben von der fernen exotischen Sphäre, in der sie sich ereignen. Einem mythischen Raum, der alle gängigen Brücken zum geschichtlichen Standort von Erzähler und Leser abgebrochen hat. Der ethnologische Randeifer des Autors […] kann und soll nicht verhindern, daß Euphrat und Rio Pecos nicht nasser als der Acheron, […] die Rocky Mountains nicht höher als der Felsenhorst des Vogels Rock sind. Der Wirklichkeitsanspruch ist nicht mehr und nicht weniger als märchenhaft.[20]

Und noch deutlicher heißt es an anderer Stelle:

Immer wieder stößt man auf das Stichwort Geheimnis und Landschaft, ob es sich um ein nur dem Feind bekanntes Bayou im Colorado-River handelt – ein von überhängenden Büschen verdeckter toter Arm des Flusses – oder um einen verborgenen Taleinschnitt […]. Fast durchweg ist die Landschaft Funktion der Handlung, selten nur hat sie Selbstzweck und eigene Gewichtigkeit.[21]

Genau dies scheint auch im *Mahdi* der Fall zu sein; den „von überhängenden Büschen verdeckten toten Arm des Flusses" gibt es auch hier:

Die Wipfel dieser Bäume waren von Schlingpflanzen durchwuchert, welche sich von Gipfel zu Gipfel zogen und eine bis in das Wasser niederhängende Pflanzenbrücke bildeten. Da, wo diese Brücke sich links von uns aus der Flut erhob, waren die Ranken derselben vielfach zerrissen. Auf diese Stelle deutend, sagte ich: „Dort muß es sein." (XVII 221)

Beim Stichwort ‚Bayou' thematisiert May selber die Ähnlichkeit zwischen zweien seiner Abenteuerlandschaften: „Ein Maijeh ist ein sumpfiger Nebenarm eines Flusses, die Einbuchtung eines Stromes, deren Wasser still steht, also ganz dasselbe, was der Anwohner des Mississippi einen Bayou nennt." (181)

Dennoch will es scheinen, als gewönne May der einmal gewählten Szenerie des Nil durchaus eigenständige Handlungselemente ab, und so möchten wir doch eher bestreiten, daß „fast durchweg die Landschaft

Funktion der Handlung" sei, und vielmehr mit Harald Eggebracht feststellen, daß Mays Erzählungen „innerhalb eines Handlungsraumes [spielen], der den Aktionen der Protagonisten nicht nur als Kulisse dient, sondern sie auch realistisch bestimmt".[22] Geschickt bezieht May sich immer wieder auf die Gegebenheiten vor Ort. So geben z. B. kleine Besonderheiten des Landes der Erzählung Farbe und Abwechslung. Wir wiesen bereits darauf hin, daß May solche landeskundlichen Einschübe mit Hilfe der ihm zur Verfügung stehenden Informationen sorgfältig vorbereitete.

Wenn May (im Anschluß an die bereits erwähnte Stelle, wo er erläutert, wie die Phantasie des Reisenden auf dem Schiffe angeregt wird) anläßlich der Fahrt von Kairo nach Siut zum erstenmal auf die Reise auf dem Nil zu sprechen kommt, läßt er sogleich vor dem Auge seines ‚geneigten' (und nicht von der vorandrängenden Abenteuerhandlung gänzlich absorbierten) Lesers das bunte Treiben am und auf dem Fluß lebendig werden:

Der über zweitausend Fuß breite Strom dehnt sich wie ein See vor dem Blicke aus, scheinbar grenzenlos. Das erregt die Phantasie, welche vorauseilt, dem Süden entgegen, um sich denselben mit riesigen Pflanzen und Tierbildern zu bevölkern. Der Nordwind liegt in den Segeln; die Matrosen hocken allerorts und vertreiben sich die Zeit, indem sie schlafen, gedankenlos vor sich hinstarren oder sich mit kindlichen Spielen beschäftigen. Die Augen des Reisenden werden müde; sie schließen sich nicht, und doch beginnt er zu träumen, und er träumt, bis der Ruf erschallt: „Auf zum Gebete, ihr Gläubigen!" Dann knieen alle nieder, verneigen sich nach der Kibblah und rufen: „Ich bezeuge, daß es keinen Gott giebt außer Gott; ich bezeuge, daß Muhammed der Gesandte Gottes ist!" Dann schläft oder spielt man wieder, bis der Reïs ein Kommando erschallen läßt oder ein begegnendes Schiff oder Floß die Aufmerksamkeit auf sich zieht.

Die Flöße sind dem Fremden deshalb interessant, weil sie nicht aus Bäumen, Stämmen oder sonstigen Hölzern, sondern aus – – Wasserkrügen bestehen. Der Aegypter trinkt nur das Wasser des Niles. Die Krüge, in denen man es schöpft, sind porös. – Die Unreinigkeit schlägt sich nieder; durch die Poren dringt die Feuchtigkeit, und indem dieselbe verdunstet, wird das im Gefäße befindliche Wasser kühler, als es im Flusse ist. Es hat einen äußerst angenehmen Geschmack, und wer sich einmal daran gewöhnt hat, der zieht es selbst dem Quellwasser der Oasen vor. Diese Wasserkrüge werden in Ballas, einem Orte am linken Nilufer, fabriziert und darum Ballasi genannt. Man flicht aus Stricken lange, rechteckige Netze, deren Zwischenräume vom Durchmesser der Krüge sind, welche in die Maschen dieses Netzes gehängt werden. Da die Gefäße leer sind, so schwimmen sie auf dem Wasser. Man stellt eine zweite Schicht darauf; dann ist das Floß fertig und kann stromabwärts gehen.

Die Fruchtbarkeit des Landes beruht nur auf den Ueberschwemmungen des Niles, welcher zu gewissen Zeiten steigt und ebenso regelmäßig wieder fällt. Je höher die Ueberschwemmung, auf eine desto reichere Ernte ist zu rechnen. Um das Wasser so weit wie möglich zu leiten, sind Kanäle gezogen. Auf den Dämmen dieser Kanäle wie auf den hohen Flußufern sind Sakkias angebracht, Schöpfwerke, mit deren Hilfe die Besitzer das Wasser heben, um es auf ihre Felder zu leiten. Sie bestehen meist aus Rädern, an denen Gefäße hängen, welche das Wasser unten fassen und oben in einen Graben gießen, welcher es weiter leitet. Sie werden durch Kamele, Esel, selbst auch durch Rinder oder gar von Menschenhand bewegt, und ihr monotones Knarren ist weithin zu hören. Oft auch sieht man einen Armen am Kanale stehen, welcher das Wasser für sein winziges Feld mit eigenen Händen schöpft. Er besitzt nicht so viel, um sich eine Sakkia anzuschaffen und sie zu versteuern. Denn in Aegypten muß alles versteuert werden, selbst der Baum, wenn er nur einige Früchte trägt. Es ist vorgekommen, daß ganze Ortschaften ihre Palmwälder vernichteten, um der Steuer zu entgehen. Wer wohlhabend ist, der hütet sich sehr, dies zu zeigen, und der Arme braucht sich nicht zu verstellen. Darum macht die menschliche Staffage der Nillandschaft den Eindruck einer Dürftigkeit, welche zwar nicht zu den sozialen Verhältnissen des Landes, aber desto mehr zu seiner Fruchtbarkeit in grassem Widerspruche steht. (XVI 173-175)

Wenngleich solche Beschreibungen nicht unmittelbar handlungsrelevant sind, so möchte man sie in Mays Erzählungen doch nicht missen; fast immer handelt es sich um kleine Meisterwerke im Sinne der Genremalerei, die nicht nur die fiktive Authentizität des Erzählten untermauern sollen, sondern zugleich in ihrer Plastizität Höhepunkte Mayscher Erzählkunst darstellen. Wenn auch zu beobachten ist, daß in gleichen oder ähnlichen Situationen immer wieder Ähnliches geschildert wird[23] – da verfährt May durchaus sehr ökonomisch mit seinen Ressourcen –, so tut das diesem Tatbestand keinen Abbruch. Und immer ist eine solche illustrative Schilderung, wie auch die hier exemplarisch vorgestellte, in treffender Relation zur jeweiligen Örtlichkeit ausgewählt. Das Leben am Fluß läßt May nicht nur am Nil pulsieren, doch will sich bei dieser Stelle durchaus der beabsichtigte Nilzauber einstellen.

Auch diverse handlungskonstitutive Szenen gewinnt May dem Schauplatz Nil ab. Es sei nur auf die originelle Nilpferdfalle am Ufer des Stroms (XVIII 6) verwiesen, durch die nicht nur der Zugang zum Dorf der Bor erkennbar wird, sondern die auch Ort einer abenteuerlichen Nilpferdjagd ist (18ff.). Natürlich gehört die Jagd zum Standardrepertoire Mayschen Erzählens, doch wird hier deutlich, wie er die ausgewählte Szenerie sinnvoll und originell mit der Abenteuerhandlung verbindet. Wenn dann Selim bei der kurz darauf stattfindenden Vogeljagd das Boot, mit dem man dazu aufgebrochen ist, zum Kentern bringt (35ff.), so findet die relativ dramatische Nilpferdjagd darin ihr komisches Gegenstück.

Auch der Nil als schneller Verkehrsweg spielt den ganzen Roman hindurch eine wichtige Rolle. Mit einem guten Segler kommt man schnell voran, und ein kleines Boot bietet eine Beweglichkeit, mit der (zu Mays Zeiten) kaum ein anderes Verkehrsmittel Schritt halten konnte. Diese vom Fluß gebotenen Bewegungsmöglichkeiten sind entscheidend etwa beim Plan des Erzählers, den Schech el Beled von Hegasi zu täuschen. Kara Ben Nemsis Boot und das Schiff des Reïs Effendina fahren mehrfach auf dem Nil hin und her, um den Plan in die Tat umzusetzen (XVII 241 ff., 248f.). In den

Anfangspassagen des dritten Bandes von *Im Lande des Mahdi* ist ebenfalls die nur auf einem Fluß wie dem Nil mögliche Beweglichkeit mit Schiff und Boot von erheblicher Bedeutung. Und auch zur Flucht über den Nil wird ein Boot mehrfach im Roman genutzt.

Es ist mehr als nur ein Zufall, daß eine der frühesten Erzählungen Mays, die in exotischen Gefilden angesiedelt ist, nämlich *Inn-nu-woh, der Indianerhäuptling*, in ihrer Ausgangssituation ziemlich genau derjenigen des *Mahdi* entspricht. Der Erzähler bricht hier mit dem Schiff von New Orleans auf, um ins Landesinnere zu kommen.[24] Immer wieder begegnet uns in Mays Erzählungen dieser Aufbruch per Schiff ins Landesinnere, er ist eine der für seine exotischen Schauplätze kennzeichnenden Anfangsepisoden.[25] Sie ergibt sich relativ zwanglos aus der Sicht des europäischen Abenteurers, aus dessen Perspektive May seine Fabeln erzählt. Wann immer der Held aus seiner Heimat in exotische Gefilde aufbricht, sind diese für ihn nur per Schiff und über geeignete Häfen zu erreichen, ob es sich nun um New Orleans, Hoboken (New York), Kairo oder Algier[26] handelt. Meist sucht sich der Abenteurer dann einen Hafen aus, von dem man per Schiff ins Landesinnere gelangen kann: die einfachste und schnellste Art, vorwärtszukommen.

Was vielleicht verwundert, ist die Tatsache, daß das Meer, das der Abenteurer ja auch zu überwinden hatte, für May keinen herausgehobenen Schauplatz darstellte. Nur gelegentlich ist es als Handlungsort präsent.[27] Mays Welt scheint es nicht zu sein. Schiffe jedoch, sei es auf hoher See oder eben auf fernen Flüssen, können zu einer eigenen kleinen Abenteuerwelt werden.

Zunächst einmal ist zu beobachten, daß sie fast stets ‚sprechende' Namen haben. Sie gewinnen in der Beschreibung Mays ein Eigenleben und scheinen eine ähnliche Rolle zu übernehmen wie in Prärie und Savanne die Pferde. Ihre Namen stammen dann auch nahezu ausnahmslos aus dem Tierreich, und wenn die Schiffe näher beschrieben werden, gewinnen sie durch Analogien zu den namengebenden Tieren Leben und Charakter.

Auch im *Mahdi* ist dies nicht anders. Seine erste Reise nach Siut tritt der Ich-Erzähler auf einem Schiff namens ‚Semek' (Fisch) an. Es handelt sich, wie Selim zu berichten weiß, um eine „Dahabijeh, welche sehr schnell zu segeln scheint, da man ihr den Namen ‚Semek' gegeben hat" (XVI 101). Murad Nassyr selbst nimmt für dieselbe Fahrt einen Sandal namens ‚Tehr' (Vogel) – ebenfalls ein Name, der Schnelligkeit verheißt.

Deutlicher wird die Tieranalogie in der Beschreibung des berühmten Schiffes des Reïs Effendina herausgearbeitet. „Esch Schahin" (Der Falke) genannt, ist es „so schnell wie ein Falke und stößt auch wie ein Falke. Es fliegt wirklich wie ein Falke, und keine Dahabijeh, kein Sandal, kein Noqer kann ihm entgehen" (149). So kann man denn auch den feindlichen Muza'bir getrost auf einem Sandal namens „Abu 'l adschal" (Vater der Eile) vorbeiziehen lassen, da „wir bei der Schnelligkeit unseres ‚Falken' dieses Fahrzeug bald einholen würden" (175).

Selbstverständlich verfügt auch Ibn Asl, der Sklavenjäger, über ein schnelles Schiff. Doch wo er in feindlicher Umgebung auftritt, versucht er diese über die Eigenschaften seines Noquer zu täuschen: ‚Hardaun' (Eidechse) heißt es und will dem Beobachter offenbar Schwerfälligkeit und Langsamkeit suggerieren. Im Sudan jedoch fühlt Ibn Asl sich sicher genug, und so tauscht er dort den am Schiff angebrachten Namen aus: ‚Karnuk' (Kranich) wird es nun genannt (XVII 183), und der auf dem Schiff als Gefangener festgehaltene Erzähler bemerkt: „Ich sah zu meinem Leidwesen, daß der ‚Kranich' ein sehr guter Segler war" (184).

Fragt man nun danach, inwieweit die Schiffe des Romans als Schauplätze besondere Kontur gewinnen, so wird man eher enttäuscht. May benutzt auch den Handlungsort Schiff dazu, seine typischen Sujets in Szene zu setzen, und präsentiert ihn dabei nicht grundlegend verschieden von anderen Schauplätzen. Gleich das erste Abenteuer an Bord macht dies deutlich: Der Ich-Erzähler schifft sich auf dem ‚Fisch' ein und entdeckt schon bald, daß der Feind mit an Bord ist. So macht er sich auf, ihn nach bewährter Manier im Schutz der Dunkelheit zu belauschen. Zwar bieten hier nicht wie in der amerikanischen Prärie oder in idyllischen Oasen Bäume, sondern „in Bastmatten gehüllte Tabaksballen" (XVI 116) Schutz vor Entdeckung, aber sonst ist alles wie immer bei May: Natürlich wird der Lauscher nicht entdeckt, und natürlich unterhalten sich die Belauschten gerade dann, als er in ihrer Nähe ist, über die ihn interessierenden Dinge.

Auch als wenig später der Muza'bir den schlafenden Erzähler in seiner Kajüte bestehlen will, finden wir eine altbekannte Konstellation vor. Kara Ben Nemsi stellt sich schlafend, hat aber die vom Dieb gesuchten Papiere vorher ausgetauscht, so daß dieser mit wertlosen Beutestücken davonschleicht (125ff.). Erst als der Ich-Held nach einem Mittel sucht, eine Rückkehr des betrogenen Diebes zu vermeiden, besinnt sich May auf Spezifika des Schauplatzes: Mittels an Bord vorhandener Pechpfannen beleuchtet der Erzähler das Schiff hell genug, um den gerade an Bord zurückkehrenden Muza'bir endgültig zu vertreiben.

Und als später der Reïs Effendina dazukommt und eine nähere Untersuchung ergibt, daß es sich bei dem ‚Fisch' um ein Sklavenschiff handelt, entwickelt May größeres Interesse daran, führt diesen Tatbestand sogar mit Hilfe einer Skizze (166) dem Leser vor Augen, doch handelt es sich in dieser ganzen Passage nur um eine ausgedehnte Beschreibung, als Handlungsort gewinnt das Schiff der Sklavenhändler nicht noch einmal Kontur.

Später ist der Erzähler Gast auf dem Sandal Murad Nassyrs. Ohne abenteuerliche Erlebnisse fährt man den Nil weiter gen Süden hinauf, und nun scheint sich das Schiffsdeck fast zu einer ausgedehnten Ortschaft zu weiten. Kara Ben Nemsi und Murad Nassyr sitzen „unter dem Zeltdache" und sind ins Gespräch vertieft. Murads Schwester „sah ich täglich öfters, allerdings nur tief verschleiert. [...] Wenn sie sich auf dem Deck erging und ich, dasselbe thuend, ihr begegnete, so durfte ich sie grüßen und erhielt einige Worte der Erwiderung von ihr." (377) Liest man diese Beschreibung, so stellt sich ein wenig der Eindruck ein, die beiden begegneten sich in den Straßen eines Dorfes oder in den Zeltgassen eines Duars; die auf einem Sandal eigentlich zur Verfügung stehende Bewegungsfläche weitet sich zum Raum für gelegentliche Zusammentreffen von Spaziergängern aus. Eine recht seltsame Konstellation, die nicht so recht zum Schauplatz passen will – aber immerhin eine bewußte Gestaltung des Schauplatzes Schiff.

Ibn Asls Schiff lernt der Erzähler kennen, als er es zunächst inkognito als scheinbarer Verbündeter betritt, später dann, als Feind entlarvt, hält er sich dort als Gefangener auf und kann schließlich heimlich entkommen. Auch dies ist eine Maysche Grundsituation, die hier jedoch durchaus originell und dem Handlungsort gemäß variiert wird. Ibn Asls heimtückischer, jedoch genialer Plan ist es, das Schiff des Reïs Effendina auf dem Fluß in eine Petroleumfeuerwand fahren zu lassen, und Kara Ben Nemsis Gegenmaßnahme besteht darin, die Petroleumfässer anzubohren und so den Inhalt auslaufen zu lassen. Es bietet sich nunmehr auch für den Erzähler die Gelegenheit, seine Anschleichkünste zu demonstrieren und sich heimlich in die Kajüte des schlafenden Ibn Asl zu begeben, um den benötigten Bohrer zu entwenden. Seine Absichten führt er selbstverständlich erfolgreich durch, doch wird er bald darauf enttarnt.

Als Gefangener im Matrosengefängnis gelingt es ihm später, sich mit Hilfe eines der Sklavenjäger, der sich ihm zu Dankbarkeit verpflichtet weiß, zu befreien, den Riegel der Gefängnistür zurückzuschieben und schließlich mit dem schiffseigenen Boot zu fliehen (XVII 197ff.). Neben letzterem Tatbestand, der sich auch an anderer Stelle bei May findet, macht er hier insofern den Schauplatz Schiff bewußt, als es dem Erzähler gelingt, Sichtlöcher in die Plankenritzen des Schiffes zu bohren und so nach draußen zu schauen und seine Flucht vorzubereiten (207).

Noch einmal gerät dann der Erzähler auf einem Schiff in Gefangenschaft, auf demjenigen Murad Nassyrs. Es folgt, was folgen muß. Wieder hat er einen Helfer an Bord, der sich ihm verpflichtet fühlt (diesmal ist es Murads Schwester) und ihm zur Flucht verhilft. Und erneut gelingt die Flucht mit Hilfe eines Bootes.

Während der Ich-Erzähler an Bord des ‚Falken' ist und dem Reïs Effendina bei der Jagd auf die Sklavenjäger hilft, wird der Tatbestand des Aufenthalts auf einem Schiff eigentlich nie besonders herausgestellt. Die Sümpfe des Sudan machen lediglich eine andere Art des Vorwärtskommens, wie bereits angesprochen, nahezu unmöglich.

So bleibt festzustellen, daß May den Schauplatz Schiff zwar durchaus bewußt gestaltet, ihm aber nur gelegentlich eigene Aspekte für die abenteuerliche Handlung abzugewinnen weiß. Anders ist dies jedoch beim Nil. May ist sich der Attraktivität dieses mythischen Flusses nicht nur bewußt, sondern stellt ihn deutlich ins Zentrum der Handlung, indem er die Reiseroute und auch den Handlungsverlauf daran orientiert und darauf ausrichtet. Dennoch ist zu erkennen, daß auch der *Mahdi* vor allem von den Charakteren und der Handlung selbst sowie von der dominierenden Thematik der Sklaverei und ihrer schlimmen Folgen lebt. Doch wird dies alles in einem Handlungsraum angesiedelt, der deutlich Kontur gewinnt und direkten Einfluß auf den Gang der Ereignisse ausübt. Nicht zuletzt gelingt es May, den Zauber des Flusses, seinen Mythos und seine lebenswichtige Bedeutung für das Land ‚am Nile' zu einem integrativen und den Roman bereichernden Element zu gestalten.

Anmerkungen

1 Vgl. Rudi Schweikert: *Das gewandelte Lexikon. Zu Karl Mays und Arno Schmidts produktivem Umgang mit Nachschlagewerken.* Wiesenbach 2002.
2 Vgl. z. B. Helmut Lieblang: *„Sieh diese Darb, Sihdi..." Karl May auf den Spuren des Grafen d'Escayrac de Lauture.* In: JbKMG 1996, S. 132-204, bes. S. 138-140.
3 Christoph Bräutigam: *Das Abenteuer Landschaft bei Karl May.* In: MKMG 91 (1992), S. 32-35 u. 92 (1992), S. 28-31, hier Nr. 91, S. 32. Bräutigams Arbeit geht im übrigen vor allem der „Landschaft als autobiographischem Handlungsraum" nach (Nr. 92, S. 28).
4 Es sind natürlich nicht nur die Schauplätze, die die Titel Mayscher Reiseerzählungen beherrschen. Vielfach sind es auch die im Zentrum der Handlung stehenden Gestalten (‚Old Surehand', ‚Winnetou', ‚Satan und Ischariot'), die für die Titelwahl maßgeblich waren. Mays Phantasie entzündete sich selbstverständlich nicht nur an *einer* Art von Sujet.
5 „Wer Karl May gelesen hat, weiß, wo das ‚Land des Mahdi' zu suchen ist", so beginnt beispielsweise der redaktionelle Präsentationstext („Über dieses Buch") auf dem Schmutztitel eines einschlägigen Quellenbandes: *Der Mahdiaufstand in Augenzeugenberichten,* hg. u. eingel. v. Heinrich Pleticha. München 1981.
6 Redaktionsnotiz in Nr. 3 des *Deutschen Hausschatzes* vom Oktober 1885; zit. nach Gerhard Klußmeier: *Karl May und Deutscher Hausschatz II.* In: MKMG 17 (1973), S. 17-20, hier S. 19.
7 Vgl. dazu Roland Schmid: *Nachwort zur Reprint-Ausgabe* v. Karl May: *Im Lande des Mahdi II.* Bamberg 1983, S. N2.
8 Vgl. ebd.
9 Die aus verschiedenen Richtungen einem Reiseziel, an dem sich dann das ‚große Finale' abspielt, zustrebenden Reisegruppen scheinen für Mays Jugenderzählungen recht typisch zu sein. Ähnliches findet sich sowohl im *Schatz im Silbersee* als auch etwa im *Geist des Llano estacado* wieder. Es mag nicht zuletzt die Erzählperspektive des auktorialen Erzählers gewesen sein, die eine solche Auffächerung der Handlung ermöglichte, wie sie der Ich-Erzählung nicht möglich ist.
10 Diese geographisch determinierte Titelgestaltung Mays wird leider im KMG-Reprint der Erzählung (Hamburg, Regensburg 1979) nicht recht deutlich, die befremdlicherweise *Der Mahdi / Im Sudan* heißt, also den Gesamttitel der Erzählung neben den Titel des zweiten Teils setzt, den Titel des ersten Teils (*Am Nile*) aber ‚unterschlägt'.
11 Karl May: *Die Sklavenkarawane.* Nördlingen 1987, S. 373.
12 Auch wenn wir uns im vorliegenden Beitrag beim Aufspüren der geographischen Konzeption des Romans auf die ursprüngliche, für den *Deutschen Hausschatz* geschriebene Fassung *Der Mahdi* berufen, zitieren wir im Regelfall aus Gründen der leichteren Nachprüfbarkeit nach der dreibändigen Buchausgabe *Im Lande des Mahdi.* Lediglich wo es um den abweichenden Schluß geht, werden wir auf die *Hausschatz*-Fassung zurückgreifen.
13 Es sei nur an Giuseppe Verdis Oper *Aida* erinnert, die ebenfalls auf den romantischen Zauber des Nils setzt, den sie in Musik und Szene evoziert. Die berühmte Nilszene zu Beginn des 3. Aktes wird z. B. mit folgender Bühnenanweisung eingeleitet: „Am Ufer des Nils. Granitfelsen, zwischen denen Palmbäume wachsen. Auf dem Rücken des Felsens der Isistempel, zur Hälfte im Laub verborgen. Es ist sternenhelle Nacht. Mondschein." Giuseppe Verdi: *Aida. Oper in vier Aufzügen.* Dichtung von Antonio Ghislanzoni. Für die deutsche Bühne bearbeitet v. Julius Schanz. Neu hg. u. eingel. v. Wilhelm Zentner. Stuttgart 1969, S. 33. *Aida* wurde Ende 1871 in Kairo uraufgeführt, ist also für die Zeit der Abfassung des *Mahdi* durchaus als bekannt anzunehmen.
14 Karl May: *Geographische Predigten.* 6. *Strom und Straße.* In: *Schacht und Hütte,* Jg. 1 (1875/76); Reprint: Hildesheim 1979, S. 286.

15 Solche ‚Hymnen' finden sich bei May gerade in den Orienterzählungen recht häufig. In geradezu idealtypischer Weise zelebriert May dies in der Erzählung *Die Gum*, in der jedes der vier Kapitel mit einer solchen Lobpreisung beginnt: „Afrika! –" (X 3); „Die Steppe! –" (32); „Die Wüste! –" (70); „‚Die Spiegelung!' –" (113).
16 Daß dabei auch psychologische Triebkräfte eine Rolle spielen und Mays Landschaften zu „Fluchtlandschaften als Gegenwelt zur gesellschaftlichen Realität" werden, ist Thema des bekannten Aufsatzes von Wolf-Dieter Bach: *Fluchtlandschaften*. In: JbKMG 1971, S. 39-73, hier S. 41. Es ist im übrigen interessant, daß Bach beim Stichwort ‚Orient' bei Karl May praktisch ausschließlich an die „Nomadenwelt" (S. 47) von Wüste und Sahara denkt, den Nil aber z. B. nie in den Blick nimmt.
17 Vgl. dazu auch Dominik Melzig: *Der ‚Kranke Mann' und sein Freund. Karl Mays Stereotypenverwendung als Beitrag zum Orientalismus*. Husum 2003.
18 Karl May: *Der Mahdi*. Zweiter Band: *Im Sudan*. In: Deutscher Hausschatz, Jg. 19 (1892/93), S. 819.
19 Noch heute findet man solche ‚Kriegsnamen' im arabischen Raum vor; von wo aus sie gelegentlich auch den Weg in unsere Nachrichten finden: Abu Masen ist z. B. der ‚nom de guerre' des im April 2003 neu berufenen palästinensischen Premierministers Abbas.
20 Volker Klotz: *Ausverkauf der Abenteuer*. In: *Probleme des Erzählens in der Weltliteratur. Festschrift für Käte Hamburger zum 75. Geburtstag am 21. September 1971*, hg. v. Fritz Martini. Stuttgart 1971, S. 159-194, hier S. 161.
21 Volker Klotz: *Durch die Wüste und so weiter. Über Karl May*. In: Akzente, Jg. 9 (1962), S. 356-383, hier S. 364.
22 Harald Eggebrecht: *Abenteuer-Konzeptionen*. In: ders. (Hg.): *Karl May – der sächsische Phantast*. Frankfurt/M. 1987, S. 223-232, hier S. 228.
23 Die aus Wasserkrügen bestehenden Flöße etwa stehen auch im Mittelpunkt der kleinen Skizze *Die beiden Kulledschi*, die May zur Ergänzung einer Abbildung für den *Guten Kameraden* schrieb; vielleicht lieferte diese Abbildung auch die Anregung zu der hier zitierten Beschreibung.
24 Karl May: *Aus der Mappe eines Vielgereisten. Nr. 1: Inn-nu-woh, der Indianerhäuptling*. In: Deutsches Familienblatt, Jg. 1 (1875/76), S. 8-11.
25 Für den ganz ähnlichen – und auf *Inn-nu-woh* basierenden – Beginn der Erzählung *Der Schatz im Silbersee* vgl. auch Eggebrecht [Anm. 22], S. 227-229.
26 Gleich zu Beginn des *Mahdi* erwähnt, als Murad Nassyr dem Erzähler kundtut, er kenne ihn aus Algier, wo sein Schiff vor Anker lag (XVI 11).
27 So etwa in den Seemannsgeschichten *Auf der See gefangen*, *Robert Surcouf* oder in den in *Am Stillen Ocean* versammelten Erzählungen, die aber doch eher die jeweils angelaufenen Häfen und Hafenstädte zum Handlungsmittelpunkt haben.

Walther Ilmer

Autobiographische Spiegelungen im ‚Mahdi'-Roman

I

Raumgründe erfordern eine geraffte, rudimentäre Darbietung der im *Mahdi*-Roman sichtbaren autobiographischen Spiegelungen. Einige Kernüberlegungen werden im Detail vorgestellt, um sowohl die erkennbare Arbeitsweise Karl Mays als auch meine Bemühungen, mit weitoffenem Verständnis in diese Arbeitsweise einzudringen, zu verdeutlichen. Viele Aspekte des zu breiter Ausführlichkeit verleitenden Themas können nur angedeutet oder in Umrissen skizziert, vergröbert aufgezeichnet werden – nicht weil tiefere Erkenntnisse fehlen, sondern weil der notwendigerweise begrenzte Umfang es gebietet. Dennoch dürften die großen Linien und Verstrebungen, die das Gerüst tragen, klar hervortreten. Irrtümer in der Interpretation sind natürlich nicht auszuschließen, bei allem Ringen um Wahrheit.

II

Karl May hat seine Reiseerzählungen ins rechte Licht gerückt, indem er ihnen in seiner Selbstbiographie einen gewissen ‚Symbolcharakter' zuschrieb[1]; er hat sie aber zu Unrecht als ‚unkünstlerisch' bezeichnet.[2] Während er „Selbsterlebtes und Miterlebtes"[3] literarisch umsetzte, arbeitete er mit direkter Abbildung, mit einfacher und doppelter Verdeckung, mit Rollentausch wie mit Umkehrung traumatischer Besetzungen, mit Mischformen und mit vielfältigen Kombinationen einzelner Verschlüsselungstechniken. Und obschon er dabei nicht immer die volle innere Stimmigkeit wahrte – seine Art der zügigen Produktion und seine auf immer neue Schöpfungen gerichtete Veranlagung hinderten ihn ja auch daran, jede Erzählung kühl-distanziert auf innere Ausgewogenheit und Exaktheit in sämtlichen Details durchzuarbeiten –, bietet er allein schon durch die Einbettung der autobiographischen Elemente künstlerisch viel mehr, als er wahrhaben wollte. Im *Mahdi* hat Karl May zudem, lange vor dem *Silberlöwen*, ‚abstrakte Symbolik' gestalterisch eingesetzt: Lebewesen in der Erzählung können von Fall zu Fall durchaus – statt realer Personen – reale Sachverhalte, Tatbestände, Begriffe widerspiegeln.

Die Einbindung des Eigenerlebens in die überquellende Abenteuerhandlung gelingt dank Mays naturhafter Technik sowohl überhöht naiv wie künstlerisch durchsetzt.[4]

III

Gleich das erste *Mahdi*-Kapitel der *Hausschatz*-Fassung (Kapitel 1 und 2 der Buchfassung) zeigt eine Fülle von Einzelheiten und läßt die ganze Exposition erkennen. Der Erzähler / Karl May kehrt, praktisch mittellos, aus der Einsamkeit der Oase Bir Haldeh / aus der Einsamkeit der zur Läuterungsquelle gewordenen Zuchthauszelle, westlich der Hauptstadt Kairo / Dresden, zurück und will heim. ‚Das Tor des Orients, die Siegreiche' ist beziehungsvoller Sammelpunkt der Anstrengungen: Dresden wird zum Start der glänzenden Karriere. Das für einen Tag angemietete „billigste Zimmer" im Hotel d'Orient (XVI 4) / der kurze, nicht näher erläuterte Übergangsaufenthalt, den *Mein Leben und Streben* als „Reise" bezeichnet[5], soll mit einem „Privatlogis" (4) / Aufenthalt bei den Eltern vertauscht werden. „Welch ein Zufall!" (8) führt den Erzähler in einem Bierausschank mit Murad Nassyr zusammen – und welch ein Zufall regierte 1882 beim Aufeinandertreffen May–Münchmeyer in der Rengerschen Gastwirtschaft. Die Mischung von Eindrücken aus der ersten Münchmeyer-Periode mit solchen aus der zweiten ist erklärlich und als Erzählmittel legitim. Murad Nassyr hat „sehr schöne und wertvolle Sachen" und „Niederlagen" und „oft die Waffen zu führen" (10) – wie Heinrich Gotthold Münchmeyer, der seine verkaufsträchtigen Produkte auch durch Geschäftsstellen in Berlin, Hamburg, Dortmund, München, Wien etc. vertreiben ließ, sich aber oft genug mit der Obrigkeit anlegen mußte, weil seine Schriften indiziert wurden. Murad Nassyr setzt alles daran, den Erzähler für ein lockendes Unternehmen zu gewinnen, wobei er freilich nicht ganz mit offenen Karten spielt, gerade wie weiland H. G. Münchmeyer.[6]

Der Türke Murad Nassyr – die Buchstabenfolge Mu-N-yr spricht für sich – zählt „höchstens fünfunddreißig Jahre", und damit wird er zweifach interessant. H. G. Münchmeyer wurde 1836 geboren und nahm erste und indirekte Verbindung mit May während dessen Zuchthausaufenthalt auf[7], also zu einer Zeit, als Münchmeyer tatsächlich etwa 35 Jahre alt war (1871). Es erscheint durchaus möglich, daß er von Karl May und dessen Vater noch

1873/74 für einen Mittdreißiger angesehen wurde. Und zur Zeit der Niederschrift des ersten *Mahdi*-Kapitels, 18 Jahre nach 1873, kann Münchmeyer demnach in Mays Augen als etwa Dreiundfünfzigjähriger gegolten haben. Bei Änderung der Ziffernreihenfolge, gemäß Mays Umkehrtaktik, wird 53 zu 35. Die Altersangabe ist zweifach ‚verwurzelt'.

Vollends in sich aber hat es der Name. May lenkt geschickt die Aufmerksamkeit auf ‚Murad', wendet sich aber schnell dem ‚Nassyr' zu. ‚Murad' heißt ‚der von Gott Aufgenommene' und kommt sehr nahe an Münchmeyers zweiten Vornamen ‚Gotthold' heran. Und hinter der allzu augenfälligen Fehlinterpretation von ‚Nassyr' als ‚Nassr', die dem Dicken unterlegt wird, entrollt sich folgendes Bild: Der höfliche deutsche Reisende kann die Prahlerei gelassen hinnehmen; doch all die Landsleute des Türken sowie all seine arabischen Bekannten können sie natürlich nicht akzeptieren.[8] Das wußte auch Karl May – und daß er seinen Lesern zumutete, auf den Bluff hereinzufallen, war ein kühner Handstreich. Er ‚baute einen Türken' (die Redensart war zu jener Zeit schon im Schwange), um auf Umwegen Münchmeyers sieggewohntes Auftreten und sein siegforderndes Gebaren gegen Konkurrenten nebst seinem erfolgreichen Werben um Mays Arbeitskraft sowie auch den in ‚Heinrich' enthaltenen Anteil ‚berühmt, mächtig, reich' ins Spiel zu bringen. Die in vergröbertem Sinne auf ‚Entstellung(en)' hinweisende Namensgebung ‚Hühnerauge' (11) ist der klassische Kontrapunkt. Außerdem aber entdeckt der des Französischen kundige Karl May in ‚Münchmeyer' (intonierend!) noch ‚monceau meilleur' – eine famose Anspielung – und in ‚Münch-', allein das französische ‚manche', das in einer seiner vielen Bedeutungen auch ‚(Schirm-)Krücke' heißt, was – gedanklich verbunden mit ‚Hühnerauge' – nachher im Roman als Murad Nassyrs Beiname ‚El Ukkazi (= Krücke)' auftaucht. H. G. Münchmeyer, so die Unterlegung, schmückte sich mit ihm nicht zustehendem Beiwerk und Großtun, während bescheidenes Humpeln besser zu ihm paßte. Die halbmondähnliche Form einer Schirm-Krücke schafft eine zusätzliche Verbindung in der Konstellation Türke–Entstellung–Münchmeyer. Desgleichen kommt auf Umwegen die Brücke zwischen Murad Nassyr und dem Französisch-Aspekt zustande: Der Türke kennt den französischen Kaufmann Latréaumont in Algier.

Murad Nassyr zeigt sich über frühere Heldentaten des Erzählers informiert; er will „gute Geschäfte" machen und sichert dem Erzähler einen „Teil des Gewinnes" zu (14) / Münchmeyer wußte alles über Karl Mays

Vorstrafen[9], sicherte ihm aber goldene Berge zu; der Lockrufer erklärt dem nicht ungern Zuhörenden, gerade ihn könne er brauchen: Münchmeyers Aussagen über die Beschäftigung Vorbestrafter waren sehr dezidiert.[10] Dieses Motiv wird, fast selbstquälerisch, aber mit festem Blick auf Überwindung, ausgebaut, weiterverfolgt: Der Erzähler begleitet Murad Nassyr in dessen Haus und wird darauf vorbereitet, daß dort Gespenster, die „an dieses Haus gewöhnt" sind (27), ihr Unwesen treiben / Münchmeyer und die Seinen wußten ihre Kenntnis um unrühmliches Vorleben ihrer Mitarbeiter als Druckmittel anzuwenden und die Gespenster der Vergangenheit wachzuhalten. Drei Zimmer erhält der Erzähler angeboten – von einem kleinen schlichten über ein größeres bis hin zu einem recht kostbar mit Büchern ausgestatteten Raum: Drei Gefangenenzellen nach drei Verurteilungen[11] von zunehmender Dauer, und die letzte, ‚größte', brachte auch Umgang mit Gedrucktem. Das direkte Bild und die Umkehr-Darbietung werden gemischt. Auf der realen Ebene vollzieht sich dabei einfach die dichterische Umsetzung des Einzugs Karl Mays von einem ‚Privatlogis' in „mehrere Zimmer als Redaktionswohnung" bei Münchmeyer.[12]

Stehen bis hierhin Murad Nassyr / Münchmeyer und Erzähler / Karl May praktisch gleichberechtigt nebeneinander – wenn auch mit dem gravierenden Unterschied, daß der Geschäftsmann die Wahrheit über seine Praktiken und deren Hintergründe noch verschweigt –, so setzt nunmehr ein Parallelstrang mit Verschiebung der Proportionen ein: Abd el Barak, Vorsteher der heiligen Kadirine – mit der Murad Nassyr insgeheim in Verbindung steht –, zeigt sich als skrupelloser Ausbeuter zweier Unfreier; das jüngere dieser beiden Wesen vertraut dem Schutz des Älteren, der sich bereits einen gewissen Spielraum zur Willensentfaltung verschafft hat, aber doch auch selbst hilfsbedürftig ist. Und dieser „Junge besaß ein Gesicht wie einer, der zu jedem tollen Streiche geneigt ist" (7). „Er hatte […] seine Eltern nicht vergessen. Er wollte zu ihnen zurück; nur darum sparte er." (45) Der Literat und der Autobiograph Karl May eröffnen eine Vision: Der gutmütige dicke Türke tritt hinter den stolz-finster-Herrischen zurück; der nunmehr maskenlose Kolportageverleger zeigt, wie er mit Abhängigen umgeht; unter der drohenden Erscheinung schrumpft der Autor zum unreifen Jungen zusammen, der – wie die Erfahrung zeigt – ‚toller Streiche' fähig war, den es nach Hause zog und der das seiner Obhut anvertraute zarte Geschöpf, nämlich neue, junge schriftstellerische Produktion, vor der Roheit schützen will.

Aber damit nicht genug. Durch Aufspaltung, die dennoch zugleich Bündelung druckausübender böser Prinzipien ist, erhält Abd el Barak mehrere Funktionen in künstlerischer Verästelung: (1) Er mimt Gesetzestreue und läßt gutgläubige Polizeiorgane für sich springen / Verkörperung all der Selbstgerechten, deren geistig-seelische Starre Karl May aus der Bahn warf. – (2) Er maßt sich als Anführer von ‚Gespenstern' an, Schrecken zu verbreiten / Auf Münchmeyer bezogen: Dieser wird die Geister, die er unwissentlich heraufbeschwor, nicht mehr los; er hätte Zimmergeselle oder reiner Nachdruck-Verleger von Werken Verstorbener bleiben sollen. Auf Karl May bezogen: Die Vorstrafen sitzen ihm im Nacken; Münchmeyer wie auch die Gendarmen vom Schlage eines Frenzel oder Prasser haben ein Auge auf ihn. – (3) Er begeht einen Mordanschlag gegen den Erzähler und nötigt diesen, vor dem Messer zu Boden zu gehen / Die erste Verurteilung, die wie ein Damoklesschwert auf May herabstürzte, war ein nahezu tödlicher Schlag für ihn; der Wille zur Befreiung von dieser Last zwingt den Autor zur ‚plastischen' Aufarbeitung.

Zwei Polizisten tauchen bei Murad Nassyr auf, um gegebenenfalls Haussuchung zu halten und ‚die Kinder' mitzunehmen – und auch hier spiegelt sich, teils direkt, teils in Umkehrung, dreierlei: (1) Münchmeyer mußte Polizeiaktionen über seinen Verlag ergehen lassen und verbarg indizierte Schriften. – (2) Karl May stand für zwei Jahre unter Polizeiaufsicht und richtete ein rührendes Gesuch an die Dresdener Polizeibehörde. – (3) Er wies, nach seiner Entlassung aus Waldheim, dem aufdringlichen Ortsgendarmen die Tür.

Die Anbahnung der engeren Beziehungen zwischen zwei Menschen, die es miteinander zum beiderseitigen Vorteil versuchen wollen, führt zur guten Bewirtung des Erzählers im Haus Murad Nassyrs. Das in der Suppe, sprich: im Reisklumpen, gefundene Haar ist eine stilvolle Anspielung darauf, daß Pauline Münchmeyer den jungen Redakteur und insbesondere auch dessen Vater, als dieser zu Besuch kam, durch ihre Kochkünste zu ködern suchte, aber wenig Gegenliebe fand.[13] Und die Krönung ist dann das Einbringen der ärztlichen Künste des Erzählers in den Türken-Haushalt: Nicht nur ist Murad Nassyr von der Versiertheit des Helden überzeugt; dieser selbst macht auch keinen Hehl aus seinen Kenntnissen, besteht aber darauf, daß er Hilfe nur bringen kann, wenn es nach seinem Kopfe geht / H. G. Münchmeyer versprach sich viel von Mays Geschick als Redakteur, und Karl May, nie vordem als Redakteur tätig gewesen, stapelte kurzerhand hoch, traute sich etwas zu und überzeugte Münchmeyer davon, wie zu prozedieren sei.

Dem konzilianten Umgang folgt die Note der Aggressivität, und die Dreier-Fächerung setzt sich fort im Auftauchen und Bekämpfen der drei Gespenster sowie in den hieraus resultierenden drei Schriftstücken. Drei Türen bieten den Gespenstern Einlaß / Von drei Verurteilungen her ist May angreifbar. Das Niederwerfen des ersten und gefährlichsten Gespenstes gelingt rasch: Die Haftzeit war kurz. Dennoch machen die Wucht des Angriffs und der Anblick des gefesselten Feindes dem Erzähler innerlich viel zu schaffen: Das Ereignis hatte unerfreuliche Folgen. (So hat der Held dann auch über den ganzen Roman hinweg es immer wieder mit dem Gespenst Nummer 1 zu tun: Der Schock über die erste Bestrafung, die das Leben grundlegend änderte, saß am tiefsten und war am schwersten zu beseitigen.[14]) Während das Gespenst Nummer 1 noch umherschleicht, um sein Opfer zu suchen, kündigen sich Gespenst Nummer 2 und Nummer 3, Gefolgsleute von Nummer 1, also die zweite und die dritte Haftstrafe, die nur aufgrund der ersten möglich werden, bereits aus der Entfernung durch schrille mißliebige Töne an: Der Erzähler Karl May kann der Begegnung mit ihnen nicht ausweichen. Das zweite Gespenst unterliegt jäh nach kurzem Kampf (Karl May wurde vorzeitig aus Osterstein entlassen), doch das dritte (dem der häßliche Begriff ‚Zuchthaus' anhaftet) entzieht sich dem Zugriff und zeigt die drohende Fratze später, als der Erzähler sich dem Schiff (dem Redaktionsbetrieb) anvertraut hat, noch einmal: Dieses Gespenst – das der längsten der drei Strafen – trägt und hinterläßt die deutlichsten Spuren.

Dem Bösewicht Abd el Barak, der sich gefangen sieht, preßt der Erzähler drei Schriftstücke ab, die diesen Mokkadem dem Helden ausliefern / Karl May setzt bei Münchmeyer die Gründung dreier neuer Zeitschriften durch, über die er das Sagen hat; gleichzeitig aber hält er dem Druck der Gespenster, also der sein Vorleben betreffenden Drohung, die drei Haftentlassungsscheine entgegen als amtliche Dokumente, daß seine Schuld getilgt ist und der Gegner insoweit nichts über ihn vermag. Eine dritte Bedeutung gewinnen die drei Schriftstücke als jene Briefe mit Münchmeyers Zusagen während der Entstehungszeit des *Waldröschen*-Romans, die May viele Jahre lang entweder tatsächlich besaß oder dank seiner lebhaften Vorstellungskraft immerhin zu besitzen wähnte.

Weil Murad Nassyr sich der beiden Kinder erbarmt hat und um des Reizes des prickelnden Abenteuers willen, geht der Erzähler auf das Anerbieten des Türken ein, ihn in den Sudan zu begleiten, und besteigt mit seinen Schutzbefohlenen ein Schiff, gerät aber ins Grübeln über die selbstsüchtigen Absichten des Dicken / Weil Münchmeyer ein dem Augenschein nach faires Angebot machte und Karl Mays Auffassungen über dessen Redakteurstätigkeit akzeptierte, begann May mit der Arbeit, hegte aber alsbald Zweifel an der absoluten Redlichkeit Münchmeyers. Der unterhalb des offenen Decks liegende Schmutz und die verborgenen Vorrichtungen für die Nutzung des Schiffes zu verwerflichen Zwecken (Sklaventransport) sowie die versteckte Kasse kommen auch bald zum Vorschein, nachdem ‚der Effendi', wie er achtungsvoll genannt wird, dem alten achtbaren Steuermann und dem erst schmeichelnden, dann groben alten Schiffskapitän bewiesen hat, daß er sie und ihr Tun durchschaut / Karl May erhält Einblick in die Verlagspraxis einschließlich *Venustempel* und *Das schwarze Buch*, deren Vertrieb die denkbar niedrigste Gesinnungsebene anspricht, und auch in das unlautere Finanzgebaren der Münchmeyers; der ‚Herr Doktor May', wie man ihn tituliert, erkennt mühelos die dem ‚alten Reuter' (Münchmeyers Stief-Schwiegervater; die Buchstaben t.e.u.e.r. in ‚Steuermann' fügen sich nahtlos zum Namen ‚Reuter') und die dem Verlegerbruder Fritz Münchmeyer, dem grobschlächtigen, jedermann – auch May – duzenden, zugewiesene Rolle.[15]

In all diese nur sparsam verhüllten Direkt-Abbildungen hineinverwoben erscheint abermals eine interessante Umkehrung: Der Muza'bir, der Gaukler, einer der wichtigsten Männer der Kadirine, wird beauftragt, dem Helden die drei Schriftstücke zu entwenden, und erntet Mißerfolg. Der im Verlag Münchmeyer tätige Drucker und Maschinenbesitzer Wilhelm Gleißner war die Seele des Geschäfts – und ein anständiger Mensch. Nicht zuletzt um seinethalben harrte Karl May aus; mit ihm besprach er die wichtigen Vorhaben und deren Ausführung. Für Münchmeyer war Gleißner – dessen Name im Zusammenhang mit Mays Verschlüsselungstechnik herhielt für die Unterlegung ‚schillernder Glanz, Täuschung, Gaukelei', also ‚Muza'bir' – unentbehrlich.[16] Diese Umkehrung vermischt May aber sogleich wieder mit der Direkt-Parallele: Der Muza'bir stellt seine Talente in den Dienst der falschen Sache, und trotz seiner Herkunft treibt er Sklavenhandel / Gleißner steckte seine Fähigkeiten in das falsche Unternehmen und half bei der Versorgung des Volkes mit Schund, der die Leser zu ‚Sklaven' machte.

Die drei Schriftstücke und ihre geplante Entwendung durch den Muza'bir spiegeln ein weiteres Ereignis: Die kurze Reise des Erzählers auf dem getarnten Sklaventransport-Schiff deutet auch auf Karl Mays seinerzeitige Werbereise für Münchmeyer, mit den gut aufgemachten Probenummern der Zeitschrift *Schacht und Hütte* (den Schriftstücken). Während Mays Abwesenheit ließ Münchmeyer Aufmachung und Inhalt der für den tatsächlichen Versand bestimmten Nummern durch Gleißner ändern. Der Muza'bir erhascht die Brieftasche, ohne wertvollen Inhalt, und der Erzähler bringt diese wieder an sich: May mußte damals das Manöver Münchmeyers und Gleißners in Kauf nehmen, wurde aber durch den guten Absatz der geänderten Zeitschriftennummern alsbald entschädigt.[17]

Der Muza'bir entkommt. Der Reïs Effendina übernimmt das Schiff und bietet dem Erzähler seine Hilfe an – nicht ohne in Sachen Murad Nassyr eine gewisse Zurückhaltung zu wahren. May blendet hier den Zugriff der Obrigkeit gegen Münchmeyer und das Interesse seriöser Verleger für ihn, May, ineinander: Nach der Polizeiaktion wegen des *Venustempels* strebt er von Münchmeyer fort; Radelli, Neugebauer (Göltz und Rühling), Rosegger, später Wehberg, von Pustet und Spemann ganz zu schweigen, geben ihm Verdienstmöglichkeiten, Radelli vielleicht zunächst nicht ganz unbefangen, weil May für Münchmeyer gearbeitet hatte. „Vor kurzem noch in Lebensgefahr, saß ich jetzt an derselben Stelle in einer Unterhaltung, welche gar nicht komischer sein konnte" (145), ist die treuherzig-gallige Umkehrung der Realität: Sehr komisch war es für May nicht, ernsthafte Verhandlungen mit angesehenen Verlegern zu führen. Aber er bot ihnen, was sie suchten und was seinem Drang nach persönlicher Entfaltung bei gleichzeitiger Befriedigung des gediegen-anständigen Volksgeschmacks entgegenkam. Diese Verquickung des generell nach neuen Talenten und neuen Erzählthemen suchenden Verlegers (namenlos) und des mit neuen Ideen gefüllten, den Durchbruch erstrebenden jungen Autors kennzeichnet Karl May durch den Satz, „daß er ein Buch schreiben wolle, zu welchem ihm nicht weniger und nicht mehr als alles fehlte" (145). In Wirklichkeit ist alles da, sind alle Voraussetzungen gegeben: Die Brücke zum rettenden Ufer, von wo der neue Verleger (d. h. der Reïs Effendina als, in diesem Falle, die Summe aller neuen Verleger) rief, ist geschlagen.

IV

Dieser Vielzahl an Abbildungen im ersten (*Hausschatz-*)Kapitel lassen sich andere hinzufügen. Zum Beispiel können die beiden Dinka-Kinder, zusätzlich zu der oben angeführten Deutung, lebenden Kindern entsprechen: Während der Entstehungszeit des ersten *Mahdi*-Teiles trug May sich mit dem Gedanken, seine Nichte Clara ('Lottel') Selbmann zu sich zu nehmen, was er im November 1891 verwirklichte. Und auch Assoziationen hinsichtlich eigener, obschon nicht ehelicher, Kinder Karl Mays drängen sich auf. – Aziz, der Peitschenschwinger des Reïs Effendina, verkörpert die verantwortungsbewußten Redakteure und Lektoren, die für Sauberkeit in ihrem Bereich sorgen, birgt aber auch die Erinnerung Mays an den 'birkenen Hans' der Kinderzeit, da in den Reïs Effendina natürlich auch Züge des Vaters eingehen. – Die gebührende Zurückhaltung Lefatas, der 'Dame des Hauses', bei Präsentation ihrer Person gegenüber dem Fremdling ist die Umkehrung des aufdringlichen, strapaziösen Betragens der Pauline Münchmeyer. – Die Gestalt des schnurrig-jammervollen Selim ist eine Doppel-Allegorie: Auch in ihm spiegelt sich Wilhelm Gleißner, aber als Zerrbild, und außerdem verkörpert er die entartete Gestaltung einer Erzählung, wie die Kolportage-Herstellung niedrigen Niveaus sie hervorbrachte. In Selims Großmäuligkeit, seinem Versagen gegenüber den Gespenstern, seiner rührenden Anhänglichkeit an den Erzähler gibt Karl May die Kombination aus Gleißners Verhalten mit dem Sinnbild für eine im Kern ordentliche, durch falsche Handhabung jedoch bedauerlich zu Schund gewordene Literatur. Die verräterische Namenswahl Selim macht auf die Buchstaben e.l.i.m in W.i.l.h.e.l.m nur allzu aufmerksam, und die in der reinen Erzählhandlung bald folgende enge Konstellation Selim-Muza'bir ('mein Freund') kommt nicht von ungefähr. – Ein Bild Mayschen Strebens nach besserer Literatur fürs Volk liefert, im weiteren Verlauf des Romans (lange vor dem Pferde Kiss-y-darr aus *Silberlöwe*), der falsch behandelte edle Bakkara-Hengst.

Die in der Exposition des ersten Kapitels ausgebreiteten wesentlichen Motive und ihre Fäden werden von Karl May durch die ganze weitere Erzählhandlung hindurch in immer neuen Varianten und Ausdrucksformen wieder und wieder verarbeitet. Hier und heute können nur einige Momente kurz hervorgehoben werden: Die krasse Abqualifizierung des Islam gegenüber dem Christentum, die im ersten Kapitel einsetzt, symbolisiert die schroffe Verurteilung der Schundliteratur zugunsten einer Lobpreisung des

Deutschen Hausschatz. – Das Verlagsunternehmen Münchmeyer kehrt wieder als Krokodilhöhle von Maabdah, als Sumpf des Fiebers, als Seribah Aliab. – Der Verleger erscheint in der Gestalt Abd Asls und Ibn Asls. – Die fünf berühmten Münchmeyer-Romane Karl Mays sind exakt in den Charakteristika der fünf Gefangenschaften des Helden gespiegelt. – Ben Nil repräsentiert die neue Form der Literatur, die der Autor Karl May erblühen lassen will und die bei Betrieben wie Münchmeyer keine Chance hat; er ist ferner als Person, ähnlich wie der Dinka-Junge, eine Projektion des Schriftstellers Karl May, der beim Verweilen im Münchmeyer-Brunnen ersticken müßte. – Das Auftreten des Helden als ‚Bürgermeister von Dimiat', mit all seiner Burleskerie, kennzeichnet Mays Wirken als Kolportage-Autor, der um lehrreicher Zwecke willen seinem Werk die Maske des Lieferungsromans umlegt, verweist im gleichen Zug auf die erfolgreiche Maskierung seiner Reiseerzählungen, deren Aufmachung und Ton über die darunterliegenden Absichten hinwegtäuschen, und belegt ganz allgemein die erfolgreiche Einkleidung guter Literatur in verkaufswirksame Gewandung. – Murad Nassyrs Versuch, den ‚Ungläubigen' für Lefatas jüngere Schwester zu interessieren und als Schwager an sich zu binden, ist ein grelles Abbild der Münchmeyerschen Absichten, Karl May mit Minna Ey zu verehelichen. – Und im Fakir el Fukara zeigt Karl May unter anderem, ins Riesenhafte überdehnt, seinen eigenen irrigen Wanderweg im Dienste der falschen Sache – zum einen für Münchmeyer, zum anderen in anmaßender Weise in der ‚Affäre Stollberg', die ihm, der sich inzwischen ja jedes Rechtsbruches enthalten hatte, eine um so schmerzhafter empfundene vierte Strafe eintrug: drei Wochen Gefängnis – die dem Mahdi verabreichte Bastonnade. Im Lichte dieser masochistisch gefärbten Selbstdarstellung Mays wirken die letzten Worte des Fakirs el Fukara: „Fürchte die Rache, die Rache!" (XVII 353), wie eine ominöse Warnung aus Mays eigener Seele vor Spätfolgen seiner Strafzeiten und seiner Münchmeyer-Zeit. Dieses unheimliche Moment der Präkognition taucht in vielen Werken Karl Mays in unterschiedlicher Form auf.[18]

Die Reminiszenz an Stollberg, an die ‚Amtsanmaßung', die Beschuldigung, als ‚höherer Beamter aus dem Ministerium' aufgetreten zu sein, ersteht auch noch einmal im ‚Mudir von Dscharabub' und ‚Obersten der Senussi', der dadurch in eine peinliche Lage gerät, daß er vorbeten soll: Karl May hat sich eine deutliche Warnung erteilt.

In dem ambivalenten Verhältnis des Erzählers zum Reïs Effendina steckt – von anderen interessanten Momenten abgesehen – jene von Karl May lange Zeit nicht auszuräumende Befangenheit, die dem mehrfach Vorbestraften, dem Autodidakten und zeitweiligen Kolportage-Autor vor renommierten Organen der Publizistik anhaftete: Die Angst vor dem Versagen beim Erfüllen der selbstgestellten Aufgaben und die Angst vor der Enttarnung der unrühmlichen Perioden in seinem Leben. Karl May läßt hier genau die Seelenlage zu Wort kommen, die ihn nach dem ersten und nach dem zweiten Bruch mit Münchmeyer kennzeichnet: 1877 – tastende Versuche um Profilierung und Suche nach seriöser Betätigung, die Befriedigung verleiht; 1887 – die Sorge, sich durch das jahrelange Verfassen gigantischer Kolportageromane die Hand verdorben zu haben, vor den strengeren Maßstäben guter Verlagshäuser nicht bestehen zu können; grimmiger Entschluß zum Wagnis: hart disziplinierte Arbeiten für Spemann, Wiederanknüpfen der alten *Hausschatz*-Beziehung, pausenlose Tätigkeit für die gute Sache. (‚Der Held ist pausenlos im Einsatz ...') Die Bindung an Münchmeyer hatte May in seiner Entwicklung zurückgeworfen. Nun begünstigte die Mitarbeit an der Jugendzeitschrift *Der Gute Kamerad* sein schriftstellerisches Wachsen – doch die speziellen Anforderungen auf diesem Gebiet, u. a. die didaktischen Normen, denen er sich dabei unterwarf, ließen ihm keinen Raum für die innere Befreiung, derer sein Ich so sehr bedurfte. So beschritt er den Weg der Tilgung seiner Schuldkomplexe durch die Niederschrift der Romane *Der Scout* und *El Sendador*[19] für den *Deutschen Hausschatz* – und war danach dann innerlich genügend gerüstet, um es mit Münchmeyer und einer Wiedererweckung der dabei für ihn maßgebenden Empfindungen aufzunehmen.

V

Als Handlungszeit des *Mahdi*-Romans gibt Franz Kandolf mit gutem Grund das Jahr „(etwa) 1879" an.[20] Davon unabhängig aber ist der Zeitpunkt, an dem sich die ‚Binnenhandlung' (Roxin) vollzieht. Diese ist, im Rahmen der Entwicklung Karl Mays und bezogen auf den Niederschlag seines Reifegrades in anderen Erzählungen, früh anzusetzen und in der Tat vor die Zeitspanne zu verlegen, in welcher May zum Ersinnen seiner sechsbändigen Halef-Fabel fähig war. Die innere Handlung des *Mahdi* spielt vor der *Wüste*-bis-*Schut*-Odyssee. Dies steht im Einklang damit, daß bei der Niederschrift des *Mahdi*-Romans das Abschütteln der Kolportagezeit als ‚psychischer Motor' (Roxin) fungierte und daß Karl May ausdrücklich nur auf das frühe *Gum*-Abenteuer Bezug nimmt – nicht auf die Kara-Ben-Nemsi-Erfolge –, als er Murad Nassyr einen Grund zum Schmeicheln liefert: Er sah sich zurückversetzt an den Anfang seiner Laufbahn[21], als er die zum Ehrennamen aufsteigende Kennung ‚Kara Ben Nemsi' noch nicht erworben hatte und dieser auch noch nicht im *Deutschen Hausschatz* sein Debüt gegeben hatte.[22] Daraus, wie überhaupt aus der inneren Struktur des *Mahdi*-Romans und aus dem ihr zugrunde liegenden Schub, ergibt sich das Fehlen des putzigen Hadschi, der anderenfalls wohl für prächtige Turbulenzen gesorgt hätte.[23] Jahre später verstieß Karl May gegen diese innere Stimmigkeit, als er für die Buchausgabe zwei Schlußkapitel schrieb und den Kurdistan-Einschub zeitlich vor die Nil-Abenteuer verlegte.[24] Nach der Vielzahl und Verschiedenartigkeit der von ihm inzwischen verarbeiteten Eindrücke fand er nur teilweise zurück zu dem Ton und der Stimmung der *Hausschatz*-Fassung. Und aufgrund der ihn nunmehr beherrschenden Seelenlage forcierte er im Buch-Schlußteil noch die Polarisierung Islam-Christentum – aber jetzt nicht mehr so sehr als Gegenüberstellung der Kolportage-Produktion und guter Literatur, sondern wirklich unter dem Glaubensaspekt: Er rang um Halt.

Was während der Haftzeit mit *Ange et diable* als bewußte advocatus-diaboli-Argumentation eines heftig nach Gott Verlangenden begonnen hatte und dann verstummt war, setzte sich etwa Mitte der neunziger Jahre als Aufschrei nach Gott erneut durch, parallel zu der immer drückender werdenden Erkenntnis über die ‚Mesalliance', auf die er sich eingelassen hatte, und parallel auch zu dem aus so vielen zusammenwirkenden Ursachen herauswuchernden Drang, nicht nur mehr auf dem Papier als Old Shatterhand und Kara Ben Nemsi aufzutreten: Auch dies waren ja Ausformungen von Schuldkomplexen, und um sie überhaupt angehen zu können, bedurfte May einer unverbrüchlichen Verankerung, zu der er sich bei Ermüdung zurückziehen konnte und die absolute Erlösung verhieß – der Glaube. Noch während die große Ehe- und Lebensbilanz in *Die Felsenburg* und *Krüger-Bei* gezogen wurde, schob sich die Frage nach Gott machtvoll in den Vordergrund und verschaffte sich Durchlaß: in *Old Surehand*, jenem Werk, das sich durch so zwingende seelische Wucht und durch so viele Kompositionsschwächen auszeichnet:[25] May war von dem Gottesthema und der dadurch heraufbeschworenen Erinnerung an Familiengeheimnisse und Traumata[26] so bezwungen, daß er handwerkliche Notwendigkeiten außer acht ließ. Vermittels einer bewundernswerten Konzentrationsleistung schrieb er dann *Die Jagd auf den Millionendieb* als – nach Ton und Anliegen – exakt nahtlose Fortsetzung und Beendigung der *Satan*-Trilogie: Die Bewältigung des Themas Ehe und ‚verlorene Liebe' geriet ihm unter der Hand zu einer Höchstleistung. Doch das Thema Gott und Glauben ließ ihn darüber nicht los, führte zu einer Häufung von Marienkalender-Geschichten und brach sich harsche Bahn im Buch-Schlußteil des *Mahdi*-Romans. Um ja etwa aufkommende Zweifel, wie denn das Martyrium der Ehe zu ertragen sei und wie die so mühevoll gewonnene, florierende bürgerliche Existenz vor dem Zerschellen am Riff der Vergangenheit geschützt werden könne, zu übertönen, hielt Karl May sich lautstark und krampfhaft-krude an Fixationsnormen des christlichen Glaubens und brachte durch dieses Eiferergebaren einen Mißton in den *Mahdi*-Schluß. Gleichwohl rollt dort am Nile nochmals ein packendes Geschehen ab, und einen der besten Abschnitte bildet die – in realer wie in allegorisierender Bedeutung höchst beachtliche – Schilderung der Gebetsszene (XVIII 396-401): Die Sklavenjäger zeigen sich in ihrer ganzen Verdammenswürdigkeit, indem sie zwischen ihren Schandtaten inständig zu Allah beten. Glauben hervorzukehren und in Wirklichkeit Böses zu tun, war für Karl May genauso abstoßend wie die Umkehrung: Sündenfrei ohne Glauben zu leben. Durch ständig neue Einkleidung und Abwandlung der Problemstellung ertastete er sich den Weg zur Glaubensklarheit, der schließlich in *„Weihnacht!"* mündete, mit der *letzten Sklavenjagd* aber noch keineswegs sein Ende, nur einen vorläufigen Ruhepunkt fand.

VI

Der Buch-Schluß des *Mahdi*-Romans bringt den vollen Sieg der Ordnungsmacht über den schimpflichen Menschenhandel; die Leuchtkraft des Christentums rührt die Herzen und bekehrt den Mahdi-Sucher Ssali Ben Aqil – alias den zeitweiligen Zweifler und den zeitweiligen Münchmeyer-Mitarbeiter Karl May – dazu, der falschen Richtung abzuschwören: Der *Deutsche Hausschatz in Wort und Bild*, stellvertretend für alle Publikationen redlicher Gesinnung, siegt über (den inzwischen – 1892 – verstorbenen) H.G. Münchmeyer. Doch der Held und Erzähler bleibt nicht unbeschwert in seinem Sieg: Der Reïs Effendina, schon vordem abgekühlt, erliegt den

Einflüsterungen des undankbaren Murad Nassyr, und des Helden Freude ist getrübt. Hier spiegelt sich genau die Tatsache, daß der Verlag Münchmeyer im Jahre 1894 im *Gesammt-Verlags-Katalog des Deutschen Buchhandels* Mays Pseudonym gelüftet und ihn als Verfasser der Lieferungsromane *Waldröschen* usw. genannt hatte.[27] Und das sollte die Redaktion des *Deutschen Hausschatz* nicht in demselben Jahre erfahren und bestürzt zur Kenntnis genommen haben? Schon daß ihr über all die Jahre hinweg der Roman *Die Liebe des Ulanen* „von Karl May" entgangen sein soll, ist angesichts der Verbreitung der Zeitschrift *Deutscher Wanderer* wenig wahrscheinlich. Gewiß: eine offizielle Anfrage des Kommerzienrats Pustet an Karl May wegen dessen Tätigkeit für Münchmeyer datiert erst von 1897[28], doch daß zumindest Heinrich Keiter und der als ‚H. Kerner' für den *Deutschen Hausschatz* tätige Hermann Cardauns geraume Zeit vorher etwas wußten, liegt greifbar nahe. Hierzu paßt der (für die Karl-May-Forschung so folgenschwere) Zwischenfall, daß Heinrich Keiter eigenmächtig 440 Manuskriptseiten der Erzählung *Krüger Bei* – deren Veröffentlichung mit Beginn des 21. Jahrgangs (1894/95) einsetzte – strich und einen unbeholfenen Übergangstext schuf.[29] Diesen massiven Eingriff – den der Autor auf jeden Fall entdecken mußte – durfte Keiter sich bei dem sehr eigenwilligen und verwöhnten Karl May nur erlauben, wenn er ein Druckmittel in der Hand hielt. Karl May nahm die umfangreiche Kürzung nach einem Gespräch mit Keiter hin. Sein Verhältnis zu Keiter und zum *Deutschen Hausschatz* hatte Schaden erlitten.[30] Das Gespenst Münchmeyer sandte die erste Rachebotschaft. Heinrich Keiter aber zog in den Buch-Schlußteil des *Mahdi*-Romans als der Reïs Effendina ein…

VII

Dieser erste unvollkommene Versuch einer Teil-Analyse des *Mahdi*-Romans läßt manche Fragen offen. Vorerst bleibt zu hoffen, daß mit diesem Beitrag ein noch stärkeres Interesse an Karl Mays Reiseerzählungen und ein noch tieferes Verständnis für ihren Aufbau wie ihren unterschichtigen Gehalt geweckt werde. Sie können weit mehr sein als eine angenehme, unterhaltsame Freizeitlektüre: Ihnen ist bereits all das eigen, was im Alterswerk zur Hochblüte kommt. Richtig besehen, steht das Alterswerk Karl Mays keineswegs als isolierter ‚Bruch im Bau' da, sondern enthält einfach die

Weiterführung der in den Reiseerzählungen angewandten planerischen Überlegungen und Techniken und frappierenden Kunstfertigkeiten; im Alterswerk ist freilich – in Anpassung an die Thematik und die ihr zugrunde liegende Verfassung des Autors – das Gewicht von der oberschichtigen Fabel und äußeren Handlung auf die Ebene der ‚Binnenhandlung' und ist der Akzent auf deren Sichtbarmachung verlagert. Die *„ganz, ganz eigene Seelenwelt"* jedenfalls, die Karl May für seine Erzählungen geltend machte[31], liegt hell vor unseren Augen. Wir müssen sie nur wahrnehmen.

Anmerkungen

1 Vgl. Karl May: *Mein Leben und Streben*. Freiburg i. Br. 1910 (Reprint Hildesheim, New York 1975), S. 142 u. 209.
2 Vgl. ebd., S. 151.
3 Ebd., S. 139.
4 Franz Kandolf zitiert in seinem Aufsatz *Krüger Bei und der „Vater der Fünfhundert"* im KMJb 1924 den auf Seite 139 der Selbstbiographie Karl Mays stehenden Satz: „Ich hatte meine Sujets aus meinem eigenen Leben, aus dem Leben meiner Umgebung, meiner Heimat zu nehmen" – und verharrt genau dort ohne weiteres Bohren. Und das Verblüffende an Alfred Biedermanns *Mahdi*-Aufsatz im KMJb 1927 ist ebenfalls, daß er die ständig berührte Schwelle zur Autobiographie nicht überschreitet.
5 Vgl. May: *Mein Leben und Streben* [Anm. 1], S. 179f.
6 Zur Porträtierung Münchmeyers als Murad Nassyr siehe auch Roland Schmids Bemerkungen in der 28. Aufl. (Bamberg 1971) von *„Ich"*, S. 393.
7 Vgl. May: *Mein Leben und Streben* [Anm. 1], S. 175f.
8 Analog: Ein Deutscher mit dem Familiennamen ‚Eiernett' oder ‚Meyer-Ammann' (ich bitte ergebenst alle etwaigen Träger dieser Namen um Vergebung und Nachsicht) wird nicht ernsthaft behaupten, sein Name bedeute in Wirklichkeit ‚Ironhead' oder ‚meilleur amant'.
9 Der auf der literarischen Ebene zugunsten des Helden ausschlagende Ausspruch: „Ich war ja nicht allein!" (XVI 12), unterliegt in der autobiographischen Betrachtung dem Umkehrprinzip: Karl May war ausschließlich Einzeltäter – und er saß in Isolierhaft.
10 Vgl. May: *Mein Leben und Streben* [Anm. 1], S. 183 u. 237.
11 Die vierte Haftstrafe, nach der ‚Affäre Stollberg' (vgl. die Dokumentation bei Fritz Maschke: *Karl May und Emma Pollmer. Die Geschichte einer Ehe*. Bamberg 1973, S. 129-196), erfolgte erst nach Mays erster Tätigkeit für Münchmeyer. Im *Mahdi*-Roman taucht sie – verschlüsselt – später auf.
12 Vgl. May: *Mein Leben und Streben* [Anm. 1], S. 183.
13 Vgl. Karl May: *Ein Schundverlag*. Privatdruck Dresden 1905 (Reprint Bamberg 1982), 5. Kapitel, *Als Redakteur*, verkürzt in: *Mein Leben und Streben* [Anm. 1], S. 186.
14 Zur Spiegelung der ersten Verurteilung und ihrer Folgen im *Waldröschen*-Roman vgl. Helmut Schmiedt: *Karl May. Studien zu Leben, Werk und Wirkung eines Erfolgsschriftstellers*. Königstein/Ts. 1979, S. 51f.
15 Vgl. May: *Ein Schundverlag* [Anm. 13], S. 283f. Die Duzfreudigkeit Fritz Münchmeyers wird anschließend auf Murad Nassyr übertragen: Er und der Erzähler wechseln jählings von ‚Sie' in ‚Du' (XVI 58).
16 Vgl. ebd., S. 285f.

17 Vgl. ebd., S. 299-301. Vgl. zu Münchmeyer und dessen Unternehmen im übrigen ergänzend Hainer Plauls Anmerkungen im Reprint *Mein Leben und Streben* [Anm. 1], S. 388-398.
18 Vgl. hierzu meine bereits bezüglich *Deutsche Herzen, deutsche Helden* (SoKMG 6, 1976) und bezüglich *El Sendador* (JbKMG 1979) wiedergegebenen Mutmaßungen.
19 Vgl. Claus Roxins Einführung zum *Hausschatz*-Reprint *El Sendador* (Hamburg, Regensburg 1979); dort auch über die in *Der Scout* verarbeiteten Schuldkomplexe.
20 Franz Kandolf: *Die Handlungszeit der May-Erzählungen*. In: KMJb 1923,S.251.
21 Daraus resultiert die in mehrfacher Hinsicht widersprüchliche Behauptung, daß er den „Hieb gegen die Schläfe [...] von dem Indianerhäuptling Winnetou gelernt hatte" (XVI 579).
22 Nichtsdestoweniger ist der Hinweis auf Rih und die Haddedihn (XVI 196, 199f.), der die zeitliche Perspektive verschiebt, verständlich und verzeihlich, da May sich ja von seinem Wissen um die Existenz der bereits geschriebenen Erzählungen nicht lösen konnte.
23 Irrtümlich gab May später in der Erzählung *Eine Ghasuah* (X 454) Halef als seinen Begleiter bei der Jagd auf Ibn Asl aus.
24 Hierbei – und später – war May unachtsam: Laut *Mahdi III* (XVIII 153f.) vollzog sich auch die Reise in das ‚Reich des silbernen Löwen' vor dem Geschehen ‚im Lande des Mahdi', und zwar auf dem Rücken Rihs (also zur Kinderzeit Kara Ben Halefs). Das paßt weder zur inneren Situation des *Mahdi* noch zur späteren Niederschrift von *Silberlöwe I/II*, wo Kara Ben Nemsi auf Rihs Sohn Assil Ben Rih reitet und Kara Ben Halef schon fast erwachsen ist.
25 Vgl. Walther Ilmer: *Sichere Hand auf wackligen Füßen: Old Surehand*. In MKMG 29 (1976), S. 4-19.
26 Vgl. Hans Wollschläger: *„Die sogenannte Spaltung des menschlichen Innern, ein Bild der Menschheitsspaltung überhaupt". Materialien zu einer Charakteranalyse Karl Mays*. In: JbKMG 1972/73, S. 11-92; Walther Ilmer: *Das Adlerhorst-Rätsel – ein Tabu?* In: MKMG 34 (1977), S. 25-37; Hedwig Pauler: *Die Familie May in neuer Verkleidung*. In: MKMG 39 (1979), S. 8-11.
27 Vgl. Hainer Plauls Anmerkung 253 auf Seite 437f. des in Anm. 1 genannten Reprints.
28 Vgl. ebd., S. 427, Anm. 236.
29 Vgl. ebd., S. 427f, Anm. 237.
30 Ob und inwieweit Karl May den *Hausschatz*-Redakteur darauf hinwies, daß *Der Mahdi* eine ganz besondere Art ‚Schlüssel- und Enthüllungsroman' bot, und was den *Hausschatz* veranlaßte, offiziell noch stillzuschweigen über Mays frühere geschäftliche Beziehung zum Münchmeyer-Verlag, kann gemutmaßt, aber nicht schlüssig nachgewiesen werden.
31 Brief Karl Mays an Heinrich Kirsch vom 4. 4. 1901. In: MKMG 2 (l969), S. 16.

Bibliographie

Aufgenommen sind Publikationen, die monographisch oder themenübergreifend Karl Mays Reiseerzählung *Im Lande des Mahdi* behandeln. Die mit * gekennzeichneten Titel sind im vorliegenden Band abgedruckt.

Berger, Arthur: *Mit den Baggara auf Jagd am Nil.* In: KMJb 1929, S. 157-170.

Ders.: *Auf Karl Mays Spuren am oberen Nil.* In: KMJb 1930, S. 493-501.

Ders.: *Ein Mann erschüttert Afrika. Zum 50. Todestage des „Mahdi".* In: *Deutsche Allgemeine Zeitung*, Berlin, 74 (20. 7. 1935), Nr. 334.

* Biedermann, Alfred: *Ueber Karl Mays „Mahdi".* In: KMJb 1927, S.304-325.

* Biermann, Joachim: *„ Welch ein Sujet für einen Dichter!" Der Nil als Schauplatz in Karl Mays ‚Im Lande des Mahdi'.*

Bräutigam, Christoph: *Das Abenteuer Landschaft bei Karl May.* In: MKMG 91 (1992), S. 32-35; MKMG 92 (1992), S. 28-31.

Ders.: *Karl Mays Abenteuerlandschaft.* In: *Germanistische Mitteilungen* (1992), Nr. 36, S. 13-24.

Delorme, Axel: *Marion Ames Taggart, Benziger Brothers und Karl May.* In: MKMG 128 (2001), S. 16-27; MKMG 130 (2001), S. 21f.

Dernen, Rolf: *Im Lande des Mahdi. Aus der Werkstatt eines Erfolgsschriftstellers X.* In: *Karl May & Co* 96 (2004), S. 75-77.

Dünnebier, Peter: *Der Mahdi.* In: *Auf den Spuren von Karl May. Reisen zu den Stätten seiner Bücher*, hg. v. Randolph Braumann. Frankfurt/M. 1978, S. 105-114.

Freytag, Ludwig: *May, Karl, Gesammelte Reiseromane. Band XVI: Im Lande des Mahdi. Teil I.* In: *Central-Organ für die Interessen des Realschulwesens* 24 (März 1896), S. 176.

Ders.: *May, Karl, Im Lande des Mahdi. Band II.* In: *Central-Organ für die Interessen des Realschulwesens* 24 (Juni 1896), S. 377.

Ders.: *May, Karl, Im Lande des Mahdi. Band III.* In: *Central-Organ für die Interessen des Realschulwesens* 24 (Oktober 1896), S. 594.

Hatzig, Hansotto: *Register zu Karl Mays Reiseerzählungen. Mit Anmerkungen und Zitaten.* Ubstadt 1995, S. 207-232.

Heinemann, Erich: *Ein Plädoyer für die versklavte Menschheit. Einführung in Karl Mays Erzählung „Die Sklavenkarawane".* In: Karl May: *Die Sklavenkarawane* (*Kamerad*-Reprint). Hamburg, Regensburg 1984, S. 3-11.

Hermesmeier, Wolfgang/Schmatz, Stefan: *Jack Hildreth on the Nile.* In: MKMG 126 (2000), S. 54-59.

Dies.: *„Im Lande des Mahdi" auf Englisch. Jack Hildreth on the Nile (Karl-May-Ausgaben in den USA, IV).* In: *Karl May & Co* 90 (2002), S. 49-55.

Hofmann, Ingrid/Vorbichler, Anton: *Das Islam-Bild bei Karl May und der islamochristliche Dialog.* Wien 1979.

* Ilmer, Walther: *Einführung*. In: Karl May: *Der Mahdi / Im Sudan* (Hausschatz-Reprint). Hamburg, Regensburg 1979, S. 3-9.
* Ders.: *Nachwort* [*Autobiographische Spiegelungen im ‚Mahdi'-Roman*]. In: Karl May: *Der Mahdi / Im Sudan* (Hausschatz-Reprint). Hamburg, Regensburg 1979, S. 403-407.

Kandolf, Franz: *Krüger Bei und der „Vater der Fünfhundert"*. In: KMJb 1924, S. 90-104; dass. in: KMJb 1979, S. 29-37.

Ders.: *Schrittmesser und Landkarten*. In: KMJb 1925, S. 154-165; dass. in: KMJb 1979, S. 23-28.

Keindorf, Gudrun: *Neues über den Mahdi*. In: MKMG 139 (2004), S. 56f.

* Koch, Eckehard: *Im Lande des Mahdi. Karl Mays Roman zwischen Zeitgeschichte und Moderne*. In: JbKMG 1995, S. 262-329.

Ders.: *Zwischen Manitou, Allah und Buddha. Die nichtchristlichen Religionen bei Karl May*. In: *Zwischen Himmel und Hölle. Karl May und die Religion*, hg. v. Dieter Sudhoff. Bamberg, Radebeul 2003, S. 113-207.

* Kosciuszko, Bernhard: *„In meiner Heimat gibt es Bücher..." Die Quellen der Sudanromane Karl Mays*. In: JbKMG 1981, S. 64-87.

Ders. (Hg.): *Großes Karl-May-Figuren-Lexikon*. Paderborn 1991; zweite, verbesserte, überarbeitete u. erweiterte Auflage. Paderborn 1996; dritte, verbesserte u. ergänzte Auflage [*Das große Karl May Figurenlexikon*]. Berlin 2000.

Ders.: *Sklavenhandel am Weißen Nil*. In: MKMG 105 (1995), S. 70; Faksimile dazu in: MKMG 106 (1995), S. 46-51.

Ders.: *Im Lande des Mahdi I-III*. In: *Karl-May-Handbuch*, 2. erweiterte u. bearbeitete Auflage, hg. v. Gert Ueding in Zusammenarbeit mit Klaus Rettner. Würzburg 2001, S. 210-216.

* Lieblang, Helmut: *Quilt. Die Quellen der Sudanromane Karl Mays. Eine Ergänzung*.

Lowsky, Martin: *Karl May*. Stuttgart 1987.

Maschke, Fritz: *Karl May und Alfred Brehm*. In: MKMG 7 (1971), S. 19-21.

Melzig, Dominik: *Der ‚Kranke Mann' und sein Freund. Karl Mays Stereotypenverwendung als Beitrag zum Orientalismus*. Husum 2003.

* Niehaus, Michael: *Theorie der Warnung. Karl Mays ‚Im Lande des Mahdi'*.

Nölle, Wilfried: *Abenteuerliche Reise am Nil*. In: Karl May: *Im Lande des Mahdi*. Band I. Gütersloh 1966, S. 440-446.

Ders.: *In Mohammeds eigenem Land*. In: Karl May: *Im Lande des Mahdi*. Band II. Gütersloh 1966, S. 440-446.

Ders.: *Abenteuer im Sudan*. In: Karl May: *Im Lande des Mahdi*. Band III. Gütersloh 1966, S. 435-443.

Raub, Manfred: *Krokodilmumien aus Ägypten*. In: MKMG 143 (2005), S. 9-12.

Schmid, Roland: *Nachwort zur Reprint-Ausgabe* v. Karl May: *Im Lande des Mahdi II*. Bamberg 1983, S. N1-N20.

Ders.: *Anhang zur Reprint-Ausgabe* v. Karl May: *Im Lande des Mahdi III.* Bamberg 1983, S. A1-A17.

Schmidt, Hartmut: *Karl May und die Neger.* In: MKMG 24 (1975), S. 11-13; KMG 25 (1975), S. 12-15.

* Schmiedt, Helmut: *Autor und Autorität. Wie Karl May im ‚Mahdi' seine Leser beeindruckt.*

Schneider, Alfred: *Karl May und Alfred Brehm.* In: MKMG 8 (1971), S. 14-20.

Steins, Martin: *Das Bild des Schwarzen in der europäischen Kolonialliteratur 1870-1918.* Frankfurt/M. 1972.

Sudhoff, Dieter/Steinmetz, Hans-Dieter: *Karl-May-Chronik,* Bd. 1. Bamberg, Radebeul 2005.

Dies. (Hg.): Karl May: *Briefwechsel mit Friedrich Ernst Fehsenfeld,* Bd. 1. Bamberg, Radebeul 2007.

Unbescheid, Rudolf K.: *Der Mahdi. Karl May, Hakawati, und die weltpolitischen Hintergründe in seinem Werk* (6 Teile). In: *Magazin für Abenteuer-, Reise- und Unterhaltungsliteratur,* Braunschweig (1977/78), Nr. 13, S. 34-43; Nr. 14, S. 45-48; Nr. 15, S. 42-45; Nr. 16, S. 50-56; Nr. 17, S. 47-57; Nr. 18, S. 49-53; Leserbrief Erich Mörth, Graz, in: Nr. 14, S. 49-51.

Ders.: *Das Land des Mahdi, Sklavenkarawanen und Karl May* (3 Teile, 1979, 1984, 1986). In: *Winnetou, Old Shatterhand, Kara Ben Nemsi, Hadschi Halef Omar. Karl Mays Erzählungen und die Wirklichkeit* (Loseblattsammlung), hg. v. Horst Heinke. Taunusstein 1975-88.

* Zahner, Silvia: *Das Ich im Lande des Mahdi. Eine erzähltheoretische Analyse.*

* Zeilinger, Johannes: *Mohammed Achmed ibn Abdullah. Der sudanesische Mahdi.*

Ders.: *„Ich, ein einzelner Mensch gegen ein Land voll von Blut, Mord und Verbrechen". Dr. Emin Pascha – ein Held Karl Mays.* In: JbKMG 2003, S. 273-311.

Ders.: *Aufruhr am Nil. Karl May, Emin Pascha und der sudanesische Mahdi.* In: *Karl May. Imaginäre Reisen* (Katalog zur Ausstellung im Deutschen Historischen Museum, Berlin), hg. v. Sabine Beneke u. Johannes Zeilinger. Berlin 2007, S. 137-154.

Ders.: *„Kann man nicht schaurige Details über Menschenquälerei auftreiben?" Zum historischen Hintergrund der Sudanromane Karl Mays.* In: JbKMG 2008, S. 125-146.

Ders.: *Schurke oder Gentleman? Der sudanesische Mahdi in der deutschsprachigen Unterhaltungsliteratur.* In: *„Und wer bist du, der mich betrachtet?" Populäre Literatur und Kultur als ästhetische Phänomene. Festschrift für Helmut Schmiedt,* hg. v. Helga Arend. Bielefeld 2010, S. 391-404.

Die Karl-May-Studienbände im Igel Verlag

Karl Mays „Orientzyklus". KMS Bd.1
Br. 312 S., 21,- €; ISBN 978-3-927104-19-8.

Karl Mays „Im Reiche des silbernen Löwen". KMS Bd. 2
Br. 380 S., 24,90 €; ISBN 978-3-86815-505-1; Neuauflage 2010.

Karl Mays „Old Surehand". KMS Bd. 3
Br. 384 S., 24,90 €; ISBN 978-3-86815-509-9-1; Neuauflage 2011.

Karl Mays „Ardistan und Dschinnistan". KMS Bd. 4
Br. 222 S., 24,90 €; ISBN 978-3-86815-504-4; Neuauflage 2010.

Karl Mays „Satan und Ischariot". KMS Bd. 5
Br. 281 S., 24,- €; ISBN 978-3-89621-099-9.

Karl Mays „Und Friede auf Erden!" KMS Bd. 6
Br. 318 S., 24,90- €; ISBN 978-3-89621-135-4.

Karl Mays „Im Lande des Mahdi". KMS Bd. 7
Br. 297 S., 24,90 €; ISBN 978-3-86815-506-8; Neuauflage 2010.

Karl Mays „El Sendador". KMS Bd. 8
Br. 324 S., 24,- €; ISBN 978-3-89621-207-8.

Karl Mays „Weihnacht!" KMS Bd. 9
Br. 320 S., 24,- €; ISBN 978-3-89621-222-1.

Karl Mays „Winnetou". KMS Bd. 10
Br. 432 S., 24,- €; ISBN 978-3-89621-223-8.